U0369555

作　者　近　照

1949年7月，作者在南开大学毕业，获得文学士学位。

1949年7月，作者调至中共天津市青委工作。

20世纪80年代以来，作者长期兼任南开大学周恩来研究室主任，从事周恩来研究。

　　1988年，在首届周恩来研究国际学术讨论会上，时任南开大学周恩来研究室主任的刘焱（左五）致闭幕词。（主席台由左至右为顾明、齐赫文斯基、廖盖隆、彩珍·李、刘焱、金冲及、滕维藻）

　　1988年，首届周恩来研究国际学术讨论会上，作者与苏联科学院主席团委员、苏中友好协会会长齐赫文斯基院士，知名英籍作家韩素英女士交谈。

　　1996年，在中共中央文献研究室主办的周恩来研究学术讨论会上，作者（左四）与中央文献研究室主任李琦（左五）、副主任金冲及（左七）、国务院总理办公室原主任童小鹏（左六）、国务院经济法规研究中心主任顾明（左三）等同志合影。

　　1998年，作者和南开大学周恩来研究中心教授王永祥、徐行参加日本各界纪念周恩来诞辰百周年大会留影。

1983年9月20日，作者致信"小平同志并党中央"建议改正周恩来入党时间为1921年。（左图）中央文献研究室于1983年10月8日和1985年7月16日两次复信（右图），其中，1985年的复信告知："关于周恩来的入党时间问题，你的意见是正确的"，我们已（通过中央组织部）报告中央得到批准。

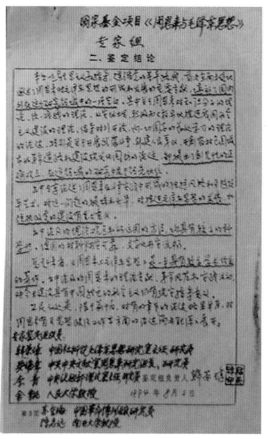

　　1993年12月，刘焱、杨世钰主编的国家社会科学基金项目《周恩来与毛泽东思想》一书出版。国家项目专家组的鉴定（左图）指出：该书在很多方面"都提出了创建性的正确观点，在这领域的研究中居于领先地位……是一本具有较高学术价值的著作……对今天建设具有中国特色的社会主义，仍有现实指导意义"。

　　1994年10月3日，《人民日报》又发表专门评介文章《周恩来研究的最新收获》（右图），指出：该书"从十个方面论述了周恩来对毛泽东思想的形成和发展的重大贡献，对指导我们当前的社会主义现代化事业，具有强烈的现实意义和深远的历史意义"。"他的精辟见解，都是有根有据，令人信服的。"

2013年10月，第四届周恩来研究国际学术讨论会全体人员合影。

作者获得的周恩来研究优秀成果的各种证书。

作者已出版的部分周恩来研究的著作（包括合编）。

南开大学校史丛书
总主编 刘景泉

周恩来研究文集

刘 焱 著

南开大学出版社

天 津

图书在版编目(CIP)数据

周恩来研究文集 / 刘焱著. —天津：南开大学出
版社，2017.9(2018.7 重印)
(南开大学校史丛书)
ISBN 978-7-310-05459-6

Ⅰ.①周… Ⅱ.①刘… Ⅲ.①周恩来－1898－1976－
人物研究－文集 Ⅳ.①K827＝7

中国版本图书馆 CIP 数据核字(2017)第 207108 号

南开大学出版社出版发行
出版人：刘运峰
地址：天津市南开区卫津路 94 号　　邮政编码：300071
营销部电话：(022)23508339　23500755
营销部传真：(022)23508542　　邮购部电话：(022)23502200

*

三河市天润建兴印务有限公司印刷
全国各地新华书店经销

*

2017 年 9 月第 1 版　　2018 年 7 月第 2 次印刷
230×170 毫米　16 开本　22.75 印张　8 插页　407 千字
定价：55.00 元

如遇图书印装质量问题,请与本社营销部联系调换,电话：(022)23507125

前　言

　　我的这部研究周恩来的文集，是为了纪念周恩来逝世四十周年，经南开大学征稿、立项并资助出版的。全书从三十多年来我在全国书报和刊物公开发表的研究周恩来文章中选出 44 篇汇编成集。另有附录一篇，是天津市政协刊物对我的片段介绍。

　　周恩来是深受中国人民敬爱并得到国际舆论普遍赞誉的杰出领导人。他光明磊落，坦诚正直，一身正气，两袖清风，是一位不谋私利，真正全心全意为国家、人民服务，有彻底献身精神的革命家。他是人，不是神，也有缺点和错误，但他严于律己，谦虚谨慎，勇于自我批评，是一位最成功，也最少过失的政治领袖。他是中国共产党人和中华民族的优秀代表，我国公仆的楷模。他的光辉思想、丰功伟绩、高尚品德和优良作风，是我国人民宝贵的精神财富。认真学习、研究、弘扬周恩来优良的思想、品德、作风，将对振兴中华，加快我国社会主义建设事业，有重大意义和深远影响。

　　周恩来青年时代曾先后在南开中学和南开大学就读，他在半个多世纪的漫长革命征程中，一直关心着南开，南开师生对他也怀有深厚感情。"文化大革命"结束后，1978 年底，我的错案得到甄别平反，落实政策。这时已年过半百的我，就在考虑一个问题，在仅有的短暂余生中，如何才能不再虚度年华，更好地为振兴中华，建设繁荣、富强、民主、法制的社会主义祖国，实现共产主义的远大理想，贡献自己一点微薄力量。我不愿再坐机关，想要回归自己喜爱的历史专业，做些教研工作，我向组织反映了自己的愿望。这时，恰逢南开大学正筹建历史研究所和经国家教委特批的周恩来研究室，经有关领导推荐，上级组织批准，于 1979 年初，我调到历史研究所任副所长，从 1980 年起又长期兼任该所周恩来研究室主任。这是我人生、事业的一大转折，此后近四十年，除一度短期兼任过南大教务长外，我一直从事中共党史和周恩来的研究，在工作中，我自勉做人要光明磊落，诚信正直，治史应严谨求实，敢讲真话，发扬我党破除迷信、解放思想、实事求是的光荣传统和我国史家秉笔直书的优良传统，成果要经得起历史的检验。

我的一些研究成果，多年来受到中外学术界和报刊的积极评价，有的成果还得到党中央的关注。例如 1976 年周恩来逝世时，邓小平同志代表党中央致悼词，说周恩来是 1922 年入党。我在研究中查阅了大量原始资料，又两次登门访问了周恩来的入党介绍人张申府，详询周恩来入党时间及其前后情况后，1983 年 9 月中旬写成《关于周恩来入党时间问题的探讨》一文，提出周恩来"属于 1921 年入党的第一批中国共产党员，是党的创建人之一"。因与邓小平同志《悼词》的说法不同，9 月 20 日我致信并将此文稿寄送"小平同志并党中央"建议改正周恩来的入党时间。1984 年 7 月，本文在《南开学报》第四期发表后，我又将此文寄给时任中共中央总书记的胡耀邦同志并党中央考虑。经中央领导同志先后批给中央组织部和中央文献研究室，慎重研究后，1985 年 6 月 3 日，中央批准中央组织部关于重新确定周恩来入党时间为 1921 年的报告。1985 年 7 月《文献与研究》和《党史研究》，同时公布。此后，全国许多媒体都做了报道，中外许多学者的著作都采用了这一新的说法。

1993 年 12 月，我主持的国家社会科学规划项目成果《周恩来与毛泽东思想》一书出版，由同行知名专家——中国社会科学院毛泽东思想研究室主任韩荣璋研究员、中央文献研究室周恩来研究小组组长吴瑞章研究员、中央统战部理论研究室主任李青研究员、中国人民大学余飘教授、南开大学陈志远教授、中国革命博物馆苏东海研究馆员组成的专家组的鉴定指出，该书"首次全面系统地阐述了周恩来对毛泽东思想的形成和发展的重要贡献，填补了国内外在这个研究领域中的一项空白"；在许多方面"都提出了创见性的正确观点，在这领域的研究中居于领先地位……对推进毛泽东思想的发展，加强执政党的建设有重大意义"；"是一本具有较高学术价值的著作……对今天建设具有中国特色的社会主义仍有现实指导意义"。

《周恩来与毛泽东思想》1993 年 12 月出版后，受到了舆论界的关注，新华社向海内外发了电讯，《人民日报》《光明日报》《解放军报》及中央人民广播电台和香港《大公报》等许多媒体都做了报道。1994 年 10 月 3 日，《人民日报》又以《周恩来研究的最新收获》为题，发表专门评介文章指出，该书从"十个方面论述了周恩来对毛泽东思想的形成和发展的重大贡献，对指导我们当前的社会主义现代化事业，具有强烈的现实意义和深远的历史意义"。"他（作者）的精辟见解，都是有根有据，令人信服的，……这对于全面地评价党的领袖人物，继承周恩来丰富的思想遗产，也具有重要的意义"。专家的鉴定和《人民日报》的评介也指出，本书的不足之处是对周恩来有关的政治思想工作和文艺理论等方面的论述，"较为单薄""未能深入展开"。

　　同行知名专家的鉴定和《人民日报》的评介文章，对这部书的高度评价，是对我们的鼓励和鞭策，也是对我个人后半生对国家和人民的微薄贡献的肯定。我深知，限于能力和水平，我对周恩来的研究，可能仍存在一些缺点和错误，恳请读者指正。

刘焱

2015 年 12 月 1 日于南开大学

作者简介

刘焱，男，汉族，农历1926年12月生，云南省楚雄市人，中共党员。1946年加入中共领导的地下"民主青年同盟"，1947年初加入中国共产党。1949年毕业于南开大学哲学教育系，获学士学位。曾任南开大学周恩来研究中心学术委员会主任、教授，原天津毛泽东思想研究会首任会长。

新中国成立前曾任中共天津地下党学委委员兼南开大学党总支书记，新中国成立后历任天津市学生联合会主席，华北学联副主席，中共天津市青委常委、秘书长兼宣传部长，中共天津市委国际活动指导委员会委员，并被选为天津市人民代表、市政协委员。"反右"运动中被错划，1962年调学校任教师，1978年底平反后落实政策，经本人申请，仍做教师工作，从事中国近代史、中共党史的教学与研究已四十多年。除20世纪70年代末至80年代初，杨石先任南开大学校长期间，曾担任南开大学教务长外，近四十年来，主要从事周恩来研究并长期担任经国家教委特批的我国研究周恩来的唯一民间机构——南开大学周恩来研究室主任。已出版著作10部（包括合编），发表论文九十多篇。

主要编著有《周恩来与毛泽东思想》（国家社科规划项目，曾获天津市政府奖），《周恩来早期文集》（天津市"七五"社科规划重点项目），《中外学者论周恩来》等。发表《关于周恩来入党时间问题的探讨》《论周恩来早期军事理论与实践》《周恩来是开创农村包围城市革命道路的先驱》《周恩来对开创人民战争的重大贡献》《周恩来对建设有中国特色的社会主义经济的探索》《周恩来的思想是邓小平理论的重要渊源》《论周恩来的历史地位》等论文，曾先后 6 次获全国性和天津市社会科学优秀成果奖。从 20 世纪 80 年代起，在我国首次招收周恩来研究方向的硕士研究生，首开《周恩来生平与思想研究》《周恩来著作选读》《周恩来专题讲座》等研究生专业课，并负责指导来南开大学专门进修周恩来研究的美国、日本的大学教师和研究生。从 1988 年起负责主持或参与筹办了我国四届周恩来研究国际学术讨论会。

他主张做人应光明磊落、坦诚正直，治史应严谨求实、敢讲真话，发扬党实事求是和我国史家秉笔直书的优良传统。事迹已收入《中华人物辞海》《中国高科技人才大辞典》《东方之子》《世界文化名人辞海》等多种中外辞书。

目　录

少年壮志为国酬

——天津发现的周恩来学生时代的文稿

四十多年前，即 1952 年 8 月，在天津发现了周恩来学生时代的一些珍贵手稿，内有中学作文（手稿）52 篇，旅日日记（手稿）一本，还有许多信件和相片。这件事人们知之甚少。我本人是发现这批文物的见证人，了解这件事的全过程。为纪念周恩来诞辰 95 周年，这批珍贵文稿将在新出版的《周恩来早期文集》中披露。在此，我想向广大读者介绍这批珍贵文稿的发现经过及文稿的简要情况。

一

1952 年暑假，天津市学生联合会主席张济同志向中共天津市青委反映，听他中学时的同学柴平说，他父亲与周总理在南开学校是同学，新中国成立前他家里存有一个小箱子，里面有周总理的日记和作文等东西，柴平表示愿把这个箱子交给组织处理。当时，我是天津市青委秘书长，马上和青委几位主要负责人做了研究，大家对此都非常重视，一致同意让张济立即去把箱子取来。张济取来箱子后交给了我，我开箱查看，里面有周恩来中学时的作文手稿、旅日日记手稿和许多信件、照片等。青委几位负责人传看后，决定就如何处理问题由我请示中共天津市委。我向市委秘书长于志远同志汇报了发现这批文物的情况，于志远同志电话请示中共中央后通知我：中央指示将这批文物妥为包装，附上一份发现这批文物经过的材料，派专人送中央办公厅。我除通知张济写这一材料外，因原来的箱子已破损不堪，锁已坏，没法关严实，便专门找青委机关老王师傅做了一个新木箱，并亲手将这批文物装入封好后，连同张济写的材料，一并交给于志远同志。当时，天津市委还专门附上一封给中共中央的信，派专人送北京中共中央办公厅。

当年中共天津市委的信和张济写的材料，现保存在中央档案馆。天津市委的信，原文如下：

中央并恩来同志：

　　天津青委转来该处干部张济同志（天津市学联主席），从其同学柴平处取回周恩来同志在天津南开中学时代的作文和留日本学习时代的日记本各一册，现送上。

中共天津市委
1952 年 9 月 12 日

张济同志所写的材料略谓：

　　柴平是归绥人，是我过去在天津工商学院附属中学时的同学……父名柴孺瞻……母仍在绥远教书，他提出母亲离津时，说在亲戚家存有许多东西，其中有周总理日记和作文。据说，柴父与周总理在南开是同学，参加社团活动，与周有接触。日记和作文，可能是周离开时存某同学处，后来转到柴父手中……我第二天即取回日记和作文。

张济
1952 年 8 月 14 日

　　从当时作文的封面来看，是寄存前新装订上的，并署有周恩来的手迹："南开校中作文一九二〇，十，十"

显然这箱文物是周恩来 1920 年 11 月初离津旅欧之前，整理后寄存的。

据说，中央办公厅收到这箱文物手稿后，把它交还给周恩来同志，不久前我听周恩来的侄子、原北京大学副校长周尔鎏同志说，他 1954 年秋天有一次到周恩来家，适逢周恩来和邓颖超正翻阅这些手稿，还拿给他看，并对他说："这是天津发现送来的。"

听说，周恩来逝世后，邓颖超同志将这箱文物，包括作文和旅日日记手稿，以及一些相片等全部交给了中国革命博物馆保存。

二

这一箱文物中的作文共计 52 篇，都是周恩来手迹，每篇作文的题目下面，都署有"周恩来"三字。文稿都是用当时通行的文言写成的，没有标点，除个别篇目外，绝大部分没有注明具体写作时间。全部作文都经过教师的批改，每篇作文后面，都有教师的评语。

这些作文，真实、具体、生动地反映了周恩来学生时代逐步培育起来的热烈的爱国激情、超群的才思、独立思考的精神、诚信朴实的品格以及对亲友真挚深厚的感情，所有这些，在当时教师批改作文的简短评语中也明确反映出来。

现照录教师对几篇作文的批语如下：

——才思骏发，波澜老成，中后历陈时事，尤如贾长沙痛哭流涕之情，诚杰构也！

——茹古涵今，才思骏发，越后必能高人一筹，诚杰构也！

——凡作文必有一段不可磨灭之识，始能不朽。若拾人牙慧，不越宿而腐矣！是篇能将老赫二氏救世之心，曲曲传出，识解回不犹人……诚杰构也！

——思清如水，笔快于刀。

——发摅至性，娓娓动人。

作者笃于家庭，异日将社会主义、国家主义必能扩而充之矣！勉哉！

——青年有如此文字，是不可限量之才。

——竭力尚作，朴实说理，与鼓弄虚饰，空滑了事者迥异。

周恩来学生时期，就十分富于感情。1916 年 2 月和 1917 年 1 月，在两篇叙述寒假事况的作文中，他除了称颂学校教工"殷殷爱护，恳恳启蒙，无异父母"之外，更赞同学间"相敬相爱，相规相辅，在逾骨肉"的情谊。寒假中，同学们"争先恐后，提筐携物以就道，若惟恐不速"的情景，更使他每逢佳节（阴历新年）倍思亲，在作文中流露了对故乡、对父母、对同胞兄弟亲属的真挚深厚的思念之情，使教师都颇为感动，在这两篇作文批语中感慨叹道：

篇中叙及父母双亡，不忍蓼莪卒读，直令人昼夜心伤。古人云：读《陈情表》而不动情者，必非孝子，吾于此文亦云。

历叙情事，俱从天真与出。读至中间，几如李令伯《陈情表》，其诚款洵可嘉也。翔宇弟本多才，孰知其情之笃竟如此！

当然，除了上述这一类许许多多称赞的评语之外，教师在评语中也多有指出不足之处。特别值得注意的是，他 1913 年秋季入南开学校后，"初至英文非佳"，接连几篇作文教师评语亦不甚佳，周恩来思想有很大震动，便在这篇作文的页边写了以下一段自勉自责的话，真实地反映了他奋发向上、严于律己的思想品格：

　　人人作此均佳，我独何故而草草率责？致劳先生之口舌，岂从斯无扬眉吐气之时耶！翔宇、翔宇，汝宜三思，须知人之所能为者，己即能为之。汉文落第，英文不及格，尚何面居于丁二班？若长此以往，恐降班有你，南开不久亦非汝插足之地矣！宏图壮志，竟将抛诸大海，活泼精神，亦将沉沦脑外。虽有同志同仇，亦将不汝答矣！岂不羞然也哉！

　　经过奋发努力，不久，周恩来各门学科考试都取得优秀成绩。南开学校毕业后，他抱着"邃密群科济世穷"的决心，于1917年9月初东渡日本求学，在日本待了约一年零八个月，1919年4月返国。

三

　　箱内文物《旅日日记》，是用当时文具店专门制作出售的硬皮日记本写的，起于1918年1月1日，止于当年12月23日。旅日时期是周恩来思想发展变化的一个重要时期，他初出国门，耳闻目睹日本的一切，开阔了眼界，他抱着救国救民和"新思潮尤所切望"的心情，如饥似渴地学习，了解新的思潮和新的知识，不断修正自己原来的认识。俄国十月革命的爆发和马克思主义传到日本，对他有很大影响。这些，在他的《旅日日记》中都有所反映。

　　1918年2月3日，他写道：

　　我自从来日本之后，觉得事事都可以用求学的眼光看。日本人的一举一动，一切行事，我们留学的人都应该注意。我每天看报的时刻，总要用一点多钟，虽说是光阴可贵，然而他们的国情，总是应该知道的。古人说："知己知彼，百战百胜"，这句话实在是谋国的要道。

　　2月6日，他写道：

　　盖现在的人，总要有个志向。平常的人不过吃饱了穿足了便以为了事，有大志向的人，便想去救国，尽力社会。

　　2月11日，他写道：

　　今天想的是这一年内进行的方针……第一，想要想比现在还新的思想；第二，做要做现在最新事情；第三，学要学离现在最近的学问。思想要自由，做事要实在，学问要真切。

　　2月15日至17日，他写道：

　　这几天连着把三卷《青年》仔细看了一遍，才知道我从前在国内所想的全是大差。今后决不固持旧有的与新的对抗，也不惜旧有的去恋念它。

我愿意自今以后，为我的思想、学问、事业开一个新纪元才好呢！

5月19日，记载了他当天在留日爱国团体"新中会"发表的入会意见时说：

> 希望大家有"哲学的思想，科学的能力"。人人心中有着这个"新"字，中国才有望呢。

当年，俄国十月革命后的情况和马列主义理论在日本的广泛传播，不同流派的社会主义学说也纷纷出现，他读了许多介绍文章，大开眼界。在4月23日的日记中，他开始欣赏俄国列宁派的学说，认为：

> 他最合劳农两派人心理，所以势力一天比一天大，资产阶级制度，宗教的约束全都打破了，世界实行社会主义的国家，恐怕要拿俄罗斯做头一个试验场了。

10月20日的日记中他又写道：

> 二十年华识真理，于今虽晚尚非迟。

作为一名周恩来的研究者，在十几年的工作中，我深深感到周恩来光辉的一生，是从青少年时代开始的。他青年学生时代逐步培育起来的崇高理想、丰富知识、卓越才能和优良的品德作风，为后来成就伟大业绩打下了坚实基础。

（本文发表于《中国教育报》，1993年1月17日）

青年楷模

——周恩来同志青少年时代成长特点的启示

周恩来是我国人民衷心热爱的杰出的无产阶级革命家，是世界公认的时代伟人。他光辉伟大的一生，是从青年时代开始的。他在学生时代逐步培育起来的光辉思想、崇高品德、丰富知识、卓越才能和优良作风，为后来成就伟大业绩打下了坚实基础。认真了解和研究周恩来的成长过程，总结其特点和规律，将给我们宝贵的启迪。并可教育鼓舞青年，珍惜青年宝贵时光，努力把自己培养成德才兼备的革命接班人，为建设繁荣富强的社会主义祖国，做出更大贡献！

一、关心国家民族命运，树立远大理想

崇高的理想是鼓舞人们奋发向上的巨大动力。

一个有为青年，只有关心国家人民命运，树立革命大志，并且把个人理想和国家人民的命运紧密联系起来，才能坚忍不拔，奋发前进，肩负起历史赋予青年的重任。历史上许多成就伟大业绩的伟大人物，大都是青年时代就顺应历史前进的潮流，立下宏图大志，并且奋发努力，献身真理，周恩来就是这样的一位伟人。

他生长在中国内忧外患交加，民族灾难深重，政治黑暗腐败的动荡年代。先进的人们为了国家富强，民族复兴，英勇无畏，前赴后继地奋起斗争。这样的时代环境对周恩来有着明显的影响。一九一一年，他在沈阳上小学的时候，就听老师讲述黄花岗七十二烈士的悲壮史实和阅读《警世钟》《革命军》《猛回头》等革命书刊中受到强烈感染，焕发了爱国主义的激情。当老师问学生"读

书为了什么"的时候，年仅十三岁的周恩来就庄重地回答："为了中华之崛起。"①
辛亥革命爆发后，他十分兴奋，在校内带头剪去了象征清王朝臣民的辫子，表
示反清决心。一九一二年，他挥笔写了一篇《东关模范学校第二周年纪念日感
言》，明确提出学习应以担负"国家将来艰巨之责任"为目的。②这时，十四岁
的周恩来已立下读书救国的大志，开始把个人前途和国家民族的命运联系起来！

一九一三年夏，他考入天津南开学校。南开的学术空气比较自由，课外活
动比较活跃，他继续读了不少具有爱国主义和民主主义思想的书籍报刊，思想
认识进一步提高，更加关心国家大事，并积极投入了当时校内外的反帝爱国斗
争。一九一六年，他发表《中国现时之危机》的演说，在分析国家内忧外患之
后，发出了"天下兴亡，匹夫有责"的呼声，号召青年学生奋起救国。③一九
一七年秋，他中学毕业后，抱着"邃密群科济世穷"④的决心，东渡日本留学。
行前给同学写下了"愿相会于中华腾飞世界时"的临别赠言，再次表达了他深
切关心国家民族前途，寻求救国济世真理的崇高理想和决心。

在日本留学时期，他抱着"新思潮尤所切望"⑤的心情，广泛阅读介绍各
种新思潮的书籍报刊，决心用最新的思想武装自己。俄国十月革命胜利的消息
和马列主义传到日本，使他受到了极大鼓舞，他认真学习和研究了马克思主义，
思想认识有新的提高。一九一八年，他在日记中满怀激情地先后写下了"风雪
残留犹未尽，一轮红日已东升"⑥、"二十年华识真理，于今虽晚尚非迟"⑦的
诗句，表达了他开始接触马克思主义真理的振奋心情。

一九一九年四月，随着十月革命影响的日益深入，祖国正酝酿着一场大的
革命风暴，满怀爱国激情的周恩来毅然弃学返国，投入五四爱国运动中，英勇
坚决地战斗在反帝反封建斗争的第一线，并很快成为天津五四运动的卓越领导
者。在斗争中，他倡议并组织了天津青年革命团体"觉悟社"，成为天津五四运
动的领导核心。在此期间，他通过认真学习马克思主义和亲身参加革命斗争实
践，对中国社会矛盾和中国革命的认识上升到一个新的高度，逐渐由一个忠诚

① 南开大学周恩来研究室：《周恩来青少年时代纪事》，《天津文史资料选辑》第15辑，天津人民出版社，
1981年版。
②《奉天教育品展览会国文成绩》第2卷，1915年5月。
③《校风》第45期，1916年11月8日。
④ 周恩来：《大江歌罢掉头东》，见《五四前后周恩来同志诗文选》，天津人民出版社，1979年版。
⑤ 周恩来致留美南开同学冯柳猗的信（1918年4月3日），见《周恩来书信选集》，中央文献出版社，
1988年版，第1页。
⑥ 周恩来《旅日日记》，《周恩来早期文集》，中央文献出版社，1998年版。
⑦ 周恩来《旅日日记》，《周恩来早期文集》，中央文献出版社，1998年版。

的爱国者和激进的革命民主主义者转变为具有初步共产主义思想的革命者。

为了进一步研究马克思主义真理，寻求根本改造中国的方法，一九二〇年十一月，他远渡重洋，到马克思的故乡——欧洲勤工俭学。在欧洲，他经过认真的社会考察，对马列主义和各种社会思潮进一步研究、推求、比较，一九二一年，思想开始新的飞跃，三月，参加了巴黎共产党小组，十月，从思想上确立了对马克思主义的坚定信仰。①从此，他把全部精力都投入到为实现共产主义的崇高理想而斗争的伟大事业中，开始了波澜壮阔的一生，为中国人民的革命事业，立下了不朽的功勋！

周恩来的成长过程说明：青少年时期立大志是他光辉伟大一生的重要起点。

二、勤奋学习，全面发展

周恩来在学生时代，不仅刻苦学习各种知识，而且十分重视思想品德的培养，积极进行体育锻炼。他是一个思想先进，品德高尚，成绩优异，体魄健壮，德、智、体全面发展的优秀学生。

周恩来在学生时代就认为学校应"注重道德教育"②。他严格要求自己，把思想品德的修养放在首位。他青少年时代，曾受到旧教育和旧家庭的影响，但他并没有被旧的传统观念所束缚，在逐步成长的过程中，他勇于追求真理，破旧立新，逐步同旧制度、旧传统、旧观念、旧道德实行决裂。他坚决反对利己主义的自私观念，主张"读书不忘救国"，以天下兴亡为己任，反对把读书做为升官发财，显亲扬名的阶梯。他热心公益，关心集体，关心他人，"凡朋友及公益事，无不尽力"③。反对独善其身，谋利营私。他在学校担任许多社会工作职务，并且一直勤勤恳恳，埋头苦干，决不沽名钓誉。五四运动时期他高举"革心""革新"④的旗帜，在积极从事改造社会的革命斗争的同时，也严格要求自己，自觉地进行思想改造。因此，学生时代的周恩来就逐步养成了高尚的品德和优良的作风，深受老师和同学的喜爱和尊敬。

为了实现自己的远大抱负，周恩来对各门学科知识的学习非常勤奋刻苦，

---

① 周恩来：《伍的誓词》，《觉邮》第二期，1923 年 4 月。

② 周恩来：《关东模范学校第二周年纪念日感言》见 1913 年《奉天教育品展览会国文成绩》第 2 卷。

③ 南开学校《第十次毕业同学录》对周恩来的简介，1917 年。

④ 周恩来：《天津学生联合会报发刊旨趣》，《南开日刊》第 35 号，1919 年 7 月 12 日。

精益求精。据当时的同学回忆，他不仅"上课时聚精会神，认真听讲"①，课余还博览群书，认真学习各种知识，学业成绩优异。据当时部分记载，全校国文特试，他获第一名，代数考试曾获满分，全校数学赛速和班级化学考试，均"名列最优者中"。他因担负大量社会工作，对学习有一定影响，但毕业考试，仍获总分八十九点七二分的优异成绩。

周恩来在学生时代就主张"健康为首务"，认为只有"健身体"才能"固根基"，对体育十分重视。在沈阳上小学时，他就不怕严寒，坚持长跑锻炼。在天津上中学时，南开学校特别重视体育，他更积极参加各种体育锻炼。以他为主力的篮球队和排球队，在班级比赛中都曾夺得冠军。在跳高比赛中，他获第三名。由于他坚持锻炼，身体健康，在学习和工作中一直朝气蓬勃，精力充沛。

周恩来学生时代刻苦学习，坚持德、智、体全面发展，为他后来成长为伟大的无产阶级革命家，担当繁重的任务，适应艰苦的生活，打下了坚实的基础。

三、言行一致，培养实干精神

理论联系实际，是马列主义的根本原理。讲真话，办实事，言行一致，是一个革命者应有的品质。一个革命政党，更必须言行一致，不说空话，带头实干，才能取信于民，得到群众的拥护和信任，取得革命事业的胜利。

周恩来从青年时代起，就逐步培养起不说空话，言行一致，说到做到，带头实干的优良品质。早在中学时代，他就强调要做到"发于言，著于行，无丝毫假借，无智利相扰"。要"相接以诚""返诚去伪"②。他坚信："虚伪可以惑少数人于终世，惑人类于一时，而决无惑世界人类于最长时期也！"他明确指出："以诈为利，以伪为真"，终难免"自覆自败"。③他主张培植"趋重'实际'精神"，并且说到做到，积极参加各种社会活动，事无大小，都踏踏实实一点一滴去做，不争名，不为利。一九一七年，南开学校《第十次毕业同学录》对他有一段介绍："与同学张、常二君发起敬业乐群会，君规划之力最多，复继张君掌会务二载。热心从事学报，尤倍竭其力，编辑印刷之习。……曾为《校风》总经理、演说会副会长、国文学会干事、新剧团布景部长、暑假乐群会总干事及

① 张鸿诰：《回忆学生时代的周恩来同志》，见《五四前后周恩来同志诗文选》附录，天津人民出版社，1979年版。

② 周恩来：《诚能动物论》，南开《校风》第30期，1916年5月15日。

③ 周恩来：《诚能动物论》，南开《校风》第30期，1916年5月15日。

班中各项干事。""班中事无不竭力，即此同学录的经营，君实为总编辑焉。"一个中学生，在负担繁重学习任务的同时，能这样关心集体、热心公益、担当校内这么多社会工作，并且踏踏实实、埋头苦干，充分反映了他不务虚名的实干精神。同时，也锻炼了他实际工作的能力。

五四时期，他是天津五四运动卓越的组织者和领导者，一直站在斗争最前列，扎扎实实地做了大量工作，革命实干精神有了进一步发扬。他主编的《天津学生联合会报》，从筹措经费、编辑、撰写重要社论、校对到出版、印刷等工作都亲自参与，认真负责地去做。①当时《学联报》发行许多省市，销售最多时每期达两万多份，被上海刊物《新人》赞誉为"全国的学生会报冠"。②他当时发起组织的"觉悟社"，名义上不设社长，实际上他做的事情最多，是社员公认的领导者。③一九二○年一月，他因领导天津学生的反帝爱国斗争，被反动当局逮捕，关押近半年之久，但就是在敌人狱中，他也做了大量的宣传和组织工作，五次向难友宣讲马克思主义，团结难友学习政治文化，共同坚持对敌斗争。④

为寻求根本改造中国的方法，旅欧期间，他深入实际，对欧洲社会政治做了深入的考查，结合斗争实践，写了几十万字的通讯和文章。一九二一年，当他树立对马克思主义的信仰后，就积极投身改造国家、社会的革命实际斗争。一九二二年三月，他在《生别死离》一诗中明确指出："没有耕耘，哪来收获？没播革命种子，却盼共产花开！梦想赤色的旗儿飞扬，却不用血来染它！天下哪有这类便宜事？"并且坚定地表示："坐着谈，何如起来行。"⑤决心用实际行动，用自己的鲜血和生命实现崇高的革命理想。他青年时期成长起来的这种优秀品质，在他革命的一生中不断发扬光大，是我们青年学习的光辉榜样。

四、破除迷信，培养实事求是的科学态度

五四运动是一次伟大的思想解放运动，它对统治中国两千多年的封建制度

---

① 潘世纶：《五四运动中的天津学生联合会报》，《天津文史资料选辑》第 3 辑，天津人民出版社，1979 年版。

② 上海《新人》第 1 卷第 4 号。

③ 谌小岑：《五四运动中产生的天津"觉悟社"》，《五四运动在天津》，天津人民出版社，1979 年版，第 756 页。

④ 周恩来：《检厅日录》，1926 年，又新印字馆刊印。

⑤ 《新民意报》副刊，《觉邮》第二期，1923 年 4 月 15 日。

和旧的传统观念发动了猛烈冲击，取得了伟大成就。周恩来在中小学时期就是破除迷信，解放思想的闯将。那时，新旧思想正进行激烈交锋，各种学说众说纷纭，为了求得真知，他主张"慎思明辨"，对各种学说要"深究而悉讨"①。他对统治人类社会数千年，被中外亿万人奉为至理的孔子儒学、基督教义和佛家经论，大胆提出怀疑，主张破除迷信，独立思考，反对盲从，人云亦云；对赫胥黎在"潮流所及，教义偕行"的情况下，"独能发抒怀抱，倡物竞天演之说，开文化之先河，破耶氏之教论"②的反潮流精神和新的独立见解，倍加赞扬。

五四运动前后，他开始接触了马列主义，思想更加解放，更善于独立思考和勇于创新。他创建的觉悟社，以"革心""革新"③为宗旨，就是要进行"思想改造""灌输世界新思潮"，树立"合于现代'觉悟'的潮流"的新思想。④他庄严地宣称："凡是不合于现代进化的军国主义、资产阶级、党阀、官僚、男女不平等界限、顽固思想、旧道德、旧伦常……全认他为应该铲除应该改革的。"⑤在谈到"怎样觉悟"时，他提出"回想，考察，比较"的方法。⑥就是不仅"回想"总结自己过去的经验教训，还要"考察"吸取别人的经验教训，根据客观实际情况，进行检验"比较"，这样来判别真伪，明辨是非，实事求是，认识真理。周恩来在旅欧期间，进一步掌握了马列主义，逐渐成为坚定的马克思主义者。随着辩证唯物主义科学世界观的树立，他更加坚决地反对迷信盲从，提倡实事求是的科学态度。他对"锢蔽思想"的宗教迷信表示"深恶痛绝"，斥之为"人类中一种毒药"⑦。他坚决反对把人神化，搞个人崇拜，认为共产党应把领袖看成人，不能像宗教迷信那样，把人当成神。他指出："教徒对于神父牧师，只有迷信，即心知其非，口亦不敢言。至于共产党人，一方面服从领袖的指挥，一方面时时监督其行动。"⑧他明确区分科学和迷信的界限，指出："迷信与信仰何别？别在其所信的理论与方法，能否用在'实际'上来'试验'。换过来说，便是能否合乎科学精神。"⑨这就指明了经得起实践检验的才是真理，明确提出

①　周恩来：《关东模范学校第二周年纪念日感言》，见 1913 年《奉天教育品展览会国文成绩》第 2 卷。

②　周恩来：《老子主退让，赫胥黎主竞争，二说孰是，试言之》，南开《校风》第 22 期，1916 年 3 月 20 日。

③　周恩来：《觉悟的宣言》，《觉悟》第 1 期，1920 年 1 月 20 日。

④　周恩来：《觉悟的宣言》，《觉悟》第 1 期，1920 年 1 月 20 日。

⑤　周恩来：《觉悟的宣言》，《觉悟》第 1 期，1920 年 1 月 20 日。

⑥　周恩来：《觉悟》，《觉悟》第 1 期。

⑦　周恩来：《宗教精神与共产主义》，《少年》第二期，1922 年 9 月 1 日。

⑧　周恩来：《宗教精神与共产主义》，《少年》第二期，1922 年 9 月 1 日。

⑨　周恩来：《宗教精神与共产主义》，《少年》第二期，1922 年 9 月 1 日。

了实践是检验真理的标准。六十多年前周恩来青年时代的这些宝贵思想和远见卓识，至今仍闪烁着灿烂的光辉。我们要认真学习这种革命勇气和求实精神，并把它贯彻到自己的学习和工作实践中去！

五、联系群众，养成民主和批评与自我批评的作风

中国共产党在长期的革命斗争中，培育出相信群众，密切联系群众，发扬民主，批评和自我批评的优良作风。周恩来是公认的党的优良作风的典范。他的这些好作风，是从青少年时代起就逐步培育起来的。在上小学的时候，他就认识到"好问则裕，自用则小"；反对高傲自大，"自是而非人"[①]。他认为："一人之智慧有限，万民之督察綦严。"世界文明的进步，也是"集众广思"的结果。[②]俄国十月革命的胜利和轰轰烈烈的五四运动，使他更清楚地看到了群众的伟大力量，进一步认识到要争取反帝反封建斗争的胜利，必须依靠群众，发扬民主。在五四运动中他主编的《学联报》发表《讨安福派的办法》的专论，明确指出："我们所持的是群众运动。"[③]在阐述《学联报》的发刊宗旨时，他公开宣布要"本民主主义精神发表一切主张"[④]。他创建和领导的觉悟社，内部工作和生活充满民主，批评和自我批评精神。重要事情大家商议，不是一人说了算。他们还注意虚心征求社外群众意见，公开宣布"我们很盼望社外边的人从旁观的态度上能够给一种严重的审查，深刻的批评"[⑤]。

旅欧时期，周恩来在创建和领导旅欧共产主义党团的工作中，发扬民主和开展批评自我批评的优良作风，有了进一步发扬。据何长工同志回忆："他非常重视发扬党内民主，倾听大家的各种批评和意见。"在每次开代表会时，"周恩来同志总是十分详尽地向大家报告工作，并把总支部形成的所有文件，出版的刊物，全部放在代表面前，让大家充分审查讨论。因此，我们的政治生活朝气蓬勃，各项工作都很活跃"[⑥]。周恩来和许多老一辈无产阶级革命家，以身作则，培养起来的这些优良作风，是我们党能集中群众智慧，获得亿万群众的拥

---

① 周恩来：《关东模范学校第二周年纪念日感言》，见 1913 年《奉天教育品展览会国文成绩》第 2 卷。
② 周恩来：《诚能动物论》，《校风》第 30 期，1916 年 5 月 15 日。
③《天津学生联合会报》，1919 年 8 月 9 日。
④ 周恩来：《天津学生联合会报发刊旨趣》，《南开日刊》第 35 号，1919 年 7 月 12 日。
⑤ 周恩来：《觉悟的宣言》，《觉悟》第 1 期，1920 年 1 月 20 日。
⑥ 何长工：《回忆旅欧期间的周恩来同志》，《南开大学学报》，1977 年第 6 期。

护，壮大自己，战胜敌人，取得革命胜利的重要因素。

六、勤俭朴素，艰苦奋斗

勤俭朴素，艰苦奋斗，是我们民族的美德，也是我们党的优良作风。周恩来是这种优良品德和作风的化身。他自幼家境贫困，祖父虽然当过江苏淮安知县，但在他出世不久就病故了，遗产仅一所住宅，没有田地。父亲常年在外地做小公务员，工资甚微，还常失业。九岁时生母、十岁时嗣母相继去世，家境更加贫困，年幼的周恩来不得不在亲属的帮助下，担起照顾两个弟弟，"佐理家务"的重担，靠典当借债度日。十二岁，在沈阳当小公务员的伯父接他到东北读书，他与单身的伯父过着清贫的生活。十五岁，考入天津南开学校，因家贫，靠业余时间给学校抄写教材、刻蜡板油印的收入维持生活，后因品学兼优，学校免去其学费。在这样艰难困苦的环境中，造就了周恩来勤俭朴素的作风，磨炼了他艰苦奋斗的精神。据当时同学回忆："他非常俭朴，只有两件大褂……没有更多衣物"，有时"从家带回一小罐做熟的酱当菜吃"。[①]虽然生活如此贫困，但他艰苦奋斗，学习十分刻苦，成绩优异。南开学校《第十次毕业同学录》对他的介绍赞扬说："君家贫，处境最艰，学费时不济，而独能于万苦千难中多才多艺，造成斯绩！"这是一段非常真实的写照。

此后，不管环境、地位如何改变，他一直保持艰苦奋斗，勤俭朴素的作风。在日本留学期间，为了节省，他"每日自行饮食，持废止朝食，不食荤食两主义，每天一豆腐"[②]。在留法勤工俭学时，他住在小旅馆内只有四点五平方米的小屋中，靠给报社写稿和做工维持俭朴的生活。周恩来在青少年时代造就的这种优良作风，在他革命的一生中一直保持下来。不论是新中国成立之前艰苦的战争年代，或是新中国成立后他当了国务院总理，都一直严格要求自己，过着艰苦朴素的生活，从不特殊化，许多感人的事迹是尽人皆知的！

---

① 张鸿浩：《回忆学生时代的周恩来同志》，见《五四前后周恩来同志诗文选》附录，天津人民出版社，1979 年版。

② 周恩来致留美南开同学冯柳猗的信（1918 年 4 月 3 日），见《周恩来书信选集》，中央文献出版社，1988 年版，第 1 页。

周恩来青少年时期培养起来的崇高品德和优良作风，在他漫长的革命征程中，不断发扬光大，为他成就伟大业绩，打下了坚实基础。我们要学习周恩来的榜样，在青年时期就自觉地抓紧思想品德的培养，沿着周恩来成长的道路前进，努力把自己培养成合格的革命接班人。

（本文发表于《思想理论教育》1986 年第 3 期）

周恩来学生时代培育起来的
求实思想和实干精神

（一）

周恩来是本世纪的知名伟人。他的崇高思想、优良品德、丰富知识和卓越才能，是从青年学生时代，逐步培育起来的。他是南开中学和大学的学生，南开教育，为他的全面成长打下了坚实的基础。他的求实思想和实干精神，是他思想作风的一个突出特征。

我国近代爱国教育家张伯苓先生，担任南开校长近半个世纪。在他的主持下，南开认真实行了德、智、体、美、群全面发展的教育方针，卓有成效地为我国培养了大批优秀人才，形成了自己的教育特色。张伯苓提倡"允公允能，日新月异"，强调培养学生"爱国爱群之公德，服务社会之能力"。不仅注重教学质量，严格要求学生学好科学文化知识，而且非常注重学生思想品德的培养。不仅要求学生掌握课内书本知识，而且积极提出并支持学生开展多种多样的课外活动，组织各种团体，进行社会调查，培养学生服务集体、服务社会的实际工作能力。他认为"吾国学生之最大缺点，即平日除获得书本知识外，鲜谙社会真正状况。故一旦出校执业，常觉与社会隔开，诸事束手"。他说："教育范围绝不可限于书本教育、智育教育，而应特别着重于人格教育、道德教育。"可见，他是在实行全面发展的教育方针的同时，把人格、品德和实际工作能力的培养，放在特别重要的突出地位。他所说的德育，有极深刻广泛的内容，包括强烈的爱国主义、积极人生观、事业心、进取心、社会公德以及公而忘私、诚实、正直、互助合作等多种优良品质。可以明显地看出：周恩来青年时代的成长，与南开教育是密不可分的。他对南开一直怀有深厚感情，在 1919 年 5 月给留日南开同学的信中就说："我是爱南开的。"解放后，他担任党和国家领导人，也没有忘记南开时期对他的积极影响。

（二）

求实思想和实干精神，是周恩来思想品德的突出特征。这是从学生时代起逐步培育起来的，在他革命的一生中，又不断发扬光大。

周恩来早在学生时代就重实际，反对图虚名，粉饰虚夸。他在一篇作文中提出："求整顿宜重实际，务外观先察内容"；"勿铺张粉饰以博我名誉"，要"除嚣张浮躁之习"。① 1914 年，周恩来在南开学校时，看到同学憨华的一篇纪实小说《部视学》，描写某校为应付教育部视学的视察，采取种种粉饰措施："破壁糊，缺栏杆，垢窗拭，院污除，室洒碳酸水，校换新式匾额。"而"片刻视察去后，此区区形式上之整顿，亦偕部视学而俱去也"！他热情赞扬这篇揭露当时腐败现象的文章，把它收入其主编的《敬业》学报中，并写了"编后语"，指出："国中学校，如憨华所述者多矣，又岂独某省为然哉！若长此以往，在上者不图改良振兴，只知重形式，上为得计，则莽莽前途，莘莘学子，殆其危矣。青年如斯，国事又何堪设想哉！"②

他强调待人处事，要言行一致，诚恳实在，反对虚伪欺骗；要做到"发于言，著于行，无丝毫假借，无智利相扰"，要"相接以诚""返诚去伪"。他坚信："虚伪可以惑少数人于终世，惑人类于一时，而决无惑世界人类于最长时期也！"并且深刻指出："以诈为利，以伪为真"，终难免"自覆自败"。③

他主张培植"趋重实际精神"，并且带头实干，积极参加各种社会活动，事无大小，都踏踏实实，一点一滴地去做。不争名，不为利。南开学校《第十次毕业同学录》有一段对他的介绍："与同学张、常二君发起敬业乐群会，君规划之力最多，复继张君掌会务二载。热心从事学报，尤倍竭其力，编辑印刷之习。……曾为《校风》报总经理、演说会副会长、国文学会干事、江浙同学会会长、新剧团布景部长、暑假乐群会总干事及班中各项干事。……班中事无不

---

① 周恩来：《关东模范学校第二周年纪念日感言》1912 年 10 月，见 1913 年《奉天教育品展览会国文成绩》第 2 卷。

② 周恩来：《为小说〈部视学〉写的"编后语"》，1914 年 10 月《敬业》第 1 期。

③ 周恩来：《诚能动物论》，南开《校风》第 30 期，1916 年 5 月 15 日。

竭力，即此同学录的经营，君实为总编辑焉。"①一个中学生，在负担繁重的学习任务的同时，能这样关心集体、热心公益、勇于社会实践、担当这么多社会工作，并且踏踏实实、埋头苦干，充分反映了他不计个人名利的高尚思想和实干精神。

1917年，他中学毕业以后，痛感中国政治黑暗腐败，内忧外患日急，人民灾难深重，为寻求救国救民真理，抱着"邃密群科济世穷"②的决心，东渡日本留学。到日本后，细心观察研究日本国情，抱着"新思潮尤所切望"③的心情，广泛阅读介绍各种新思潮的书刊。十月革命的胜利和马列主义传到日本，使他受到极大鼓舞，他心情振奋，以极大热情认真阅读介绍俄国革命和马列主义的书刊，思想上受到很大启发。他以"从前种种譬如昨日死"的态度，勇敢地解剖自己，深刻反思，批判了在国内时种种不合二十世纪进化潮流的错误思想，决心弃旧图新，勉励自己要用最新的思想、最新的学问武装自己，并做到"思想要自由，做事要实在，学问要真切"。④反映了他为追求真理，不囿于成见，实事求是的科学态度。

五四运动时期，他的求实思想和革命实干精神有了进一步发扬。他积极投身到这一伟大的反帝爱国运动之中，一直站在斗争最前列，扎扎实实地做了大量工作。在斗争实践中不断探求真理、提高认识、增长才干，很快在思想上、组织上成为天津五四运动的卓越领导者。他主编的《天津学生联合会报》，从筹措经费、采访、编辑、印刷到出版、发行都亲自参与，认真负责地去做。⑤当时《学联报》销售最多时达二万份，发行于许多省市，被誉为"全国学生会报冠"。⑥他在南开大学时期，发起组织的"觉悟社"是天津学生运动的领导核心，名义上不设社长，实际上他做的事情最多，是社员公认的领导者。⑦他在南开大学学习时，还主动成立"南开出校学生通讯处"，自任办事人，拟定办事细则，

① 《南开学校第十次毕业同学记》，1917年。

② 周恩来：《大江歌罢掉头东》，见《五四前后周恩来同志诗文选》，天津人民出版社，1979年版。

③ 周恩来致留美南开同学冯柳猗的信（1918年4月3日），见《周恩来书信选集》，中央文献出版社，1988年版，第1页。

④ 周恩来：《旅日日记》，《周恩来早期文集》，中央文献出版社，1998年版。

⑤ 潘世纶：《周恩来同志与〈天津学生联合会报〉》，见《五四前后周恩来同志诗文选》附录，天津人民出版社，1979年版。

⑥ 上海《新人》杂志第1卷第4号，1920年8月18日。

⑦ 谌小岑：《五四运动中产生的天津"觉悟社"》，见《五四前后周恩来同志诗文选》附录，天津人民出版社，1979年版。

规定每周办事时间，踏踏实实地为出校同学服务。[①]1920 年 1 月，他因领导天津学生的反帝爱国斗争，被反动当局逮捕，关押近半年之久。但就是在敌人狱中，他也踏踏实实地做了大量的宣传和组织工作，团结难友学习政治文化，并连续五次向难友宣讲马克思主义，提高难友觉悟，鼓舞斗志，共同坚持对敌斗争。[②]旅欧勤工俭学期间，他深入实际，对欧洲社会政治做了深入考察，总结各国革命经验，对各种思潮进行分析、比较，探索改造中国的根本道路。并结合斗争实践，写了数十万字的通讯和文章。1921 年，当他树立对马克思主义真理的信仰之后，就积极投身到改造国家、社会的革命实际斗争之中，开始建党建团，把自己的全部精力，投身于解放中国人民的伟大事业中。他写了"表吾意所问"的《生别死离》一诗，明确指出"没有耕耘，哪来收获？没播革命种籽，却盼共产花开！梦想赤色的旗儿飞扬，却不用血染它，天下哪有这类便宜事？"并且坚定地表示："坐着谈，何如起来行！"[③]决心用实际行动，用自己的鲜血和生命，实现崇高的革命理想。这些光辉的诗句，深刻批判了空喊革命口号，唱高调，言行不一的政治空谈行为，充分反映了周恩来的求实精神和革命实干精神。

1923 年至 1924 年初，以国共合作为基础的革命统一战线逐渐形成，革命开始走向新的高潮。周恩来接受孙中山和国民党总部委托，担任国民党驻欧支部特派员，先后帮助国民党建立了驻欧支部和巴黎通讯处。[④]其后，根据党中央的指示，于 1924 年 7 月下旬离欧回国，投身到轰轰烈烈的大革命洪流之中，开始了更加波澜壮阔的革命征程。

（三）

纵观周恩来伟大的一生，他从南开学习时代开始逐步培育起来的求实思想和革命实干精神，在长期革命实践中，不断发展、成熟、深化，成为他高尚思想和优良作风的一个突出特征，是他成就伟大业绩的一个重要原因。他的这种光辉思想和优良作风，是我们党极为宝贵的精神财富，是全党、全国人民学习

① 周恩来：《南开出校学生通讯处细则》，1919 年 12 月 10 日，南开《校风》第 133 期。
② 周恩来：《检厅日录》（1920 年 11 月 24 日），《周恩来早期文集》，中央文献出版社，1998 年版。
③ 周恩来：《伍的誓词》，1923 年 4 月 15 日天津《新民意报》副刊《觉邮》第 2 期。
④ 南开大学周恩来研究室：《周恩来青少年时代纪事》，《天津文史资料选辑》第 15 辑，天津人民出版社，1981 年版。

的榜样。

六十多年来党所走过的曲折道路，已反复证明一条真理：凡是坚持实事求是，老老实实，按客观规律办事，革命和建设事业就会取得胜利，党和国家就会兴旺发达。反之，就会遭受失败和挫折，使国家人民遭受巨大损失！

共产党人是辩证唯物论者，要改造客观世界，实现共产主义的崇高理想，首先就要在实践中改造自己的主观世界，使主观认识符合客观实际。而唯物论说到底就是实事求是，客观事物是怎么样，就老老实实地、如实地反映它，认识它。并且按客观规律办事，因此，实事求是，讲真话，办实事，不仅是思想作风问题，而且是根本世界观问题。

空谈误国，实干兴邦。实事求是，讲真话，办实事，利党利国利民。说空话、大话、假话，害党害国害己。四化建设的宏伟事业，共产主义的崇高理想，需要我们几代人实干苦干、艰苦努力去完成。因此，发扬党实事求是的优良传统，学习周恩来的求实精神和革命实干精神，使之发扬光大，成为全民族的社会风尚、行为准则，并且坚持下去，共同为振兴中华而奋斗，在今天有极其重要的现实意义。

（本文发表于《南开教育论丛》1989 年第 3 期）

南开求学和留日时期的周恩来与日本

周恩来是深受中国人民衷心敬爱，并受日本各界朋友普遍尊敬的杰出领导人，是 20 世纪世界知名的伟人。南开求学和留学日本时期，是周恩来从 15 岁到 22 岁的青年时代，这正是他成长的关键时期。他在南开和日本的学习、生活及斗争实践中，逐步培养起来的光辉思想、崇高品德、丰富知识和卓越才能，为他后来一生成就伟大业绩，打下了坚实的基础。

一、南开中学时期的周恩来与日本

1913 年，15 岁的周恩来随四伯父由沈阳来到天津考入南开学校，四年后于 1917 年 6 月中学毕业。

南开学校是仿照日本和欧美的近代教育制度于 1904 年开办的一所私立学校。其创办人严修（字范孙），在清朝做过翰林和学部侍郎，思想较开明。校长张伯苓原是北洋水师学堂的毕业生，曾目睹北洋水师的覆灭。他们都因受到甲午战争失败的强烈刺激，深感效仿西方和日本，兴办教育，培养人才，是挽救国家危亡的重要途径。日本学习西方成效显著，以日本为师，是学习西方的捷径。因此，严、张二氏都曾亲赴日本，在文部省和许多日本朋友热情帮助下，经过两次约三个月的认真考察，了解了日本的教育体制、学校管理、教学内容、课程设置、教科书编纂以及教学方法。1904 年 10 月 17 日，仿效日本教育创办的南开中学正式建成开学。最初几年还先后聘请日本朋友驹形、佐野、松长、平原、内田、山口等人来校任教。[①]而抱着"教育救国"理想，创办南开学校的张伯苓、严修，在办学实践中，又逐渐感到日本教育的不足，"性近专制，为

---

① 《天津南开学校同学录》1918 年夏。

造就领袖及训练服从者之用"。①这种带有封建专制残余和军国主义色彩的教育，与张伯苓崇尚科学、民主的教育理念不完全吻合，为补此不足，张伯苓开始向欧、美学习。1908 年，他第一次赴美、欧考察，以后又同严修一起，再赴美学习考察，并效仿美国的教育，对南开学校的教育逐步进行改革。

在周恩来进入南开的时候，南开学校已是一所学习西方颇见成效，又很有自己特色的学校，以学术空气自由，教学作风民主，学习、生活的要求和管理都十分严格，课外活动活跃，既紧张严肃又非常活泼而闻名国内。处在民族危亡的年代和这样开放的学习环境里，年轻的周恩来关心国家民族的命运，视野更加广阔。他经常阅读《民权报》《民生报》《大公报》和后来创办的《新青年》等具有爱国民主思想的报刊，还认真阅读明末清初具有爱国进步思想的顾炎武、王夫之等人的名著，以及西方启蒙思想家卢梭、孟德斯鸠、亚当·斯密、赫胥黎等人的著作，激发了他读书救国的热情。他经常和同学议论国家大事，讨论祖国的前途和命运，探求救国真理。在此期间，周恩来与许多中国人了解到日本原来是一个受西方列强侵略和欺凌的小国，明治维新以后，大力振兴实业，富国强兵，推行军国主义，短短二三十年，就跻身世界列强。因此，那时社会上流行一种看法，以为"军国"这种主张，可以使国家迅速富强。周恩来和一些中国人都曾经相信，仿效日本，实行军国主义，是救中国的办法。②这也是周恩来中学毕业后克服种种困难，赴日本留学的重要原因。

然而，1915 年 5 月 9 日，袁世凯政府被迫接受日本政府提出的灭亡中国的"二十一条"。消息传出，举国共愤，各地迅速掀起反袁抗日怒潮。天津各界在公园集会，周恩来参加并发表演说，愤怒谴责日本侵略和袁世凯的卖国罪行，号召人们奋起图强，誓雪国耻，坚决不当亡国奴！③南开学校师生还愤怒地摘掉以袁世凯字"慰亭"命名的"慰亭礼堂"的牌子。

从此，怀着炽热救国愿望的年轻的周恩来更加关心国家民族的命运。1915年冬，他在作文《或多难以固邦国论》中写道："自海禁大开，强邻逼处。鸦片之役，英人侵我；越南之役，法人欺我；布楚之约，俄人噬我；马关之议，日人凌我；及乎庚子，诸国协力以谋我。瓜分豆剖，蚕食鲸吞，岌岌乎不可终日。""举国河山，将非我属。"文中特别提到日本侵略的严重性："同种东邻，乘欧战方殷之际，忽来哀的美敦书"，中国政府，"逐条承认……事急时逼，非常之势，多难之秋，至斯亦云极矣！"他大声疾呼："莽莽神州，已倒之狂澜待挽，茫茫

<hr />

① 《北京英文导报》，1918 年 3 月 10 日。
② 中央文献研究室编：《周恩来传》（一），中央文献出版社，1998 年版，第 29 页。
③ 周恩来：《在天津救国储金团第二次会上的演说词》，载 1915 年 6 月《南开星期报》第 49 期。

华夏，中流之砥柱伊谁？弱冠请缨，闻鸡起舞，吾甚望国人之勿负是期也"。[①]
充分反映了周恩来强烈反对列强侵略，拯救国家危亡的爱国热情。

　　1916 年 10 月，他在参加全校演说比赛时，发表了题为《中国现实之危机》
的演说，从中国的内忧、外患、道德、精神诸方面，论证中国"已处于极危险
地位"。他阐述孙中山领导的辛亥革命的不彻底性，列举民国以来封建军阀"武
人政治之害"，特别是日本的"得寸进尺，得步进步"，更"已陷吾人于危险之
中"，他断言帝国主义将进一步侵略中国，发出了"天下兴亡，匹夫有责"的呼
声，号召青年学生以救国为己任。[②]这时的周恩来，已坚定读书救国的大志，
把个人前途与国家民族的命运紧密地联系起来了！

二、留日时期的周恩来与日本

　　1917 年 6 月，周恩来以优异的成绩在南开中学毕业。校长张伯苓曾建议他
到美国留学，他经过多方面的思考后，根据自己情况，决定留学日本。这有多
方面的原因。

　　第一，周恩来出国留学有明确的目的，这就是寻求救国良方，振兴中华。

　　如前所述，周恩来在南开求学时，就树立了读书救国的大志，梦想祖国早
日摆脱贫困屈辱的地位，迅速走向富强。东邻日本原是一个小国，和中国一样，
受西方列强的侵略和欺凌。但从 1868 年起，日本成功实行"明治维新"，迅速
走上了富强之路。尤其是在甲午中日战争和日俄战争中，日本竟先后打败两大
帝国。这对怀有满腔爱国激情，急欲振兴中华的周恩来，有着巨大的影响和吸
引力，这是他选择赴日本学习的重要的原因。他东渡日本前夕的一些言行，充
分反映了这种真挚的感情。1917 年 6 月在南开学校毕业时，他给同班同学、好
友王朴山题写临别赠言："浮舟沧海，立马昆仑。"[③]8 月 30 日，他给小学同学
郭思宁题写临别赠言："愿相会于中华腾飞世界时。"[④]9 月初他赴日本前夕，还
创作了一首诗：大江歌罢掉头东，邃密群科济世穷。面壁十年图破壁，难酬蹈

---

　　① 周恩来：《或多难以固邦国论》，见刘焱编：《周恩来早期文集》上卷，南开大学出版社，1993 年版，
第 61 页。

　　② 周恩来：《中国现时之危机》，见《周恩来早期文集》上卷，南开大学出版社，1993 年版。

　　③ 原件存中国革命博物馆，见《周恩来早期文集》上卷，南开大学出版社，1993 年版，第 258 页。

　　④ 原件存中国革命博物馆，见《周恩来早期文集》上卷，南开大学出版社，1993 年版，第 260 页。

海亦英雄。①

这些诗充分表达了他振兴中华的崇高抱负。

第二，周恩来家境贫寒，《南开学校第十次毕业同学录》曾载："君家贫，处境最艰，学费时不济。"去欧美留学路途遥远，费用昂贵，他和供养他的伯父根本无法解决。日本近邻，且民性俭朴，费用可省许多。尤其是非常器重周恩来的老师马千里，在得知周恩来想去日本留学因经济困难而难以成行时，答允给予资助。他除自己先"捐赠十元大洋，以解燃眉之急"外，又找了张彭春、华午晴、时子周诸先生，为周恩来筹路费②，使他留学日本的愿望得以实现。

第三，那时，日本政府和清政府订立的由日本代培中国留学生的协议仍在执行，协议规定：日本政府指定的东京帝国大学、第一高等学校、高等师范学校等六所学校每年接收中国学生 200 人，悉给以官费，学费由政府代缴。周恩来希望到日本后能考取官费学校，学习生活费用就可以解决。

第四，当时已有不少南开同学先后赴日本留学，包括周恩来的同班同学张蓬仙、张鸿浩等人。1917 年 1 月 1 日，留日同学三十多人在东京组成了"留日南开同学会"，周恩来相信，在异国他乡南开学友会互相照应。

周恩来到日本后，因经济困难，生活非常节俭、清苦，吃的很简单。1918年春以后，为了节省，改为自己做饭，并且每天不吃早餐。③住的方面，为了寻找房租较便宜的住处，他不得不多次搬家，住到条件很差的狭小房子里。即便如此节俭，周恩来仍难摆脱困境。在他的日记里，记载着房主向他催要房租的情况，也记载着许多南开同学师生给他的资助。周恩来在异国他乡面临困难的时候，南开同学师友像一个温暖的家庭一样，给他真情的帮助，使他长期对南开充满感情。后来，他回国后在致留日南开同学的信中曾深情地说："我是爱南开的！"④就是这种真实感情的流露。

周恩来留学日本时希望考取官费学校，取得中国政府的奖学金。1917 年 9月中旬，周恩来到达东京后，先进入东亚高等预备学校学习，集中精力学习必考的日语，并补习数、理、化等其他科目。东亚高等预备学校是为中国留学生开设的学校，校长松本龟次郎是一位著名的教育家，1908 年至 1912 年曾应聘担任京师法政学堂的日语教师，其间，他曾访问过天津由严修经营的学校，并

---

① 原件存中国革命博物馆，见《周恩来早期文集》上卷，南开大学出版社，1993 年版，第 261 页。

② 《马千里日记》1917 年 8 月 22 日，原件存天津历史博物馆。

③ 1918 年 4 月 3 日致冯文潜信中说："弟在此甚好，每日自作饮食，持废止朝食，不食荤两主义。"《周恩来早期文集》上卷，南开大学出版社，1993 年版，第 297～298 页。

④ 《周恩来早期文集》上卷，南开大学出版社，1993 年版，第 302 页。

同严修之子严崇智进行了面谈。1913年回日本后不久，松本先生创办了东亚预备学校，以后即终身从事留学生教育。松本先生尊重中国文化，热爱中国留学生，他主持的东亚预备学校吸收了很多中国留学生。据载，在周恩来入学的1917年，该校的留学生达到1710人。松本在后来发表的著作《中华留学生教育小史》和《中华教育视察纪要》中，记述了他和东亚预备学校与南开非同一般的关系：南开学校毕业生，到日本留学的多数人入东亚预备学校。他在简要介绍南开学校和南开大学的历史后指出：南开是名牌学校，他的学生"较之其他学校出身的学生，具有特别的气质和风采，富有自信"①。松本龟次郎经常对留学生说："要热爱自己的国家，如果你能热爱自己的国家就能够开始热爱别的国家。"周恩来在旅日记中多次提到教他学日语的老师，有时写成"松树"、有时写成"松本"，据创价大学的高桥强教授和松本洋一郎先生考证，可能就是松本校长。在仅仅帮助留学生搬家就会遭到特高警察监视的时代，松本先生的上述言行是非常难能可贵的。周恩来对松本校长一直怀有敬意和深深的感激之情。1979年4月10日，周夫人邓颖超访日时，特意会见松本先生的亲属，并表示："周总理总想有一天能上日本向松本先生的遗族道谢的，可是他生前没有如愿。这次由我代表周总理，向留学日本时受过教导的恩师家属申谢。"②松本先生的亲属深受感动，马上到墓前报告松本亡灵。

1998年是周恩来诞辰一百周年，日本各界举行盛大的纪念活动，笔者应邀参加。得知东亚预备学校原址已辟为"爱全公园"，该园所在地东京千代田区的日中友好协会，在园中（预备学校原址）建立了一座刻着"周恩来在此学习"的纪念碑，做为中日永远友好的象征。

周恩来留日期间，曾结识一些日本朋友，现在八十多年过去了，周恩来和他的日本朋友都已经作古，但斯人虽逝，友谊长存，这种友谊大都由他们的后辈继承下来。至今在中日两国人民中仍流传着"一幅珍贵的素描像"的故事：

2000年1月，东京武藏野美术大学教授保田春彦委托日本前锋电视剧制作公司郡进刚先生，将一幅周恩来年轻时的素描像捐赠给天津"周恩来邓颖超纪念馆"，保田春彦先生还用日文亲笔赠书："本人郑重声明，此素描确为家父八十二年前亲手所绘。"原来这件事本身包含着一个跨越八十多年的中日人民友谊的故事。

保田春彦的父亲叫保田龙门，1918年时是东京美术学校的学生。那时他和

---

① 王永祥、高桥强主编：《留学日本时期的周恩来》，中央文献出版社，2000年版，第44～46页。

② 武田胜彦：《桥——一个日本人的一生》，生活·读书·新知三联书店，1992年版，第2页。

严修的儿子严智开一起，住在一座幽静的寺院，即谷中的灵梅院。当时，正在日本留学但经济困难的周恩来，为寻找房租便宜的住处，多次迁居，2月1日，他搬到严智开住处。2月2日，他在日记里写道："昨天晚上搬来季冲的住处，一切觉得很好。今天早晨起来后，同着季冲，还有一个同住的日本美术学生保田君，在一块儿吃早饭。"经严智开介绍后，他们认识，以后经多次长谈，很快成为好朋友。保田为周恩来画了一张素描像，周恩来在2月6日的日记中记有这件事："归来与保田君谈，日、英语杂进，彼且画余像。"后来他们交往频繁，周恩来在2月8日、21日、24日的日记里都有记载。以后他们都迁居，分住两处，也时有交往和书信来往，周恩来的日记中多处有记载。①

81年后，日本著名剧作家岩间芳树把这个故事写成剧本，并与保田春彦先生合作，制作成电视剧《邻人的肖像》，以"让广泛的日本青少年进一步理解真诚的中日友谊精神"。1999年10月，该剧在日本东京、大阪等各大城市播出后，引起了很大反响。日本各大报和美国一些报纸都做了报道。共同社向全世界播发了消息。

1918年春，日本军国主义打着中日两国"共同防御"俄国十月革命的名义，迫使中国北洋军阀段祺瑞政府秘密签订《中日共同防敌军事协定》，其目的是诱使中国军队充当日本反对苏俄的附庸军，并进而夺取沙俄在中国东北的特权地位。4月初消息传出后，周恩来和广大中国留学生都非常愤慨！他在日记中写道："阅英文报，知日政府又提出二十条要求中国矣！""我政府尚愤愤，奈何！"②5月初，消息更紧。这时，第一高等学校的中国留学生首先发出倡议，主张全体留学生离日回国，以示抗议。5月5日，各校代表会议，以外患紧急，祖国危殆，决议成立"大中华民国救国团"。6日，救国团成员四十多人在神田区的中国饭店召开秘密会议，日本警察数十人突然持刀冲入，逮捕代表，双手反缚，拳打脚踢，送往西神田警署。10日，又传来著名报人彭翼仲留下"霹雳一声中日约，亡奴何必更贪生"的绝命诗从船上蹈海而死的消息，周恩来和留学生都异常悲愤！5月16日，段祺瑞政府不顾国家利益和人民的反对，悍然同日本政府签订这个协定，这激发留日学生更加愤慨！先后纷纷罢学归国的留日学生达四百多人。国家、民族的危亡，使具有强烈爱国心的周恩来无法再静下心来准备留学考试。他积极投身于"据约运动"，注意力已转向救国活动去了。

在日本的一年零八个月时间，是周恩来思想发展变化并确定人生方向的一

---

①周恩来《旅日日记》1918年2月1日、2、6、8、21、24日，3月1、11日，4月14日等，《周恩来早期文集》，中央文献出版社，1998年版。

②周恩来《周恩来旅日日记》1918年4月3日、4日，《周恩来早期文集》，中央文献出版社，1998年版。

个极为重要的时期。他不愿意一味死读书，而是非常重视观察日本社会，了解日本国情。因此，虽然参加两次入学考试而未被录取，但他接触了许多新事物新思潮，大大开阔了眼界，使他在探索救国良方的途程中，勇于抛弃错误的认识。在国内时，他受一种流行思潮的影响，以为效仿日本，富国强兵，行军国主义，就可以救中国。到日本后，经过实地观察，他很快领悟到："军国主义的第一个条件是'有强权，无公理'的……必定是扩张领土为最重要的事。"这就难免发生战争。因此，"我从前所想的'军国''贤人政治'这两种主义可以救中国的，现在想想实在是大错了。"①留学期间，他找到在国内曾经看过、但没有特别注意的陈独秀主编的《新青年》，又读了一遍，思想大受启发。他兴奋地写道："这几天连着把三卷《新青年》仔细看了一遍，才知道我从前在国内所想的全是大差……我愿意自今以后，为我的思想、学问、事业，去开一个新纪元才好呢！"②

　　在这以后，周恩来又先后阅读了约翰·里德介绍俄国十月革命情况的《震动全球的十日》、幸德秋水通俗介绍马克思主义的《社会主义精髓》和京都帝国大学著名教授河上肇的《贫乏物语》。当时，国内还没有一本完整翻译的马克思、恩格斯的著作，列宁的著作更是一篇也没有。周恩来在日本能直接阅读到英文或日文的这些书籍，较早地接触了马克思主义。尽管那时还不能说他已经成为马克思主义者，但他的思想受到很大的震动并开始发生变化，他在日记中兴奋地写道："二十年华识真理，于今虽晚尚非迟！"③

　　1919年1月，河上肇创办了宣传马克思主义的刊物《社会问题研究》月刊，从第一期起，就连载了他写的《马克思社会主义的理论体系》，周恩来立刻成为热心读者。当年他离开东京，打算经京都回国时，箱子里还带着河上肇的著作。4月5日，他在京都写下了《雨中岚山》的诗篇，诗中写道："潇潇雨，雾蒙浓，一线阳光穿云出，愈见姣妍。人间万象真理，愈求愈模糊；——模糊中偶见着一点光明，真愈觉姣妍。"④

　　年轻真诚的爱国者周恩来，为寻求救国真理，在日本经过一年零八个月艰苦曲折的探索，放弃一个个救国方案后，终于在迷茫模糊中"偶然见着一点光明"，马克思主义的真理宛如"一缕阳光穿云出"，使他倍感欣喜！尽管当时他还不能深刻理解它，人生方向未定而仍处于探索阶段，但他已被这一新的思想

---

① 周恩来：《旅日日记》，1918年2月20日，《周恩来早期文集》，中央文献出版社，1998年版。
② 周恩来：《旅日日记》，1918年2月15日，《周恩来早期文集》，中央文献出版社，1998年版。
③ 周恩来：《旅日日记》，1918年10月20日，《周恩来早期文集》，中央文献出版社，1998年版。
④ 《周恩来早期文集》上卷，中央文献出版社，1998年版，第300页。

深深地吸引。

三、五四运动和南开大学时期的周恩来与日本

1919 年 4 月上旬，周恩来离开东京，经京都，从神户乘船回国。

回国后不久，席卷全国的反帝反封建大风暴来临了，这便是伟大的五四爱国运动。五四运动爆发后，周恩来从东北返回天津，并随即到母校参加爱国运动。5 月中旬，他写信给东京的留日南开同学会，反对校方接受卖国贼曹汝霖的捐款，并聘他为校董，还说："我是现在天天到南开去的，我是爱南开的。"①5 月 21 日，留日南开同学会将此信节录寄给留美南开同学会，由于南开校友和师生的反对，终于促使校方放弃原来的打算。

7 月，周恩来应天津学生联合会的邀请，筹办并主编 7 月 21 日正式出版的《天津学生联合会报》，高举"科学""民主"和反帝反封建大旗，不断揭露日本帝国主义的侵略和军阀政府的卖国罪行，使报纸很快成为团结教育人民、指导爱国运动的强有力工具，被当时舆论赞誉为"全国的学生会报冠"②。

9 月初，周恩来进入新建的南开大学文科学习。与此同时，他团结各校学生运动骨干分子 20 人，组成"觉悟社"。9 月 21 日，在该社成立后 5 天，即邀请五四运动中有很高声望的马克思主义者、北京大学教授李大钊到社演讲。由于成员大都是天津学联或各校的领袖人物，因而觉悟社很快成为领导天津学运的核心力量。

这时，群众爱国运动继续汹涌向前。10 月 10 日，为抗议北京政府逮捕请愿代表，天津各界 5 万人在南开操场集会，痛斥反动政府镇压爱国运动的罪行，南开大学等校师生高举"推翻恶政府""誓杀卖国贼"等旗帜，参加大会。

11 月 16 日，日本帝国主义者又在福州制造了枪杀中国居民的惨案，举国震惊，群情激愤。消息传来，天津学生上街游行演讲，声讨日本军国主义暴行。

12 月 10 日，天津学联改组，周恩来当选执行科长，新学联号召抵制日货。15 日，周恩来代表学联，到总商会讨论抵制日货的具体措施。20 日，在南开操场举行十多万人参加的国民大会，当众烧毁了十多卡车日货，会后举行示威游行。之后，抵制日货运动在天津和全国许多省市不断进展。

---

① 周恩来：《赠留日南开同学信》，《周恩来早期文集》上卷，中央文献出版社，1998 年版，第 302～303 页。

② 见上海《新人》杂志第 1 卷第 4 号。

反动当局决心严厉镇压。1920 年 1 月 23 日，天津学联调查员在商店检查日货时，遭到 3 个日本浪人的毒打。各界代表到省公署请愿时，军警又逮捕马俊（南开大学学生）、马千里（南开大学教师）等 20 人。残暴的镇压引起更大的反抗，1 月 29 日，各校学生近六千人，到省公署请愿，周恩来当总指挥，当局出动大批武装军警，用刺刀枪托殴打学生，五十多名学生受重伤，周恩来等四位代表被捕。在狱中他团结难友，用各种形式和反动当局进行斗争。难友们组织起来，学习政治、文化等各种知识。据当时史料记载，周恩来在 5 月 28 日、31 日、6 月 2 日、4 日、7 日，分五次向难友系统介绍了马克思主义学说，所讲的内容题目为：历史上经济组织的变迁、马克思传记、唯物史观的总论和阶级竞争史、经济论中的余工余值说、《资本论》和资产集中说。①当时，马克思主义学说的著作介绍到中国的还不多，能这样系统讲解的人还屈指可数，周恩来能做到这样，是因为他在日本时已学习研究过马克思主义学说。这再次表明，留日时期周恩来的思想发展变化，对他的一生有重大而深远的影响。

1920 年 7 月 17 日，周恩来在被拘禁近半年后获释出狱。为进一步追求救国真理，是年 11 月 7 日，他远渡重洋，赴欧洲勤工俭学。

中国人民要求收回山东主权，拒绝和约，进行反对日本侵略的爱国斗争，是五四运动的重要组成部分，它得到日本主持正义的人士和学生的支持和声援。1919 年 8 月初，日本学生组成代表团，对中国进行友好访问，他们曾发表"日本东京学生致中国学生书"，表达反对日本军国主义侵略中国、声援中国学生、主张日中友好的善良愿望。周恩来为欢迎来访的日本学生代表团，特意撰写"敬告日本来华的学生"一文，发表在 8 月 9 日他主编的《天津学生联合会报》上。文章说：

> 日本学生诸君，当着现在排日风潮最盛的时候，不辞劳瘁，贸然来华，发表宣言书，并且开诚与我们中国学生谈话，说以前一般来华的日人未曾说过的话，实在让我们觉得，东亚两国国民的前途，尚有一点亲善的希望。

他还坦诚地敬告学生：

> 现在诸君既知道军阀不好，侵略主义不好，社会要改造，平民势力要增加，人类要平等，诸君就应该同去做真正的平民运动，推倒你们的军阀，打破日本国民侵略的野心，然后两国的国民运动，才可以接近……总之，两国国民的真正亲善，万不是口舌、文字所能表达出的，紧要的是双方国

---

① 周恩来：《检厅日录》1920 年 11 月 24 日，载《周恩来早期文集》上卷，中央文献出版社，1998 年版，第 390～485 页。

民对内对外，要有一个社会根本改造的现实。①

19世纪末叶至20世纪前期，日本军国主义者不断发动对中国的侵略。但在那种险恶的政治环境下，仍有一些富于正义感、眼光远大的日本人士，敢于公开反对日本军国主义侵略，主张与中国和平友好。周恩来非常关注日本国内的这一情况，赞赏主持正义、反对侵略的日本朋友的言行。在五四运动反日浪潮高涨的时候，他特意翻译了日本著名作家宫崎龙介的文章《日人口中之破坏和平的资本主义外交》，发表在1919年8月2日至6日的《天津学生联合会报》上。②这部分文章首先分析了日本国情，指出日本自世界大战以来，"国丰民富，上下渐渐自得起来"。然而冷静地考察，"日本的国土，绝非富庶"。他指责日本当权者盲目模仿英、美、法，推行"有强权，无公理"的资本主义外交，强占中国青岛，指出："日本从来的国际外交舞台却取英美的典型资本主义外交，这种无谋模仿的结果，使日本遂坠入今日不可挽回的逆境。假如我们深远考虑，就知道占领青岛及其他狭小租借地，于日本果有几何利益啊！""然而，中国多数国民心里，却终种下了抹不去的猜疑观念……可以说是国民全体大不幸的事！""这种似是而非的外交，恐怕亦要将国民送入黯淡的境遇里了！"③宫崎先生主张："日本果真要打算将真正的国威发扬中外，必定先将大义阐明于四海……向那逞暴横的资本主义各国表示毅然的觉悟。"日本政府应改变"那模仿英美的外交方法"，"确立政府的人道同平和的外交"，这样才能维护东半球的和平。④

综观周恩来光辉的一生，南开求学和留日时期，是他成长的重要时期。尤其是留日时期，他接触各种新思潮，是他开始走向马克思主义的新起点，对他后来确立共产主义世界观，成就一生伟大业绩，有着深远影响。这一时期他反对日本军国主义侵略的斗争，已载入史册。八十多年前他与一些日本朋友结下的真挚情谊，遗传给双方后代，不少生动的故事，至今在两国人民中流传。中日两国是一衣带水的邻邦，两国人民有两千多年友好交往历史。我们要继承周恩来的中日两国人民友好的遗愿，共同努力，以史为鉴，抚平近百年来日本军

---

① 周恩来：《敬告日本来华的学生》，载《天津学生联合会报》1919年8月9日。

② 现2日至5日的报纸已佚失，只发现6日的报纸，载有宫崎文章的最后部分。

③ 宫崎龙介著、周恩来译：《日人口中之破坏和平的资本主义外交》，载《天津学生联合会报》1919年8月6日。

④ 宫崎龙介著、周恩来译：《日人口中之破坏和平的资本主义外交》，载《天津学生联合会报》1919年8月6日。

国主义给两国人民造成的创伤，携手并进，世代友好，共同创造两国人民更加
幸福美好的明天。

（本文发表于南开大学日本研究院编：《日本研究论集》，

天津人民出版社 2005 年总第 10 期）

周恩来与南开大学

——纪念周恩来诞辰 103 周年和视察南开 50 周年

今年 3 月 5 日，是敬爱的周恩来总理 103 周年诞辰。2 月 24 日，是他视察母校南开大学和南开中学 50 周年。回忆周总理波澜壮阔、光辉伟大的一生，禁不住涌起心头的哀思！

周恩来是中华民族和中国共产党人的优秀代表，是深受人们敬爱的勤政廉政的公仆楷模，是举世公认的世纪伟人。他不仅深受亿万中国人民的衷心热爱，而且受到了全世界不同国家、不同肤色、不同民族、不同阶层人士的普遍赞誉和尊敬！世界五大洲的朋友和报刊舆论都异口同声地称颂周恩来，称他"是永远名垂青史的伟人"！"是整个 20 世纪最杰出的政治家"！"是一位不受时空限制，扭转世界历史的特殊政治人物"！1998 年，日本各界代表五百多人在东京举行了庄严隆重的"纪念周恩来诞辰一百周年大会"，我应邀参加。一些日本朋友对我说："我们日本人政治上不分左中右，不分党派，都崇敬周恩来。"美国前总统尼克松说："在过去的 25 年里，我有幸会见过的一百多位政府首脑中，没有一个在才智的敏锐，哲理的通达和阅历带来的智慧方面超过他，这使他成为一位伟大的领导人！"甚至他的政敌，曾悬赏要他脑袋的蒋介石也为之折服。蒋曾深有感慨地哀叹："与周恩来相比，国民党内无人！"西方有的报刊惊呼："对周恩来，没有人唱反调，这在世界上是罕见的！"在他逝世的时候，中外亿万人民同声哀悼，联合国也破例下半旗致哀！其感人至深，是中外历史罕见的！

周恩来是南开精英，南开教育对他的一生有深远影响。他在南开学习期间初步培育起来的光辉思想、高尚品德、丰富知识、卓越才能和优良作风，在他漫长的革命征程中逐步升华，不断发扬光大，为成就伟大业绩打下坚实基础。他一生也深情地关爱南开：1919 年 5 月，他在《致留日南开同学》信中深情地说："我是爱南开的。"大革命时期，他身兼数要职，在百忙中还出席 1926 年 4 月初广州南开校友的集会，畅叙同窗友谊。1927 年 4 月蒋介石叛变革命后，成千上万的共产党人被血腥屠杀。1928年周恩来已是中共中央的实际负责人，在白色恐怖极端严重的情况下，他仍坚持在上海秘密领导党在全国的武装斗争和地下斗争。同年12月，他化装成商人代表中央到天津整顿顺直省委，在此期间，还秘密探望了老校长张伯苓等南开友人。1930年，他去莫斯科向共产国际汇报工作秘密返回途经东北时，发现已被日本特务跟踪，他找到当时在皇姑屯铁路工作的南开校友李福景和胡纯赞，尽管当时周恩来已是被悬赏"通缉"的"要犯"，但两位校友仍不畏风险，机智地帮助他脱险！

1936年，日本入侵华北，民族危机深重，为贯彻中共中央建立抗日民族统一战线的方针，周恩来致书蒋介石、张学良等，呼吁"捐弃前嫌，团结御侮"。与此同时，他还致书张伯苓等南开校友："请一言为天下先"，推动各方共赴国难。当年他在延安接见天津英文报刊《华北明星报》的外国记者时说："我在天津读南开中学、大学，这个学校教学严格，课外活泼，我以后参加革命活动是有南开教育影响的。"

1937年7月7日，日本发动侵华战争后，月底即对具有反帝抗日爱国光荣传统的南开大学狂轰滥炸，部分师生辗转到南京，张伯苓与周恩来联系，将自愿抗日的送往延安。1938年100多位南开校友在武汉集会，周恩来出席并讲话说："南开除严格之训练与优良的校风外，有二点可以注意：一为抗日御侮之精神，一为注意学科训练。"

1938年底之后，周恩来作为中共全权代表，在山城重庆坚持战斗了8年，在紧张艰险的斗争中，他仍关怀南开，常到沙坪坝重庆南开中学和南开大学经济研究所看望南开师友，纵论抗日形势和天下大事，拨雾指迷，宣传党的团结抗日政策。1939年1月初，周恩来亲自出席重庆南开校友集会，发表《抗日必胜的十大论点》的讲演。1月10日，又应张伯苓的邀请，到沙坪坝向全体南开师生发表《抗战救国与南开精神》的讲话，受到全校师生空前热烈的欢迎，礼堂座无虚席。他强调："南开的传统精神为抗日与民主……希望校友能发扬此种可贵精神，为抗战建国而努力！"他还对南开"公能"校训做了新的解释，号召师生学好抗战和建国本领，"打倒日本帝国主义，建设一个强大的国家"。

1945年8月抗日战争胜利后，国共两党在重庆举行谈判，9月6日，他与毛泽东专程到沙坪坝津南村看望张伯苓和柳亚子。

1948年底，南京政府面临崩溃前夕，已任国民党政府考试院院长的张伯苓避居重庆，他虽不愿飞往台湾，但内心十分矛盾。周恩来得知讯息后，通过香港校友寄信给张伯苓云："老同学飞飞不让校长动。"张伯苓知道"飞飞"是周恩来笔名，立即感悟到周恩来在关键时刻对他的关心，坚定了不去台湾的决心。

　　1949 年新中国建立后，周恩来肩负千钧，日理万机，但仍十分关怀南开师生，多次回南开大学和中学视察。1951 年 2 月，张伯苓因病在天津逝世，周恩来来津吊唁，亲自送上"伯苓师千古，学生周恩来敬挽"的花圈。2 月 24 日，周恩来视察南开中学和南开大学，他对母校师生讲话时深情地说："这是我的母校，没有疑问，那时受的是资产阶级教育，但我也学了一些知识，锻炼了办事能力。"1957 年 2 月 10 日，他访问亚非十一国返回途经重庆时，专门到重庆南开中学视察。同年 4 月，他陪外宾访问天津，在亲切会见南开大学和天津大学师生时又说："天津是我青年时代的故乡……我每次来天津，总要告诉我过去的师友说，我还是感谢南开中学给我那些启蒙的基本知识，使我有可能寻求新的知识，接触新的知识。"5 月 4 日，他又亲笔给南开中学学生会复信，勉励同学努力学习，做一个体力劳动与脑力劳动相结合的知识分子。

　　1959 年 5 月 28 日，周恩来与邓颖超再次来南开大学视察，在 7 个多小时内，听取校领导汇报，询问当年一些师长和同学的情况，深入一些系所、教室和学生宿舍视察，与许多师生亲切交谈，向聚集新开湖旁广场的 4000 多名师生员工发表重要讲话，勉励南开"在新时代要有新校风、新的教学重点，要保证质量，真正能够很好地为社会主义服务"他从早到晚，不顾疲劳，中午到职工食堂自费买一盘熬萝卜和窝头充饥，坚决不要特殊照顾。作为一位大国总理，他勤勤恳恳、清廉俭朴、严于律己的风范，使广大南开师生至今感念不已！

　　周恩来光辉伟大的一生，是真正全心全意，为国为民的一生。建国前他为中国人民的解放，真正全心全意、舍身忘我地英勇战斗！新中国成立后他始终不渝地坚持实事求是，进行社会主义现代化建设，不断提高人民生活水平，为建立一个民主、繁荣、富强的新中国而奋斗的正确方针。虽然由于"以阶级斗争为纲"的"左倾"错误路线的干扰，未能完全实现，但几十年来正反两方面的实践已经证明：他实事求是地建设"四化"的路线是正确的！他高瞻远瞩，临终前已为邓小平为核心的党的第二代领导集体的形成，在组织上、干部上打下初步基础。他的思想是二十多年来指导我国建设取得辉煌成就的邓小平理论的重要渊源。他的光辉思想和崇高精神，已在亿万中国人民和历代南开人心中，铸造了一座非人工所能建造的丰碑，将名垂青史，光耀千秋！

　　　　　　　　　　　　　　　　　（本文发表于《周恩来研究》2001 年第 2 期）

人民总理 南开精英周恩来

（一）

周恩来是中华民族和中国共产党人的优秀代表，是亿万人民衷心爱戴的伟大公仆，是 20 世纪世界知名的伟人。他为国为民，忘我地奋斗了一生。国际舆论赞颂他"是整个 20 世纪中最杰出的政治家"；"是一位不受时空限制、扭转世界现代史的特殊政治人物"。美国前总统尼克松说："在过去的 25 年里，我有幸会见过的一百多位政府首脑中，没有一个在才智的敏锐、哲理的通达和阅历带来的智慧方面超过他，这使他成为一位伟大的领导人。"甚至他的政敌蒋介石也深切感慨："与周恩来相比，国民党内无人。"在他逝世的时候，亿万人民同声悲痛，联合国也破例下半旗致哀！其精神感人至深，是中外历史罕见的！

周恩来是南开精英。他在南开时期初步培育起来的光辉思想、高尚品德、丰富知识、卓越才能和优良作风，在他一生中逐渐成熟并不断发扬光大，为成就伟大业绩打下坚实基础。

（二）

周恩来祖籍浙江绍兴，1898 年 3 月 5 日出生于江苏淮安。幼名大鸾，字翔宇。曾用笔名或化名有：飞飞、伍豪、少山、冠生、陈宽、胡必成、赵来等。

祖父周攀龙，到淮安任县师爷，遂迁居淮安。周恩来诞生不久，祖父病故，这个没有田产，只靠薪水过活的官宦人家开始没落。父亲周贻能，常年在外做小职员，收入微薄，难以养家糊口。母亲万氏，是清河县（今属淮安）知事万青选的女儿，性格开朗，主持家务，处世精明。周恩来不满周岁，即过继给病重的叔父周贻淦"冲喜消灾"。不久，嗣父去世，由嗣母陈氏抚养。陈氏出身书香门第，性格文静，会书画，好诗文，对周恩来的抚养倾注了全部心血。

　　周恩来的童年是在淮安度过的，淮安位于苏北平原，是纵贯南北的京杭大运河和滔滔东流的淮河交汇的联结点。早在五千年前，这里的先民就创造了闻名中外的青莲岗文化。1800 多年前的汉王朝时期，开始在这里设县置镇。这里曾诞生过汉朝开国将领韩信、辞赋家枚乘，晚唐诗人赵嘏，北宋著名历算家卫朴，南宋抗金女英雄梁红玉，明朝文学大师吴承恩，清鸦片战争中的抗英名将关天培。这样的家庭和社会历史环境对周恩来有深远的影响。

　　周恩来四岁时，嗣母开始教他识字和背诵唐诗。五岁入私塾读书。六岁时随父母、嗣母迁到淮阴外祖父家居住，在万家家塾继续读书。嗣母空暇时常给他讲民族英雄梁红玉、关天培和神话孙悟空等故事，他"辄绕膝不去，终日听之不倦"。以后几年，他先后读了外祖父家的《说岳全传》《西游记》《水浒传》和《三国演义》等书。家庭教育和这些历史名著，对幼年周恩来的文化教养和性格的形成有深远影响。40 年后他还深情地说："直到今天，我还得感谢母亲的启发，没有她的爱护，我不会走上好学的道路。"他又说："嗣母终日守在房中不出门，我的好静性格是从她身上继承过来的。但我的生母是个爽朗的人，因此，我的性格也有她的这一部分。"他还说，母教的过分仁慈和礼让，对他的性格也有影响。

　　周恩来九岁时，生母万氏病故，次年 7 月，嗣母又被肺结核夺去了生命。家中料理完两次丧事，已经债台高筑。父亲为生活所迫，经人介绍，到湖北做事去了。秋冬之交，10 岁的周恩来过早地承担起生活重担，带着两个弟弟，迁回淮安老家居住，靠亲属照顾和典当度日。他"佐理家务，井然有序"，后来他回忆这一段凄凉的日子说："我从小就懂得生活的艰难，父亲常外出，我 10 岁、11 岁就开始当家，照管家里柴米油盐，外出应酬。"他对母亲怀有深厚感情，在南开大学时期曾写过一篇《念娘文》，可惜没有保存下来。抗日战争胜利后，他在重庆深情地对记者说："38 年了，我没有回过家，母亲墓前想来已白杨萧萧，而我却痛悔亲恩未报！"

　　1910 年春天，12 岁的周恩来随回家探亲的堂伯父周贻谦到奉天银州（今辽宁铁岭），入银岗书院读了半年书。秋天，伯父周贻赓接他到奉天府（今辽宁沈阳），入东关模范学校学习。那时正是民族灾难深重的年代，周恩来从老师讲述的黄花岗七十二烈士的悲壮史实和阅读《革命军》《猛回头》等革命书刊中受到强烈感染，焕发了爱国主义激情。一次，老师在课堂上问同学："读书是为了什么？"他庄重地回答："为了中华之崛起！"辛亥革命爆发后，他十分兴奋，毅然剪去了象征清王朝臣民的辫子，表示反清决心。1912 年，他挥笔写了一篇《东关模范学校第二周年纪念日感言》，明确提出学习目的是"克负乎国家将来艰巨之责任"。这时，少年周恩来已立下了读书救国的大志。

（三）

1913 年 8 月，周恩来考入天津南开学校，1917 年 6 月中学毕业后，9 月，赴日本求学。1919 年 4 月回国，参加五四运动，9 月入南开大学，次年 11 月，赴欧勤工俭学。这一时期，是青年周恩来思想品德成长的关键时期，南开教育对他有深远的影响。当时南开是一所新式学校，学术空气比较自由，教学管理比较开明。在爱国教育家张伯苓的主持下，认真实行德、智、体、美、群全面发展的教育方针，办学很有特色。张伯苓提倡"允公允能，日新月异"，强调培养学生"爱国爱群之公德，服务社会之能力"。不仅严格要求学生具有爱国意识，学好文化科学知识，锻炼好身体，而且提倡并支持学生开展多种多样的课外活动，组织各种社团，进行社会调查，培养学生服务社会的实际工作能力。他还把品德教育放在首位，强调"教育范围绝不可限于书本教育，智育教育，而应特别着重了人格教育，道德教育"。在南开这样的学校环境中，周恩来有机会接触各种新思想，继续读了不少具有爱国主义和民主主义思想的书刊，思想认识逐步提高，更加关心国家民族命运，并积极投入校内外的反帝爱国斗争。1916年他在一首诗中写道："险夷不变应尝胆，道义争担敢息肩。"激励自己勇敢承担救国重担。同年 10 月，他发表《中国现时之危机》的演说，发出"天下兴亡，匹夫有责"的呼声。

1917 年他中学毕业后，抱着"邃密群科济世穷"的决心，东渡日本求学，行前给同学写下了"愿相会于中华腾飞世界时"的赠言，再次表达了寻求救国济世真理，振兴中华的崇高理想和决心。留日时期，周恩来如饥似渴地广泛阅读介绍新思潮的各种书刊，开始接触马列主义，受到极大鼓舞。他在日记中写道："二十年华识真理，于今虽晚尚非迟。"

1919 年 4 月，他满怀爱国激情，返回祖国。不久即投入轰轰烈烈的五四爱国运动。他创办并主编《天津学生联合会报》，"天天到南开去"，战斗在反帝反封建一线，并很快成为天津学运的领导者。当年 9 月，他入南开大学前后，倡议并组织革命团体"觉悟社"，团结了天津学运的一批重要骨干，形成天津学运的领导核心。1920 年 1 月 29 日，周恩来因抗议军阀政府镇压反帝爱国运动，带领数千学生赴直隶省公署请愿被捕，拘押近半年之久。在狱中，他五次向全体难友宣讲马克思主义学说，团结全体难友进行斗争。1920 年 7 月 17 日，他被释放后，积极推动和组织觉悟社，与李大钊等领导的北京少年中国学会等四团体联合，共同进行拯救国家、改造社会的斗争。

周恩来在南开时期十分重视思想品德的培养，刻苦学习各科知识，积极进行体育锻炼，是一个德、智、体全面发展的优秀学生。他勇于追求真理，主张读书不忘救国，自觉地把个人前途与国家民族命运联系起来，反对把读书作为升官发财、显亲扬名的阶梯；他热心公益事业，关心集体，一直勤勤恳恳，埋头为群众服务，决不沽名钓誉，谋利营私；他主张以诚待人，言行一致，"无丝毫假借，无智利相扰"。反对虚伪欺诈，"以诈为利，以伪为真"。《南开学校第十次毕业同学录》中的《周恩来小传》说："与同学张、常二君发起敬业乐群会，君规划之力最多，复继张君掌会务二载，热心从事于学报，尤倍竭其力编辑印刷……曾为《校风》报总经理、演说会副会长、国文学会干事、江浙同学会会长、新剧团布景部长、暑假乐群会总干事及班中各项干事，凡此均足证其学识毅力之胜于人也。君于新剧尤具特长，牺牲色相，粉墨登场，倾倒全座。"又说："君性温和诚实，最富于感情，挚于友谊，凡朋友及公益事，无不尽力。"这些都是对周恩来南开时期思想品德和才能的真实写照。

周恩来为实现自己的远大抱负，中学时期对各门科学知识的学习非常勤奋刻苦。他"初至英文非佳"，接连几篇作文教师评语不甚佳，他思想震动很大，在作文本上写下一段自责自勉的话："翔宇、翔宇，汝宜三思，须知人之所能为者，己即能为之。汉文落第，英文不及格，尚何面居于丁二班？若长此以往，恐降班有你，南开不久亦非汝插足之地矣！"其后，他"发奋攻读，始同趋步。"不久，各门功课取得了优异成绩。据当时部分记载：全校国文特试，他获第一名；代数考试获满分；全校数学"捷算赛速，两列前茅"；班级化学考试，"名列最优者中"。他还"工行书，善演说……曾代表本班与全校辩论。"他因担负许多社会工作，耗费大量精力，"然绝未以他事妨学业，致失正鹄，故毕业成绩仍属最优"。获总平均 89.72 分。

周恩来学生时代十分重视体育，主张"健康为首务"，认为只有"健身体"，才能"固根基"。在东北上小学时，他就不怕严寒，坚持长跑锻炼。在天津上南开时，因南开特别重视体育，他更积极参加各项体育活动。他参加的篮球队和排球队，在班级比赛中都曾夺得冠军，跳高比赛获第三名。由于他坚持体育锻炼，在学习和工作中一直精力充沛。

周恩来在南开时期，培养了敢于破除迷信、解放思想、实事求是的科学精神。他对众说纷纭的各种学说，采取"慎思明辨""深究而悉讨"的科学态度，不人云亦云。在一篇作文中，他对统治人类社会数千年，被中外亿万人崇信的孔子儒家、基督教义和佛家经伦，大胆提出怀疑，主张破除迷信，独立思考，反对盲从。对科学家赫胥黎"独能发抒怀抱，倡物竞天演之说，开文化之先河，破耶氏之教论"的反潮流精神和新的见解，倍加赞赏。五四运动前后，他开始接触马列主义，思想更加解放。他主编的《天津学生联合会报》和创建的觉悟社，都以"革心""革新"为宗旨，庄严宣称："凡是不合于现代进化"的旧传统旧观念，"全认他为应该铲除，应该改革的"。

南开时期周恩来还开始培养了联系群众、发扬民主和自我批评的作风。他"善交游"，联系各方面人士，与许多南开师生建立深厚友谊，若干年后即使彼此政见不同，仍保持诚挚友谊。他反对"自是而非人"，认为"一人之智慧有限，万民之督察綦严"。世界文明进步，也是"集众广思"的结果。俄国十月革命的胜利和五四运动，使他清楚地看到群众力量的伟大。他在《学联报》发表专论阐述反帝反军阀的办法时指出："我们所持的是群众运动。"这是我国革命史上最早使用"群众运动"的提法。在《学联报》的"发刊旨趣"中，他公开宣布"本民主主义精神发表一切主张"。他在南开大学时期创办和领导的觉悟社，不仅内部充满民主和批评自我批评精神，而且公开要求社外广大群众"从旁观的态度上能够给一种严重的审查，深刻的批评"。

勤俭朴素，艰苦奋斗，是我们民族的优良传统。周恩来因家境贫困，深知生活之艰辛，自幼养成勤俭朴素，在逆境中艰苦奋斗的习惯。入南开后，"他非常俭朴"，常"从家带回一小罐做熟的酱当菜吃"。他交学费常有困难，靠给学校刻蜡版、油印、抄写稿件补贴。后因品学兼优，学校免去其学杂费，是南开唯一的免费生。留学日本时，仍保持俭朴作风，"每日自作饮食，持废止朝食、不食荤两主义"。因此《毕业同学录》说："君家贫，处境最艰，学费时不济，而独能于万苦千难中多才多艺，造成斯绩！"这是一段非常真实的写照。

周恩来是南开精英，可以明显看出，他在南开时期开始培育起来的光辉思想、高尚品德、丰富知识、卓越才能和优良作风，在他后来漫长的革命征程中逐渐成熟，不断发扬光大，并有了质的飞跃，为成就伟大业绩打下坚实基础。因此，周恩来对南开一直怀有深厚感情。1919 年 5 月，他在《致留日南开同学信》中深情地说："我是爱南开的。"在以后几十年他献身革命极其困难的年代，他与许多南开师友仍保持真诚的友谊，时有接触或书信来往。 1928 年他代表中央到天津整顿顺直省委，在白色恐怖下，他还秘密探望了老校长张伯苓等人。1930 年，他去莫斯科向共产国际汇报工作秘密返回途经东北时，发现已被日本特务注意，周恩来找到当时在皇姑屯铁路工作的南开校友胡纯赞和李福景，尽管当时周恩来已是被"通缉"的共产党要人，但两位校友仍不畏风险，机智地帮助他脱离险境。

（四）

周恩来被关押时，南开校方迫于军阀政府的压力，曾将他开除，但南开师生一直关怀着这个好学生。1920 年 11 月，为进一步寻求救国真理，周恩来赴欧俭学，南开创办人严修曾给予资助并写信推荐。行前，他与天津《益世报》商定，担任该报驻欧记者，以撰写通讯稿酬维持生活。他到欧洲不久，在致表兄陈式周信中阐明自己旅欧的目的："唯在求实学以谋自立，虔心考查以求了解彼邦社会真相暨解决诸道，而思所以应用于吾民族间者。"抱着寻求救国良方的明确目的，他博览群书，广泛涉猎各种社会学说，认真对各国进行"社会实况之考察"，给《益世报》写了 50 多篇、约 25 万字的通讯。在审慎地"对一切主义开始推求比较"之后，思想发生新的飞跃。1921 年 3 月，他参加了巴黎共产党小组，并成为当年 7 月正式成立的中国共产党的创建者之一。不久，他致天津觉悟社员的信中郑重宣称："我认的主义一定是不变了，并且很坚决地要为他奔走宣传。"

从此，他把全部精力投身到振兴中华，实现共产主义理想的伟大事业中，开始了波澜壮阔的一生。

1922 年，周恩来和赵世炎等组成旅欧中国少年共产党，后任中国社会主义青年团旅欧支部书记和中国共产党旅欧总部领导人，积极发展组织，大力宣传社会主义，批判各种机会主义。并根据中共中央指示精神，与孙中山派到欧洲筹组国民党的代表王京歧联系，经过谈判，于 1923 年 6 月比国内还早地在欧洲率先实现国共合作。不久，周恩来被孙中山和国民党总部先后委任为国民党巴黎通讯处筹备员和国民党驻欧支部特派员。他与王京歧亲密合作，于 1923 年 11 月 25 日创建了国民党旅欧支部，次年 1 月 17 日，又组成了国民党巴黎通讯社，并曾任代理执行部长，主持国民党驻欧支部工作，成为中国共产党卓有成效地进行统战工作，实现国共合作的先驱。周恩来的真诚合作、卓越才能和品德作风，使王京歧感念不已。1924 年 7 月，周恩来奉调回国，王京歧依依不舍，在写给其父的信中说："同志周恩来与儿协同办党，可说两年之久了。……本其过去工作，判断他的智力、魄力与夫将来之事业，不在汪（精卫）胡（汉民）

诸老同志之下。现中央夺之东归，……欢送他去法东归之时，正与儿别家出来之时，同一说不出的痛苦。"国共两党党员的合作竟达如此亲密的程度，实令人赞叹！

周恩来回国时，旅欧中共组织对他的鉴定是：

周恩来——浙江，年二十六，诚恳温和，活动能力富足，说话动听，作文敏捷，对主义有深刻研究，故能完全无产阶级化。英文较好，法文、德文亦可以看书看报。本区成立的发启（起）人，他是其中一个，曾任本区三届执行委员，热心，成绩卓著。

（五）

1924年9月初，周恩来回到广州，立即投入轰轰烈烈的反帝反封建的大革命中。他先后任中共两广区委员会委员长、区委常委兼军事部长、中共中央军委书记，并兼任国共合作创办的黄埔军校政治部主任、东征军政治部主任等职务，参与领导黄埔建军、东征和平定商团、杨刘叛乱的战争，创建一套革命军队政治工作制度，创建共产党直接领导的第一支革命武装——大元帅府铁甲车队及其后的叶挺独立团，承担起开拓中国共产党军事工作的重任，实际成为中共最早的主要军事领导人。在东征解放潮汕地区后，他被国民政府任命为东江各署行政委员，管辖25个县，成为领导一个地区政务的第一位共产党人。在繁忙的革命工作中，他仍惦记南开。1926年4月初，他曾出席在广州的南开校友聚会，畅叙同窗友谊。1927年3月，他领导上海数十万工人胜利地举行了第三次武装起义。5月在中共第五次代表大会上当选为中央政治局委员。7月上半月，在国共合作即将全面破裂，成千上万共产党人惨遭血腥屠杀的紧急关头，中共中央改组，周恩来任中央政治局临时常委。在国共全面分裂之后，他被任命为中共前敌委员会书记，毅然领导了震惊中外的"八一南昌起义"，从此开始中共独立领导武装革命的新时期。1928年，在中共六届一中全会上被选为政治局常委，任中央组织部长和中央军委书记，在这段党最为困难的时期，实际是中共中央的主要主持者。那时白色恐怖遍及全国，中共中央秘密坚持在上海工作，周恩来以无畏的勇气和非凡的组织才能，整顿几乎被打散的党组织，恢复并发展中共在国民党统治区的秘密工作，创建了一套地下工作制度。领导各地党组织开展武装斗争，创建工农红军，发展乡村游击战，实行武装割据，进行土地革命，建立农村革命根据地和红色政权。在武装斗争中，他不断总结经验，探索适合中国国情的革命道路，并于 1928 至 1929 年间，最早地初步提出走农村包围城市道路的光辉理论，以这一理论指导各地斗争。在全党上下的英勇奋斗下，到 1930 年全国红军扩大到十几个军，连同地方武装在内约 10 万人，建立了包括朱德、毛泽东领导的江西苏区在内的大小 15 块根据地。这些重大成就，周恩来的功绩是不可磨灭的！

　　1931 年 12 月，周恩来离开上海，到江西中央革命根据地，先后任中央苏区中央局书记、中国工农红军总政委兼第一方面军政委、中央革命军事委员会副主席。1933 年春和朱德一起指挥红军战胜了国民党军队的第四次"围剿"。不久，执行王明"左"倾错误路线的临时中央在上海呆不下去迁入中央苏区，临时中央负责人博古不懂军事，把红军指挥大权交给共产国际派来的军事顾问李德（德国人），逐渐排挤了周恩来对党和红军的领导。李德的错误指挥导致红军第五次反围剿失败。1934 年 10 月，红军被迫长征。1935 年 1 月，在贵州遵义举行中央政治局扩大会议，批判了"左"倾错误的军事路线，在周恩来等人的支持下，选举毛泽东为政治局常委，决定在军事方面"仍由最高军事首长朱、周为军事指挥者，而周恩来同志是党内委托的对于指挥军事上下最后决心的负责者。……以毛泽东同志为周恩来同志军事指挥上的帮助者"。长征结束后，1936 年 12 月 7 日，中央革命军事委员会改组，任命毛泽东为主席，周恩来为副主席。1936 年日本侵入华北，民族危机严重，为贯彻中共建立抗日民族统一战线的方针，周恩来致书蒋介石、张学良等，呼吁"捐弃前嫌，团结御侮"。同时致书张伯苓等南开师友，"请一言为天下先"，推动各方共赴国难。他在延安接见天津一家英文报刊《华北明星报》的外国记者时说："我在天津读南开中学、大学，这个学校教学严格，课外活泼，我以后参加革命活动是有南开教育影响的。"西安事变发生后，中共中央应张、杨电请，派周恩来为全权代表赴西安，在复杂多变、险象丛生的局势下，周恩来沉着镇定，处变不惊，亲自和蒋介石等谈判，耐心做各方面工作，排难解纷，折冲樽俎，终于和张、杨一起，迫使蒋介石接受"停止内战，一致抗日"的主张，促使团结抗日局面在中国出现。

　　抗日战争时期，周恩来先后负责中共中央长江局、南方局，并作为中共全权代表，长期住在国民党统治区。他广泛团结各民主党派、进步知识分子、各界爱国人士和国际友人，坚持国共合作，反对分裂，制止反共逆流，坚持抗战，克服对日投降危险。1937 年 7 月 7 日，日本发动侵华战争后，月底，即对南开大学狂轰滥炸，部分师生辗转到达南京，张伯苓与周恩来联系，将自愿参加抗日的学生送往延安。1938 年，在武汉的 100 多名南开校友集会，欢迎到武汉为南开募款的老校长张伯苓，周恩来出席并讲话说："南开除严格之训练与优良的校风外，有二点至可注意：一为抗日御侮之精神，一为注意科学训练。"1938年底之后，他在山城重庆坚持战斗了八年，在紧张的战斗中，仍惦记着南开。当时张伯苓已任国民政府国民参政会副议长，居住在沙坪坝南开中学内的教职员宿舍——津南村，傅作义、柳亚子、范旭东、侯德榜等人或其家属也住在这里。这里很快成为重庆社交活动中心之一。国民党党国要人蒋介石、吴国桢、张道藩、张厉生、杜建时、张平群、段茂澜、施奎龄；文化界名人郭沫若、曹禺、陶金、舒绣文等常去津南村。周恩来为广泛团结各界人士抗日，常到沙坪坝重庆南开中学和南开大学经济研究所看望南开师友，纵论天下大势，拨雾指迷，宣传党的团结抗日政策。1939年1月初，周恩来亲自出席重庆南开校友集会，发表《抗日必胜的十大论点》的讲演。1月10日，又应张伯苓邀请，到沙坪坝向全体南开师生发表讲话，受到全校师生空前热烈的欢迎，礼堂座无虚席。周恩来发表《抗战救国与南开精神》的讲话，强调"南开传统的精神为抗日与民主……希望校友发扬此种可贵精神，为抗战建国而努力。"他还对南开的"公能"校训做了新的解释，号召师生学好抗日和建国的本领，"打倒日本帝国主义，建设一个强大的国家"。

1945年在中共中央七届一中全会上，他当选为中央政治局委员、书记处书记。抗战胜利后，为制止内战，他与毛泽东到重庆与蒋介石谈判。9月6日，他与毛泽东专程到津南村看望张伯苓和柳亚子。1946年6月，蒋介石发动全面内战，他返回延安，作为中央军委副主席兼代总参谋长，参与组织指挥解放战争。同时，指导国民党统治区的革命活动，开辟了第二条战线，终于取得解放战争的全面胜利。

1948年南京政府面临崩溃时，已任考试院院长的张伯苓避居重庆，他虽拒绝飞往台湾，但心情十分矛盾。周恩来得知消息后，通过香港校友寄信给张伯苓云："老同学飞飞不让校长动。"张伯苓知道"飞飞"是周恩来的笔名，立即感悟到周恩来在关键时刻对他的关心，坚定了不去台湾的决心。

（六）

1949年新中国成立后，周恩来一直任政府总理，并任中共中央副主席，中央军委副主席，全国政协副主席、主席等职，担负着全面处理党和国家日常工作的繁重任务。他坚持独立自主，自力更生，勤俭建国的方针；坚持实事求是的原则；注重调查研究，倾听群众呼声。对新中国的经济、政治、文教科技、外交和国防等方面的建设，都做出了卓越贡献。在纠正大跃进、人民公社等"左倾"错误中，发挥了重要作用。发展了与世界各国的友好关系，增进了与各国人民的友谊，提高了新中国的国际声望。

新中国成立后周恩来肩负千钧，日理万机，但仍然十分关怀南开，多次回南开大学和中学视察。1950年春，张伯苓表示希望返回北方，在周恩来多方关照下，5月初到达北京，9月返回天津。他对周恩来的博大胸怀十分感佩，对新中国清除贪污、经济建设和对外政策倍加赞扬。周恩来在为张伯苓饯行的宴会上谈起南开的另一位创办人严范孙时也动情地说："我在欧洲时，有人对老先生说，不要帮助周恩来了，他参加了共产党。老先生说，'人各有志'。这话是颇有见识的，他是清朝的官，能说出这样的话，我对他很感激！"张伯苓返津不到半年，便因病去世，周恩来来津吊唁，亲自送上"伯苓师千古，学生周恩来敬挽"的花圈。1951年2月24日，周恩来视察南开大学和南开中学，对母校全体师生讲话时动情地说："这是我的母校，没有疑问，那时受的是资产阶级教育，但我也学了一些知识，锻炼了办事能力。"1957年2月10日，他出访亚非十一国返回途经重庆时，专门到重庆南开中学视察。同年4月，他陪外宾访问天津，在亲切会见南开大学和天津大学师生时又说："天津是我青年时代的故乡……我每次来天津，总要告诉我过去的师友说，我还是感谢南开中学给我那些启蒙的基本知识，使我有可能寻求新的知识，接触新的知识。"5月4日，他又亲笔给南开中学学生会复信，勉励同学做一个体力劳动与脑力劳动相结合的知识分子。1959年5月28日，周恩来与邓颖超再次来南开大学视察，在7个多小时内，听取校领导汇报，询问南开一些老人情况，在新开湖旁的广场向四千多师生员工发表重要讲话，勉励南开"在新时代要有新校风、新的教学重点，要保证质量，真正能够很好地为社会主义服务，为将来共产主义服务。"他还深入一些系所、教室和学生宿舍，与许多师生亲切交谈。他从早到晚，不顾疲劳，并坚持不要特殊照顾，中午到职工食堂自费购买一盘熬萝卜和窝头充饥。作为一位大国总理，他的言行使广大南开师生至今感念不已！

"文化大革命"中一些忠诚的老干部遭到迫害，周恩来处境也非常困难。为了避免党和国家的分裂和内战给人民造成更大的灾难，他顾全大局，忍辱负重，选择了一条比直言不讳更加艰难的道路，忍受着常人难以忍受的痛苦，以其对国家人民的无限忠诚和智慧，曲折地进行斗争，最大限度地减少十年动乱造成的损失，并同毛泽东共同努力，实现了中美、中日关系正常化和恢复了中华人民共和国在联合国的合法席位，体现了"鞠躬尽瘁，死而后已"的光辉品质。

1972年他患癌症，仍坚持工作，直到1976年1月8日在北京逝世。周恩来一生严于律己，保持我们民族的传统美德和共产党人的优良作风，他清廉俭朴、勤政爱民，被称为"人民的好总理"。他的逝世，世界各国人民都深切哀悼，北京十里长街百万群众自发在寒风中为他送葬，哀声遍全国！当年清明节前后，每天有数十万群众自发到天安门广场人民英雄纪念碑敬献花圈，举行集会，悼念人民总理，声讨"四人帮"！4月5日受到"四人帮"的镇压，后被称为"四五运动"，为后来粉碎"四人帮"奠定群众基础。他的主要著作收入《周恩来选集》等书。

（本文发表于南开大学办公室编：《南开人物志》第一辑，南开大学出版社
1994 年版）

《周恩来早期文集》编者的话

（一）

《周恩来早期文集》是天津市"七五"期间哲学社会科学规划的一个重点项目。

周恩来青年时代的大部分时间是在天津度过的，这是他思想发展的一个很重要的时期。他在天津的学习、生活和斗争中，留下了大量手稿和珍贵史料。他旅欧期间撰写的大量通讯和文稿，大部分也是在天津报刊发表的。

这部文集收入了迄今为止我们收集到的周恩来从 1912 年 10 月在小学时至 1924 年 7 月旅欧返国以前的全部文稿，包括中小学作文、文章、日记、通讯、书信、诗词、纪事、小说、演说、宣言、通告、启事、题志、章程等 282 篇。另有英、日译文各 1 篇，与别人共吟诗、联 2 篇以及经集体讨论，可推断但还不能完全认定是他执笔写的文章 1 篇，共 5 篇，附录于后。

应当说明，周恩来这一时期的著作，肯定比本书收入的多得多，因为他先后主编或领导过的《天津学生联合会报》《少年》《赤光》等报刊，有时一期发表他的文章四五篇，个别期甚至多达八篇（如《赤光》第 8 期），但这些报刊大都佚散不全。例如 1919 年 7 月 21 日正式创刊至 12 月 16 日停刊的《学联报》，共出版一百几十期，至今仅发现 19 期。因此他的许多著作，还有待今后进一步发掘。

本文集中的手稿绝大部分是国内外尚未公开发表的，有一部分文章虽在当时出版物上发表过，但新中国成立后尚未正式刊印。它为了解和研究周恩来的思想发展，研究他"为了中华之崛起"而刻苦学习、追求真理，逐步由一个真诚的爱国者成长为坚定的马克思主义者的历程，提供了真实、准确可靠和比较完整的史料；对于研究中国近现代政治思想史，也有重要价值。

（二）

在编辑本书时，我们遵循以下原则：

一是存真。凡有手稿的都据手稿刊印。没有手稿的，尽可能根据最早的版本或善本。所收文稿绝大部分署有周恩来、恩来或他的别名、笔名（如翔宇、翔、飞飞、飞、伍豪、五等）。个别文章无署名的，我们经过认真仔细和多方面的考证，或经有关当事人证明，确认是他撰写的，方予收录。为保存文稿原貌，对确需校勘处理的错、漏、衍字，或语句不顺、语义不明的，都不径作改动，仍按原样刊印，而采用加符号或注释的办法订正、删正和补正。

二是求全。十多年来，我们通过各种渠道，从国内外搜集周恩来这时期各种文体的著作，为使人们对他有较准确和全面的了解，凡已搜集到的全部收入，而且今后将继续搜集，待有机会再版时补上。曾经有一种意见认为，周恩来早期文稿，有的观点或提法现在看来未必正确，个别观点甚至有错误，担心收入后影响伟人形象。我不赞成这种看法。我认为任何一个人，包括周恩来在内的古今中外的一切伟人，都是人，不是神，都有一个成长和成熟的过程，没有一个人天生就是一贯正确的。由于本书收录的是周恩来14岁到26岁的著作，有的文章出现某些不正确的观点是难免的，对此我相信广大读者是会理解的。唯其如此，我们从这些文稿中才能真实全面地看清周恩来由不成熟到逐渐成熟的过程，看清一个伟人的成长，使我们对历史人物的研究，建立在客观、科学的可靠基础之上，使出版的文集经得起历史的检验。

三是实事求是。本书无论是确定编辑方针、拟定篇目、审核文稿、考证版本、校勘、注释等，均严格按照实事求是，尊重历史的原则。力求用客观、科学的态度，处理编校工作中的一切问题。注文也力求平实，避免对历史人物主观地不适当地褒贬和粉饰虚夸现象。

（三）

本文集编校任务相当繁重。除认真校勘，保证文稿的真实性和准确性外，尚有许多工作。

考证文稿写作时间。本书收入的绝大部分作文和许多书信手稿，无写作时间，或写作的年月日不全。我们下大力查阅有关原始档案资料；分析文稿内容；辨认字迹、墨色、纸质；拜访有关当事人等，试为考订。

文集中全部作文的教师批语和许多书信手稿，多系草书，其中很多草字难以辨认。我们通过查对各种草体字帖，分析文字内容，请教专家，反复辨认解决。

为方便读者，每篇著做都作题注，必要时再酌加简要注释。在撰写有的注释时，参考了已出版的有关著作，运用了已有研究成果。

所据底本，绝大部分不分段、无标点或仅有旧式圈点，为便于阅读，根据文意，我们做了技术处理。另，原件是竖写直排，文中之"其文如左""右列之言"等，亦未改动，其中之"左"指下文，"右"指上文。

（四）

本书是在南开大学周恩来研究室十多年来从国内外搜集和积累资料的基础上编纂的。其间曾得中共中央文献研究室、中共天津市委宣传部、中共天津市委党史资料征集委员会和天津市新闻出版管理局的支持。法国学者巴斯蒂德教授 1979 年给我们寄来了周恩来 20 年代旅欧时期的有关文献资料，海外及港台友好学者帮助我们搜集到珍贵的文献档案。文集中大量手稿和珍贵史料，是周恩来的同学、亲属、朋友及他们的后代，不畏艰险，在极困难的情况下珍藏了几十年，在新中国成立后献给国家的。其中最重要的是 1952 年在天津发现的，据说是周恩来 1920 年 11 月旅欧之前寄存在其某同学家的一小箱子文物，由于我是发现这批文物的直接见证人，因此，将其情况披露于下。

1952 年 8 月，天津市学联主席张济向市青委反映，听其中学同学柴平说，新中国成立前他家里一直存放着一个小箱子，据说是周恩来的东西，柴表示愿将它交给组织处理。青委常委研究后要张济立即把箱子取来，张取来后交给我（当时我是青委秘书长），我开箱查看，里面有周恩来中学时的作文手稿，旅日日记手稿和一些照片、信件等。作文本的封面署有：南开校中作文一九二○，十，十。

显然，这箱文物是周恩来旅欧前整理后寄存的。青委一些负责人传看后，决定就如何处理问题由我请示中共天津市委秘书长于志远。于电话请示党中央后通知我：中央指示将这批文物妥为包装后，派专人送中央办公厅。因原来的箱子已破损，我专门找机关木工做了个新木箱，并亲手将这批文物装入，封好后交天津市委送党中央。当时，天津市委还专门写了一封给"中央并恩来同志"的信，并附有张济写的发现这批文物经过的材料，一齐上报。现在，这两份材料还保存在中央档案馆。

（五）

　　本书的编辑工作，包括校勘、考订、注释、标点等全部工作，是由我个人进行的，资料收集工作则是集体劳动的成果。十多年来参加搜集资料的除我本人外，先后有在南开大学周恩来研究室工作过的一些教授、副教授和讲师。他们是：郑建民、杨世钊、王永祥、刘健清、薛恩玉、王金堂、孔繁丰、米镇波、王端青，还有我的研究生邵建宏。中共天津市委党史资料征集委员会的石火、李德福同志，也参加了部分资料的搜集工作。天津周恩来青年时代纪念馆的廖永武研究员曾提供个别篇目。中共中央文献研究室的吴瑞章、杨增和以及石火、米镇波、李德福等同志，还曾对编辑工作提过一些很好的意见。方慧同志帮助核查部分注释，并对全部稿件作了校对。在编辑过程中，有个别草字的辨认曾得到南开大学的吴廷璆教授、杨翼骧教授、杨志玖教授的帮助。在考证写作时间时，个别篇目参考了中国革命博物馆苏东海研究员的意见。仅此一并致谢。

1991 年 7 月 1 日于南开大学周恩来研究室

刘焱

（本文发表于刘焱编：《周恩来早期文集》，南开大学出版社 1993 年版。本书是天津市"七五"社会科学规划重点项目）

"周恩来没有上过大学"吗?

近年来,京津等地个别报刊曾刊登文章,不顾原始档案和周恩来本人的多篇著作及多次接见中外记者时所谈他上过南开大学的事实,不负责任地传播"周恩来没有上过大学"的谬论。2008年8月上旬,当奥运圣火在国内传递的庄严时刻,个别地方电视台的解说员竟轻率地介绍说,"1919年五四运动时期,周恩来从日本回到天津,原准备入南开大学学习,后因忙于学运,就没有入南开大学"(大意)。周恩来是中国人民衷心爱戴的卓越领导人,对他的生平介绍应当严肃慎重,事实准确。而作为公共传媒的电视台,面对亿万中外观众,竟不顾事实地传播"周恩来没有上过大学"的无稽之谈,不能不说是严重失误。

鉴于这种无稽之谈所造成的混乱和不良影响,全面阐明周恩来上过大学的事实,还历史本来面目,仍有其必要性和现实意义。现据笔者所知,将周恩来上过南开大学的部分根据陈列如下,请广大读者指正。

周恩来入南开大学的原始档案

一、1919年9月,周恩来入南开大学时的注册登记表。登记表上面填写:"姓名:周恩来,民国八年九月入校,注册号:62"。

二、1919年9月25日,南开大学开学纪念全体师生合影。周恩来为最后一排左起第一人。

以上两件为南开大学档案馆收藏。1998年,为纪念周恩来诞辰100周年,由中共天津市委党史研究室、周恩来邓颖超纪念馆、南开大学周恩来研究室合编,天津市委书记张立昌等审定,天津人民出版社出版的《周恩来与天津》一书,影印收入了以上两件文物。该书的"前言"和书末的"大事记",都说明周恩来是"南开大学第一期的学生"。

周恩来本人写的文章、著作

1919 年 12 月，周恩来在南开大学学习期间写的《南开出校学生通讯处细则》和《给南开出校同学的信》。此两份文件分别载于 1919 年 12 月 11 日《校风》第 133 期和 12 月 18 日《校风》第 134 期。

在《给南开出校同学的信》中，周恩来写道："现在校中添设出校学生通讯处……又委托兄弟在课余之暇做这件事……主旨是：联络出校的同学，会同校内的所有分子，去为南开谋精神上的发展，事业上的改造。"文末署名是："南开出校学生通讯处办事人周恩来"。在《南开出校学生通讯处细则》中，他详细说明了办事的范围、地点、时间等问题，其中说："办事的地点：南开大学 101号"。文末署名："办事的人周恩来"。

周恩来写的《警厅拘留记》。1920 年 1 月 29 日，天津各校学生数千人为抗议军阀政府镇压抗日爱国学生运动、逮捕爱国学生而到河北省公署请愿，结果遭到残暴镇压。时在南开大学学习的周恩来，因参与领导这次运动而与其他三位代表被捕，在天津警察厅关押至 4 月 7 日后被移送天津地方监察厅。《警厅拘留记》是周恩来根据自己的记录和被拘代表的回忆，于当年 6 月 5 日写成的书，记录了被拘的实情。全书约 3.5 万字，从 1920 年 12 月起在天津《新民意报》上连载，后该报社又印成单行本发行。

该书第六部分写"一·二九"运动经过及被捕代表情况时说："廿九日下午两点钟，各学校学生整队齐集东马路讲演……讲演半点钟后，群往省公署，推举男女代表周恩来（南开大学学生）、于兰渚（官立中学学生）、张若名（女师范学生）、郭隆真（女师范毕业生）四人求见省长。"后运动遭血腥镇压，四人被逮捕。

周恩来写的《检厅日录》及收入的《天津地方审判厅刑事判决书》。这本 7万多字的书，是周恩来根据 1920 年 4 月 7 日至 7 月 17 日被天津地方监察厅拘留期间，狱中难友的活动日志及日记编写而成。1921 年春，天津《新民意报》曾连载过一部分。1926 年，又新印字馆又刊印全书，署名周飞飞。《检厅日录》全文收入了 1920 年 7 月 17 日《天津地方审判厅刑事判决书》。该书列举了 20位被告（即爱国人士）的简介，其中有："周恩来，年二十三岁，浙江人，住元吉里，南开大学校学生。"

周恩来接见中外记者时的谈话

1936年，美国记者埃德加·斯诺在陕北直接采访了毛泽东、周恩来等革命领导人，根据他们的口述及自己的所见所闻，写成了著名的《西行漫记》一书。书中介绍到周恩来时这样写道："他先在南开中学，后在南开大学学会了英语，受到了开明的教育。南开大学是天津得到美国教会支持的一所大学。"

1937年2月，周恩来在延安接待了天津英文报刊《华北明星报》记者的采访。他说："我在天津南开读中学、大学，这个学校教学严格，课外活泼，我以后参加革命是有南开教育影响的。请你回到天津后，在南开大学张伯苓校长前代我问候。"

1946年9月，周恩来在接见美国记者李普曼时说："15岁（1913年）我入南开中学……1917年中学毕业后我去日本念书……1919年五四运动时回国，又进南开大学，参加五四运动，主编《天津学生联合会报》。后该报被封，我被捕，坐牢半年。"

以上接见记者时的谈话，收录进中央文献研究室编、解放军文艺出版社2000年版《周恩来自述》一书。

南开大学校长张伯苓的讲话

1938年5月，张伯苓等应邀到武昌华中大学讲演时说："我在北方，经常想到华中；想到华中，就想到中华。华中大学有恽代英，南开大学有周恩来，这都是杰出人才，是我们两校的光荣。"

中共中央有关部门的权威性著作

《周恩来传》和《周恩来年谱》，由中央文献研究室编写、出版的这两部书，是经过长期收集核实材料，慎重分析研究后写出的内容翔实的信史。其中《周恩来传》说："九月二十五日，南开学校大学部开学，设文、理、商三科，学制四年，学生共九十六人，教师十七人，周恩来已在这月八日注册入学，学号是六十二号，进该校文科学习。……周恩来是南开大学第一期学生。"《周恩来年谱》也做了与此相同的记述。

以上多方面的事实，是周恩来上过大学的铁证，是任何人也否定不了的。诚然，周恩来上南开大学之时，正值反帝爱国运动日益高涨之际，他关心国家、民族命运，积极投身到反帝爱国运动之中，未能专心学习，这是事实。对此，新中国成立初期他在一次给高等学校教师讲话时也曾说过："我中学毕业后名义上进了大学一年级，但是正赶上五四运动，没有好好读书。"他还谦虚地说："所以，我是一个中等知识分子。今天在你们这些大知识分子、大学同学面前讲话，还有一点恐慌呢。"对于周恩来的这一谈话，应联系他求学时的实际情况全面正确理解，不能任意歪曲。在这里，周恩来已肯定他"进了大学一年级"。他说"没有好好读书"，不能曲解成"从未上过课"，更不能歪曲成"从来没有上过大学"。因为周恩来自己也说过："这个学校教学严格。"在学校委托他担任"出校学生通讯处办事人"的时候，都严格规定只能"在课余之暇做这件事"。如果说一个南开的大学生"从未上过课"，这是学校绝不会允许的，更是无稽之谈。

综上所述，周恩来青年时代在天津先后上过南开中学和南开大学是确信无疑的。几十年来，周恩来本人公开发表的一些文章、著作和多次接见中外记者时的谈话，以及南开大学校长张伯苓的谈话，对此已有明确记述。"文化大革命"结束后的 20 世纪 70 年代末，南开大学公开了珍藏几十年的周恩来入学时的一些原始档案资料，又进一步提供了确切证据。这些珍贵史料，北京中国革命博物馆曾复制并长期公开展出，天津周恩来邓颖超纪念馆从开馆至今也一直公开展出。因此，多年以来，周恩来上过南开大学的事实，在中外都已广为人知，绝大多数严谨的学者、作家和新闻媒体，在谈到周恩来青年时期求学经历时，都肯定周恩来上过南开大学。

（本文发表于《党史博览》2009 年第 1 期）

《南开学者纵论周恩来》序

　　周恩来是中国人民衷心敬爱的党和国家卓越领导人之一，是功勋卓越、品德高尚的无产阶级革命家、政治家、军事家、外交家，是 20 世纪举世公认的伟人。他从 1927 年起，一直是中共中央核心领导成员，1949 年中华人民共和国成立后，他担任政府总理，直至 1976 年逝世。在我们这样一个情况复杂、风云多变的星球上，他担任一个大国大党的高级领导职务时间长达几十年之久，这在中外历史上是少见的。

　　青年时期是一个人成长的关键时期，周恩来曾先后入南开中学、南开大学学习，他的青年时期可以说主要是在南开度过的，南开教育培养了他强烈的爱国意识和高尚的思想品德，使他学习了许多科学知识，锻炼了热心公益、服务社会、服务群众的办事能力，成为德、智、体、美全面发展的南开优秀学生，这为他成就一生的伟大业绩打下坚实的基础。因此，当他经过长期艰辛探索，寻求马克思主义的救国真理，确立共产主义的崇高信仰之后，就一往无前，百折不回，无私无畏，全心全意地为中国人民的幸福和解放，为世界和平和人类进步事业而努力奋斗！他以波澜壮阔的一生，对建设和发展马克思主义的中国共产党，对建设和发展英勇的人民军队，对建立和发展革命统一战线，对夺取新民主主义革命的胜利，缔造社会主义的新中国，对新中国的政治、经济、国防、外交、文教、科技、卫生等方面的建设，都做出了不可磨灭的贡献。

　　周恩来是中华民族和中国共产党人的优秀代表，他始终关心国家富强和人民疾苦，视国家人民利益高于一切。他的光辉思想、丰功伟绩、高尚品德和优良作风，不仅深受亿万中国人民的衷心敬爱，而且获得了全世界五大洲不同国家、不同民族、不同肤色、不同阶级友好人士的普遍赞誉和尊敬。中外历史上产生过不少受人尊敬的伟人，但像周恩来那样，其业绩之动人、其风格之迷人、其精神之感人，乃是世所罕见的！

　　周恩来对南开怀有深厚感情，早在 1919 年五四运动时期，他就说过："我是爱南开的！"在漫长的出生入死的革命征途中，他一直不忘南开，曾多次利用机会，与南开师友联系。新中国成立后，他担任中共中央副主席、全国政协主席、国务院总理，肩负千斤重担，日理万机，呕心沥血，但仍十分关心南开的建设和发展，曾于1952年2月、1957年4月、1959年5月，三次回南开大学视察。尤其是1959年5月28日，他与邓颖超来到南开大学，从早到晚，不顾疲劳，做了一天的视察。他们深入一些系、研究所、实验室、教师和学生宿舍，与师生广泛交谈，并坚持不要特殊照顾，中午到职工食堂自费购买午餐。作为一个国家高级领导人和革命元勋，他的言行使南开师生至今感念不已。

1976年1月8日，周恩来在为中国人民的幸福和解放，为世界和平和人类进步事业奋斗了半个世纪，耗尽了毕生心血和精力之后，与世长辞了！他的不幸逝世，不仅使亿万中国人民和不少国际友人十分悲痛，更激起了中国人民对"四人帮"一伙的痛恨，启发了人民群众的觉悟。那些违背人民意愿的邪恶势力，在周恩来去世不到一年内，终于遭到历史的惩罚，祸国殃民的极"左"错误，终于得以纠正，中国人民又揭开了新的历史篇章，走上了建设中国特色的社会主义的正确道路，开始了改革开放、促进中华民族伟大复兴的新时期。

周恩来在半个多世纪漫长的革命征途中形成的思想、品德、作风，积累的丰富的革命实践经验，是中国人民宝贵的精神财富。为深入了解、学习和研究周恩来，作为周恩来母校的南开大学，1978年经教育部批准，成立了周恩来研究室，1997年扩建为南开大学周恩来研究中心，这是至今我国大学中专门从事周恩来研究的唯一学术机构。近三十年来，南开师生已出版有关周恩来研究专著、论文集和资料集20余部，发表论文近200篇。从20世纪80年代中后期起，在我国首次招收了周恩来研究方向的硕士生，首开"周恩来生平与思想研究""周恩来著作选读""周恩来研究专题讲座"等研究生专业课，还指导美国和日本专门来我校进修周恩来研究的大学教师和研究生。至今，我校仍是能招收这一研究生专业方向的唯一高等学校，已招生十多届研究生。

南开学者非常重视周恩来研究的国内外学术交流，与国内外许多大学和科研机构建立了广泛的联系，1988年和1998年，举办过两届周恩来研究国际学术讨论会，世界许多国家研究周恩来的知名学者，都曾来参加会议。2008年是周恩来诞辰110周年，南开大学已决定举办第三届周恩来研究国际学术讨论会。南开大学周恩来研究室和研究中心先后接待过美、俄、日、英、法、瑞（士）、加、澳、朝、韩、印、新（加坡）等十多个国家和中国台湾、香港地区的数十个大学和学术单位的来访学者。其中有美国的哈佛大学、耶鲁大学、加利福尼亚大学、哥伦比亚大学、威斯康星大学、堪萨斯大学、坦布尔大学；俄国的科学院及其远东研究所、工运研究所；日本的东京大学、京都大学、早稻田大学、中央大学、庆应大学、立命馆大学、大阪外国语大学、东北大学、爱芝等大学；英国的伦敦大学；法国的科学院；瑞士的日内瓦大学；加拿大的多伦多大学；朝鲜的社会科学院；印度的英·甘地艺术中心；新加坡的南洋理工大学；还有台湾的中研院近代史研究所；香港的中国近代史学会、香港浸会大学等世界各地的学者。

南开的周恩来研究已走过了 30 年的历程，回顾 30 年的历史，从南开大学周恩来研究室成立初期起，尤其是中共十一届三中全会确立了解放思想、实事求是的正确思想路线以后，研究室成员经过多次集体讨论研究，取得共识，一致认为：历史研究是一门科学，任何领袖人物都是人，不是神，任何人都有优点，也有缺点；有长处，也有短处，没有人会天生一贯正确。因此，对包括周恩来在内的领袖人物的研究，必须把他们放在当时的社会背景下去分析和研究，做出客观公正的评价；必须发扬我国优秀史学家秉笔直书和中国共产党实事求是的优良传统，肃清个人迷信时期的不顾史实、盲目颂扬个人的错误做法；必须营造一种"百花齐放，百家争鸣"的氛围，对不同学术观点兼收并蓄，允许争鸣。当时，我们对周恩来的研究就采取了慎重严肃的态度，规定以研究室名义发表的文章，必须经全室学者集体讨论。由于贯彻了"双百"方针，学者们以个人名义发表的文章，也自觉提交讨论，征求他人意见。

1988 年 3 月 3 日，我在北京有幸见到邓颖超同志，我向她请教"研究周恩来应该注意什么问题？"她说："你们研究周恩来，很好。但是要实事求是，不光研究他的优点，也要研究他的缺点。"（见 3 月 5 日《解放日报》报道）牢记 84 岁高龄、胸怀宽广的邓颖超同志对我的嘱咐，返校后，我向周恩来研究室全体成员做了传达，大家一致认为这是德高望重的邓颖超同志对我们的教育和勉励，给了我们很大的鼓舞。

1988 年 10 月 18 日，我在会见来南开访问的世界知名英籍女作家韩素英女士时，她告诉我正在写一部周恩来传记，已修改过多稿。她说：周恩来是一位品德高尚的世纪伟人，现在欧美有人问她周恩来有什么缺点？她正在寻找，但很难找到。1992 年她的书《周恩来和他的世纪》由中央文献出版社出版，在"序言"中又具体谈到此问题时说："为了写这部传记，我有意寻找周恩来身上的弱点、缺点，甚至像发脾气这样小过失也不放过。""他像其他人一样也犯错误，但是他对自己的错误勇于承担责任。"拿周恩来和世界许多伟人相比较，"我只能说就人格品德而言，这些人都不能望其项背……比如不为人知的恶习、贪婪……他全都没有，他从来不谋私利。他是一个名副其实的有彻底献身精神的革命者"。

1988 年 10 月 22 日，曾专门约我谈过周恩来研究的英国知名的资深记者兼作家迪克·威尔逊先生，曾写过《周恩来传记》（解放军出版社和中央文献出版社曾先后翻译出版）。他对周恩来有深入研究，他认为："周恩来是最受中国人民敬爱、最成功、也最少过失的政治家。"

积 30 年研究心得，我对以上两位学者的看法深有同感。这些年来我们注意了对周恩来的全面研究，不仅研究他的贡献和优点，也注意研究他的失误和缺点。这些情况在我们的某些成果中已有反映。参加了 1988 年 10 月我校举办的首届周恩来研究国际学术研讨会的日本中央大学姬田光教授，感受到了许多中国学者的这种变化，当年 11 月 7 日，他在日本《朝日新闻》上发表了题为《中国周恩来研究正在走向新阶段》的评介文章，客观地指出：中国对周恩来等领袖人物的研究，正在从个人迷信时期过渡到科学研究的新阶段，这次讨论将成为走向新阶段的出发点。

为纪念周恩来诞辰 110 周年和南开大学师生从事周恩来研究 30 周年，南开大学周恩来研究中心全体成员希望系统总结一下 30 年来南开学者对周恩来研究的成果，选编一部有较强学术性、科学性和概括性的研究文集。现在，一部由周恩来研究中心主任徐行教授主编的、书名为《南开学者纵论周恩来》的文稿已放在我的案前，书中全文收录的 64 篇文章是从 30 年来南开 20 多位学者发表的近 200 篇文章中精选出来的。该书的编辑有以下特点：

一是学术性。所选文章都是学术研究性著作，其中一些文章采用了近年陆续发现的新材料，提出了一些新观点，显示了研究工作的深入及研究成果的学术价值。如以言之有据的大量史实详细论证了周恩来入党时间是 1921 年，已为中共中央有关部门所接受，改变了《悼词》中周恩来 1922 年入党的说法。

二是科学性。所选文章标准严格，史实准确，言之有据，论述也较实事求是。

三是全面性。所选文章，包括周恩来一生的各个历史时期，如青少年时期、民主革命时期、社会主义时期，以及各时期各个方面的思想与实践，如武装斗争、统一战线、党的建设，以及社会主义经济、政治、文教、外交等方面的建设。

由于经费和篇幅的限制，一些有一定价值的文章未能选入，编者采取摘要或收入目录的办法，以弥补不足，可使读者基本上了解南开学者 30 年来对周恩来的各个方面的研究。

我们希望本书的出版能促进中外学者的学术交流，为广大读者提供比较全面地、客观地了解和学习周恩来的资料，推动国内外周恩来研究的进一步深入发展。

2008 年 2 月于南开大学

（本文发表于徐行主编：《南开学者纵论周恩来》，天津人民出版社 2008 年版）

《周恩来研究概览》序

　　周恩来是当代世界知名的杰出领导人之一。本世纪 20 年代初期，他就参与了中国共产党的创建活动。从 1927 年起，一直是中共中央核心领导成员。1949 年新中国建立后，又一直担任国务院总理，直到 1976 年逝世。在我们这个情况复杂、风云多变的星球上，他担任一个有影响的政党和国家的领导职务长达半个世纪之久，这是中外历史罕见的。

　　周恩来不仅是一位伟大的无产阶级革命家、政治家、军事家和外交家，而且是杰出的马克思主义理论家。在半个多世纪漫长的革命生涯中，他历尽无数艰难险阻，把自己的一切无私地奉献给中国人民的解放和全人类的进步事业。在中国革命的各个历史时期，他都站在斗争的最前列，中国革命进程的许多重大事件，他几乎都曾亲自参与，而且时常担当了重要的角色，起过重要的和某些独特的作用。他不仅有非常丰富的革命实践经验，而且善于把马克思主义的普遍真理和中国革命的具体实践紧密结合起来。在中国革命的不同历史阶段，他结合当时斗争实际，对中国革命的性质、任务、动力、对象、领导力量；对武装斗争、统一战线、党和革命军队的建设；对社会主义革命和社会主义的经济、政治、文教科技、外交等方面的建设，在理论上都有不少精辟的论述，在实践上做出过重大贡献。因此，周恩来研究的内容极其广泛而丰富，是中国近现代史、中国革命史、中共党史、中国近现代政治思想史等学科研究的重要组成部分。深入研究周恩来，特别是对于全面了解中国共产党的历史，了解新中国各个方面社会主义建设和发展的历史，都有着重要意义。

　　中华民族的优秀历史文化和传统美德的熏陶，西方先进思想、马克思主义的影响，半个多世纪烈火般激烈斗争的锤炼，造就了这位忠于人民、忠于祖国、忠于共产主义理想、才思超群、坚定沉着、机巧敏捷、胸襟广阔、温文尔雅、宽厚清廉、风格独特的伟人。他是中国共产党人和中华民族的优秀代表。他的光辉思想、崇高品德和优良作风，不仅受到中国各族人民的衷心敬爱，而且博得了世界上许多国家不同阶层人们和国际知名人士的普遍赞誉和尊敬。甚至他的敌人也不敢放肆地攻击他,有的还对他做出某些赞誉。

这样一位对中国的历史进程和国际政治都曾经发挥过重要影响,又具有他自己的个性和鲜明风格的杰出领导人,许多外国朋友称他是传奇式人物,这自然地引起国内外许多学者、特别是大批青年学者的研究兴趣。近年来国内外对周恩来的研究日益深入和发展,参与研究的人员日益增多,成果不断涌现。先后召开的全国性和国际性的学术研讨会,把周恩来研究推进到一个新的阶段。

南开大学周恩来研究室作为我国民间唯一专业研究机构,自1988年举办周恩来研究国际学术研讨会以来,不断收到国内外学者、作家、影剧作家、编辑、记者以及其他各阶层人士的来信来访,了解周恩来研究情况,探讨有关问题,交流学术信息,索要有关资料。人们对了解周恩来、研究周恩来所表现出来的浓厚兴趣和热情,使我们深受感动!然而,许多青年反映:他们希望从事周恩来研究,但当接触到浩如烟海的有关资料时,往往不知从何着手,遍翻群书也难得门径。学术界、影剧界、新闻界的一些朋友反映:他们常常接触到周恩来研究的某些问题、但自己并未做过深入研究,在需要对其做出评价或判断时,也往往翻了好些书而难得要领。

为适应各界人士需要,解决类似难题,推动周恩来研究进一步开展,我们研究室决定编辑一本《周恩来研究概览》。其内容主要有:对周恩来研究的历史和现状进行初步总结,对重要研究成果分专题综述分析,对有关重要论著、重要纪念和研究机构以及国外研究情况,做扼要介绍。最后还有国内外周恩来研究论著的中文和英文索引。这样,本书把学术性、资料性和工具性融为一体,一册在手,便可一览周恩来研究的基本情况。它既可作为大学生、研究生和青年学者从事周恩来研究的基础读物,入门向导,也可供学术界、文艺界、新闻出版界的朋友参考、咨询、备览。在某种意义上讲,它是前一阶段周恩来研究成果的总检阅,也填补了"研究指南"这个层次的空白。

现在,本书在周恩来研究室米镇波同志的主持下,由我室几位青年讲师和研究人员参与,经过近一年的努力,已经撰编完成。在撰编过程中,曾得到一些外国学者的热情帮助和支持。应我们的函约美国的罗达·威丁堡博士,苏联高级研究员科·舍维廖夫、莫斯科广播电台华语编辑部,日本山口和子教授和川崎高志先生,澳大利亚F·G·泰伟思教授,曾帮助我们搜集并寄来许多有关资料和各国研究周恩来的论著索引,对此,我们深表感谢。我们希望,这本书的出版,能给学术界、文化界、新闻出版界提供一些方便,供他们必要时检索参考。给有兴趣研究周恩来的广大青年提供帮助,指引门径,共同推动周恩来研究进一步深入地开展。

一九九一年仲夏
于南开大学周恩来研究室

（本文发表于南开大学周恩来研究室编、米镇波主编：《周恩来研究概览》，
南开大学出版社 1991 年版）

关于周恩来入党时间问题的探讨

近年来史学界对周恩来的入党时间说法不一。周恩来是全党、全军和全国人民衷心爱戴的党和国家久经考验的卓越领导人，认真弄清和合理确定周恩来的入党时间，对于正确认识和评价其伟大历史功绩有重要意义。笔者根据有关史料，就此提出以下看法，向史学界和有关方面请教，欢迎批评指正。

（一）

要正确合理地确定周恩来的入党时间，首先必须弄清其入党前后的具体情况。

众所周知，建党初期的原始档案资料佚散不全。尤其是周恩来所在的巴黎共产党小组远处欧洲，原始资料更为缺乏。因此，当事人的回忆和有关旁证资料就成了我们研究这一问题的重要参考。

周恩来是 1920 年 12 月中旬到达法国勤工俭学的，他在谈到自己入党情况时曾说："1920 年我到法国，还对费边的社会主义有过兴趣，很快就抛弃了，我感谢刘清扬和被批判而不愿改的张申府，我是他们两个介绍入党的"。[1]在这段话里，周恩来虽然没有明确说入党的具体时间，但从内容和语气看，他是在 1920 年 12 月到法国后不久，"很快就抛弃了"一度有过兴趣的费边主义，接着就参加了共产党的。从他思想发展变化的情况看，也能找到印证。1919 年"五四"运动以前，周恩来留学日本时期，受俄国十月革命的影响，就开始接触并倾向马克思主义。五四运动时期，通过亲身参加革命实践和认真学习马克思主义，他逐渐由

---

① 周恩来：《关于知识分子问题的报告》，见《周恩来论文艺》，人民文学出版社，1979 年版，第 126 页。

一个忠诚的爱国者和激进的民主主义者转变为具有初步共产主义思想的革命者。1920 年 5、6 月间，他在敌人的监狱中就系统地五次向难友热情宣讲马克思主义。1920 年底他到欧洲后，认真地进行社会考察，探求中国应走的道路。1921 年 2 月，在致表兄陈式周的信中，对英国渐进的和平改革和俄国的暴力革命做了分析比较，赞扬"俄之成功在能以暴动施其'迅雷不及掩耳'之手段，而收一洗旧弊之效。"他初步认为："若从中我国'积弊既深的情况看，以效法俄国革命'。"①这些情况表明 1921 年初，他已具备了入党的思想基础。

周恩来的入党介绍人张申府（即张松年）原是北京大学讲师，和我党创建人李大钊、陈独秀都很熟悉，1920 年 8 月，和李大钊一起，在北京入党后应聘到法国里昂中法大学任教，同年 12 月底到达法国。他多次接待来访者都谈到介绍周恩来入党的情况，前后说法大体是一致的。他说："到法国后，因为刘清扬的关系，我与周恩来经常来往，彼此更加熟悉。1921 年 2、3 月间，我先介绍刘清扬加入中国共产党，接着我和刘清扬又介绍周恩来入党。……在此前后，通过国内关系入党的赵世炎、陈公培又和我建立了联系……我们五人就在巴黎成立共产党小组，这个小组没有别的称呼，大家都明确是共产党员，但对外不公开。"②他在另一次谈话中更具体地指出："1921 年 2 月，我介绍刘清扬加入共产党，3 月，我和刘清扬又介绍周恩来入党。"③

另一当事人刘清扬回忆说："张（申府）在北京时即和李大钊同志一起，参加共产主义小组"，"到法国之后……不久，张申府介绍我，我又同张申府一起介绍周恩来参加共产主义小组，同时（赵）世炎也是我们这个小组的成员。"④又据《赵世炎生平史料》和陈公培 1961 年 2 月的回忆，他们两人都是在法国接陈独秀信后，分别于 1921 年 2 月和 4 月与张申府接上党的关系的。

上述当事人的回忆，证实了周恩来到法国后不久，于 1921 年 3 月，由张申府、刘清扬介绍入党。笔者认为这个说法是比较合乎实际的。

有人说周恩来是 1920 年底赴法勤工俭学途中，在轮船上由张申府介绍入党的⑤，这一说法显然不实。据查有关原始资料，周恩来与郭隆真、李福景等赴法勤工俭学生 197 人，于 1920 年 11 月 7 日乘法国轮船"保尔到斯号"离上海

---

① 南开大学周恩来研究室：《周恩来青少年时代纪事》，见《天津文史资料选辑》第 15 辑，天津人民出版社，1981 年版。

② 《张申府谈旅欧党团组织活动情况》，见《天津文史资料选辑》第 15 辑，天津人民出版社，1981 年版。

③ 《张申府谈巴黎共产主义小组和周恩来同志入党前后的一些情况》1980 年 7 月 5 日，存南开大学周恩来研究室。

④ 《刘清扬同志对赵世炎同志事迹的回忆》，见《赵世炎烈士资料汇编》1980 年 7 月内刊。

⑤ 《山西青年》1982 年第 7 期。

赴法①，同年 12 月 13 日抵马赛港。②而张申府和刘清扬于 1920 年 11 月 24 日与蔡元培等同乘法轮"高儿的号"（Cordillere）离开上海。③12 月 27 日抵马赛。④周、张既不同船，当然不可能在船上介绍入党。

有人说周恩来是 1921 年 1、2 月间（还有的肯定是 2 月间）由张申府、刘清扬介绍入党的⑤，这也不实或不确切。据有关史料记载，他到巴黎后仅呆了 10 多天，1920 年 12 月底即转赴伦敦，对英国做"社会实况之考察"。1921 年 2 月 23 日，他在给国内亲戚的信中说：他与南开同学李福景原拟争取官费留英，后因了解到"英伦生活程度之高，实难久居"，不如到法国，"费用可省去十分之六、七"，因此做了"舍英而法"的决定。这样，他在伦敦仅呆了一个多月，1921 年 2 月中旬，又回到巴黎。⑥此情况表明：一月份到二月中旬以前，他都不在法国，与张申府、刘清扬不在一起，不可能在此期间入党。2 月中旬以后，他有可能见到张申府和刘清扬，但他和张在国内虽认识，并不很熟悉，按一般情况分析，发展入党需要一个了解过程。张申府的有关谈话也证实了这点。他说："到法国后因为刘清扬的关系，我与周恩来经常来往，彼此更加熟悉。"这样，在 1921 年 2、3 月间，才先后介绍刘清扬、周恩来入党。上述情况表明：张申府是在与周恩来"经常来往""更加熟悉"的基础上介绍周入党的。2 月底以前来往的时间还短，介绍入党的可能性较小，3 月间介绍入党是比较合乎事实的。张申府的另一次谈话，也肯定是 3 月。⑦

还有人说："1921 年 7 月，中国共产党成立后，承认张申府为党员，给予'通讯员'的名义，要他在欧洲发展组织。张介绍刘清扬、周恩来入党。"⑧这个说法既无原始资料佐证，与当事人张、刘、周的说法也不符。而且张申府根本否认党中央曾正式给他"通讯员"的名称。他说："1921 年巴黎共产党小组成立后是由我联系，1922 年我到柏林后，在德国的党员由我联系，在法国的党

① 见《民国日报》1920 年 11 月 7 日。

② 张允侯编：《留法勤工俭学运动》，上海人民出版社，1980 年版。

③ 见《时报》1920 年 11 月 24 日。

④ 张允侯编：《留法勤工俭学运动》，上海人民出版社，1980 年版。

⑤ 《党史研究》1981 年第 1 期。

⑥ 南开大学周恩来研究室：《周恩来青少年时代纪事》，《天津文史资料选集》第 15 辑，天津人民出版社，1981 年版。

⑦ 《张申府谈巴黎共产主义小组和周恩来同志入党前后的一些情况》，1980 年 7 月 5 日，存南开大学周恩来研究室。

⑧ 天津《支部生活》1982 年第 13 期。

员由赵世炎联系，但当时我们都没有中共中央驻德（或驻法）通讯员这个名称。[①]

《党史研究》1983 年第 2 期《答读者问》根据 1976 年对周恩来的《悼词》，说周恩来于 1922 年经张申府，刘清扬介绍入党。这一说法对照有关史料，也有一些矛盾和疑问难于解释。第一，与当事人周恩来及其入党介绍人张申府、刘清扬的回忆不符。周恩来、张申府、刘清扬的回忆已如上述。笔者在 1979 年访问张申府时，又曾专门询问张是否 1922 年又介绍周恩来入党。他明确回答："我介绍周恩来入党的时间是 1921 年 3 月，不是 1922 年。"[②]第二，据近年来一些史料记载。1921 年与周恩来同属巴黎共产党小组成员的刘清扬、赵世炎、陈公培都是 1921 年入党。例如，李维汉《回忆新民学会》一文的注释明确指出。"刘清扬，1920 年留学法国后转德国，1921 年参加中国共产党。"[③]《赵世炎生平史料》也认为：赵世炎是 1921 年入党。[④]刘、赵是 1923 年和 1924 年才分别回国的。陈公培则因参加进驻里昂中法大学的斗争，1921 年 10 月 14 日，与蔡和森、陈毅等 104 人被法国反动当局押送回国。他说："我由法国回来也未履行什么手续，即成为党员。"[⑤]1921 年同属一个党小组，别人都算 1921 年入党，仅周恩来定为 1922 年入党，是难于解释的，不合理的。上述情况说明：周恩来 1922 年入党的说法，即使是组织裁定，也是不完全合理，不符合实际情况的。

（二）

要正确合理地确定周恩来的入党时间，还应当联系我党创建前后的有关具体情况进行考察。

众所周知，中国共产党是在国内外各地建立的八个共产党早期组织的基础上创建的。巴黎共产党小组是公认的八个建党小组之一，党的几位创始人和史学界都肯定这一点。

党的创始人之一，具体负责组织召开第一次党代会的李达回忆说："1920年 8 月，陈独秀等七人在上海发起了中国共产党。"在历述上海发起组邀约北京、

---

①《张申府谈巴黎共产主义小组和周恩来同志入党前后的一些情况》，1980 年 7 月 5 日，存南开大学周恩来研究室。

②《张申府谈巴黎共产主义小组和周恩来同志入党前后的一些情况》，1980 年 7 月 5 日，存南开大学周恩来研究室。

③ 文史资料研究委员会编：《文史资料选辑》第 59 辑，中华书局，1979 年版。

④ 文史资料研究委员会编：《文史资料选辑》第 58 辑，中华书局，1979 年版。

⑤《访问陈公培记录》（1961 年 2 月 20 日），见《赵世炎烈士资料汇编》，1980 年 7 月内刊。

武汉、长沙、济南等地同志分别在各地成立党的发起组后说："此外，还邀集广州、东京、巴黎当时相信马克思主义的人也发起了中国共产党。截至 1921 年 6 月为止，共有上海、北京、武汉、长沙、济南、广州、东京、巴黎八个中国共产党发起组。"①李达明确称这八个小组为中国共产党的"发起组"，把巴黎小组也列为发起组之一。

毛泽东 1936 年和斯诺谈话，在叙述了国内建党情况之后指出："同时，在法国，许多勤工俭学的人也组织了中国共产党，那里的党的创始人之中有周恩来。"②

党的"一大"代表陈潭秋在回忆"一大"的文章中指出："在第一次代表大会前，除掉在日本、法国的留学生、侨民中的共产主义小组外，只有在上海、广东、长沙、武汉和济南有共产主义小组……。"③

中共中央党史研究室编写、1981 年出版的《中共党史大事年表》也明确指出："1920 年 8 月，为了准备建立中国共产党，在上海成立第一个共产主义小组。从当年秋天到 1921 年上半年，北京、武汉、济南、长沙、广州等地陆续成立了共产主义小组。在日本和法国的中国留学生和侨民中也建立了这样的小组。"

上述情况表明：巴黎共产党早期组织的成员同其他各共产主义早期组织的成员一样，都属于参与发起或准备建党者的行列。因此 1921 年 7 月中国共产党正式建立后，这八个早期组织的成员都应该理所当然地成为中国共产党的第一批党员。周恩来是公认的巴黎共产党小组的成员，这一点，从没有人提出异议，他也应当算做第一批 1921 年入党的党员，这样才合情合理。

是否因为巴黎党小组没有代表参加党的"一大"，就可以不承认或否定其小组成员的党员资格呢？笔者认为不能这样。因为：

第一，巴黎党小组没有代表出席党的"一大"，不是因为它不赞成或反对"一大"，而是有客观原因。

据张申府说："1921 年 7 月党的'一大'召开前，我曾接到国内寄来的通知，在我们党小组内讨论过，因时间紧、路远，不能回来参加，我给陈独秀写信谈过此事。不久，我们便知道国内的共产党已经正式成立了。"④张申府这个

---

① 李达：《七一回忆》，见《七一杂志》1958 年创刊号。
② 埃德加·斯诺：《西行漫记》，三联书店，1979 年版。
③ 陈潭秋：《回忆中国共产党第一次全国代表大会》，原载 1936 年 7 月《共产国际》。
④ 《张申府谈旅欧党团组织活动情况》，《天津文史资料选辑》第 15 辑，天津人民出版社，1981 年版。

说法是否全部准确可靠，还可以研究。但他说的，"因时间紧，路远，不能回来参加"，是符合实际情况的。从负责具体组织召开第一次代表大会，亲手发出开会通知的李达的有关回忆，可以得到印证。据李达说："1921 年 6 月中旬，马林和尼可洛夫两位同志由第三国际派到上海来，和我们接谈了以后，他们建议我们应当及早召开全国代表大会，宣告党的成立。于是由上海的党通知各地党小组，各派代表二人，到上海开会。"①李达的回忆，在上述这段话的前后，都提到国内外八个党的发起组，虽然指出巴黎小组与国内"联络很欠缺"，但文章明确地把巴黎小组包括在八个党的发起组之内。据此分析："一大"开会通知是发给了巴黎党小组的。

但是，大家知道，党的"一大"是 1921 年 7 月 23 日至 31 日召开的，从"6 月中旬"发出通知到正式开会，只有一个多月，而当时从上海到法国，单程就需要一个多月，往返至少需两个多月，巴黎党小组接到开会通知，也根本来不及派人参加。如果由于这样的客观原因，就不承认巴黎小组的党员资格，是不合情理的。

第二，巴黎党小组从酝酿组成，直到"一大"前后，都和党的上海发起组以及党的创建人和领导人陈独秀等，保持着联系。巴黎小组的负责人张申府，在北京和李大钊一起入党后，1920 年 9 月至 11 月下旬出国之前，曾在上海陈独秀家住了约两个月，在此期间，曾和陈独秀等一起，参与筹办党的机关刊物《共产党》月刊的工作。到法国后他和陈独秀常有书信来往。赵世炎、陈公培的党的关系，就是通过陈独秀介绍给他的。而赵世炎和李大钊、陈独秀都有联系。陈公培在国内就参加过上海发起组的建党活动，到法国后与陈独秀仍有联系。"一大"以后不久，他们很快就知道国内已正式建立了中国共产党，还常收到国内党中央寄去的《共产党》月刊，"分给大家看"。因此，有的历史学者明确指出："巴黎共产党小组是国内党组织派生的"②，这是符合史实的。

这些情况表明：巴黎小组虽然离国内较远，书信和人员的来往需要较长的时间，不如国内各小组联系方便、密切，并因此客观原因，未能派代表出席"一大"。但在"一大"前后，它还是一直与国内党组织和党的创建人保持着联系。在 1921 年 7 月中国共产党正式建立时，国内六个小组和日本小组的成员都成了第一批中国共产党党员。巴黎小组的成员不能例外，也理所当然地成为 1921 年入党的第一批中国共产党党员。

---

① 见李达：《七一回忆》，《七一杂志》1958 年创刊号。
② 《旅欧中国党团组织的建立经过》，《党史研究》1981 年第 1 期。

　　综上所述，根据实事求是的原则，我们不能囿于过去某些不确切的结论，而应当从实际出发，尊重史实，服从真理。据此，笔者的结论是：周恩来1921年3月，在巴黎经张申府、刘清扬介绍，加入共产党，他是巴黎共产党小组的成员。这个小组是为准备或发起正式建立中国共产党而在国内外先后成立的八个共产党早期组织之一。它虽然因为客观原因，未能派代表出席党的"一大"，但它一直和国内党的发起组和党的创始人保持着联系。1921年7月中国共产党正式成立后，包括周恩来在内的巴黎共产党小组的成员同国内六个小组和日本小组的成员，都是当然的中国共产党党员，同属于1921年入党的第一批中国共产党党员。

　　　　　　　　　　　　　　　（本文发表于《南开学报》1984年第4期）

　　注：1985年6月3日，中共中央已批准重新确定周恩来的入党时间为1921年。（见《党史研究》1985年第4期）

　　作者注：

　　1983年9月，作者根据大量史料写出本文，结论认为周恩来是发起成立党的8个共产党早期组织之一的巴黎小组的成员，属于1921年第一批入党的中共党员。因与中共中央《悼词》1922年入党的说法不同，9月20日作者致信并将文稿寄送"小平同志并党中央"考虑。（见附件一）

　　1983年10月8日，中共中央文献研究室给作者复信说："您寄给小平同志的信及《周恩来入党时间问题的探讨》一稿已经转来我室，经研究我们认为：周恩来同志在旅欧期间的1921年参加共产党早期组织，1922年经中共中央批准为中国共产党员。您这篇文章，……可作为讨论文章发表。"（见附件二）

　　1984年7月，本文在《南开学报》1984年第4期发表后，作者又寄给时任中共中央总书记的胡耀邦同志并党中央考虑。1985年初，中央文献研究室副秘书长朱同顺面告："你给耀邦的信和文章，已批给中央组织部和我室共同研究，提出意见，报中央审批。现我们已联合组成专门小组，正进行研究，并复印了你的文章，作为主要参考。"

　　1985年7月16日，朱同顺同志又给我来信说："关于周恩来同志入党时间问题，你的意见是正确的。……我们写了报告，最后由组织部报告中央，得到批准，周恩来同志入党时间为1921年。这一期的《文献和研究》发了中组部的报告，送上一份，请收阅。"（见附件三）

附件一：

刘焱于 1983 年 9 月 20 日致小平同志并党中央信

小平同志并党中央：

我是在南开大学工作的共产党员，今有以下情况和问题，向您并中央反映和请示。

近年来史学界和一些报刊对周恩来同志的入党时间说法不一，仅《党史研究》1983 年第二期的"答读者问"就反映出有两种说法。在您对周恩来的《悼词》已发表七年多的今天，之所以仍众说纷纭，说明这个问题有其复杂性，需要进一步探讨和商榷。

根据目前所见到的史料，我感到"答读者问"中所回答的说法不符合史实或不确切，《悼词》的说法也有一些难于解释的疑问，而周恩来是全党全民族衷心爱戴的党和国家的卓越领导人，认真弄清和合理确定周恩来的入党时间，对于正确认识和评价其伟大历史功绩具有重要意义，基于这样的考虑，根据党实事求是的原则，我写了《周恩来入党时间问题的探讨》一文，提出自己的看法。现送上供您并中央考虑，若有错误，请批评指正。

敬　祝
身体健康！

南开大学　刘焱
一九八二年九月二十日

附件二：

中共中央文献研究室 1983 年 10 月 8 日致刘焱信

刘焱同志：

您寄给小平同志的信及《周恩来入党时间问题的探讨》一稿已转来我室，经研究，我们认为：周恩来同志在旅欧期间的 1921 年参加共产主义小组，1922 年经中共中央批准为中国共产党员。

您这篇文章，中央党校《党史研究》编辑部曾送我们征求意见，我们已答复，如果他们同意，可作为讨论文章发表。

中共中央文献研究室
十月八日

附件三:

中央文献研究室副秘书长朱同顺 1985 年 7 月 16 日致刘焱信

刘焱同志:

你好! 你的来信收到了, 谢谢你对我们工作的关心。

你提出的有关周恩来传略的几个意见, 我们都认真研究了。

关于周恩来同志入党时间问题, 你的意见是正确的。你在《南开学报》发表意见之后, 我们就已研究这个问题。当时, 上海有的同志对周恩来同志 1921 年参加共产党时间有疑问, 提出了一些看法, 邓大姐主张尊重总理生前填的表格, 所以我们一直没有公开表态。这次中央批准我室调查, 我们写了报告, 最后由组织部报告中央, 得到批准, 周恩来同志入党时间为 1921 年。这一期《文献和研究》发了中组部的报告, 送上一份, 请收阅。传略照此修改。

敬礼

朱同顺

7 月 16 日

周恩来是中国共产党的发起者和创建人之一

周恩来是党和国家的卓越领导人，是中华民族和中国共产党人的优秀代表，是 20 世纪世界知名的伟人。他也是中国共产党的发起者和创建人之一。

由悼词说起

1976 年周恩来逝世后，邓小平代表中共中央宣读的悼词中，根据 1922 年中共中央的档案，说周恩来是 1922 年入党。在此前后数十年间，中国出版的有关党史著作、教科书和报刊文章中，对周恩来的入党时间曾有不同说法，而对周恩来是中共发起者和创建人之一的历史地位，却从未有人提及。

笔者在研究工作中，查阅了大量原始资料，并于 1979 年 11 月 3 日和 1980 年 7 月 5 日两次拜访周恩来的入党介绍人张申府，详细询问周恩来入党前后的情况，发现悼词中 1922 年入党的说法，与当事人的说法矛盾，也不符合历史事实。

下面让我们看看周恩来和他的入党介绍人张申府、刘清扬的说法。

1962 年 3 月 2 日，周恩来在《论知识分子问题》的报告中说："1920 年我去法国，还对费边的社会主义有过兴趣，但很快就抛弃了，我感谢刘清扬和张申府，是他们两人介绍我入党的。"在这段话中，周恩来虽然没有明确说明自己入党的具体时间，但从内容和语气来看，他是在 1920 年 12 月到法国后不久，很快就抛弃了一度有过兴趣的费边主义，接着就参加共产党的。

张申府原是北京大学讲师，和中共主要创建人陈独秀、李大钊都很熟悉。1920 年 8 月，他和李大钊等在北京创建共产党早期组织，后应聘到法国里昂中法大学任教。出国之前的 1920 年 9 月至 11 月，他在上海陈独秀家住了约两个月。在此期间，他曾和陈独秀一起，参与筹办党的机关刊物《共产党》月刊的工作，到法国后仍与陈独秀有密切联系，常有书信来往。

1979 年 11 月 3 日，张申府向笔者介绍周恩来入党情况时说："去法国后，因与刘清扬的关系，我与周恩来经常来往，彼此更加熟悉。1921 年二、三月间，我先介绍刘清扬加入中国共产党，接着，我和刘清扬又介绍周恩来入党。"他还说："在此前后，通过国内关系入党的赵世炎、陈公培又和我建立了联系……我们五人就在巴黎成立了共产党小组。"

又据《赵世炎生平史料》和陈公培 1962 年 2 月的回忆，他们二人在法国都是持陈独秀的来信，分别于 1921 年 2 月和 4 月与张申府接上党的关系的。

1980 年 7 月 5 日，笔者再次拜访张申府，进一步询问周恩来入党前后的具体情况。笔者专门提问："是否 1922 年又介绍过周恩来入党？"张申府明确回答："我介绍周恩来的入党时间是 1921 年 3 月，不是 1922 年。"

周恩来的另一个入党介绍人刘清扬在五四运动时期就是他的亲密战友，他们同是天津反帝爱国学运的主要领导人，同是觉悟社成员，彼此非常熟悉。她曾回忆说："张申府在北京时即和李大钊同志一起，参加共产主义小组。""去法国之后……不久张申府介绍我，我又同张申府一起介绍周恩来参加共产党小组。"

上述当事人的谈话，证明周恩来是到法国后不久，于 1921 年 3 月经张申府、刘清扬介绍加入巴黎共产党早期组织的成员之一。

据一些史料记载：与周恩来同属 1921 年巴黎共产党早期组织成员的刘清扬、赵世炎、陈公培都被认定是 1921 年入党的。例如：李维汉在《回忆新民学会》一文的注释中明确指出：刘清扬"1921 年参加中国共产党"。《赵世炎生平史料》记载：赵世炎是 1921 年入党的。陈公培则因参加进驻里昂中法大学的斗争，于 1921 年 10 月 14 日和蔡和森、陈毅等 104 人被法国当局遣送回国。他说："我由法国回来也未履行什么手续，即成为党员。"

上述事实表明，周恩来与巴黎共产党早期组织的成员，都是 1921 年入党的党员。

要合理确定周恩来的入党时间，正确评价周恩来在建党中的历史地位，还必须进一步联系中共创建前后的有关具体情况进行考查。

巴黎共产党早期组织是公认的八个建党小组之一

大家知道，中国共产党是在国内外建立的八个共产党早期组织的基础上创建的，巴黎共产党早期组织是公认的八个建党小组之一，党的几位主要创建人和党史界都肯定这一点。

党的主要创建人之一、具体负责筹备组织召开党的第一次全国代表大会并亲自发出开会通知的李达回忆说："1920 年 8 月，陈独秀等七人在上海发起了中国共产党。""截至 1921 年 6 月为止，共有上海、北京、武汉、长沙、济南、广州、东京、巴黎八个中国共产党发起组。"李达明确称这八个小组为中国共产党的"发起组"，把巴黎共产党早期组织也称为发起组之一。显然，当时包括周恩来在内的这八个小组的成员都是建立中共的发起者。

毛泽东 1936 年和斯诺谈话，在叙述了国内建党情况后指出："同时，在法国，许多勤工俭学的人也组织了中国共产党，那里的党的创始人当中有周恩来。"

中共一大代表陈潭秋在回忆一大文章中指出："在第一次代表大会前，除掉在日本、法国的留学生，侨民中的共产主义小组外，只有在上海、广东、长沙、武汉和济南有共产主义小组……"

中共中央党史研究室编写、1981 年出版的《中共党史大事年表》也明确指出："1920 年 8 月，为了准备建立中国共产党，在上海成立第一个共产主义小组。从当年秋天到 1921 年上半年，北京、武汉、济南、长沙、广州等地陆续成立了共产主义小组。在日本和法国的中国留学生和侨民中也建立了这样的小组。"

上述情况表明，巴黎共产党早期组织的成员同其他七个小组的成员一样，都属于参与发起或准备建党者的行列。因此，1921 年 7 月中国共产党正式建立后，包括周恩来在内的这八个小组的所有成员，都是建党的发起者，都应该理所当然地成为 1921 年第一批入党的中共党员，这样才合情合理。但据了解，这八个发起组的成员都被认定为 1921 年入党，仅周恩来被当时的党中央认定为 1922 年入党，这是明显不合理，也不符合历史事实的。

为什么巴黎共产党早期组织没有派代表参加中共一大？

或许有人质疑：为什么巴黎共产党早期组织没有代表参加中共一大？据有关负责人说，这是有客观原因的。

巴黎共产党早期组织的负责人张申府回答笔者的提问时说："1921 年 7 月党的一大召开前，我曾接到国内寄来的通知，在我们党小组内讨论过，因时间紧，路远，不能回来参加，我给陈独秀写信谈过此事。不久，我们便知道国内共产党已经正式成立了。"

张申府的这一说法，从李达的有关回忆中可以印证是符合实际情况的。李达后来说："1921 年 6 月中旬，马林和尼可洛夫两位同志由第三国际派到上海来，和我们洽谈了以后，他们建议我们应及早召开全国代表大会，宣告党的成立。于是，由上海的党通知各地党小组，各派代表二人，到上海开会。"

众所周知，中共一大是 1921 年 7 月 23 日召开的，从 6 月中旬发出通知到正式开会，只有一个多月，而当时从上海到法国，单程就需要一个多月，往返至少需要两个月，巴黎共产党早期组织接到通知后，根本来不及派人参加会议，这是实际问题。况且中共一大前后，巴黎共产党早期组织一直和党的主要创建人陈独秀和上海发起组保持密切联系。一大以后不久，他们很快就知道国内已正式建立了中国共产党，还经常收到中共中央寄出的《共产党》月刊，分给大家看。

因此，巴黎共产党早期组织因实际困难没有派代表参加中共一大，不应影响其成员包括周恩来在内的入党时间和党员资格。

"是中共第一批党员和创建人之一"

1983 年 9 月中旬，笔者撰写了《关于周恩来入党时间问题的探讨》一文，提出了与中央关于周恩来悼词中不同的观点，明确指出："周恩来 1922 年入党的说法，即使是组织裁定，也是不完全合理，不符合实际情况的。""周恩来 1921 年 3 月，在巴黎经张申府、刘清扬介绍加入中国共产党，他是巴黎共产党小组的成员，该小组是为准备和发起成立中国共产党的八个共产党早期组织之一。1921 年 7 月，中国共产党正式成立后，周恩来与八个小组的其他成员一样，属 1921 年第一批入党的中共党员。"他是党的发起者和创建人之一。因文中观点与中央关于周恩来悼词中的说法不同，此文发表前，1983 年 9 月 20 日，笔者先致信并将此文寄给"小平同志并党中央考虑，建议更正周恩来的入党时间"。

10 月 8 日，中共中央文献研究室给笔者复信说："您寄给小平同志的信及《周恩来入党时间的探讨》一稿已转来我室，经研究，我们认为，周恩来同志在旅欧期间的 1921 年参加共产主义小组，1922 年经中共中央批准为中国共产党员。"该信同时提出："您这篇文章……可作为讨论文章发表。"

1984 年 8 月，笔者所写的关于周恩来 1921 年入党的文章在《南开学报》第 4 期发表后，笔者又立即写信并将该文寄给时任中共中央总书记的胡耀邦同志并中共中央考虑。1985 年春，中央文献研究室秘书长朱同顺面告："你给耀邦的信和文章，已批给中央组织部和我室研究，提出意见报中央审批。现我们与中组部已组成联合小组研究，并复印了你的文章，发每个小组成员，作为主要参考。"

1985 年 6 月 3 日，中共中央批准中央组织部关于重新确定周恩来同志入党时间为 1921 年的报告。1985 年 7 月，《文献和研究》和《党史研究》第 4 期同时公布。同时，还发表了中央文献研究室的《周恩来的入党时间是 1921 年》一文，对此问题做了全面说明。

此后，全国许多媒体都报道了中共中央的这一决定，中外许多学者的有关著作都采用了周恩来 1921 入党的新说法，公认周恩来是中国共产党的发起者和创建人之一。

1988 年，苏联科学院主席团委员、史学部主任齐赫文斯基院士发表《周恩来与苏联》一文，赞扬"周恩来在中国被公正地认作为中国共产党的创建者和第一批成员之一"。

1998 年，原国家主席杨尚昆发表《相识相知五十年》的文章，肯定周恩来"是中共第一批党员和创建人之一"。

（本文发表于《党史博览》2012 年第 12 期）

建党初期周恩来的武装斗争思想

　　周恩来是中国共产党最早懂得武装斗争的马克思主义者。早在大革命前的建党初期，他就开始懂得武装斗争和革命军队的极端重要性。因此，到大革命时期，他才能比较自觉地集中主要精力抓军事工作，承担起开拓我党军事工作的重任，成为我党最早的主要军事领导人。过去，学术界发表的一些论著和文章，对大革命前周恩来早期武装斗争思想的产生、发展和初步形成的过程、时间及其主要内容，有不同说法，而且一般比较简略。不少论著认为，大革命时期周恩来才开始认识武装斗争的重要性。我认为对这个问题还应进一步探讨，现提出自己看法，同史学界研讨。

一、周恩来是我党较早懂得武装斗争的马克思主义者

　　中国是一个有两千多年封建专制历史的国家。鸦片战争以后，帝国主义纷纷入侵，中国逐渐沦为半封建半殖民地社会。伟大的革命家孙中山领导的辛亥革命，推翻了满清封建帝制，但政权很快又落入封建军阀之手。中国共产党成立时期，中国正处在列强支持下的各派军阀武装割据和残暴统治之下，中国革命应采取什么方式？这是从党成立之时起就面临的主要问题之一。

　　马克思、恩格斯、列宁早就反复阐明：各国人民革命的根本问题必须通过暴力解决。马克思在《资本论》中指出："暴力是每个孕育着新社会的旧社会的助产婆。"列宁在《国家与革命》中指出："资产阶级国家由无产阶级国家（无产阶级专政）代替，不能通过'自行消亡'，根据一般规律，只能通过暴力革命。"这是马克思主义极为重要的一条基本原理。中国革命的历史经验证明：面对武装到牙齿的敌人，要实现反帝反封建的民主革命纲领，必须进行武装斗争，离开武装斗争，就不能完成任何革命任务。可是，在党成立初期，虽然党内有的

领导人，包括陈独秀在内，一般也赞同暴力革命，但在理论上和实际上，对武装斗争的认识和准备都是不足的。正如毛泽东指出的：在这一点上，我们党从一九二一年成立直至一九二六年参加北伐战争的五六年内，是认识不足的。那时不懂得武装斗争在中国的极端的重要性"。①1924 年我们党参加黄埔军事学校，开始懂得军事的重要了，但"一九二四年至一九二七年，乃至在其以后的一个时期，对此也还认识不足"。②

周恩来对这个问题的认识要比同辈人早些、深些。早在大革命前的旅欧时期，他就不仅一般地主张暴力革命，而且比较明确地指出了中国革命必须经过长期的流血战争，更为可贵的是他还明确指出了"真正革命非要有极坚强极有组织的革命军不可"。③这是对武装斗争认识的重大突破。

周恩来武装斗争的光辉思想，不是坐在屋子里冥思苦想出来的，也不是什么天才的突然发现，是和他生活的时代环境密切相关的。是他从青年时代起亲身参加反帝反封建的革命实践中，在长期对马克思主义的学习以及对中国革命的道路和方式的探索中逐渐形成的，是他把马克思主义的基本原理与中国革命的具体实践紧密结合的产物。

二、中国社会特点决定中国革命必须经过长期的血战争斗

周恩来生长在内忧外患交加，民族危机深重的年代。他关心国家民族命运，1911 年在沈阳东关模范学校时，就怀有"为了中华之崛起"而读书救国的大志。1916 年，他在南开学校发表了《中国现时之危机》的演说，分析了帝国主义与中华民族的矛盾以及封建势力与中国人民的矛盾，揭示了帝国主义侵略和封建军阀"武人政治之害"；指出：由于"政治之不良"，"有以致百事之停滞"。他一针见血地批判了辛亥革命"敷衍姑息"的不彻底性，明确指出："新旧不并立，冰炭不同炉"，要挽救国家危亡，必须"直捣黄龙，剪除旧类"。④

五四运动时期，帝国主义和反动军阀政府对爱国群众的野蛮镇压和血腥屠杀，周恩来也被关入监狱近半年之久，严酷的现实使他对中国社会特点有了进一步的认识，开始意识到面对全副武装的反动派，和平请愿是不行的，必须唤醒民众，打倒帝国主义和封建军阀。1919 年 8 月，他发表《黑暗势力》一文，

---

① 毛泽东：《战争和战略问题》（1938 年 11 月 6 日），《毛泽东选集》第一卷，人民出版社，1991 年版。
② 毛泽东：《战争和战略问题》（1938 年 11 月 6 日），《毛泽东选集》第一卷，人民出版社，1991 年版。
③ 周恩来：《评胡适的"努力"》，《少年》第 6 号，1922 年 12 月 15 日。
④《校风》第 45 期，1916 年 11 月 8 日。

把反帝反封建联系起来，大声疾呼人民起来，"推倒安福派"反动政府，"推倒安福派所凭借的军阀，推倒安福派所请来的外力"。呼吁青年"要有预备！要有办法！要有牺牲！"①他主编的《学联报》大胆揭露军阀政府的反动本质，旗帜鲜明地公开提出：北京政府是卖国的，我们为什么不把它推倒呢？北京政府不能代表民意，我们为什么还向它请愿呢？就该快刀斩乱麻，立刻和它决绝。由和平请愿到公开号召推翻它，这表明周恩来对北洋军阀政府的反动本质，已有较深刻认识，对它已不抱幻想了。

1920 年 11 月，为进一步寻求救国真理，他赴欧勤工俭学。到欧洲后，认真进行社会考察，对马列主义和各种社会思潮进行推求、比较、研究。1921 年 1 月，在致表兄陈式周的信中，对英俄两国所走道路做了分析，指出："英之成功，在能以保守而整其步法，不改常态，而求渐进的改革；俄之成功，在能以暴动施其'迅雷不及掩耳'之手段，而收一洗旧弊之效。"当时，他认为两者各有利弊，对中国应走什么道路，尚未最后结论而仍在严肃探讨之中，但已开始称赞俄国十月革命武装夺取政权的道路，指出："若在吾国，则积弊既深，似非效法俄式之革命，不易收改革之效。"②

之后，经过认真严肃的积极探索和思考，他的思想开始了新的飞跃。1921 年 3 月，参加了巴黎共产党小组。同年 10 月，从思想上确立了对马克思主义的坚定信仰。1922 年 3 月，他在给国内觉悟社社员的信中回顾自己确立共产主义信仰的过程时说："思想是颤动于狱中，津会时受了不少施以等主张的暗示，京中的'全武行'与我以不少的启发，……出国后得了施以一封谈主义的信，引起我探求的兴味，最后又同念吾、奈因经了多的讨论，直至十月后才正式决定了。"他庄严地宣称："我认的主义一定是不变了，并且很坚决地要为他宣传奔走。"③从此，他开始用马克思主义，观察分析中国革命的实际问题。

1922 年，是他的革命思想不断升华并逐渐走向成熟的一年。当年 3 月，他得悉觉悟社社友黄正品因领导长沙纱厂工人罢工被反动政府杀害的消息，进一步看清反动统治阶级的残暴，更加深刻地认识到要彻底改造军阀统治下的旧中国，必须进行流血的斗争。他悲愤地挥笔写了"表吾意所向"的《生别死离》一诗，明确指出："没有耕耘，那来收获？没播革命的种子，却盼共产花开！梦想赤色的旗儿飞扬，却不用血来染他，天下那有这类便宜事？"并且坚定地宣

---

① 《天津学生联合会报》，1919 年 8 月 6 日。
② 中共中央文献研究室编：《周恩来书信选集》，中共文献出版社，1988 年版，第 24 页。
③ 中共中央文献研究室编：《周恩来书信选集》，中共文献出版社，1988 年版，第 46、49 页。

称："坐着谈，何如起来行！"①决心用实际行动，用自己的鲜血和生命，实现崇高的共产主义理想。从此，他就把全部精力，投身到改造中国的伟大实际斗争之中。

同月，他在给觉悟社社员的另一封信中，结合欧洲各国革命经验，探讨适合中国国情的正确革命道路，在分析批判了无政府主义、基尔特社会主义、工团主义等机会主义思潮之后，用非常明确透彻的语言郑重宣称："我们当信共产主义的原理和阶级革命与无产阶级专政两大原则，而实行的手段则当因时制宜！"②这是周恩来在寻求救国真理的艰辛道路上，经过长期严肃认真的探索后，对中国革命问题的总的回答。

列宁曾经指出："谁要是仅仅承认阶级斗争，那他还不是马克思主义者，……只有承认阶级斗争、同时也承认无产阶级专政的人，才是马克思主义者。"③周恩来不仅认识了这一真理，而且明确指出，在实行的时候不能生搬硬套，必须结合中国国情，"因时制宜"。这表明，他已经掌握了马克思主义的实质和精髓，成为真正的马克思主义者了。

此后，他连续发表一系列文章，更加自觉地运用马克思主义的基本原理，结合中国社会特点，从理论上比较系统地阐明中国革命的道路、方式等问题，提出了武装夺取政权的光辉思想。

在1922年9月发表的《共产主义与中国》这篇光辉文献中，周恩来进一步分析批判了在当时中国尚有市场的资本主义、国家社会主义、行会社会主义、无政府主义等错误思潮，系统阐明了只有共产主义才能救中国的伟大真理。深刻地指出：资本主义不管采取什么形式，"其同一结果总是压迫贫民阶级使之成为纯粹的无产阶级，困苦颠连，以致历劫难复"。它的祸根在私有制，"私有制不除，一切改革都归无效"。"至于别种社会主义，更是陷中国于歧路中的麻醉剂"，是一条死路。他得出明确结论说：共产主义"在今日全世界上已成为无产阶级全体的救时良方"，尤其在中国，"除去努力预备革命，实行共产革命外，实无法可解"。他坚定地宣称："共产主义者决不作枝叶的问题"，而"要大刀阔斧地""大彻大悟集合众力一心一意地从事革命"。这些光辉思想表明：在寻求救国真理的道路上，周恩来已经与一切资本主义、机会主义的方案彻底决裂，坚决认定，只有共产主义才是救中国的唯一良方。

至于用什么手段，如何"因时制宜"地进行革命？周恩来反复强调必须进

---

① 中共中央文献研究室编：《周恩来书信选集》，中共文献出版社，1988年版，第47、48页。

② 中共中央文献研究室编：《周恩来书信选集》，中央文献出版社，1988年版，第40～41页。

③ 列宁：《国家与革命》，人民出版社，1970年版。

行流血的武装斗争，夺取国家政权。他已经认识到革命的根本问题是国家政权问题，指出：在帝国主义和封建军阀武力统治下的旧中国，要彻底革命必须首先考虑："国家最高的统治权究竟在何种阶级手中握着？"中国"是谁家之天下？""依着现在中国的时势，一切缓和修正的办法都无所施"。必须用武力推翻反动统治，使"政权落到劳动阶级的手里"，中国社会才能得到根本改造。[①]

当全世界和中国的反动派都把列宁领导的俄国革命视为"洪水猛兽"，大肆攻击的时候，他极力称颂十月革命武装夺取政权的道路，指出："欧乱现正方兴未艾，所可希望的只是俄国。"[②]

他批驳诬蔑革命是"驱下层阶级以杀上层阶级"的谬论，指出："至于杀与不杀，那纯视反革命的举动如何为定，革命是不能不流血的。"[③]1922年底，他进一步深刻阐述了武装革命战争的长期性和必要性，明确指出："一国一种的民主革命，如法国革命，美国独立都是经过极长期的血战争斗才得使共和奠定，更何况无产阶级的共产革命。"[④]

周恩来的上述思想发展表明：经过长期探索，到1922年底，他已比较深刻地认识到中国革命必须经过长期的、流血的武装斗争，开始树立了武装斗争思想。

三、非要有极坚强极有组织的革命军不可

早在1922年周恩来就指出：进行武装斗争，非要有极坚强极有组织的革命军不可。当时这在党内是极为少见的，但也不是偶然的。

早年立志救国的周恩来，在中学时期就开始注意军事问题。1914年，他和几位同学发起成立"敬业乐群会"，曾在该会设立"军事研究团"。1916年12月，他发起组织"国防演说会"，请人讲"军舰——炮台——陆路"，引导青年关心军事，做好救国的准备。当时由于思想还比较幼稚，曾一度相信军国主义可以强国，但很快就认识其错误而抛弃了。旅欧时期，随着对马克思主义和中国革命实践认识的进一步提高，他从新的角度更加重视军事问题，在他领导的中共旅欧支部中，专门设立了"军事部"，这是当时的党中央和其他地方党组织

---

① 周恩来：《共产主义与中国》，《少年》第 2 号，1922 年 9 月。
② 周恩来：《德法问题与革命》，《党邮》第一期（下），1923 年 4 月 6 日。
③ 周恩来：《宗教精神与共产主义》（又名《新刊评论"无所谓宗教"》），《少年》第 2 号，1922 年 9 月。
④ 周恩来：《俄国革命是失败了么？》，《少年》第 6 号，1922 年 12 月 15 日。

所没有的。他非常重视培养革命骨干，培养军事干部，曾有计划地选派党团员
到苏联学习，包括学军事。1922 年，他分析欧洲革命情况时，强调军队的重要
性，指出："法国工人同军队一旦能联络起来，这事便有了希望。"①他非常赞
成德国革命家卢森堡提出的："我们要无军队便不能革命"的主张，赞扬"这都
是见到之语"。②

　　随着革命形势的发展，周恩来的认识日益提高。1922 年底，他发表《评胡
适的"努力"》一文，尖锐地批判胡适所谓建立"好人政府"的改良主义主张，
认为"都是些不落实际的废话"。他深刻地指出，在中国，"以为在世界帝国资
本主义和军阀的支配之下便可建立'好人政府'实现其政治主张，这不是做梦
么"？"这不但徒劳无功，且更阻止革命的发展"。他还进一步明确指出：革命
不能仅止于一般的暴力行动，"若徒以手枪炸弹罢工罢市来恐吓，则手枪炸弹，
他有躲避之法，罢工罢市他更可以军队来压迫"。最后，他得出明确结论，用极
鲜明的语言宣称；"真正革命非要有极坚强极有组织的革命军不可。没有革命军，
军阀是打不倒的。"③这种不仅止于一般地重视暴力革命和武装斗争，而且高度
重视革命军队，把武装斗争与建立和依靠极坚强极有组织的革命军紧密联系起
来的光辉思想，表明周恩来对武装斗争的认识已进入更深一层的境界，有了重
大突破，进一步深化和具体化了。

　　此后，周恩来思想继续发展。1923 年，在巴黎旅法华人反对国际共管中国
铁路大会上讲话时，更加深刻地指出：国事败坏至今，纯由吾人受二重之压迫。
即内有冥顽不灵之军阀，外有资本主义之列强，吾人欲图自救，必须推翻国内
军阀，打倒国际资本帝国主义。他公开号召全国工农商学各界联合起来，用"有
系统，有计划，有组织，有训练"的革命暴动，推翻军阀卵翼下的北京政府，
自己起来，组织国民政府，成就中华民族"独立的伟业"。④这些光辉思想，进
一步提出了用武装斗争和革命统一战线，实现民主革命目标的正确主张。

四、结语

　　综上所述，可以清楚地看出：周恩来的武装斗争思想，是在革命实践中产

---

　　① 周恩来：《西欧的"赤"况》，《周恩来早期文集》，中央文献出版社，1998 年版。

　　② 周恩来：《德法问题与革命》，《周恩来早期文集》，中央文献出版社，1998 年版。

　　③《少年》第 6 号，1922 年 12 月 15 日。

　　④ 周恩来：《旅法各团体敬告国人书》，载《少年中国 》第 4 卷第 8 期，1923 年 7 月 15 日。

生、发展和逐渐形成的。早在 1922 年前后，他就开始懂得了武装斗争在中国的极端重要性，明确提出了以下观点：（1）中国革命必须经过流血的武装斗争；（2）武装斗争是极长期的；（3）必须依靠军队；（4）这个军队与旧军队不同，必须建立极坚强极有组织的革命军。他初步系统阐明了中国革命要取得胜利，必须联合工农商学各阶层群众，组织训练革命武装，建立极坚强极有组织的革命军队，进行长期的武装斗争，推翻帝国主义和封建军阀的统治，夺取国家政权，建立国民政府的正确主张，初步回答了中国革命主要应采取什么方式这个根本问题，它标志着周恩来武装斗争思想已初步形成。

（本文发表于《周恩来研究学术研讨会论文集》，中央文献出版社 1988 年版）

周恩来是中共统战工作的先驱

统一战线是中国革命的三大法宝之一。周恩来是中共统战工作的先驱，建党初期，在党开创统一战线的工作中，他在理论上和实践上都做出了重大贡献。

一、建党初期周恩来的统一战线思想

周恩来是较早认识统战工作重要性的无产阶级革命家，建党初期，他就根据马列主义的基本原理，结合中国革命实际，对统战工作有一系列重要论述：

（一）较早阐述统一战线对中国革命的重要意义

早在"五四"反帝爱国运动时期，周恩来在斗争实践中就深刻感受到，要反对强大的帝国主义和封建军阀，必须广泛联合学生、工人、市民、商人等各阶层的广大群众。他积极参与组织天津市各界联合会，在尖锐激烈的反帝爱国斗争中，他亲眼看到了各界广大群众联合起来的伟大力量。他发表文章号召各界联合起来打倒反动军阀政府[①]，明确提出："我们所恃的是群众运动。"[②]这是在我国近代革命史上，最早使用"群众运动"的概念。

建党初期，周恩来分析了当时中国革命的形势和敌、我、友诸方面的情况，从理论上论证了要完成中国民主革命，必须建立广泛的革命统一战线。1924年2月他总结孙中山领导的辛亥革命失败教训，明确指出："新旧军阀既都不足恃，所可恃者以救中国的，只有全中国的工人、农民、商人、学生联合起来，实行国民革命。"[③]在根据当时中国情况，具体分析了中国的工人、农民、知识界、新兴工商业家、海外华侨五派革命势力的特点之后，他强调指出："若能合此五

---

① 周恩来：《黑暗势力》，《天津学生联合会报》，1919年8月6日。
② 周恩来：《讨安福派的办法》，《天津学生联合会报》，1919年8月9日。
③ 周恩来：《军阀统治下的中国》，1924年2月1日，《赤光》第1期。

派革命分子于一个革命的政党统率之下，则国民革命的成功。必不致太为遥远。"①

（二）坚持建立革命统一战线，批判对国共合作的攻击

在周恩来领导旅欧中共党团组织，与国民党实现联合的过程中，有人接二连三地发表文章，攻击国共合作，污蔑共产党"抛弃共产主义不信"，搞"阶级妥协"，质问共产党明明是主张"打破私有制"，"又何不直接行共产主义革命？"②周恩来奋起发表文章，从理论上进行反击，捍卫党的统战政策。他指出："不错，我们共产主义者是主张'阶级革命'的，是认定国民革命后还有无产阶级向有产阶级的'阶级革命'的事实存在。但我们现在做的……是无产阶级与有产阶级的合作，以推翻封建阶级的'阶级革命'，这何从而说'国民革命'是'阶级妥协'？"③他认为国民革命与共产革命要分两步走，"不走到第一步，何能走到第二步"。④

周恩来还进一步阐明了共产党人加入国民党，建立革命统一战线的许多好处："对外目标一致，好集中革命势力；对内能坚固各个革命分子的决心，消弭某些部分人的目前部分利益的争执；训练统一，步骤一致，不复有时同时否的阻碍；号令集中，指挥自如，易于杀敌。"⑤周恩来的以上论述，批驳了对国共合作的污蔑，为革命统一战线的建立，扫清了思想障碍。

（三）在统一战线中坚持无产阶级的独立性

周恩来在建立和发展革命统一战线的过程中，坚持无产阶级的独立性。他一再强调共产主义者参加国民党，既要遵循共同革命纲领，积极从事国民革命的工作；又要牢记共产主义的最后奋斗目标，坚持无产阶级的根本利益和原则立场，不能"抛弃共产主义"。要认清光进行国民革命，"无产阶级尚未得到真正出路"。认清"国民革命后还有无产阶级向有产阶级的'阶级革命'"⑥。他明确指出：深受剥削和压迫的中国无产阶级，"终将为国民革命中一派最可靠的主力"。⑦他强调中国共产党要旗帜鲜明地宣传党的革命主张，依靠工农群众，团结知识分子、新兴工商业家、海外华侨等各派"革命势力"⑧，推进国民革

---

① 周恩来：《革命救国论》，1924 年 2 月 15 日，《赤光》第 2 期。
② 周恩来：《再论中国共产主义者加入国民党问题》，1924 年 6 月 1 日，《赤光》第 9 期。
③ 周恩来：《再论中国共产主义者加入国民党问题》，1924 年 6 月 1 日，《赤光》第 9 期。
④ 周恩来：《再论中国共产主义者加入国民党问题》，1924 年 6 月 1 日，《赤光》第 9 期。
⑤ 周恩来：《再论中国共产主义者加入国民党问题》，1924 年 6 月 1 日，《赤光》第 9 期。
⑥ 周恩来：《再论中国共产主义者加入国民党问题》，1924 年 6 月 1 日，《赤光》第 9 期。
⑦ 周恩来：《革命救国论》，1924 年 2 月 15 日，《赤光》第 2 期。
⑧ 周恩来：《革命救国论》，1924 年 2 月 15 日，《赤光》第 2 期。

命，为工农利益奋斗。

（四）强调国内革命统一战线，必须同国际反帝统一战线结合起来

周恩来明确指出："在国民革命运动中，我们可引为友之国，自不外与我们立在同一境地下的殖民地半殖民地的弱小民族和无产阶级之国的苏联俄罗斯，这些我们是要与他们以统一前敌的国际联合，来企图世界革命而促成我们国民革命的成功。"①据此，他进一步指出："我们所以认定的唯一目标便是：反军阀政府的国民联合，反帝国主义的国际联合。"②

二、周恩来是中共统战工作的先驱

建党初期，由于周恩来思想上对统战工作的一些重要的问题已有上述基本认识，因此，在革命实践中，他能比较自觉地主动开展统战工作。1922 年，中共"二大"提出愿同国民党建立联合战线的主张，次年共产国际和中共"三大"又先后做出了与国民党合作的决议，周恩来立即行动起来，经过与国民党总部驻欧代表王京歧的谈判，1923 年 6 月双方正式达成合作协议，旅欧共青团 80多团员以个人身份加入国民党。此后不久，孙中山和国民党总部委任周恩来为巴黎分部筹备员。同年秋，又委任为国民党驻欧支部特派员。他积极与王京歧合作，筹建旅欧国民党。当时他给王京歧的一封信中主动表示："我们愿在此时期尽力促成国民革命的一切工作"；并提出切实具体的建议："我们能和国民党人合作的，在现实在欧洲大约不外下列三事：一、宣传民主革命在现实中国的必要和其运动方略；二、为国民党吸收些留欧华人中具革命精神的分子；三、努力为国民党做些组织训练工作。"③在他和王京歧的共同努力下，1923 年 11月 25 日，在法国里昂召开了国民党驻欧支部正式成立大会，他在会上讲话并当选支部执行部总务主任，在执行部长王京歧回国期间，周恩来代理执行部长，主持国民党旅欧支部的工作。这样，在国内尚未正式建立国共合作的统一战线之前，周恩来已领导旅欧中共党团组织，先一步与国民党实现合作。

1924 年 1 月 17 日，周恩来又以筹备员身份，主持召开了中国国民党巴黎分部（即巴黎通讯处）第一次大会，正式宣告分部成立。次日，他写信给国民党中央，报告成立经过。信中最后说："通讯处大会情形略如上述，正式职员且

---

① 周恩来：《革命救国论》，1924 年 2 月 15 日，《赤光》第 2 期。
② 周恩来：《赤光的宣言》，1924 年 2 月 1 日，《赤光》第 1 期。
③ 王章陵：《中国共产主义青年团史论》，第 84 页，台湾政治大学东亚研究所，1973 年 6 月出版。

已举出，此后当由干事会负责向支部报告其进行情况，再由支部转达总部。至此，恩来所受我总理中山先生及总部之组织巴黎通讯处的使命已告结束。"①

三天以后，即 1924 年 1 月 20 日至 30 日，孙中山在广州主持召开了中国国民党第一次全国代表大会，通过了共产党人帮助起草的《中国国民党第一次全国代表大会宣言》；确定了联俄、联共、扶助农工三大政策；把旧三民主义发展为新三民主义；同意共产党员和青年团员以个人名义加入国民党。它标志着国共合作的统一战线在全国范围内正式形成。

之后不久，在周恩来与王京歧的密切合作和筹划下，在法国的马赛、比利时的布鲁塞尔、德国的柏林等地也先后建立了国民党支部。1924 年 6 月，国民党欧洲总支部在巴黎成立，它成为旅欧中国人最大的进步组织，扩大了革命的影响。

对周恩来在欧洲开展统一战线工作且最早实现国共合作的经验，一开始即受到中共中央的重视。1923 年 12 月 25 日，中共中央曾概括欧洲和一些地区统战工作的经验，发出第十三号通告，要求各地组织加速与国民党合作的进程，共产党员立即加入国民党，争取尽快建立国共合作的革命统一战线。

周恩来的真诚合作与帮助，使王京歧感念不已。1924 年 7 月，周恩来奉调回国，王京歧依依不舍。9 月，王在写给父亲的信中说："同志周恩来与儿协同办党，可说两年之久了。……本其过去工作，判断他的智力、魄力与夫将来之事业．不在汪（精卫）、胡（汉民）诸老同志之下。现中央夺之东归，全欧党务影响非浅，加之儿初次单身出马，尤其应付乏术。欢送他去法东归之时，正与儿别家出来之时，同一说不出的痛苦。"②国共两党党员的合作竟达到如此亲密的程度，周恩来对同盟者的影响竟如此之深，在中外历史上实属罕见！这充分反映了周恩来诚信感人的高尚品格和善于团结同盟者一道干的卓越才能。这是中国共产党建党初期开展统一战线工作最早最成功的一个典型。历史事实表明：周恩来是中国共产党开展统一战线工作的先驱。

建党初期，周恩来关于统一战线的理论与实践，闪烁着马克思主义的光辉！他领导的中国旅欧党组织，较国内率先实现与国民党合作，并成为既坚持革命统一战线，又保持无产阶级独立性的典范；为党积累了宝贵的统战工作经验，为他后来成为全党统战工作的杰出领导人奠定了基础，为中共尔后形成一套完备的统一战线理论和策略，做出了不可磨灭的贡献！

---

① 周恩来：《致中国国民党中央总务部长彭素民的报告》，1924 年 1 月 18 日。

② 王京歧 1924 年 9 月自欧洲寄给其父的一张相片，此信写在相片背面，原件存中国革命博物馆。

　　附注：文中所引周恩来的所有文章，均可见刘焱主编《周恩来早期文集》，南开大学出版社 1993 年版。或中央文献出版社、南开大学出版社 1998 年 2 月联合出版的增订本。

（本文发表于姜汝真主编：《周恩来与统一战线》，专利文献出版社 1998 年版）

周恩来早期思想与实践研究述评

近 20 年来，周恩来早期研究（1924 年旅欧归国以前）取得不少成果：编纂和出版了一批文献史料；陆续出版了多种专著；全国各报刊发表了大量早期研究和回忆文章。20 世纪 70 年代末和 80 年代初期，由于早期文献史料最早问世，早期研究也最早开展起来，成果不断涌现，逐渐形成高潮。以后，周恩来研究全面开展，早期成果相对减少，但仍向广度和深度发展。现就周恩来早期思想与实践研究的 12 个方面，作简要述评。

一、早期文献史料的出版和多种专著问世

历史文献资料，特别是第一手原始档案史料，是开展历史研究的基本条件。对历史人物的研究，必须根据翔实的史料，才能做出科学的评价。几十年来，尤其是 1976 年以后，天津等地学者先后发掘出周恩来青年时代主编或参编的一些报刊，如南开《敬业》《校风》《天津学生联合会报》《觉悟》《少年》《赤光》等等，搜集到周恩来早期的诗文、书信、作文、日记等大量文稿。经过整理、考订和编纂，20 世纪 70 年代末期，《南开敬业周恩来文选》《南开校风周恩来文选》《五四前后周恩来诗文集》《周恩来同志旅欧文集》及《续编》《周恩来旅欧通信》《周总理青少年时代诗文书信集》等先后出版，给早期研究提供了条件，大大推动了研究的开展。90 年代初期，一部包括更多著作的《周恩来早期文集》又编纂问世。一些学者使用了周恩来"南开校中作文"和"旅日日记"，周恩来早期的研究，又深入了一步。

在早期文献出版前后的 70 年代末期和 80 年代初期，反映周恩来早期经历和思想的多种专著也先后问世，如胡华的《青少年时期的周恩来同志》（中国青年出版社 1977 年版），怀恩的《周总理的青少年时代》（四川人民出版社 1979

年版），王永祥、刘品青的《为了中华之崛起——周恩来青年时期的生活和斗争》（天津人民出版社 1980 年版），王镜如的《周恩来同志的青少年时代》（河南人民出版社 1980 年版），南开大学周恩来研究室的《周恩来青少年时代纪事》（《天津文史资料选辑》第 15 辑，天津人民出版社 1981 年版）。稍后，还有王建初的《青年周恩来的思想发展》（北京出版社 1985 年版）。以上 7 种著作，前 4 种主要是综合反映周恩来青少年时代成长历程的史学传记性著作，有的做了一些文学加工。后 3 种则从不同角度，着重介绍和论述周恩来早期的思想。其中，《周恩来青少年时代纪事》还介绍了周恩来在南开学校的 50 多篇作文和旅日日记中所反映出来的思想发展变化情况。1995 年 12 月，庞瑞垠的一部可读性较强的文学性传记《早年周恩来》，又由江苏教育出版社出版。在此期间，报刊上还发表了介绍周恩来青少年时代经历的"年表"多种，出版了《五四运动在天津》、《南开话剧运动史料》《赴法勤工俭学运动史料》，所有这些著作，对帮助人们全面了解青少年时代的周恩来，推动早期研究的深入开展，起了重要作用。

1989 年，中央文献研究室金冲及主编的《周恩来传》（1898～1949）和力平、方铭主编的《周恩来年谱》（1898～1949）先后出版。这两部广泛大量采用第一手原始档案史料、严谨求实的著作，堪称信史，标志着当前周恩来研究的里程碑。两书都采用了周恩来的南开作文和旅日日记，对青少年时代的论述，较此前中外出版的所有传记类著作更为翔实。

二、周恩来的家世与童年

家庭和社会环境，对人的一生有重要影响。要深入了解和研究周恩来，必须弄清他的家庭和社会环境。迄今为止国内外出版的许多有关周恩来的传记性著作，大都对他的家世和童年有所论述，但 20 世纪 80 年代以前出版的这类著作，有的史实不完全准确，尤其是海外出版的很不准确。70 年代末期，周恩来的故乡淮安县委组织编写的《周总理与故乡》①，比较详实地介绍了周恩来出身的家庭、社会环境和凄凉不幸的童年，为研究者提供珍贵素材，引起许多中外学者的关注和广泛采用。

过去有的海外著作说，周家在淮安"购置广大田产"，国内一些人中也流传

---

① 中共淮安县委编写组：《周总理与故乡》，江苏人民出版社 1979 年版（1985 年修订再版，更名为《周恩来与故乡》）。

周出身大地主家庭。《周总理与故乡》以具体事实纠正了这些错误说法，指出：周恩来祖父周攀龙由原籍绍兴到江苏淮安给县官当了多年师爷，遂迁居淮安，死后遗产仅有一处住宅，没有田产。其后家境衰落，周恩来父亲周贻能为了谋生，长期在外地任小职员，工资难以养家，靠典当借债度日。但80年代末期以后，随着研究的深入，有的学者在查阅了有关地方志和周氏族谱等多种档案史料，细心考证后，对已被中外学者尤其是传记性著作广泛采用的《周总理与故乡》的个别说法，又提出不同的意见。有的指出：周恩来的祖父周攀龙"没有出任过山阳知县"，仅只"当了多年连县志都上不了的师爷"。[①]有的指出：周恩来外祖父万青选也没有"做了三十年县知事"，仅在清河县做了九年知事。[②]

周恩来与中国当代文豪鲁迅（周树人）是否本家？这是一些中外人士和周本人都关心的问题。1938年10月19日在武汉纪念鲁迅逝世两周年的会上，周恩来在讲话中曾说："在血统上，我也或许是鲁迅先生的本家，因为都出身浙江绍兴城的周家。"近年来一些学者对此发生兴趣，他们查阅了大量原始档案，有的核查了数十种浙江周姓世表，长期考证分析，结论一致认为：周恩来和鲁迅应是本家，他们都是约900年前的宋代理学大师周敦颐的后代。[③]

三、青年周恩来的思想发展

1. 思想发展的历程

这是研究的热点。学术界分析了周恩来的家庭出身、学校教育、留学生活和社会历史环境的影响，根据他青少年时代的著作和实践活动，对其思想发展变化的历程进行了剖析，认识基本趋于一致。绝大多数认为，青年周恩来的思想发展，经过了爱国主义、民主主义到共产主义的历程。许多学者还分别专门对周恩来的爱国主义、民主主义和共产主义的思想特点和形成发展的具体情况，做了更为具体的专题论述。不过，个别人的看法还不尽相同，20世纪80年代后期，有的学者对青年周恩来思想发展的历程提出异议，认为周恩来并非由革

---

① 孙芝瑶：《周恩来家世、童年和故乡研究中的几个问题》，载刘焱主编《中外学者论周恩来》，南开大学出版社，1990年版。

② 邵景元、李军：《万青选官职考辨》，《南开大学学报哲学》1991年第1期。

③ 胡正耀、蒋聪顺：《鲁迅和周恩来的祖籍考》，《辽宁大学学报》1991年第1期；陈建章、梁绍辉：《周恩来鲁迅世系考》，《湖南师大学报》1991年第1期；晨朵：《周恩来与周树人亲属关系考》，《浙江师大学报》1993年第5期。

④胡长水：《论觉悟社的思想倾向和周恩来的早期思想》，《近代史研究》1988年第2期。

命民主主义者直接发展成马克思主义者，其间经历了"五四"觉悟社时期的空想社会主义倾向阶段，那时他的基本思想还是进化论的历史观，显然还不懂得阶级社会的发展规律，周恩来是后来旅欧时经过对各种社会思潮反复推求比较，才发展到马克思主义的。[④]

2. 思想发展的历史分期

大多数学者意见，划分为三个阶段：

（1）1910～1917年中小学时期

在学校接受"新学"教育，并受时代环境和当时进步思潮的影响，在小学就产生"为了中华之崛起"而读书的爱国主义思想。中学时进一步认识政治黑暗腐败、国家危机和辛亥革命的不彻底性，参加了反帝反封建斗争，进一步培育了爱国主义和革命民主主义思想。

（2）1917～1920年，留日和五四运动时期

在日本开始接触马克思主义，对他原来的一些思想有很大冲击，回国后参加并领导天津五四运动，在革命斗争实践中受到很大教育，进一步学习并热情宣传马克思主义，成为具有初步共产主义思想的知识分子。

（3）1920～1924年旅欧时期

对欧洲社会实况进行认真考察，对各种社会思潮反复进行探索、推求、比较，思想发生新的飞跃，确立对共产主义的信仰，成为坚定的马克思主义者。

这种三个阶段划分的基本框架，是在向实1979年发表的文章中最早初步提出的。[①]以后许多学者发表的论著，不断丰富、充实和深化了这一论点。

此外，有的学者更具体地划分为小学、中学、留日、"五四"、旅欧五个阶段，但所述思想发展变化的历程，与三个阶段阐述大同小异，基本一致，没有原则分歧。[②]还有的学者从思维方式的角度，研究周恩来的思想。认为"五四"时期周恩来提出的"革心"与"革新"，是其早期思想的特征，自我"革心"，是实现社会"革新"的道路，社会"革新"是自我"革心"的目的。周恩来这种由个人"觉悟"和思想道德的完善来实现社会改造的理想模式，在具体实践中无疑有难于克服的矛盾，但它表现出对传统道德的宽容调和态度，这对后来周恩来一生形成的独特风格，仍留下些许影响。[③]

---

① 向实：《光辉的榜样，伟大的转变》，《学术论坛》1979年第2期。

② 王建初：《青年周恩来的思想发展》，北京出版社，1985年版。

③ 温乐群、刘健清：《试析青年周恩来改造社会的思维模式》，《南开大学学报》1989年第2期。

四、共产主义世界观的确立时间

20 世纪 70 年代末期，受文献资料尚未完全公开的限制，人们对这一问题尚未深入研究，看法不明确，或意见分歧。如有人认为：1920 年五六月间，周恩来在狱中 6 次系统地给难友讲解马克思主义，说明他"在探求马克思主义真理的征途中已有相当造诣"。有人认为周恩来到欧洲后不久，读了《卡尔·马克思的生平与学说》（英文版），并在关键的几句论述下面，画了着重线，说明他"已掌握马克思主义的精髓"。有人说 1921 年 1 月他给表兄陈式周的信中，已鲜明地提出中国要走十月革命的道路。有人认为：1921 年春他参加巴黎共产党小组，"标志着共产主义思想已基本确立"等等。

后来，一些学者先后发表论著，引用周恩来自己的说法，明确指出他是 1921 年 10 月（或秋后)，才最后确立对共产主义的坚定信仰的。上面引用的 1979 年向实的文章，已提到"周恩来同志说，他自己是在 1921 年 10 月后才正式确立了马克思主义的坚定信仰"的。1981 年 5 月出版的南开大学周恩来研究室的《周恩来青少年时代纪事》，详细引用周恩来 1922 年 3 月给国内觉悟社社员的信中回顾自己的思想发展变化，确立对共产主义信仰的过程："这个意念的决定，分开来可以说，思想颤动于狱中，津会时受了不少施以等主张的暗示，京中的'全武行'与我以不少启发……出国后得到了施珊一封谈主义的信，引起我采求的兴味，最后同念吾、奈因经了多（次）的讨论，直至十月（按：指 1921 年 10 月）后才正式决定了。"信中并庄严地表示："我认定的主义一定是不变了，并且很坚决的要为他宣传奔走。"[1]《纪事》根据这段非常明白的话指出：1921 年 10 月，"在探求真理的艰险道路上，周恩来经过坚持不懈的奋斗，英勇果敢的抉择，终于成为一个坚定的马克思主义者，开始了他为实现共产主义伟大事业而英勇献身的光辉历程"。[2]

此后，一些学者发表文章，都同意上述周恩来自己的说法，肯定他的共产

---

[1] 周恩来：《伍的誓词》（1922 年 3 月），1923 年 4 月 15 日天津《新民意报》。
[2] 南开大学周恩来研究室：《周恩来青少年时代纪事》,《天津文史资料选辑》第 15 辑，天津人民出版社 1981 年版。

主义世界观是 1921 年 10 月（或秋后）最后确立的。[①]学术界的看法渐趋一致。

五、周恩来与中国共产党的创建

学术界主要关心如何正确评价周恩来在中国共产党创建时期的历史地位、贡献等问题，对以下有关问题进行了探索，取得了一些成果。

1. 关于周恩来入党时间问题

1976 年中共中央的悼词，根据原来形成的档案，说 1922 年经中共中央批准周恩来为中国共产党党员。此后史学界大都沿用这一说法，但也有些报刊文章对周恩来的入党时间仍有几种不同说法。因此，1983 年有的读者向《党史研究》杂志提出询问，该刊岳兵、兰源按"悼词"精神做了答复。[②]

1984 年，刘焱发表《关于周恩来入党时间问题的探讨》的论文，指出："周恩来是全党、全军和全国人民衷心爱戴的党和国家久经考验的卓越领导人，认真弄清和合理确定周恩来的入党时间，对于正确认识和评价其伟大历史功绩有重要意义。"作者根据原始档案资料和有关当事人的证词及回忆文章，对周恩来入党前后和中共创建前后的具体情况，进行了分析论述，结论提出："周恩来 1922 年入党的说法，即使是组织裁定，也是不完全合理，不符合实际情况的。"根据尊重史实、服从真理、实事求是的原则，周恩来是"1921 年 3 月，经张申府、刘清扬介绍，参加巴黎共产党小组"，"属于 1921 年入党的第一批中国共产党党员"。[③]文章发表前后，作者曾先后上报邓小平同志和中共中央，提出建议。据说，赵世炎夫人夏之栩也向中共中央提出相同意见。1985 年 6 月 3 日，中共中央正式批准重新确定周恩来的入党时间为 1921 年。[④]中央文献研究室周恩来研究组也为此发表《周恩来的入党时间是 1921 年》一文，对此问题做全面说明。[⑤]此后，中外学者公认周恩来是中国共产党的创建人之一。

---

① 韩荣璋、王永祥：《中共创立时期的周恩来同志》，《争鸣》1982 年第 1 期；魏宏运：《周恩来共产主义思想形成初探》，1983 年 4 月 20 日《光明日报》；李海文：《周恩来同志确定共产主义信仰时间小议》，《文献与研究》1983 年第 5 期。

② 岳兵、兰源：《答读者问〈关于周恩来、瞿秋白、彭德怀同志入党时间等问题〉》，《党史研究》1983 年第 2 期。

③ 刘焱：《关于周恩来入党时间问题的探讨》，《南开学报》1984 年第 4 期。

④《中共中央组织部关于重新确定周恩来同志入党时间的报告》，《文献与研究》1985 年第 4 期。

⑤ 中共中央文献研究室周恩来研究组：《周恩来的入党时间是 1921 年》，《党史研究》1985 年第 4 期。

2. 周恩来对创建中国共产党的贡献

综观学术界的许多论述，主要有以下几方面贡献：（1）在中共正式建立前后，积极宣传马克思主义。（2）积极参与并推动旅欧中国共产主义者批判无政府主义和国家主义等思潮的斗争，对确立马克思主义在中国的优势，对早期党的建设，都有重要影响。（3）参与创建并领导旅欧中共党团组织。（4）在建党工作中坚持以马克思主义的科学理论作为行动指南，强调共产党人要坚持共产主义的科学信仰，把思想建设放在首位。（5）从建党开始即坚持民主集中制的组织原则，既重视发扬民主，也反对极端民主化倾向。（6）反对对党领袖的个人迷信，反对奴隶主义，提出处理个人、组织和领袖关系的正确原则。（7）十分重视干部的培养和训练。

学术界认为：周恩来早期建党的理论与实践，使他参与领导创建的中共旅欧党团组织成为当时最坚强的党团组织之一。为党培养和输送了一批马克思主义水平较高、作风较好的优秀干部，如朱德、邓小平、聂荣臻、李富春等，对中国共产党的建设和发展，对中国革命和建设事业的胜利，有着长期深远的影响。[①]

六、周恩来早期与武装斗争

周恩来对中国革命的武装斗争，有开创性的、长期的杰出贡献。但解放后相当长的一段时期，由于社会历史原因，我国出版的有关著作、教科书和报刊文章中对此很少反映。中共十一届三中全会后，学术界通过科学研究，以大量历史文献资料为依据，对周恩来在武装革命斗争中的历史作用，做出应有的评价。

学术界一致指出：早在 1922 年前后，周恩来就不仅一般地赞成暴力革命，而且根据中国的实际情况，开始懂得武装斗争和革命军队在中国革命斗争中的极端重要性，明确指出："真正革命非要有极坚强、极有组织的革命军不可，没有革命军，军阀是打不倒的。"[②]有的论者进一步认为，周恩来在建党初期旅欧

[①] 参见以下文章：胡华、王建初：《试论周恩来同志旅欧到大革命时期的理论贡献》，《社会科学战线》1980 年第 2 期；韩荣璋、王永祥：《中共创立时期的周恩来同志》，《争鸣》1982 年第 1 期；侯均初：《周恩来同志与中共旅欧支部》，《学习与思考》1982 年第 1 期；杨世钊：《周恩来对中国共产党建设的重大贡献》，《南开学报》1989 年第 2 期。

[②] 周恩来：《评胡适的"努力"》，《少年》第 6 号，1922 年 12 月 15 日。

时的一些著作中，就"明确提出了以下观点：（1）中国革命必须经过流血的武装斗争；（2）武装斗争是极长期的；（3）必须依靠军队；（4）这个军队与旧军队不同，必须建立极坚强极有组织的革命军。它初步回答了中国革命主要应采取什么方式这个根本问题"。①正因为如此，到大革命及以后的革命时期，他能比较自觉地集中主要精力，承担起开拓中国共产党军事工作的重任，在建军、探索人民战争和农村包围城市革命道路等方面，在理论和实践上，都做出了开创性的贡献。学术界不少人根据史实，发表论著，给予应有的评价。纷纷指出：周恩来是中国共产党"最早懂得武装斗争和革命军队极端重要性的无产阶级革命家"；是"中国共产党最早的军事领导人"；"是一位杰出的军事家"；是"我党最早明确提出创建革命军队的卓越领导人"；是"人民军队的一位杰出奠基人"；是最早提出农村包围城市道路理论的党中央卓越领导人。②

七、周恩来早期与党的统一战线

　　学术界认为：周恩来是中共统战工作的先驱，建党初期他就对党的统战工作在理论上和实践上都做出了杰出贡献。

　　（1）较早地认识和宣传建立革命统一战线的重要性。在五四运动的实践中，就认识到必须团结各界反帝爱国力量，统战思想开始萌芽。旅欧时期批判对国共合作的污蔑，积极宣传要救中国，"只有全国的工人、农民、商人、学生联合起来，实行国民革命"。

　　（2）强调国内革命统一战线，必须同国际反帝统一战线结合起来。指出："我们所认定目标便是反军阀政府的国民联合，反帝国主义的国际联合。"

　　（3）1923 年 6 月，在国内尚未正式实现国共合作的时候，就根据中共中央指示精神，领导中共旅欧党团组织，率先与国民党实现联合，并受孙中山委托，帮助国民党建立旅欧组织，充分显示了统战工作的才能。

　　（4）在国共合作的革命统一战线中，坚持无产阶级的独立性，强调共产主

---

　　① 刘焱：《建党初期周恩来的武装斗争思想》，《周恩来研究学术讨论会论文集》，中央文献出版社 1988 年版。

　　② 参见以下文章：李吉：《周恩来——我党最早明确提出创建革命军队的卓越领导人》，《历史知识》1983 年第 1 期；力平：《周恩来是一位杰出的军事家》，《天津社会科学》1985 年第 2 期；魏德松：《人民军队的一位杰出奠基人》，《军事历史》1988 年第 1 期；刘焱：《论周恩来早期的军事理论与实践》，《南开学报》1989 年第 2 期；刘焱：《周恩来是开创农村包围城市革命道路的先驱》，《南开学报》1994 年第 1 期。

义者参加国民党既要遵循共同革命纲领，积极从事国民革命，又要牢记"国民革命后还有无产阶级向有产阶级的'阶级革命'"。

论者指出：周恩来早期统战工作的理论和实践，闪烁着马克思主义的光辉。使旅欧支部成为既坚持统一战线，又保持无产阶级独立性的典范；为党积累了宝贵的统战工作经验，为他后来成为全党统战工作的杰出领导人奠定了基础。为中共尔后形成一套完备的统一战线理论和策略，做出了不可磨灭的贡献。①

八、周恩来早期的新民主主义革命思想

学术界的一些论著指出：在中共还处在幼年时期，周恩来旅欧期间发表的一系列文章，就初步根据马克思主义的基本原理，结合中国国情，对中国革命的基本问题，较早地提出一系列非常重要的观点：

（1）强调寻求救国真理，必须结合中国国情。

他明确提出旅欧的目的是"虚心考察，以求了解彼邦社会真相暨解决诸道，而思所以应用之于吾民族间者"②。在批判了各种不适合中国国情的思想和思潮之后，他庄严地宣称："我们当信共产主义的原理和阶级革命与无产阶级专政两大原则。"同时，又强调"而实行的手段则当因时制宜"③，即要结合中国国情。这种理论结合实际，结合国情的思想，后来成为他一生思想作风的一个突出特征。

（2）较早提出要正确指导革命，必须分清敌、我、友的思想。

1924 年他就指出："革命无疑是确定的了，但我们需看清我们的敌人和我们国民的势力究竟何在，且谁又是我们真实的友人。"④

（3）初步分析了中国社会阶级情况，指出中国革命的对象、任务和动力。

周恩来认为中国革命的对象是封建军阀和帝国主义。革命的任务是"必须推翻国内军阀，打倒国际资本帝国主义"。封建土豪、洋行买办"是我们的共同敌人"。而工人、农民、知识界、新兴工商业家、海外华侨是五派革命势力。他

---

① 郑健民等：《旅欧期间周恩来同志建立革命统一战线的重大贡献》，《南开学报》1980 年第 2 期；牛国旗：《周恩来大革命时期的统一战线思想和实践》，《河南师大学报》1982 年第 3 期。

② 周恩来：《致陈式周信》（1921 年 1 月 30 日），《周恩来书信选集》，中央文献出版社，1988 年版。

③ 周恩来：《西欧的"赤"况》（1922 年 3 月），载 1923 年 4 月 15 日天津《新民意报》副刊《觉邮》第 2 期。

④ 周恩来：《革命救国论》，见《赤光》第 2 期，1924 年 2 月 1 日。

对五派分别进行了分析，并强调劳动阶级是"国民革命中一派最可靠的主力"①。

（4）较早提出了中国革命必须有一个革命政党领导的思想。

他指出："若能合此五派的革命分子于一个革命的政党统率之下，则国民革命的成功，必不致太为遥远。"②

（5）阐明中国革命必须分为两步走。

他比较深刻地论述了中国民主革命和共产主义革命两个阶段的相互联系和区别。

（6）揭示十月革命的世界历史意义，阐明中国民主革命是世界革命的一部分。

他强调国际无产阶级要与世界被压迫民族联合起来，这样，我国革命就有了"新的意义"，"人类历史上展开了新的记录"。③

论者认为:周恩来早期的上述新民主主义革命思想，涉及到我国革命的一系列根本问题。虽然有的观点还不够成熟和确切，但在中共的幼年时期，这些思想是非常难能可贵的，对党的民主主义革命基本理论的形成，有着重要意义。④

九、周恩来早期哲学思想

一些学者研究了周恩来早期的哲学思想，他们大都联系其政治思想从不同角度进行分析。

有的认为，周恩来早期哲学思想的发展，大体经历三个阶段：第一阶段为中小学时期。他把达尔文的进化论与老子的朴素唯物论结合起来，具有朴素的唯物主义思想。第二阶段为留日与五四运动时期。开始向辩证唯物主义转变，唯物史观有了萌芽，初步用发展观点、阶级观点、群众观点去观察问题，分析矛盾。第三阶段为旅欧时期，完成向辩证唯物主义的根本转变，确立共产主义世界观，成为坚定的马克思主义者。⑤

有的认为周恩来早期革命活动中反映的历史唯物主义思想，有三个重要内

---

① 周恩来：《革命救国论》，见《赤光》第 2 期，1924 年 2 月 1 日。

② 周恩来：《革命救国论》，见《赤光》第 2 期，1924 年 2 月 1 日。

③ 周恩来：《革命救国论》，见《赤光》第 2 期，1924 年 2 月 1 日。

④ 本节参见以下文章：王贵书：《在旅欧和大革命时期周恩来新民主主义革命基本思想的理论贡献》，《周恩来青年时代》1984 年第 5 期；李吉：《周恩来关于中国革命分两步走的思想》，《历史知识》1984 年第 1 期；刘焱、杨世慧：《周恩来与毛泽东思想》第二章"新民主主义革命的基本理论"，重庆出版社，1993 年版。

⑤ 宋一秀、杨梅叶：《周恩来早期哲学思想研究》，河南人民出版社，1985 年版。

容：一是从社会矛盾入手，考察和分析欧洲的社会制度，认定共产主义是"救时良方"。二是用阶级分析方法，揭露帝国主义和封建主义的反动本质，明确它们是革命对象。三是坚持群众观点，肯定人民群众的伟大历史作用，号召劳苦大众实行联合。①

还有的考察了周恩来思想方法的形成及其总的特性，认为周恩来从青少年时期起，就逐渐形成"思辨与求实的个性"，先在学理上认识，后在实践中深化。这种思想上对辩证法和唯物论的偏爱，为后来接受马列主义做了良好的思想准备，直至后来成为一位辩证大师。②

十、周恩来早期思想与传统文化

学术界认为，周恩来早期深受中国传统文化的影响。有的学者指出：他自幼在嗣母身边和受私塾传统教育，中小学时期开始接触"新学"，对西方新思潮也表现出很大兴趣，但他仍读中国传统的"圣贤之书"，并主张"深究而悉讨"，深受传统文化尤其是儒学的影响，主张立身处世"本天性，赖良心"，"相接以诚"。对道家老聃学说也倍加推崇，并把老子主退让，赫胥黎主竞争二说调和起来，认为老子的"生存常道"与赫肯黎"物竞天演"的学说，有异曲同工之妙。

新文化运动的兴起，以民主科学相号召，人们喊响"打倒孔家店"的口号，西方新思潮滚滚涌入，对周恩来也有很大影响。但他对传统文化已开始懂得要采取分析态度，他赞成排孔，但不偏激而全盘否定。他吸取中国传统文化的优秀因素，继承儒家大同理想，融会西方有价值的新学说，使他的早期思想充满活力，并从人生观、历史观、方法论等诸方面为他后来成为杰出的马克思主义者做了思想准备。③

有的学者认为：周恩来早年深受儒家"修身、齐家、治国、平天下"的"泛道德主义"思想的强烈影响，想依赖个人道德的扩张而促使社会进化。但他所推崇的道德，已不是儒家迂腐的"三纲""五常"，而是糅和了世界上多种学说，将"诚""人格""良心"等诠释为"孔之忠恕，耶之灵性，释之博爱，回之十戒，宗教之所谓上帝，圣贤之所谓仁、义、礼、智、信、忠、孝、廉、耻也"，从而形成一种宽容的态度。他还将老子主退让，赫胥黎主竞争二说都理解为互

①　刘德军：《周恩来早期革命活动中的历史唯物主义思想》，《山东师范大学学报》1988 年第 1 期。

②　杨明伟：《周恩来思想方法的形成及总体特征》，《社会科学战线》1991 年第 3 期。

③　丁晓强：《论周恩来的早期思想与传统文化》，《浙江学刊》1993 年第 2 期。

不相悖的良策，认为二者都可用来"明公私之争，舍人我之竞"。这就铸就了早年周恩来的一种强烈的进取精神。人们可以看出：这对他一生思想品格特色的行程不无影响。①

还有的学者认为：周恩来深受数千年中华优秀传统文化的熏陶，悲壮历史的启迪，逐渐形成深受中外称赞的具有民族特色的领导品质，反映了中华民族的忧患意识、礼仪风范、仁慈厚道、清廉俭朴、忍辱负重等优良品质，闪耀着中华文明的光华。②

十一、周恩来早期显现的思想品德作风

学术界普遍认为：周恩来是举世称颂的思想品德高尚、风格独特的伟人。这是自幼受家庭、学校的教育和熏陶，时代环境的影响，以及本人奋发向上、努力自我修养而逐渐培育起来的。在学生时代已显露端倪，到旅欧时期开始逐步形成，在长期尖锐复杂的革命斗争实践中臻于成熟，形成既有马克思主义的坚定性，又有中华民族特色和鲜明个性的独特风格，展现出令人叹服的异彩！

学者们认为：中华民族悠久历史文化和传统美德的熏陶；西方先进思想、马克思主义的影响；漫长的烈火般激烈革命斗争的锤炼，造就了这位忠于祖国、忠于人民、忠于共产主义理想，光明磊落，无私无畏，顾全大局，忍辱负重，清廉俭朴，风格独特的伟人。学术界引用许多具体史实，阐述和赞誉周恩来青年时期开始逐渐形成的追求真理、爱国爱民、关心集体、热心公益、任劳任怨、公而忘私、相信群众、求是务实、民主谦逊、宽厚真诚、言行一致、严于律己、勤俭淳朴等高尚思想品德和优良作风。③

有的学者还从不同方面和角度剖析周恩来早期开始形成的独特思想风格。有人认为：周恩来思想风格的形成经历了学生时代的调和，旅欧时期的求异和尔后长期革命斗争中的求同三个阶段。调和不是不问是非，庸俗调和，而是综合各种观点之所长，形成自己独特见解。求异是他旅欧期间寻求救国真理时思想风格的主流，这加强他与旧思想决裂的彻底性。求同则是早期调和思维上升到一个更高层次，是建立在革命辩证法基础上的，这使他在革命的许多重大关

---

① 黄岭峻：《周恩来早期思想中的"泛道德主义"倾向》，《中共党史研究》1992 年第 5 期。

② 屠莲芳：《试论周恩来领导品质的民族性》，《领导工作研究》1989 年第 2 期。

③ 见《周恩来与毛泽东思想》第一章绪论；罗文宗、毛柏生：《略论周恩来的道德修养》，《中外学者论周恩来》，南开大学出版社，1990 年版。

头，解开一个又一个矛盾死结，维护团结，避免分裂，对稳定党和国家大局，做出特殊贡献。①还有人认为：周恩来从小温馨的母爱、败落的封建仕宦家庭和社会环境，以及四处漂泊的生涯，使他自幼渴望安定、和谐，这使他后来养成善于在"异中求同"的思维方式和务实的处世作风，并使他后来在繁杂的政治斗争中，体现出温和而热情强干，忍让而不失原则，谨慎而勇敢果断等对立统一的性格侧面。而南开学校时期培育起来的"最富于感情，挚于友谊，凡朋友及公事无不尽力"的出于个性本色的集体主义义务感，日后便十分自然地融入这位伟大革命家的人格基础之中，这"正是他在党的事业遭遇多大挫折也会勇往直前，在个人名誉受到多大误解也不会拂袖而去的心理基础"。论者并认为："周恩来是现代中国革命家中，无论是道德品质和政治品质，都给后人留下很深印象和影响的人格典型。"②

十二、其他方面问题

此外，有关周恩来早期其他方面的问题，或因资料较少，或因问题较专较特殊，研究的人员不多，有的问题至今仅个别人做过研究，发表的成果也较少，或仅有个别成果。如：王永祥、郑健民、孔繁丰的《周恩来同志的早期教育思想》（《天津师范学院学报》1979 年第 3 期），季明的《周恩来早期经济思想初探》（《毛泽东思想研究》1987 年第 5 期），崔国良的《周恩来对我国早期话剧运动的贡献》（载《中外学者论周恩来》），魏家俊的《论周恩来早期文艺剧作的思想价值与艺术特色》（《淮阴师专学报》1988 年第 4 期），廖永武的《周恩来同志与"天津学生联合会报"》（《南开学报》1979 年第 3 期），林代昭、胡华的《周恩来同志与"赤光"杂志》（《百科知识》1980 年第 2 期）以及张象、林代昭等人分别评介周恩来旅欧期间对国际问题的精辟论述等等，这些成果，对全面了解周恩来早期的思想与实践，也是必要的和对人们有帮助的。

---

① 苏东海：《论周恩来的思想风格》，《中外学者论周恩来》，南开大学出版社 1990 年版。
② 陈晋：《周恩来的完美人格——〈周恩来传〉读后》，《读书》1989 年第 7、8 两期合刊。

十三、结语

综观近 20 年的周恩来早期研究，已取得丰硕成果，不仅研究范围较广，从多个侧面进行了剖析和评介，而且学术水平不断提高，开展研究初期许多成果侧重史实的叙述和史料的展现，现已逐渐向深层次的研究开展；个人迷信时期残留的套话或拔高现象已逐渐清除；实事求是、秉笔直书的精神有所发扬；某些禁区和不科学的陈说已被突破；研究正向更加科学的新阶段发展。目前存在的问题是研究的发展不够平衡，有些方面如早期与建党、统战、新民主主义革命思想、东西方文化的影响、旅日时期等的研究，尚显薄弱；整个早期研究，尚需进一步深化。

今后为进一步深入开展研究，应当：（1）加强研究的学术性和科学性。继续发扬实事求是，解放思想的精神，提倡独立思考、理性思维和深层次剖析，鼓励大胆发表独立见解，开展学术争鸣。各报刊应为不同观点的争鸣创造条件。（2）加强整个周恩来研究的计划性和组织性。克服目前力量分散，无统一规划，彼此信息不灵，交流不够，课题重复，力量浪费等现象，建议尽快成立民间学术研究组织——"中国周恩来研究会"，出版专门的周恩来研究刊物。（3）把周恩来的早期和一生联系起来研究。周恩来光辉伟大的一生是从青年时代开始的，他早期培育起来的思想、品德、知识、才能、作风为后来成就伟大业绩打下基础，把两者联系起来研究，对周恩来的认识就能更深入一步。（4）改革妨碍学术发展的、封闭式的、落后的档案管理，尽快开放历史文献史料，以促进研究的深入开展。

（本文发表于《近代史研究》1996 年第 5 期）

周恩来与中国新民主主义革命的基本理论

　　新民主主义革命的理论是马克思主义普遍真理与中国革命具体实践相结合的产物，是中国共产党人集体智慧的结晶，是毛泽东思想的重要组成部分。中国共产党从成立之日起，就踏上了新民主主义革命的征途，开始了对新民主主义革命理论的探索。建党初期和大革命时期是这一理论逐步形成的重要时期，党的第二、第三次全国代表大会关于中国社会性质和革命性质、任务的分析，以及党的四大关于中国社会各阶级的分析和无产阶级革命领导权的提出，对这一理论的形成起了重要作用。包括毛泽东、周恩来、瞿秋白、邓中夏等一大批共产党人在马列主义指导下，对中国民主革命一系列基本问题进行艰辛的探索和科学的论述，从而初步形成了新民主主义革命的基本理论。到抗日战争时期，毛泽东集中全党集体智慧，总结全党经验，在《中国革命和中国共产党》《新民主主义论》等一系列著作中对中国民主革命的基本问题做了系统、完整的科学论述，并正式使用了新民主主义这一科学概念，使这一理论完全臻于成熟。

　　周恩来较早地在中共党内担任要职，在建党初期和大革命时期，他先后发表了《十月革命》（1922 年 12 月 1 日）、《军阀统治下的中国》（1924 年 2 月 1 日）、《革命救国论》（1924 年 2 月 15 日）、《在省港罢工工人第六次代表大会上的政治报告》（1925 年 7 月 31 日）、《现实政治斗争中之我们》（1926 年 12 月 11 日）等一系列文章，较早地对中国革命的对象、动力、性质、任务、前途、领导力量等基本问题进行了论述，提出了一些非常重要的、难能可贵的见解，为新民主主义革命理论的形成和发展做出了不可磨灭的贡献。

一、对中国国情的基本认识

　　任何一种正确的思想理论都是社会存在的如实反映。认清中国国情是正确认识中国革命一切基本问题的前提，是正确制定革命战略和策略的依据。因此，要正确指导中国革命，首先就需要弄清中国国情。鸦片战争以来，洪秀全领导的太平天国农民起义，康有为、梁启超领导的戊戌变法，孙中山领导的辛亥革命都先后失败了。这证明：农民起义、改良主义和旧的资产阶级民主主义革命都不能救中国。许多仁人志士在怀疑、彷徨之后，满怀革命激情，开始了新的探索，渴望找到救国良方。正是在这样的历史背景下，周恩来怀着"邃密群科济世穷"①的救国壮志赴日留学。在日本期间，他抱着"新思潮尤所切望"②的心情，在接触到马克思主义之后备感欣喜，发出了"人间万象真理，愈求愈模糊；——模糊中偶然见着一点光明，真愈觉姣妍"③的感叹！五四运动时期，他开始突破旧的思想束缚，提出"革心""革新"④的口号。1920 年 11 月，他再次离开祖国，远涉重洋，前往马克思主义的故乡——欧洲俭学。他旅欧的目的是十分明确的，那就是寻求救国真理，这从他当时的一些诗文中已明显地反映出来。早在旅欧前夕，他在狱中为送别觉悟社战友赴欧而写的一首诗中就表达了旅欧决心，提出要到欧洲寻求真理，磨炼才干，"他日归来扯开自由旗，唱起独立歌"⑤，为人民自由和民族解放而斗争。1921 年 1 月，他给表兄陈式周的一封信中说：旅欧的"主要意旨，唯在求实学以谋自立，虚心考察，一以求了解彼邦社会真相暨解决诸道，而思所以应用之于吾民族间者"⑥。这再次表明，他到欧洲是为了寻求适用于我国的救国良方。经过一段时间认真研读马克思主义著作，并对欧洲社会实况进行深入考察，他写了数十万字的旅欧通讯，结合中国情况，对当时在欧洲流行的五花八门的社会思潮进行研究、推求、比较之后，确立了马克思主义的世界观，庄严地宣称："我们当信共产主义的原理和阶级革命与无产阶级专政两大原则，而实行的手段则当因时制宜。"⑦1924 年 9 月，他奉中共中央之命回到祖国，立即投身到反帝反封建的革命洪流之中，开始了波澜壮阔的一生。

　　从周恩来以上思想发展的历程可以明显看出：他在面向西方寻求救国真理的同时就非常重视"社会真相"的"虚心考察"，了解彼邦和中国国情，"而思所以应用之于吾民族"。在他宣称"我们当信共产主义原理"的同时，又强调"实

---

①周恩来：《大江歌罢掉头东》见《五四前后周恩来同志诗文选》，天津人民出版社，1979 年版。

②《致冯文潜信》，《周恩来早期文集》（上卷），中央文献出版社，1998 年版。

③《雨中岚山——日本京都》，《周恩来早期文集》（上卷），中央文献出版社，1998 年版。

④《天津学生联合会报发刊旨趣》，《周恩来早期文集》（上卷），中央文献出版社，1998 年版。

⑤《别李愚如并示述弟》，《周恩来早期文集》（上卷），中央文献出版社，1998 年版。

⑥《致陈式周信》，《周恩来早期文集》（上卷），中央文献出版社，1998 年版。

⑦《西欧的"赤"况》，《周恩来早期文集》（上卷），中央文献出版社，1998 年版。

行的手段则当因时制宜",即要结合中国国情,不能生搬硬套。这一重要思想的发展和在革命实践中的不断深化,是他在革命一生中能够一贯注重实际,重视把马列主义的基本原理与中国革命的实际紧密结合起来,在理论上和实践上对中国革命都作出杰出贡献的重要原因。

鸦片战争后,中国逐渐沦为半殖民地半封建社会。对此,周恩来是逐步认识的。他在学生时代即关心国家民族命运,重视观察中国国情,1916 年在一篇名为《中国现实之危机》的演说词中即从内忧外患诸方面对中国社会状况进行了分析,初步揭示了封建军阀对中国人民和帝国主义对中华民族的祸害,指出了辛亥革命的不彻底性。①他抨击封建统治者"拥共和之名,行专制之实。"②经过五四运动的战斗洗礼,周恩来进一步认识中国已被帝国主义列强和封建军阀统治,要对中国社会进行根本改造,必须打倒帝国主义和封建势力,"凡是不合于现代进化的军国主义、资产阶级、党阀、官僚、男女不平等界限、顽固思想、旧道德、旧伦常……全认他为应该铲除应该改革的"③。

20 年代初期,周恩来在树立共产主义世界观之后,就开始以马克思主义为指导,观察、分析中国国情,认识进一步深化。他指出:中国的现状是"在冥顽军阀政治下,延长生命的中国共和,经了这十二年的政变,早已名存实亡,徒挂着一面欺人的招牌。在国际资本帝国主义统治下讨生活的中国独立,经过列强几次分赃会议和共同宰割,更早已资格丧失,而夷为他们的半殖民地了"④。他反复阐明:"中国的政治现状,是处在一个帝国主义和封建军阀互相勾结的共同宰割的局面之下,一时是不会变更的。"⑤"凡是稍明事理稍识事实的人,大都能承认中国已夷为列强的半殖民地,非革命不足以图存了。"⑥在这种特殊的国情下,他分析了中国的政治经济状况,指出:"封建社会破坏后,军阀掌握政权,中国或其他的殖民地的工农产品,受军阀或帝国主义者的支配和享用,凡在军阀与帝国主义者的势力之下的民众,无论工农商学,都成了一个被压迫者。"⑦这就进一步揭示了中国已沦为内无民主、外无独立的半殖民地半封建社会。

周恩来结合中国国情从理论上分析批判各种不适合中国国情的错误思潮,宣传中国共产党的救国主张,深刻批判资本主义及实业救国的思想,指出:"资

---

① 《中国现实之危机》,《周恩来早期文集》(上卷),中央文献出版社,1998 年版。
② 《我之人格观》,《周恩来早期文集》(上卷),中央文献出版社,1998 年版。
③ "觉悟"的宣言》,《周恩来早期文集》(上卷),中央文献出版社,1998 年版。
④ 《旅法各团体敬告国人书》,《周恩来早期文集》(上卷),中央文献出版社,1998 年版。
⑤ 《中国的政治现状》,《周恩来早期文集》(上卷),中央文献出版社,1998 年版。
⑥ 《革命救国论》,《周恩来早期文集》(上卷),中央文献出版社,1998 年版。
⑦ 《军队中政治工作》1925 年 6 月 2 日,见《黄埔军校第四期毕业同学纪念册》。

本主义的祸根,在私有制……私有制不除,一切改革都归无效。"以资本主义方法来开发中国实业,"其同一结果总是压迫贫民阶级,困苦颠连,以致万劫难复"。他逐一分析批判了当时在中国流行的各种机会主义思潮,指出:讲国家社会主义的人,没有看到中国的"国家最高的统治权究竟在何种阶级手中握着"。无政府"只会高谈那空想的艺术","所以具有无政府思想的蔡元培,自以为无政府党人的李石曾、吴稚晖辈,一遇到当前政治经济问题,才会手忙脚乱,弄出与无政府主义相反的主张来"。工团主义和行会社会主义都主张产业自治,反对生产集中,不赞成革命而企图改良,这在英法都无望,更"何况实业不振,经济权握在外人手中的中国"①。至于胡适建立"好人政府"的主张,"以为在世界帝国资本主义和军阀的支配下,便可以建立'好人政府',实现其政治主张,这不是做梦么""这不但徒劳无功,且更阻止革命发展。"②周恩来强调,形形色色的机会主义在中国是行不通的,"趁机会,图改良,在欧美已暴露了他的无能,我们也未必来走这条死路"③。年轻的周恩来敢于蔑视当时的名流权威,紧密结合中国国情,尖锐、深刻地批判各种机会主义思潮,勇敢捍卫马克思主义和党的政治主张,坚定明确地指出:"总归一句话,中国现在的经济情势,除去努力预备革命,实行共产革命外,实无法可解。"④这就是20世纪20年代前期周恩来对中国国情的分析认识,这就是他根据国情得出的救国结论。

二、中国革命的对象和任务

周恩来较早指出,要正确指导革命,必须先分清敌我友。1922年他就说:"劳动阶级的斗争必须"认清敌我两方面的情势"⑤。1924年他又进一步指出:"革命无疑是确定的了,但我们须看清我们的敌人和我们国民革命的势力究竟何在,且谁又是我们真实的友人。"⑥稍后,1925年末毛泽东也强调"谁是我们的敌人?谁是我们的朋友? 分不清敌人与朋友,必不是革命分子"。1951年毛泽东进行了修改,明确提出:"谁是我们的敌人? 谁是我们的朋友? 这个问题是革命

---

① 《共产主义与中国》,《周恩来早期文集》(下卷),中央文献出版社,1998年版。
② 《评胡适的"努力"》,《周恩来早期文集》(下卷),中央文献出版社,1998年版。
③ 《共产主义与中国》,《周恩来早期文集》(下卷),中央文献出版社,1998年版。
④ 《共产主义与中国》,《周恩来早期文集》(下卷),中央文献出版社,1998年版。
⑤ 《劳动世界之新变动》,《周恩来早期文集》(下卷),中央文献出版社,1998年版。
⑥ 《革命救国论》,《周恩来统一战线文选》,人民出版社,1984年版,第1~5页。

的首要问题。"①中国革命的历史表明，多次"左"、右倾错误都与没有正确区分敌、我、友有关。周恩来在这一认识的基础上，为分清敌我友，对中国革命的对象、任务、动力和领导力量等基本问题进行了分析论述。

周恩来多次指出革命的对象，阐明革命的任务。他说："国事败坏至今，纯由吾人受二重之压迫，即内有冥顽不灵之军阀，外有资本主义之列强，吾人欲图自救，必须推翻国内军阀，打倒国际资本帝国主义。"②他强调："我们所认定的唯一目标便是：反军阀政府的国民联合，反帝国主义的国际联合。"③他分析了当时各帝国主义列强对我国侵略的具体情况后认为："帝国主义的列强——特别是英、美、日、法——自是我们最大的仇雠。"④而"新旧军阀""封建余孽""做掮客的洋行买办和趋炎附势的滥官僚"，是依附帝国主义的势力，"他们的罪恶祸害是数不尽的"，都是"我们共同的敌人。"⑤周恩来还着重对半殖民地半封建的中国中作为帝国主义和封建军阀统治的社会基础的买办阶级和地主阶级做了进一步分析，指出："帝国主义者不但在其本国压迫弱小民族，还在半殖民地的地域，帮助军阀和恶官吏，以及买办阶级和土豪。"而"买办阶级因受了外国洋行工厂的支配，对于群众运动则不敢参加，而且和帝国主义者说说好话……我们现在要认清楚，中国的买办阶级，不是中国的商家"，他们对爱国运动"起而破坏，甘为帝国主义走狗。"⑥他强调："买办阶级和洋货商人，他们的卖国行为是更加显著。"他们"都是革命的对头。"⑦至于中国的地主阶级，周恩来认为他们政治上的代表是土豪劣绅，他们掌握各地民团——地主武装，"利用此武装势力压迫农民，抽收苛捐杂税自肥中饱，简直是乡村军阀"⑧。他们的利益必然与农民的利益冲突，"故大地主没有不勾结贪官污吏利用民团势力与农民为敌的"⑨。周恩来在分析敌人营垒之后强调："我们现时应认清敌我"，"总之，这些买办、大地主、逆党、土豪、民团、土匪、贪官污吏，没有一种不

① 毛泽东：《中国社会各阶级的分析》《毛泽东选集》（第一卷），人民出版社，1966年版。
② 《在旅法华人反对国际共管中国铁路大会上的报告》，1923年7月15日《少年中国》月刊4卷8期。
③ 《赤光的宣言》，《周恩来早期文集》（下卷），中央文献出版社，1998年版。
④ 《革命救国论》，《周恩来早期文集》（下卷），中央文献出版社，1998年版。
⑤ 《革命救国论》，《周恩来早期文集》（下卷），中央文献出版社，1998年版。
⑥ 《在东江行政会议上之政治报告》1926年2月22日，原载1926年3月3日《广州国民日报》。
⑦ 《在广州警告反动商团示威运动大会上的讲话》，1924年10月10日，载1924年10月10日《工农旬刊》的《双十屠杀特刊》。
⑧ 《现时广州的政治斗争》，1926年12月17日《人民周刊》第38期。
⑨ 《现时广州的政治斗争》，1926年12月17日《人民周刊》第38期。

是旧社会遗存的半封建势力，没有一种势力不是与革命为敌的"①，他们的总后台是帝国主义。因此，"不论帝国主义者，军阀政客、官僚或是买办与洋货商人，他们统统都是革命的对头"②。周恩来明确指出：中国民主革命的任务就是要打倒帝国主义和封建主义，"达到国民革命的真正目的——民族解放和民主政治的实现"③。

三、中国革命的动力和领导力量

在认清革命对象，明确民主革命任务的同时，周恩来十分重视运用马克思主义的阶级分析的观点探讨中国革命究竟应当依靠谁、团结谁、由谁领导等基本问题，认识有一个逐渐成熟和日益明确的过程。在旅欧时期，他根据自己对当时中国社会和中国革命情势的观察分析，发表了《革命救国论》一文，论述了中国革命的对象、动力、领导等这些重要的基本问题，提出了中国革命有海外华侨、劳动阶级、知识界、新兴工商业家和农民阶级等五派革命势力的见解。他认为：第一派海外华侨，"可足当得起一支革命的主力军，因为只有他们接触帝国主义强盗为最早，故他们希望一个必须保护侨民的民治国来做他们发展的后援"；第二派劳动阶级，他们"常与列强资本势力接触，备受中国军阀凌辱，……终将为国民革命中一派最可靠的主力"；第三派中国的知识界，"自从'五四'运动后，顿呈活气"，"其中尤以青年学生为最能无忌惮的反对列强，反对军阀"；第四派是新兴的工商业家，"依他们现实的阶级地位说，自然很难单独去号召一种革命"，但"他们也渐渐觉悟到军阀不打倒，列强不赶开，他们的工商业是万难独立振兴的……不久的将来，终会有一部分人来走入救国的革命队伍中"；第五派农民阶级，是一支"庞大的"队伍，"现在方在酝酿期中"，是应当努力争取联合的对象。周恩来强调指出："上述五派是中国国民运动中最值得注意的革命势力。若能合此五派的革命分子于一个革命的政党统率之下，则国民革命的成功，必不致太为遥远。"④

当时，中国共产党还处在幼年时期，周恩来初步运用马克思主义阶级分析

①《现时广州的政治斗争》，1926年12月17日《人民周刊》第38期。

②《在广州警告反动商团示威运动大会上的讲话》，《周恩来早期文集》（上卷），中央文献出版社，1998年版。

③《现实政治斗争中之我们》，《周恩来选集》（上卷）人民出版社，1980年版，第2页。

④《革命救国论》，《周恩来早期文集》（上卷），中央文献出版社，1998年版。

的方法，论述中国社会和中国革命基本问题，虽然还不够成熟、明确和深刻，有的也不完全确切，但较早地提出中国革命必须先分清敌我友的思想；较早地对中国社会各阶级进行分析，提出在革命中依靠谁、团结谁、打击谁的思想；较早地提出中国革命必须有一个革命政党领导的思想，是非常重要和难能可贵的，对民主革命时期党的路线、方针、政策的形成具有重要意义。

随着革命实践的丰富和认识水平的提高，到大革命时期，周恩来对中国革命基本问题的认识，有了进一步的明确、补充和发展，提出以下一些重要思想：

1. 工人阶级是国民革命的领袖，工农群众为国民革命的中坚

旅欧时期，周恩来在发达的资本主义国家度过了四年，认真学习马克思主义原著，对十月革命后的世界大势看得较清楚，对中国革命认识也较深刻。那时，他就开始认识到工人阶级是最有前途、革命性最坚强的一个阶级。他指出："未来的世界，应是劳动者的世界。"①1922 年，他在《十月革命》一文中分析了俄国近代革命的历史，指出："每次革命都是劳动阶级为其中的主动力，农兵从旁赞助，而中等资产阶级和小资产阶级既无真实力量，又无团结训练"，"只有劳动者是富有阶级斗争性，较有训练的战士"。②俄国劳动阶级的革命"为什么偏等到十月革命才成功呢"？他说："这不难回答，并且是很简单的回答：这是有了多数派——共产党——在其中做了忠实的指导，唯一的指导。……这不独俄国为然，各国劳动阶级中也无不皆然。"③这就表明，这时周恩来已开始认识到在中国革命中，工人阶级是"其中的主力"，并且必须有其政党共产党的领导。他指出：中国的工人阶级"常与列强资本势力接触，备受中国军阀凌辱，……终将为国民革命中一派最可靠的势力，这是毫无疑义的。"④

在大革命的斗争实践中，尤其经过五卅运动和省港大罢工，中国工人阶级显示了斗争的坚决性和不妥协的彻底革命精神，使周恩来进一步认清了工人阶级在中国革命中的地位和作用。

1925 年 7 月，他坚定地宣称："工人是国民革命的领袖。"⑤

与此同时，广东等地农民运动的迅猛发展也显示了农民在革命中的巨大力量，周恩来对农民的经济地位和政治态度进行了分析，指出："一般农民受着大地主的压迫，弄得无可安生，而且中国从前的政府，又那么腐败，专门庇护大

---

① 《论工会运动》1922 年 12 月 15 日，见《周恩来早期文集》（下卷），中央文献出版社，1998 年版。

② 《十月革命》1922 年 12 月 1 日，见《周恩来早期文集》（下卷），中央文献出版社，1998 年版。

③ 《十月革命》1922 年 12 月 1 日，见《周恩来早期文集》（下卷），中央文献出版社，1998 年版。

④ 《革命救国论》，《周恩来早期文集》（上卷），中央文献出版社，1998 年版。

⑤ 《在省港罢工工人第六次代表大会上的政治报告》1925 年 7 月 31 日，《工人之路》特号第 37 期。

地主去横行，骄纵军队去骚扰，是以农民更加痛苦流离。"因此，他们"现在亦蓬勃地起来参加这次反帝国主义的运动了"①。他强调指出："揆之事实，拥护革命政府者，农民也；受帝国主义与军阀以及一切反革命派摧残者，农民也；武装自卫反抗帝国主义与军阀，且兼以为为革命政府之前卫者，亦农民也。"他同样坚定地宣称"工农群众为国民革命之中坚"②，认为只有工农群众的联合参加革命才能取得胜利。因此，他大声疾呼："吾革命之工农乎？其速自起！其速联合！其速组织起吾人自身唯一可持之革命力量！"③

在参与领导两次东征和平定商团及杨、刘的叛乱中，周恩来更加看清了广大工农的巨大力量，他进一步明确指出："打平东江，不是军队的能力，是工人、东江农民与革命军的联合势力。打倒杨、刘，亦不是军队的能力，亦是广州工农与革命军联合的势力。"④因此，他反复号召实现工农兵的大联合，进一步明确指出："工人是国民革命的领袖，要领导农人兵士而为工农兵的联合，共同来打倒帝国主义"，实现联合的责任"在领袖革命的工人身上"。⑤

2. 民族资产阶级有两面性

周恩来根据中国半殖民地半封建的特殊国情，曾经指出在帝国主义和封建军阀的统治下，民族资产阶级也属于被压迫的阶级，他们中间的开明分子能同情革命，其中一部分将走入革命的行列。因此，在1924年2月写的《革命救国论》一文中把它列为国民革命的"第四派势力"。经过大革命的斗争实践，周恩来深刻认识了这个阶级的自私自利性和妥协性，对其两面性有了较全面的认识。他指出：资产阶级"巴不得兼并了社会上的一切财产，而自尊自享"⑥，因而他们必然反对工农要求解放、反对剥削掠夺的斗争，"工人因生活痛苦而举行罢工，行东厂主却收买工贼从事捣乱"⑦，他们对帝国主义还存在幻想。周恩来批评代表民族资产阶级的国民党中派对革命"没有勇气"，是"妥协派"。他明确指出："在革命的长期斗争中，民族资产阶级总是富于妥协性。"⑧

3. 小资产阶级有革命积极性，但常摇摆不定

周恩来在《革命救国论》一文中曾充分肯定代表小资产阶级的知识界和青

---

① 《在省港罢工工人第六次代表大会上的政治报告》，1925年7月31日《工人之路》特号第37期。
② 《工农阶级与广州市选》1924年12月1日，《农工旬刊》第9期。
③ 《工农阶级与广州市选》1924年12月1日，《农工旬刊》第9期。
④ 《在省港罢工工人第六次代表大会上的政治报告》，1925年7月31日《工人之路》特号第37期。
⑤ 《在省港罢工工人第六次代表大会上的政治报告》，1925年7月31日《工人之路》特号第37期。
⑥ 《在省港罢工工人第六次代表大会上的政治报告》，1925年7月31日《工人之路》特号第37期。
⑦ 《国民革命及国民革命势力的团结》1926年12月10日，《人民周刊》第34期。
⑧ 《现时政治斗争中之我们》，《周恩来选集》（上卷）人民出版社，1980年版，第2页。

年学生的革命积极性。在大革命中，他的认识进一步提高，对知识界的认识更加全面。他指出："知识分子也是一种工具"，"压迫者利用知识分子来想法压迫人，被压迫者也可利用知识分子起来反抗压迫者"。①根据小资产阶级知识分子的这一特性，周恩来在继续肯定知识界的革命性，不断号召"工农兵学商联合起来"的同时，也明确指出："小资产阶级也常常摇摆不定。"②

从以上论述表明，周恩来对中国民主革命的对象、动力和领导力量等基本问题已做出回答。他明确指出：中国革命的对象是帝国主义和封建军阀；革命的任务就是要打倒这两个敌人；革命的动力是工人阶级、农民阶级、小资产阶级和民族资产阶级；而"工人是国民革命的领袖"，"工农群众为国民革命的中坚"，共产党是工农革命的"唯一指导"；小资产阶级有革命积极性但"常摇摆不定"，民族资产阶级有要求革命的一面但"总是富于妥协性"。周恩来得出结论说："各被压迫阶级的共同目的虽在国民革命，但在革命的长期斗争中，民族资产阶级总是富于妥协性，小资产阶级也常摇摆不定，只有无产阶级是最不妥协的革命阶级，要靠他携同农民、手工业工人，督促小资产阶级、民族资产阶级，不妥协地与敌人斗争，才能达到国民革命的真正目的——民族解放民主政治实现。"③周恩来这些比较全面和深刻的论述，对后来中国新民主主义革命基本理论的形成做出了重大贡献。

四、中国革命的性质和前途

对中国革命性质的认识，中国共产党人在"六大"以前是不够清楚的。周恩来在抗日时期的一个报告中曾经指出："讲到中国革命的性质，今天似乎是老生常谈了，因为毛泽东同志在《中国革命和中国共产党》《新民主主义论》等著作中，已经讲到中国革命是无产阶级领导的人民大众的反帝反封建的资产阶级民主革命。可是在'六大'时，这却是一个很严重的问题。什么叫革命性质？革命性质是以什么来决定的？这些在当时都是问题。"④他还说："从党的第二次全国代表大会到第五次全国代表大会，承认中国革命是资产阶级民主革命。"但"右"的"陈独秀的机会主义观点认为资产阶级革命是资产阶级领导的，⋯⋯

①《军队中政治工作》，1925 年 6 月 2 日，见《黄埔军校第四期毕业同学纪念册》。

②《现时政治斗争中之我们》，《周恩来选集》（上卷），人民出版社，1980 年版，第 2 页。

③《现时政治斗争中之我们》，《周恩来选集》（上卷），人民出版社，1980 年版，第 2 页。

④ 见《周恩来选集》（上卷），人民出版社，1980 年版，第 157～158 页。

这种观点实质上是旧民主主义的,是十八、十九世纪西欧资产阶级革命的观点";而"左"的张国焘的观点是反对工农参加国民党,不了解这样"可以改造国民党";彭述之则认为"领导权是天然地落到了无产阶级身上"。这些"右"和"左"的观点都不懂得无产阶级必须争取革命的领导权,因而就不可能真正弄清中国革命的性质。[①]

但是,"二大"就承认中国革命是资产阶级民主革命,在建党初期和大革命时期,包括周恩来在内的一批共产党人对中国革命的性质、前途等问题进行了积极的探讨,提出了一些极为重要的、独到的、基本正确的见解,为后来进一步明确认识这些问题,做出了非常重要的贡献。

周恩来较早地根据马克思主义的基本原理比较科学地分析了中国国情,提出了中国革命是世界革命的一部分、中国革命必须分两步走的重要思想。

1. 中国革命是世界革命的一部分

十月革命开辟了人类历史的新纪元,人类社会进入了帝国主义与无产阶级革命的新时代。1922 年,周恩来发表文章,高度评价十月革命的历史意义:"在过去历史上,革命事件本屡见不一,最大的如法兰西革命,美利坚独立,也颇能震动一时,各有其历史上的相当价值。但一持与俄国十月革命相较,则广狭远暂的不同,又不难立见,前二者革命的范围只限于谋各个民族有产阶级的利益,而后者便转向全世界无产阶级身上来了。"他强调:"俄国十月革命确为全世界的无产阶级奠定了革命始基","十月革命之所以能与旧日革命相异的,乃因其立足之点在于全般的社会革命,而非仅限于一国一种一阶级的革命"。它是"世界革命的起首"[②]。这就深刻揭示了十月革命的世界历史意义,指明了它与旧的资产阶级民主革命完全不同的性质。

随着马克思主义认识水平的提高,周恩来日益清楚地认识到,做为半殖民地的中国的反帝反封建的革命是世界无产阶级革命的一部分,与国际无产阶级反对国际资本帝国主义的革命有着共同的敌人,必须联合一致,共同斗争。1924年,他连续发表文章,深刻阐明中国民主革命与世界无产阶级革命的关系。在《革命救国论》一文中指出:"全世界凡经资本主义铁蹄所践踏的地方,概都形成了同样的两大阶级:一是压迫阶级,一便是被压迫阶级。"而"工业先进国中的无产阶级和各殖民地半殖民地的弱小民族,都是站在同一被剥夺被欺凌境地的。且在他们中间,以经济地位说,不论无产阶级,便是各殖民地半殖民地的

---

① 见《周恩来选集》(上卷),人民出版社,1980 年版,第 158~159 页。

②《十月革命》,《周恩来早期文集》(上卷),中央文献出版社,1998 年版。

小资产阶级，也都为国际资本帝国主义侵略压迫之故，迟早都要走入无产阶级队伍中来。"所以，"殖民地半殖民地的弱小民族要群起来做国民运动，推翻国际帝国主义；工业先进国的无产阶级要日夕图谋阶级斗争，以便打倒国内资本主义；同时更应联合起来，一齐向压迫阶级进攻，也正如他以国际的资本进攻被压迫阶级而不分国界的一样。……且世界革命的伟大工作，也正要在这个联合中期待实现。"①他强调："只有这样，才能使我们'革命救国'的主张发现了新的意义，人类历史上展开了新的记录。"②

不久，周恩来又发表《救国运动与爱国主义》一文，指出："我们倡言救国运动，是根据于国际政治经济情势，弱小民族地位，非内倒军阀，外倒国际帝国主义不足以图存的见地而来。" "我们心中却不容丝毫忘掉与我们受同样苦痛的全世界无产阶级和弱小民族，亦即是全世界的被压迫阶级。并且我们若认清事实果想将军阀打倒，国际帝国主义打倒，我们也非与全世界被压迫阶级联合一致，来打此共同敌人不可，故我们的救国运动，乃必须建立在国际主义上面"。③

大革命时期，周恩来对中国革命性质等问题的认识进一步明确，认为世界已进入一个新的时代，"西方是无产阶级革命，东方是国民革命，会合起来成为一个世界革命，这个世界革命成功，便进于世界大同"。④他在阐释中国民主革命的性质时明确指出："国民革命是解放目前中国的唯一目的，同时中国国民革命又是世界革命的一部分。"⑤

从周恩来以上论述可以看出：到大革命时期，他已基本认识到十月革命之后，人类历史已开辟了新纪元，中国的民主革命已具有新的时代特点和新的性质。虽然当时全党和他都还没有使用新民主主义革命的明确概念，但他已明确认识到中国的民主革命与旧的资产阶级民主革命有根本的不同，它已经是工人阶级领导的、以工农群众为中坚的、联合小资产阶级和民族资产阶级的反帝反封建的革命；是联合世界无产阶级和一切被压迫民族的反对国际资本帝国主义的世界革命的一部分了。

① 《革命救国论》，《周恩来早期文集》（下卷），中央文献出版社，1998 年版。
② 《革命救国论》，《周恩来早期文集》（下卷），中央文献出版社，1998 年版。
③ 《救国运动与爱国主义》，《周恩来早期文集》（下卷），中央文献出版社，1998 年版。
④ 《军队中政治工作》，1925 年 6 月 2 日，见《黄埔军校第四期毕业同学纪念册》。
⑤ 《军队中政治工作》，1925 年 6 月 2 日，见《黄埔军校第四期毕业同学纪念册》。

2. 中国革命必须分两步走

中国共产党对于中国革命必须分两步走的认识是逐步明确和深化的。

"一大"通过的党的纲领规定党的奋斗目标是废除私有制，实现共产主义；明确了革命前途，但还不懂得中国革命必须分两步走才能彻底完成革命任务。

"二大"根据列宁关于民族殖民地问题的理论，分析了国际国内形势，制定了党的最低纲领和最高纲领，把中国革命分为性质不同的两个阶段，即实现反帝反封建的最低纲领的民主革命阶段和实现"建立劳农专政的政治，铲除私有财产制度，渐次达到共产主义社会"的最高纲领的社会主义革命阶段。

周恩来等共产党人积极宣传和捍卫"二大"制定的纲领和中国革命分为两个阶段的政治主张，并从理论上对"中国革命必须分两步走"的思想做了论述。1923 年 6 月，周恩来根据中共中央指示精神，领导旅欧中共党团组织率先与国民党实行合作，旅欧共产主义青年团员 80 多人全部以个人名义加入国民党。当时，旅欧华人中的国家主义派机关刊物《先声报》连续发表文章，对共产主义者加入国民党、对共产党的奋斗纲领、对中国革命的前途等问题进行了一系列的责难、歪曲和攻击。周恩来于 1924 年 6 月发表文章，从理论上进行了反驳。文中阐明了国共两党合作建立统一战线进行国民革命的必要性和可能性，指出：中国共产主义者之加入国民党，是因为"共产主义者是兼信合于共产运动在中国的第一步革命工作的三民主义"①，并非放弃共产主义信仰；国共实行合作，进行国民革命，是由"中国的实际问题，物质条件"所决定的，而共产主义和三民主义，正是两党合作的政治基础。他批驳了"中国共产主义者之加入国民党，是为三民主义所左右，是共产主义的改变"的谬论，指出："谁左右了谁？谁改变了谁？这要看实际情形始能决定。假使今日之中国共产主义者加入国民党后，抛弃共产主义不信，或忽视了无产阶级的最后敌人——有产阶级——不管，而后方得谓三民主义左右改变了共产主义者，但仍与共产主义无涉。"他反问道："实际是如此么？"显然不是这样。②

周恩来回答"既谈三民主义不足济将来阶级斗争之穷，又何不直接行共产主义革命"的责难，驳斥了国共合作是"阶级妥协"的谬论，深刻阐明了中国革命必须分两步走的规律，指出："不错，我们共产主义者是主张阶级革命的，是认定国民革命后还有无产阶级向有产阶级的阶级革命的事实存在。但我们现在做的国民革命却是三民主义革命，是无产阶级与有产阶级的合作，以推翻当

---

① 《再论中国共产主义者之加入国民党问题》，《周恩来早期文集》（下卷），中央文献出版社，1998 年版。
② 《再论中国共产主义者之加入国民党问题》，《周恩来早期文集》（下卷），中央文献出版社，1998 年版。

权的封建阶级的阶级革命，这何从而说到国民革命是'阶级妥协'？且非如此，共产主义革命不能发生，'打破私有制度''无产阶级专政'自也不能发生。不走到第一步，何能走到第二步。虽说走到第一步，无产阶级尚未能得到真正生路。"①

周恩来还指出，共产主义者加入国民党对中国革命有很多好处："对外目标一致，好集中革命势力；对内能坚固各个革命分子的决心，消弥某些部分人的目前部分利益的争执；训练统一，步骤一致，不复有时同时否的阻碍；号令集中，指挥自如，易于杀敌。除这些外，中国共产主义者更能以国际的关系，促进国民革命成功，这又是中国共产主义者在国民党中特负的使命了。"②

周恩来的以上论述有力地回击了对中国共产党建立国共合作统一战线的各种责难和攻击，精辟地概括了中国民主革命和共产主义革命两个阶段的相互联系和区别，阐明了中国革命必须分两步走的重要理论，宣传了党的最低纲领和最高纲领，指明并坚持了中国革命的共产主义前途，不仅在当时有重要的现实指导意义，而且有深远的影响。

综上所述，在中国共产党的新民主主义革命理论开始形成的极为重要的建党初期和大革命时期，周恩来在革命实践中就对中国革命的性质、任务、对象、动力、领导力量等一系列基本问题进行了积极的探索，在理论上有一系列论述，提出了许多重要的独到的见解。到抗日战争时期，毛泽东在《中国革命和中国共产党》《新民主主义论》等著作中，总结全党革命实践经验，集中全党智慧，对中国民主革命的一系列基本问题进行了更加全面、系统和深刻的论述，并首次正式使用了"新民主主义革命"的概念，标志着中国共产党的新民主主义革命理论已完全形成。以上可以明显地看出：周恩来关于中国革命的一系列重要思想已融汇进这一理论之中，他对新民主主义革命理论的形成和发展做出了卓越的贡献。

（本文系作者与邵建红合作，发表于刘焱、杨世钧主编：《周恩来与毛泽东思想》，重庆出版社1998年再版）

---

①《再论中国共产主义者之加入国民党问题》，《周恩来早期文集》（下卷），中央文献出版社，1998年版。
②《再论中国共产主义者之加入国民党问题》，《周恩来早期文集》（下卷），中央文献出版社，1998年版。

论周恩来早期的军事理论与实践

迄今见到的原始资料表明，周恩来是中国共产党内最早懂得武装斗争和革命军队极端重要性的无产阶级革命家。早在 1922 年前后，他发表的一些文章，就不仅一般地赞成暴力革命，而且分析了旧中国的特点，明确指出在帝国主义和封建军阀的武力统治之下，中国民主革命要取得胜利，必须"经过极长期的血战争斗"[①]。"非要有极坚强极有组织的革命军不可，没有革命军，军阀是打不倒的。"[②]因此，他在大革命时期，集中主要精力，承担起开拓中国共产党军事工作的重任，实际上成为中共最早的主要军事领导人。他先后担任中共两广区委员会委员长、区委常委兼军事部长、中共中央军委书记，并先后兼任黄埔军校政治部主任、东征军总政治部主任等职务，参与领导黄埔建军、东征、平定商团和杨、刘叛乱等军事行动。北伐期间，亲自领导上海数十万工人的武装起义。蒋介石、汪精卫叛变后，又领导了震惊中外的"八一"南昌起义，在中国人民革命史上写下了光辉的篇章。在斗争中，他对建设革命军队和依靠人民群众，开展人民战争，进行了开创性的探索，从理论到实践，做出了不可磨灭的贡献。

一、初步解决了创建新型革命军队的一些重大原则问题

（一）指出革命军是"为人民所用的军队"，完全为人民谋幸福是革命军的宗旨

要创建新型革命军队，首先必须明确革命军的性质和任务。对此，周恩来在 1925 年间，即根据历史唯物主义的基本观点，给以科学的回答。他从人类社

---

① 周恩来：《俄国革命失败了么？》（1922 年 12 月 15 日），《少年》第 5 期。
② 周恩来：《评胡适的"努力"》（1922 年 12 月 15 日），《少年》第 6 期。

会发展的历史，分析了军队的起源和性质，深刻阐明"军队不是阶级，是一种工具"，"军队是压迫阶级的工具，而也可作被压迫阶级的工具"。[1]他指出："压迫者拿这工具去压迫人，如酋长以其工具去压迫奴隶，天子诸侯王拿这工具去压迫乡村的农奴和城市的市民，又如现在的军阀、资本家、大地主，利用这工具去压迫农工或其他群众。但被压迫阶级也可利用这工具去反抗他们的压迫者。"[2]在旧中国，当被压迫的人民"觉悟到帝国主义者和军阀压迫的时候，也会从他的本身造出的武力，用来打倒帝国主义，打倒军阀"。这种"被压迫者的本身组织起来的武力，并不是压迫人的，而成为解放人的武力"[3]。因此，他明确指出：真正的革命军是"为人民所用的军队"[4]。在现今世界革命中，"军队的组织更有重大的意义，这军队便是实现我们理论的先锋"[5]！这就分清了革命军队和反动军队的不同性质，表明革命军是被压迫的人民大众组织起来争取解放的武力。

从上述思想出发，周恩来反复向广大军民阐明人民军队为人民服务的宗旨。他指出：过去"革命数十年尚未成功者，因多数军队均系前清遗留而来……此种军队不知人民痛苦，不知政治意义"[6]。真正的革命军应当了解人民所受列强、军阀压迫的痛苦和解除痛苦之途径，做到"打仗是为人民而打的，若非为人民而打之仗，彼等必不去打，能如此者为党军，不能如此者非党军"[7]。第一次东征时，他就向群众郑重宣告："本军系解除人民痛苦而来，增加人民幸福而来。"[8]第二次东征途中，他又再次强调指出："我们这次东征，完全是为人民幸福而来。"[9]这就正确规定了革命军队的建军宗旨，把革命军和人民群众的命运紧密联系起来。这一思想，对中共后来建立和发展革命军队，起着长期指导作用。

（二）坚持革命政党对军队的领导

这是周恩来建设革命军队的一条根本原则。他鲜明地提出革命军要"党化"

① 周恩来：《军队中政治工作》（1925 年 6 月 2 日），载《黄埔军校第四期毕业同学纪念册》。
② 周恩来：《军队中政治工作》（1925 年 6 月 2 日），载《黄埔军校第四期毕业同学纪念册》。
③ 周恩来：《军队中政治工作》（1925 年 6 月 2 日），载《黄埔军校第四期毕业同学纪念册》。
④ 周恩来：《在东莞商务分会及市民联欢大会上的演说词》，《上海民国日报》1925 年 2 月 18 日。
⑤ 周恩来：《军队中政治工作》（1925 年 6 月 2 日），载《黄埔军校第四期毕业同学纪念册》。
⑥ 周恩来：《在东莞商务分会及市民联欢大会上的演说词》，《上海民国日报》1925 年 2 月 18 日。
⑦ 周恩来：《在东莞商务分会及市民联欢大会上的演说词》，《上海民国日报》1925 年 2 月 18 日。
⑧ 周恩来：《在东莞商务分会及市民联欢大会上的演说词》，《上海民国日报》1925 年 2 月 18 日。
⑨ 周恩来：《在石龙军民联欢大会的演说词》（1925 年 10 月 8 日），《中国军人》第 8 期。

的重要主张，明确指出："革命军是党的军队"①是实现党的理论的先锋。

他强调党对军队的领导，首先是思想政治领导。他说，"要使官佐士兵及一切群众晓得党的理论主义政策"，"晓得革命军的使命"，"晓得时代政治"，"确实其革命观念"，在"革命进行中，一定要遵党的政策"。②革命军只有了解自己的政治使命、自觉地为实现党的主义而奋斗，才不致迷失政治方向，才能完成党的政治任务。

周恩来还十分重视革命军里党的组织建设，从组织上、制度上保证革命党对军队的领导。他参与领导的黄埔军校和国民革命军里，都效法苏俄红军，建立了党代表制度，设立了政治部。军、师、团、连各级都设党代表，建立党部，这在中国历史上是没有的。③特别是把党部建到连上，对坚持党对军队的领导、加强军队的战斗力，具有重要意义。

为加强革命军中革命党的建设，他制定了一套严密的工作制度，做出 12条具体规定，主要有：各团、连党部执行委员会和党小组，"每星期至少开会两次"；"各团党部须按期作报告于师部"；"各级党代表关于党务之进行须负督促全责"；"各级官长同志不得借口士兵操练需时，妨碍连部党务会议及小组会议"。还规定"各连队各党小组会议须注意下列各事：（甲）、从实际问题上解释主义与理论的根据；（乙）、报告重要时事及党务；（丙）、讨论士兵生活之改良；（丁）、同志间互相批评，以党的见地为中心。"④这些规定加强了党的建设，保证了党的领导，使党的理论和方针政策可以被更好地贯彻执行。

应当指出，这里所说的党，是指当时实行孙中山的联俄、联共、扶助农工三大政策，有共产党人参加领导的革命的国民党，还不是指中国共产党。但周恩来坚持革命党对军队领导的思想和一些基本原则及做法，为后来中共领导的人民军队所继承，并在斗争中不断丰富和发展，成为中国共产党建军的一个突出特点。

（三）创建革命军队政治工作制度

为建立"极坚强极有组织的革命军"，使之真正能"为人民所用"，周恩来到黄埔军校任职后，即根据马列主义基本原理，效法苏俄红军，结合中国实际，

---

① 周恩来：《国民革命军及军事政治工作》（1926 年 7 月），（国民革命军总司令部政治部宣传大队长王铁猛笔记，原件存中国革命博物馆）。

② 周恩来：《国民革命军及军事政治工作》（1926 年 7 月），（国民革命军总司令部政治部宣传大队长王铁猛笔记，原件存中国革命博物馆）。

③《中央陆军军官学校史稿》第 6 篇，第 2 章。

④ 周恩来：《通告第一师党部诸同志》（1925 年 11 月 25 日），《中央陆军军官学校史稿》第 6 篇。

创建革命军队政治工作制度。当时我国广大地区尚处在各派军阀武装割据之下，孙中山领导的革命政府的势力还不及广东一省，革命军还处在初创阶段，大多数还是刚投向革命的旧军队，周恩来从中国国情出发，着眼革命全局，对军队政治工作的范围、目的、任务、内容、方法等一一做了论述。他明确指出："军中政治工作范围极广"，不能仅限于革命军本身，必须包括革命军队、军阀军队和广大人民群众三个方面。其目的是要"使军阀军队渐渐觉悟，革命军队确实其革命观念"①，并"将革命的思想传到全国，使全国的民众革命化"②。他指出：革命军政治工作的首要任务是教育官兵了解自己的政治使命，懂得自己"打仗是为人民而打的"③，是"为人民利益而战，为国家的独立自由而战"④，激发广大官兵的战斗热情。

周恩来强调，革命军的任务绝不是单纯打仗，还必须宣传群众，组织群众，协助地方做好建党、建团和建设革命政权的工作。两次东征和平定杨、刘叛乱的战役中，他都组织了强有力的宣传队，拟订对各界人民、对士兵、对敌军官兵的宣传计划，编写大量告各界人民书，印发大批传单，召开各种群众集会，采取多种形式，向各阶层群众广为宣传，收到很大效果。他认为："群众组织力和武装战斗力的发展……是目前最迫切的工作。"⑤他满腔热情地支持工农运动，不断派人帮助各地建立工会、农会和青年妇女等群众组织，在周恩来的指导、支持和帮助下，东江地区的工农运动迅猛发展，成为支持革命的强大力量。

东征时期，周恩来是革命军总政治部主任和中共两广区委负责人，又先后兼任国民党东江党务组织主任和东江各属行政委员，承担起在东江地区组建国民党、共产党、共青团和革命政权的多项任务。他发挥高度的组织才能，在繁重的工作和复杂的斗争中坚持共产党人的原则立场，领导一批共产党员和国民党左派的干部，统筹兼顾，机智策略地完成各方面任务。他是创建东江地区中国共产党和共青团的领导人，也是我国第一位靠枪杆子创建一个地区革命政权的共产党人，是中国共产党人主政的先驱。

周恩来非常重视瓦解敌军的工作，主持制定和实行优待俘虏的政策，规定要："宣传敌军俘虏，并殷勤安慰之、优待之。"⑥他还组织和领导"青年军人

<hr>

① 周恩来：《国民革命军及军事政治工作》（1926 年 7 月）。
② 周恩来：《在黄埔军校第三期开学典礼上的演讲词》（1925 年 7 月 1 日），载黄埔军校《第三期开学讲演录》。
③ 周恩来：《在东莞商务分会及市民联欢大会上的演说词》（1925 年 2 月 4 日）。
④ 李春涛：《东征纪略》（1925 年 12 月 20 日），《政治周报》第 3 期。
⑤ 周恩来：《现时广东的政治斗争》（1926 年 12 月 17 日），《人民周刊》第 38 期。
⑥ 李春涛：《东征纪略》（1925 年 12 月 20 日），《政治周报》第 3 期。

联合会"，采取各种措施，开展争取和改造全国旧军队的工作。由于以周恩来为首的共产党人在革命军中卓有成效的政治工作，在战争中发挥了巨大威力，因此，当时政治工作有很高威信。"一般心理以为没有政治训练，即非党化军队，即不配称为革命军，故当时革命军竟尚政治训练。"[①]这对改造旧军队产生巨大影响。

周恩来认为：以身作则，注意方法，是做好政治工作的关键。他明确指出，"我们在军队里做政治工作，要以身作则，严守纪律，常常表示勇敢的态度，比士兵更勤苦……能如是，才能鼓起士兵作战的勇气。"[②]他非常注意工作方法，提倡从实际出发，区别不同对象，采取多种生动活泼的形式，有针对性地、耐心细致地进行工作，方式要灵活，要讲求实效。

大革命时期，以周恩来为代表的共产党人创建的一套革命军队政治工作制度，对提高革命军素质，争取革命战争胜利，起了巨大作用，不仅国民党左派赞扬它"是革命军打胜仗的根本原因"[③]，连反共的国民党右派都不得不承认，之所以作战胜利，"政治部之功绩确乎不可磨灭"，"此乃中国军队，第一次战时政治工作之成绩"[④]。不久，广东国民政府决定将这套政治工作制度，在其他所有国民革命军中普及推广，李富春、林伯渠等一批共产党人，被派到其他各军担任政治领导工作，对北伐战争的胜利，起了巨大作用。几十年来，中国共产党领导的红军、八路军、新四军和解放军的一套政治工作，就是在周恩来创立的一些基本原则和做法的基础上，不断发展、丰富和完善起来的，周恩来是创建革命军队政治工作的奠基人。

（四）从严治军，规定革命军要"守严格的纪律"

严明纪律，是周恩来治军的又一特点。他把纪律看做"革命最重要的一个因素"，强调"革命党员守纪律，比任何政党中还要紧要"。[⑤]他指出："假使没有这个要素，一定不能把反革命的陈炯明，假革命的杨希闵、刘震寰打倒，将来更不能把我们的仇人一概打倒。"[⑥]由此，他要求官兵"在党的指挥下，守严格的纪律"，并指出：革命纪律应当是自觉的，"是各同志甘心愿意遵守的"[⑦]。

他强调革命军"要坚守主义，遵守纪律"，应做到"革命化，纪律化，统一

---

① 《中央陆军军官学校史稿》第 7 篇。
② 周恩来：《国民革命军及军事政治工作》（1926 年 7 月）。
③ 李春涛：《东征纪略》（1925 年 12 月 20 日）。
④ 《中央陆军军官学校史稿》第 7 篇。
⑤ 周恩来：《在黄埔军校第三期开学典礼上的演讲词》（1925 年 7 月 1 日）。
⑥ 周恩来：《在黄埔军校第三期开学典礼上的演讲词》（1925 年 7 月 1 日）。
⑦ 周恩来：《在黄埔军校第三期开学典礼上的演讲词》（1925 年 7 月 1 日）。

化"。①他领导的政治部严格规定：不拉夫、不筹饷、不强占民房、不强买卖、不干涉民众合理要求，以及缴获要归公、不许虐待俘房等等。他主持编写的《爱民歌》，就生动地反映了当时对革命军队的纪律要求，歌中写道："第一扎营不要懒，莫走人家取门板。莫拆民房搬砖石，莫踏禾苗坏田产。莫打民间鸭和鸡，莫借民间锅和碗。莫派民夫来挖壕，莫到民家去打馆。筑墙莫筑街前路，砍柴莫砍坟山树，挑水莫挑有鱼塘，凡事却要让一步。第二行路要端详，夜夜总要支帐房。莫进城市占店铺，莫向乡间借村庄。人有小事莫喧哗，人不躲路莫挤他。无钱莫扯道边菜，无钱莫吃便宜茶。……第三号令要严明……陆军不许乱出营，水兵不许岸上行。"②

由于革命军严格执行纪律，有违纪者，不论官兵都严加处理，故革命军"纪律极好"，"为远近所赞扬"，"所经鸡犬无惊，民安其业"。③如此严明的纪律，鲜明地体现了人民军队的本质，反映了周恩来严格治军的思想，从中不难找到中国共产党后来创建和领导的人民军队"三大纪律，八项注意"的某些渊源。

（五）正确处理军民关系，树立热爱人民，军民一家思想

这是周恩来建设革命军队的另一重要原则。周恩来十分重视教育革命军官兵认清自己的历史使命，树立热爱人民、关心人民疾苦、为人民利益英勇奋战的思想。他强调密切军民关系，宣传"军民一家""军民合作"的思想，明确指出：革命军"若无人民的援助，乃不足负重大责任"，必须同"人民通力合作，以使革命成功"。④他号召"人民应与革命军联合起来，如同兄弟一样，互相亲爱，互相提携"⑤。东征时他领导政治部编写的《敬告士兵同志》书，明确指出："我们做军人的，吃的饭，穿的衣……都是人民给我们的，我们这次出发的时候，就应该千万爱护人民。"⑥他主持编写的《爱民歌》，明确指出："行军先要爱百姓"，"军士与民如一家，千万不可欺负他"。⑦

经过教育的革命军热爱人民，纪律严明，因而深受人民欢迎，出现了许多军爱民、民拥军的动人情景。据当时史料记载：周恩来率领的东征军到达之处，许多城镇万人空巷，燃放鞭炮，聚众欢迎。许多群众挑茶送饭，"甚至于扛着整

---

① 周恩来：《国民革命军及军事政治工作》（1926 年 7 月）。

② 《中央陆军军官学校史稿》第 7 篇，第 1 章，第 2 节。

③ 《中央陆军军官学校史稿》第 7 篇，第 1 章，第 3 节。

④ 《上海民国日报》（1925 年 2 月 18 日）。

⑤ 周恩来：《在石龙军民联欢大会上的演说词》（1925 年 10 月 8 日）。

⑥ 《东征露布》，《青年军人》东征号（1925 年 3 月 1 日）。

⑦ 《中央陆军军官学校史稿》第 7 篇，第 1 章，第 2 节。

个肥猪、整瓮的美酒，表示欢迎的诚意"①。"人民亲党军如亲其家人"，当革命军开拔时，"群众痛哭请留"②，纷纷要求革命军常驻保民。这些生动的记载，充分反映了以周恩来为首的共产党人在革命军中政治工作的巨大成果，反映了正确建军思想的巨大威力。这种热爱人民、军民一家、军民合作的思想，长期以来，一直是中国共产党建军的重要指导思想。

（六）创建中国共产党直接领导的第一支革命武装

大革命时期，周恩来等共产党人除按照上述原则建设革命军队外，还不顾陈独秀等的反对，创建了由中国共产党直接领导的第一支革命武装。

1924 年 11 月，经中共两广区委商得孙中山同意，由周恩来负责，创建了中国共产党直接领导的最早的革命武装——建国陆海军大元帅府铁甲车队。1925 年 11 月，经过东征和平定杨、刘叛乱的战役，周恩来等共产党人更感到建立中共直接领导的革命军队的重要性，经和两广区委研究，商得有关方面同意，由周恩来具体负责，在铁甲车队的基础上又组建了以共产党员和青年团员为骨干的国民革命军第四军独立团。这支军队与旧军队不同，具有以下特点：由中国共产党直接领导，设立党代表，建立中共党组织；严明纪律；革除军阀作风，废止打骂恶习；发扬军队民主；培养官兵一致、同甘共苦、军民团结的新风尚。它体现了周恩来的建军思想，是新型的人民军队的雏形。

二、初步萌发人民战争思想，开始人民战争的探索实践

周恩来是我国人民战争理论的开创者。大革命时期，他在参与领导东征、平定商团和杨、刘叛乱等战争中，根据马克思主义的基本原理，萌发了初步的人民战争思想，并开始人民战争的创造性实践。其基本点主要有二：

（一）革命战争是人民群众求解放的战争，必须依靠群众，动员和组织群众

为群众求解放，依靠群众，动员和组织群众进行战争，是人民战争思想的核心。周恩来根据中外历史的发展深刻阐明，战争是人类社会出现私有制和阶级之后的产物。他指出，在阶级社会里，统治阶级为了掠夺和奴役被统治阶级，必然会使用武力，而被统治阶级"受了过甚的压迫，也必然会觉悟起来用武力

---

① 《本部东征日记》，《青年军人》第 2 期（1925 年 3 月 1 日）。
② 李春涛：《东征纪略》（1925 年 12 月 20 日）。

去反抗压迫者"。①因此，被压迫阶级为反抗压迫者而进行的战争，是人民大众求解放的战争，它必然会得到人民群众的支持。也只有依靠人民群众，革命战争才能取得胜利。

周恩来深信，战争的实力存在广大人民群众之中。他明确指出："我们不要以为反革命派的势力极大，反革命派的气焰日张。我们只要下我们团结的决心，我们有工人可以武装，有农民可以自卫，有兵士可以作先驱，有学生可以作宣传，有商人可以作后盾，我们的实力便在此处。"②因此，他认为要使革命彻底成功，"必须团结起全中国的革命民众，向反革命派进攻"③。

周恩来特别重视工农基本群众的力量。他分析中国的社会政治状况和各阶级的地位时明确指出："不论帝国主义者、军阀、政客、官僚或是买办与洋货商人，他们统统都是革命的对头。"④而"工人是国民革命的领袖"⑤，"工农群众为国民革命之中坚"⑥。"民族资产阶级总是富于妥协性，小资产阶级也常摇摆不定，只有无产阶级是最不妥协的革命阶级，要靠他携同农民、手工业工人，督促小资产阶级、民族资产阶级不妥协地与敌人争斗，才能达到国民革命的真正目的——民族解放和民主政治的实现"⑦。因此，他认为：工农是"唯一可持之革命力量"，在战争中特别强调必须动员、组织和依靠工农自己的力量，并大声疾呼："吾革命之工农阶级乎！其速自起！其速联合！其速组织起吾人自身唯一可持之革命力量！"⑧在周恩来的指导和积极支持下，当时东江各市、县普遍建立了工会、农会、青年组织、妇女组织等，工农群众运动蓬勃发展，到1926年初，仅汕头市工会会员即达三万多人，潮安达两万多人。1926年5月，东江各县农会会员发展到35万多人，次年2月，又猛增至60万人。⑨在战争中，

① 周恩来：《军队中政治工作》（1925年6月2日），载《黄埔军校第四期毕业同学纪念册》。

② 周恩来：《在广州举行的警告反动商团示威运动大会上的讲话》（1924年10月10日），《双十屠杀特刊》，农工旬刊社出版。

③ 周恩来：《在广州举行的警告反动商团示威运动大会上的讲话》（1924年10月10日），《双十屠杀特刊》，农工旬刊社出版。

④周恩来：《在广州举行的警告反动商团示威运动大会上的讲话》（1924年10月10日），《双十屠杀特刊》，农工旬刊社出版。

⑤ 周恩来：《在省港罢工工人第六次代表大会上的政治报告》（1925年7月31日），《工人之路》第37期。

⑥ 周恩来：《工农阶级与广州市选》（1924年12月1日），《农工旬刊》第9期。

⑦ 周恩来：《现时政治斗争中之我们》（1926年12月11日），《人民周刊》第37期。

⑧ 周恩来：《工农阶级与广州市选》（1924年12月1日）。

⑨ 中共汕头市委党史办公室：《周恩来同志在潮汕革命活动基本情况介绍》，《周恩来同志在潮汕革命活动学术讨论会资料汇辑（一）》1984年，内部刊行。

许多有组织的群众争先恐后，为革命运送物资，看护伤员，侦察敌情，甚至冒死参加战斗，对争取战争胜利起了重要作用。

（二）必须武装群众，把军队和群众的武装斗争紧密结合起来

周恩来深信：军队和民众联合，是胜利的根本保证。因此，在革命战争中，他不仅重视建设和依靠极坚强的革命军，也极端重视武装民众，把军队和群众的武装斗争紧密结合起来。他分析了当时广东革命形势之后指出："民众武装在广东已成为自然必不可少的组织"，"农民自卫军，工人自卫队之组织，亦为势所必需"[①]，打倒敌人"唯一的方法就是工农兵大联合起来"[②]。在论及东征之役和平定杨刘叛乱时，周恩来又明确指出："打平东江，不是军队的能力，是工人、东江农民与革命军联合的势力。打倒杨、刘，亦不是革命军的能力，亦是广州工农与革命军联合的势力。"[③]

根据以上认识，在战争实践中，他竭尽全力，领导中共广东党组织和革命军政治部，积极组织群众武装，支援革命战争。关于这方面的活动，历史资料有许多记载，例如：

东征前夕，周恩来派共产党员李劳工、林务农，在广州召集海陆丰籍人力车工人数十人，经过武装训练，组成先遣军，随军东征。

1925年2月22日，东征到平山时，周恩来亲率政治工作人员，动员和组织革命群众，配合东征消灭敌人。

3月2日，周恩来函调共产党员卢德铭等2人，4月2日，又调李劳工、吴振民2人，到海陆丰帮助农会，训练农民自卫军，发展农民武装。

6月6日，周恩来派武文生、谭其镜等6人，帮助东莞宝安农民自卫军，进行军事政治训练。

6月30日，周恩来亲到省港罢工工人第六次代表会上做报告，坚决支持工人斗争，号召工农兵大联合，打倒共同敌人。之后，又先后选调铁甲车队队长、共产党员徐成章，担任工人纠查队领队和总教练，共产党员陈赓和黄埔军校二期部分毕业生担任教练和各级干部，使工人纠查队发展成一支坚强的革命群众武装。

---

① 周恩来：《现时广东的政治斗争》（1926年12月17日），《人民周刊》第38期。
② 周恩来：《在省港罢工工人第六次代表大会上的政治报告》（1925年7月31日），《工人之路》第37期。
③ 周恩来：《在省港罢工工人第六次代表大会上的政治报告》（1925年7月31日），《工人之路》第37期。

10 月 14 日，攻打惠州时，周恩来冒着炮火，亲临前线指挥，边鼓动部队作战，边指挥农民武装配合革命军，向敌人进攻。

10 月下旬，攻占海丰后，周恩来指令一军政治部李侠公，将缴获的 400 多支枪，发给海陆丰中共党组织，用以武装农民。

东江全境解放后，1926 年 2 月底至明初，周恩来主持东江行政会议，专门通过了"组织人民自卫军案"。①

1926 年，周恩来从黄埔军校四期毕业学员中，抽调中共党员骨干 60 人，到广州农民运动讲习所学习，然后分配到广东各地做武装工农的工作。

在中国共产党和周恩来等人的领导和支持下，当时广东的工农武装有了很大发展，许多县和乡都建立了农民自卫军，潮、梅各县每县都有一个用快枪装备起来的农军模范队。到 1926 年 5 月，全省农民自卫军发展到 3 万人。②在战争中，这些工农武装与革命军配合行动，他们"争为先导"，"荷枪杀贼"，与革命军并肩战斗，发挥了重要作用。如在二次东征时，仅塘湖农民即"截缴枪械千余支之多"③。特别是 1927 年 3 月，周恩来领导的上海工人第三次武装起义，更在全局上把军队和群众的武装斗争紧密结合起来。为配合北伐军向上海进军，周恩来等在上海秘密组织训练了 3000 多人的工人武装纠察队，动员了 80 万工人大罢工，胜利地举行了震惊中外的武装起义，在中国革命史上写下了人民战争的灿烂篇章。

周恩来在大革命时期开始萌发的人民战争思想，在实践中显示了巨大的威力，对中国共产党人民战争思想的形成，有着长期深远的影响。

结　语

中国共产党从本世纪 20 年代初起，领导中国人民进行了 28 年艰苦卓绝的斗争，终于取得了民主革命的胜利。武装斗争是中国革命的一大法宝，这是无数革命先烈，经过长期艰辛的探索，用鲜血和生命换来的经验总结。周恩来早期在军事工作方面的开创性探索对中国革命具有重要意义。

毛泽东在谈到大革命时期的军队工作时，曾给予很高评价，指出："那时军队有一种新气象，官兵之间和军民之间，大体上是团结的，奋勇向前的革命精

---

① 《东江各属行政会议纪略》（1926 年 3 月），《政治周报》第 9 期。
② 《周恩来同志在潮汕革命活动学术讨论会资料汇辑（一）》，1984 年，内部刊行。
③ 《中央陆军军官学校史稿》第 7 篇，第 1 章。

神，充满了军队。那时军队设立了党代表和政治部，这种制度是中国历史上没有的，靠了这种制度，使军队一新其面目。1927 年以后的红军，以至今日的八路军，是继承了这种制度而加以发展的。"①

朱德在谈到我军军史时也指出："大革命时期，许多进行军事运动的同志，当时中央军委的负责人周恩来、聂荣臻、李富春等同志，以及党所举办的秘密军事训练班的同志，对我军的创建是有功劳的。没有他们所进行的军事运动，就不能有独立团，就不能有南昌、秋收、广州、湖南等起义。"②他还指出："我们党从那个时候起，就开始注意军事工作，就开始在军队中建立革命的政治工作，就开始注意到武力和人民相结合、革命的武装斗争和群众斗争相结合。正因为如此，才有了北伐战争的迅猛发展和巨大胜利。……虽然那时党对掌握革命武装还没有经验，还没有引起足够的重视，但是这个问题事实上已经接触到了，这件事已经着手做了。因此研究党史军史时，应当从这个老根上研究起。"③

周恩来早期的军事理论与实践虽然只是初步的，不完备的，但他的一些基本思想、基本原则和基本做法，闪耀着马列主义的光辉，一直为人民军队所继承，并不断得到丰富和发展。周恩来作为中国共产党早期的主要军事领导人，他为中国共产党领导武装斗争，创建新型人民军队，进行人民战争，提供了初步经验，培养了大批军事干部。周恩来早期的军事理论与实践为中国共产党的马克思主义的建军思想和军事路线的形成，奠定了最初的基础。

（本文发表于首届周恩来研究国际学术讨论会论文集《中外学者论周恩来》，
南开大学出版社 1990 年出版）

---

① 毛泽东：《和英国记者贝特兰的谈话》，《毛泽东选集》（第二卷），人民出版社，1966 年版。
② 朱德：《在编写红军第一军团史座谈会上的讲话》（1944 年），《朱德选集》，人民出版社，1983 年版。
③ 朱德：《从南昌起义到上井冈山》（1962 年 5 月），《朱德选集》，人民出版社，1983 年版。

论周恩来对建军的伟大贡献

周恩来是伟大的军事家，是中国人民革命军队的主要缔造者和卓越领导人之一。他对中共领导的建军和武装斗争，做出了不可磨灭的贡献。

一、周恩来是中共最早懂得武装斗争和革命军队极端重要性的伟大马克思主义者

中国是一个有两千多年封建专制历史的国家，在半殖民地半封建的旧中国，在帝国主义和新旧封建军阀的统治下，中国革命应当采取什么方式？这是中国共产党从成立之时起就面临的主要问题。

列宁在《国家与革命》中指出："资产阶级国家由无产阶级国家（无产阶级专政）代替，不能通过'自行消亡'，根据一般规律，只能通过暴力革命。"中共建党初期，包括陈独秀在内的一些领导人一般也赞同列宁这一主张。1927年蒋介石、汪精卫先后叛变革命，成千上万的共产党员遭到血腥屠杀的危急关头，毛泽东在8月7日党中央紧急会议上，更提出了"枪杆子里面出政权"的著名论断，明确主张用武力与反动派进行坚决斗争。但正如毛泽东指出的："我们党从一九二一年成立直到一九二六年参加北伐战争的五六年内，是认识不足的。那时不懂得武装斗争在中国的极端的重要性"，"在其以后的一个时期，对此也还认识不足"。[①]

周恩来对这个问题的认识比同辈人要早些、深些。早在大革命前的1922年旅欧时期，他在一系列著作中就强调：在中国，"革命是不能不流血的"[②]，必须用武力推翻反动统治，使"政权落到劳动阶级的手里"，中国社会才能得到

---

① 毛泽东：《战争和战略问题》，《毛泽东选集》（第二卷），人民出版社，1966年版。
② 周恩来：《宗教精神与共产主义》，《少年》第2号，1922年9月。

根本改造。[①]同年底，他进一步深刻阐明："一国一种的民主革命，如法国革命，美国独立，都是经过极长期的血战争斗才得使共和奠定，更何况无产阶级的共产革命。"[②]至于依靠谁来进行武力革命？孙中山初期是依靠旧军阀，毛泽东在"八七"会议上也还没有回答这一问题，而周恩来在 1922 年就深刻明确指出："真正革命非要有极坚强极有组织的革命军不可，没有革命军，军阀是打不倒的。"[③]上述情况表明，早在 1922 年前后，周恩来就开始懂得了武装斗争在中国的极端重要性，并初步回答了中国革命应采取什么方式这个根本问题，这在当时党的同辈领导人中是罕见的，也标志着周恩来的武装斗争思想已初步形成。

二、周恩来是开拓中共军事工作的先驱和伟大军事家

1924 年 9 月，周恩来奉调从欧洲回到当时孙中山的革命大本营广州，先后担任中共两广区委员会委员长、区委常委兼军事部长，并先后兼任国共合作的黄埔军校政治部主任、东征军总政治部主任等职务，参与领导黄埔建军、东征、平定商团和刘震寰、杨希闵叛乱等军事斗争。北伐战争开始后，1926 年 11 月，他奉调到中共中央任军事委员会书记。[④]此后，直到 1935 年底红军长征到达陕北之前，他一直是党的军事最高负责人。[⑤]在此期间，为配合北伐军的进军，1927 年 3 月，他领导了上海 60 万工人的第三次武装起义。在蒋介石、汪精卫叛变后，成千上万的共产党员被屠杀，他毅然领导了"八一"南昌起义，打响了武装反抗国民党反动派的第一枪。此后，他领导全党进行艰苦卓绝的武装斗争，创建工农红军，实行农村割据，建立了包括朱德、毛泽东创建的红四军在内的 13 个军以及中央苏区等十多个革命根据地。由于中央的"左"倾错误，第五次反"围剿"失利，1934 年 10 月，红军开始长征。途中，在毛泽东、张闻天等人的推动下，1935 年 1 月召开了遵义会议，批判了"左"倾错误的军事路线，会议决定："增选毛泽东为中央政治局常委"，"仍由最高军事首长朱德、周恩来为军事指挥者，而周恩来是受党内委托在指挥军事上下最后决心的负责者。

① 周恩来：《共产主义与中国》，《少年》第 2 号，1922 年 9 月。
② 周恩来：《俄国革命是失败了么？》，《少年》第 6 号，1922 年 12 月。
③ 周恩来：《评胡适的"努力"》，《少年》第 6 号，1922 年 12 月。
④《中国共产党组织史资料汇编》，红旗出版社，1983 年版，第 32 页。
⑤《中国共产党组织史资料汇编》，红旗出版社，1983 年版，第 32 页。

会后，中央常委分工，以毛泽东为周恩来在军事指挥上的帮助者"。①后来在继续长征的实践中证明：毛泽东在军事战略和决策上确有过人之处，周恩来出于对革命前途和命运的考虑，在红军到达陕北后于 1935 年 11 月召开的中央政治局会议上主动让贤，推举毛泽东为军委主席，自己甘当副主席。②此后，他即作为副帅，协助毛泽东指挥党领导的军队，参与抗日战争，接着，取得了解放战争的辉煌胜利，为建立新中国做出了不可磨灭的贡献！历史事实表明：周恩来是中共军事工作的开拓者，是领导武装斗争时间最长的杰出军事家。

三、周恩来创建了中共直接领导的第一支革命武装

1924 年 1i 月，周恩来领导的中共两广区委，不顾陈独秀的反对，商得孙中山同意，由周恩来负责，创建了最早由中共直接领导的第一支革命武装——建国陆海军大元帅府铁甲车队。1925 年 11 月，经过东征和平定杨希闵、刘震寰叛乱等战役，周恩来等更感到建立党直接领导的革命武装的重要性，经商得有关方面同意，由周恩来负责，在铁甲车队的基础上，又组建了共产党员和青年团员为骨干的国民革命军第四军独立团（又称叶挺独立团）。这支军队与旧军队不同，具有以下特点：由中国共产党直接领导；设立党代表制度；在团和连建立中国共产党组织；建立严明的纪律；革除军阀作风，废止打骂恶习；发扬军队民主，培养官民一致、同甘共苦精神；培养军民团结的新风尚。这些做法，鲜明地体现了周恩来的建军思想，是新型人民军队的雏形。

四、周恩来最早初步解决了创建新型革命军的一些重大原则问题

大革命时期，周恩来担任国共合作的黄埔军校政治部主任和国民革命军总政治部主任，在参与领导建设革命军的工作中，他的建军思想不断深化，从理论上和实践上初步解决了创建新型革命军队的以下重大原则问题：

1. 明确革命军的性质和宗旨。他反复阐明：革命军是"被压迫者的本身组

---

① 中共中央文献研究室编：《周恩来年谱（1898～1949）》（修订本），中央文献出版社，1998 年版，第 141 页。

② 中共中央文献研究室编：《周恩来传》（上），中央文献出版社，1998 年版，第 369 页。

织起来的武力"，是"解放人的武力"，"是实现我们理论的先锋"！①真正革命军是"为人民所用的军队"，"完全是为人民谋幸福"是革命军的宗旨。②这就正确规定了革命军的性质和宗旨，对中共后来建军有长期深远影响。

2. 坚持革命政党对军队的领导。他鲜明提出："革命军是党的军队"，要"党化"，自觉地为实现党的主义而奋斗。③他还十分重视革命军里党的组织建设，在军、师、团、连各级都建立党代表制度，建立党部，特别是把党部建到连上，对加强党的领导，加强军队战斗力，都有重要意义，这在中国历史上都是没有的。应当指出：这里所说的党，是指当时国共合作，有共产党人参加领导的孙中山的革命的国民党，还不是指共产党，但周恩来坚持革命政党对军队领导的这一基本原则，为中共领导的人民军队所继承，成为中共建军的一个突出特点。

3. 创建一套革命军队政治工作制度。为建立"极坚强极有组织的革命军"，周恩来领导黄埔军校和国民革命军的政治部创建了一套政治工作制度，他对军队政治工作的范围、目的、任务、内容、方法等都做了全面论述和明确规定。范围包括革命军队、军阀军队和广大人民三个方面；目的是"使军阀军队渐渐觉悟，革命军队确立其革命观念"，"使全国的民众革命化"④；任务首要的是教育官兵懂得自己的政治使命是"为人民利益而战，为国家的独立自由而战"。规定革命军绝不是单纯打仗，还必须宣传群众，组织群众，协助地方做好建党建政工作；规定要宣传瓦解敌军，优待俘虏。⑤大革命时期以周恩来为首的共产党人创建的一套革命军政治工作制度，不仅国民党左派赞扬它"是革命军打胜仗的根本原因"，连反共的国民党右派都承认，之所以作战胜利，"政治部的功绩确乎不可磨灭"⑥。几十年来，中共领导的红军、八路军、新四军和解放军的一套政治工作，就是在周恩来创立的一些基本原则的基础上，不断发展、丰富和完善起来的，周恩来是创建革命军队政治工作的奠基人。

4. 从严治军，规定革命军要"守严格的纪律"。严明纪律，是周恩来治军的又一特点。他强调革命军"要坚守主义，尊重纪律"，应做到"革命化、纪律

① 周恩来：《军队中政治工作》，1925年6月2日，载《黄埔军校第四期毕业同学纪念册》。
② 周恩来：《在东莞商务分会及市民联欢大会上的演说词》，《上海民国日报》1925年2月18日。
③ 周恩来：《国民革命军及其军事政治工作》，1926年7月王铁猛笔记，原件存中国革命博物馆。
④ 李春涛：《东征纪略》1925年12月，《政治周报》第3期。
⑤ 李春涛：《东征纪略》1925年12月，《政治周报》第3期。
⑥《中国国民党中央陆军军官学校史稿》第7篇。

化、统一化"①，必须"在党的指挥下，守严格的纪律"②。他领导的政治部严格规定：不拉夫、不筹饷、不强占民房、不强买卖、缴获要归公、不许虐待俘虏等。他还主持编写《爱民歌》，生动反映了对革命军纪律的严格要求。歌词中有："……莫踏禾苗坏田产……莫借民间锅和碗""莫派民夫来挖壕，莫到民家去打馆""莫进城市占店铺，莫向乡间借村座""人有小事莫喧哗，人不躲路莫挤他""无钱莫扯道边菜，无钱莫吃便宜饭""陆军不许乱出营，水兵不许岸上行"等等。③如此严明的纪律，鲜明体现了人民军队的本质和周恩来的建军思想，从中不难找到中共后来创建和领导的人民军队"三大纪律，八项注意"的某些渊源。

5. 正确处理军民关系，树立热爱人民、军民一家思想。周恩来十分重视教育官兵树立热爱人民、军民一家思想，东征时他领导政治部编写的《警告士兵同志书》明确指出："我们做军人的，吃的饭，穿的衣……都是人民给我们的，我们这次出发的时候，就应该千万爱护人民。"④他主持编写的《爱民歌》明确提出："行军先要爱百姓"，"军士与民如一家，千万不可欺负他"。⑤这种热爱人民、军民一家的思想，后来一直作为中国共产党建军的重要指导思想被继承下来。

五、周恩来高举武装斗争大旗，领导"八一"南昌起义，创建了工农红军

1927 年 4 月，当国共合作的各路北伐军正胜利进军的途中，窃踞北伐军总司令的蒋介石叛变革命，大肆屠杀共产党人和革命群众。当时陈独秀领导的中共中央一再妥协退让，在这危急关头，对武装斗争有较深刻认识的周恩来，迅速与赵世炎、罗亦农、陈延年、李立三等联名，向中共中央提出了《迅速出师讨伐蒋介石》的意见书。⑥7 月中旬，汪精卫也公开叛变革命，中共中央在武汉开会决定，举行南昌起义。并决定组织前敌委员会，任命周恩来为书记，"负责

---

① 周恩来：《国民革命军及其军事政治工作》，1926 年 7 月王铁猛笔记，原件存中国革命博物馆。
② 周恩来：《在黄埔军校第三期开学典礼上的演说词》，1925 年 7 月 1 日，载《黄埔军校第三期开学讲演录》。
③《中国国民党中央陆军军官学校史稿》第 7 篇第 1 章第 2 节。
④《青年军人》东征号，1925 年 3 月 1 日。
⑤《中国国民党中央陆军军官学校史稿》第 7 篇第 1 章第 2 节。
⑥《周恩来选集》（上卷），人民出版社，1980 年版，第 6～7 页。

指挥前敌一切事宜"。

8月1日凌晨，在周恩来、贺龙、叶挺、朱德、刘伯承等人的指挥下，两万多名北伐军毅然进行了起义，经过一整夜的激烈战斗，肃清城内全部敌军，歼敌3000多人。之后，按照中共中央指示，起义军南下潮汕，沿途遭到众多敌人的围追堵截，轰轰烈烈的起义失败了。起义军二十四师余部1200多人，在董朗、颜昌颐率领下，于10月进入陆丰，与当地农军会合，改编为红二师，11月间，创立了海陆丰红色政权。25师在朱德、陈毅领导下坚持斗争，次年初又发动了湘南大起义，随后上井冈山与毛泽东领导的起义队伍会师，创立了中国工农红军第四军。

1927年11月上旬，周恩来辗转回到上海党中央。在白色恐怖极端严重的情况下，周恩来作为中共中央军事工作最高负责人，继续领导全党进行艰苦卓绝的武装斗争，指导各地创建工农红军，实行农村武装割据。经过全党上下两年多的英勇奋斗，到1930年3月，全国红军连同地方武装共发展到约10万人。在周恩来的主持下，红军实行统一编制，包括朱德、毛泽东领导的红四军在内，全国红军统编为13个军，建立了大小15个农村革命根据地。红军后来的三大主力——红一、二、四方面军，这时已具雏形。

应当指出：在此期间，1929年12月，红四军在福建古田召开了党的第九次代表大会，通过了毛泽东起草的《决议案》。周恩来对开好古田会议的重大作用和贡献，至今鲜有人知。事实上古田会议就是根据周恩来的指示，为贯彻执行经周恩来审定的1929年9月《中央给红四军前委的指示信》，为解决建军中的一些问题而召开的。因此周恩来对开好古田会议的作用，是十分巨大的。

历史事实表明：在党面临生死存亡的关头，周恩来等毅然领导了"八一"南昌起义，它像黑暗中高举的火炬，给革命人民燃起了新的希望；起义中诞生了中共领导的人民军队，开创了党独立领导武装斗争的新时期。因此，"八一"被党定为建军节。周恩来是当之无愧的中国人民解放军的主要缔造者和卓越领导者之一，对建军做出了巨大贡献！

（本文发表于《纪念建军80周年论文选编》，中共党史出版社2008年版）

周恩来也是开创农村包围城市革命道路的先驱

中国革命以农村包围城市的道路，是马克思主义与中国革命实践相结合的产物，是中国共产党人集体奋斗经验的宝贵结晶。在开辟这一革命新道路的过程中，许多老一辈革命家都做出了贡献。毛泽东在实践上和理论上的巨大贡献已是人所共知，毋庸赘述。而许多老一辈革命家的重大贡献，在我国的中共党史和现代史的教科书和著作中，却很少提及，这方面的问题还有待做进一步的探讨。本文拟就周恩来在探索革命道路过程中的贡献，谈一点自己的看法，向史学界请教。

笔者认为：周恩来是开创中国革命农村包围城市道路的先驱和卓越领导人之一。土地革命战争时期是探索革命道路的关键时期，周恩来作为中共中央核心领导成员和军事方面的最高负责人，在领导全国各地的武装斗争中，最早提出走农村包围城市道路，并对这一思想的形成和发展在理论上和实践上都做出了不可磨灭的贡献。

一、批判"左"倾盲动错误，强调发展乡村游击战争，形成割据局面

1927 年大革命失败后，根据中共中央决定，在周恩来为首的中共前敌委员会的领导下，贺龙、叶挺、朱德、刘伯承等率领党直接掌握和影响下的军队，于 8 月 1 日毅然发动了南昌起义，打响了武装反抗国民党反动派的第一枪，从此开始了中国共产党独立领导武装斗争的新时期。之后，全国许多地方的党组织，在党的"八七"会议确定的土地革命和武装斗争总方针的指引下，先后举行了秋收起义、广州起义和其他许多地方的武装起义。但当时中国共产党还处在幼年时期，对武装斗争在中国应如何进行、应走什么道路还缺乏经验，而认

识中国革命的特点和规律，找到适合中国国情的革命道路，需要一个反复实践、认识、再实践、再认识的过程。周恩来正是在指导全国各地的武装斗争实践中，以他历来注重实际的态度，总结全国各地的经验教训之后，逐步发展起来工农武装割据和农村包围城市道路的思想。

1927年冬，全国各地中共组织和工农革命运动遭到敌人极大摧残，共产党员从大革命时的6万人减至1万多人；许多地方党组织陷于涣散或瓦解，革命转入低潮。但当时中共中央领导，对革命形势这一变化缺乏正确认识，当年11月9～10日，中共临时中央政治局在瞿秋白主持下召开扩大会议，通过了《中国现状与共产党的任务决议案》，错误地认为革命形势仍继续高涨，要求继续进攻，命令少数共产党员和革命群众组织毫无希望的武装暴动。会后，不少地方中共组织为贯彻中央指示，出现了不顾主客观条件、盲目暴动的倾向。这时，周恩来在领导南昌起义失败后刚回到上海中共中央，对全国整个形势还来不及深入了解，开始他也认为革命潮流没有低落，仍是继续高涨，赞成临时中央政治局的决议。但在指导各地的斗争中，对情况的严重性逐渐有所认识。他发现一些地方和干部中存在不顾条件，热衷于武装暴动、攻打城市的危险倾向，遂及时采取措施，批评制止。

1927年12月6日、24日和1928年1月6日，他三次在党中央会议上发言，批评青年团大部分人不顾主客观条件，一味盲目主张暴动的错误倾向，指出，"他们的暴动观点并未成熟"[1]，如不注意，"青年团将变成冒险主义"[2]，"'无动不暴'，在共青团是一个严重的问题"[3]。

在中央讨论一些省委的报告时，周恩来认为他们对暴动的涵义认识不正确，存在不顾主客观实际情况的盲动主义。1927年12月30日，由他起草的《中央致福建临委信》中指出："暴动这一名词必须用在群众斗争发展到最高点，以武装形式推翻统治阶级夺取政权这一意义上"，才是暴动的正确涵义。至于非夺取政权的带有暴力性的工农群众斗争，"都不得谓之暴动"。1928年1月14日，由他起草的《中央致湖北省委信》中指出，"你们认为工人的日常斗争便是暴动"，并严正批评，"中央认为你们有无政府党与盲动主义的倾向，即是认为一切的斗争都是暴动，无往而不暴动，一切解决于暴动"。此外，在由他起草的1928年1月18日《中央致浙江省委信》中，2月8日《中央致云南临委信》中，都强调了暴动计划的决定，必须"主客观条件都有相当的具备"，"要在工农群众继

---

① 周恩来在中共中央政治局会议上的发言记录，1927年12月24日。
② 周恩来在中共中央政治局会议上的发言记录，1927年12月6日。
③ 周恩来在中共中央政治局会议上的发言记录，1928年1月6日。

续不断的斗争中才能产生"，批判了不顾主客观条件，"贸然决定"暴动的错误倾向。

以瞿秋白为代表的"左"倾盲动错误仅一个月左右，周恩来就发现问题，并从中国实际情况出发，强调举行武装暴动必须具备主客观条件，绝不能轻举妄动，要求正确理解武装暴动的涵义。这是难能可贵的。

在批判"左"倾盲动主义错误的同时，周恩来对陈独秀在有条件的地方也不许进行武装暴动的右倾错误，也进行了批评。他根据中共中央指示，与陈独秀谈话，指出陈的错误主要是空喊"四不"（不缴租、不完粮、不纳税、不还债）口号，"忽略农民"，不了解中国国情。周恩来的这些思想，对纠正当时党内存在的错误倾向，尤其是"左"倾盲动主义错误，正确开展武装斗争，具有重要的指导意义。

在批判"左"、右倾错误的同时，周恩来还强调必须发动广大群众，创建工农革命军，发展乡村游击战争，造成割据局面。1927 年 12 月 4 日，在中共中央政治局常委会议讨论浙江省委的《浙江目前工农武装暴动计划大纲》时，他批评这个计划太盲目乐观，会议决定由他起草一封给浙江省委的指示信，信中说："你们上次的暴动计划因为太不切实，故中央未予核准"。浙江"各县农暴还未发动群众使土地革命深入，便先计算到扑攻省城，这不仅客观事实不能做到，即在主观上勉强去做也必是专靠几杆枪的军事投机行动"。信中指示浙江省委今后工作的重点是迅速恢复和建立党和工农群众组织，指导他们"发展广大乡村游击战争和城市工人的日常斗争"；并指出，"这一种斗争是群众的，然后才能发展到暴动的局面"，"只要有了得力的党的组织的领导，割据的暴动局面可以创立起来的"。①他着重批评有的省委不发动广大群众斗争，不宣传土地革命，单纯依赖军事力量搞暴动的做法。1927 年 12 月 7 日，在他起草的《中央致江苏省委信》中指出：乡村暴动"不是派几个武装的游击队到乡下去便可以发展游击战争的，须知游击战争不是单纯的武装行动，真如军队游击队的专门袭击敌人，而是应包含政治的经济的社会的武装的四方面意义"。江苏一些地方的暴动，"不过是几个游击队的军事投机，而不是群众的武装暴动"。在这里，他严肃地批判了单纯军事观点，阐明了游击战争广泛而深远的意义，在理论上和实践上都有重要指导意义。

1928 年 1 月 14 日，在他起草的《中央致湖北省委信》中指出："不发动群众，不但不能增加党在群众中的信仰，而且要失掉信仰。"1 月 27 日，在他起

———————

① 《中共中央致浙江省委指示信》，1927 年 12 月 18 日。

草的《中央致广东省委信》中又进一步明确指出：琼崖特委必须努力创造群众自己武装起来的工农革命军，坚决开展土地革命，建立苏维埃政权，"加紧造成一割据的局面"。

上述情况表明：在大革命失败后极其险恶的环境条件下，作为中共中央主要领导成员之一和中央军委书记的周恩来，在指导全国各地复杂激烈的斗争中，从实际情况出发，经过不断探索，早在 1928 年初就初步提出了极为可贵的工农武装割据思想。

二、突破"城市中心"的框框，指出"先有农村红军，后有城市政权，这是中国革命的特征"

1928 年初，周恩来在指导全国各地的武装斗争中，在肯定实行工农武装割据的必要性和可能性的基础上，继续前进，探索适合中国国情的革命道路，经过近两年的艰辛探索，到 1929 年秋农村包围城市道路的思想已初步形成。

1928 年 1 月初，江西省委计划在南昌、九江等南浔铁路沿线城市举行暴动，当时，正是广州起义失败后不久，周恩来根据广州起义的经验教训，认为在一省之内，如果工农群众的斗争尚未充分发动，全省割据局面尚未形成，就忙于攻打省城和交通要道，是不可能成功的。像广州起义那样，即使一时攻下，也难长期保住。1928 年 1 月 28 日，在他起草的《中央致江西省委信》中指出："此种布置若急遽行之于全省割据局面成功之先，南浔路路工、九江城市工人、南昌工农群众的斗争，尚未达到剧烈的发展、兵士运动尚没有成绩的时候，这一沿路暴动必致流产，必致引起统治军阀更残酷更广大的屠杀。"信中还进一步明确指出："中央很坚信南浔路及九江南昌的暴动，必须在全省割据的暴动逐渐汇合的时候，益以客观主观的条件逐渐齐备，一个总暴动在一省的完成才能在南昌九江出现。"在此，周恩来实际上已突破"城市中心"的框框，沿着工农武装割据的思路，向农村包围城市道路的方向前进，并以这样的认识，指导着全国各地区的斗争。当然，他的这一指示还只是从一省的角度提出问题，对全国革命发展道路未做深入分析阐述，但一个关系革命前途和道路的新思想毕竟已开始萌生。

1928 年 2 月 25 日，共产国际作出了《关于中国问题的议决案》，指出：中国现时是资产阶级民权革命阶段，是处在两个高潮之间的低潮时期，现时最大的危险是盲动主义。这对中国共产党人正确认识中国革命的性质、形势和当时主要错误倾向很有帮助。但是，由于对中国国情缺乏实际的和深刻的了解，议决案又不加分析地错误批评中国共产党单纯进行农民革命，"沉溺于散乱的不相关联的、必致失败的游击战争"，提出中国共产党的主要任务"是在准备城市与乡村相配合相适应的发动"。4 月 28 日，中共中央政治局会议对国际议决案进行讨论，周恩来在长篇发言中，除肯定国际议决案的正确方面外，针对国际的错误批评，大胆地提出了不同意见。他说："因为农民占了一个重要的因素，所以与俄国不同。现在的问题是乡村的领导问题，由此发生一个不平衡的发展问题。"他批评那种只重视城市工作而忽视农村土地革命的观点说："国际仿佛以为乡村与城市要配合好一点"，"但在中国形势下很适宜的配合是很困难的，要这样，必致引导乡村（对城市）的等待，这是不好的"。①以上论述表明，周恩来对当时中国的实际情况是比较了解的。周恩来对被奉为神圣的共产国际坚持的"城市中心"论的指导路线，大胆公开地直言批评，这在当时中共领导人中是少有的。在当时条件下，他虽没有明确提出以乡村为中心，但实践中，他的工作重心已逐渐转向乡村，并为此而据理力争。他建议将这种与共产国际不同的意见，提到即将在莫斯科召开的中国共产党第六次全国代表大会上去讨论。1928 年 6 月，在"六大"会议上，在共产国际的压力及其指导思想的影响下，许多代表发言拥护共产国际的主张，强调城市领导农村，不同意周恩来的上述意见。有的甚至提出尖锐的批评，如江苏省委负责人批评中央只看上农民，忽视城市工作，是"农民意识影响一切的策略"。浙江省委负责人更说了一段发人深思的话：过去中央"常有乡村包围城市的暴动策略"，"并有一种理论根据，说是根据中国经济情形"。他批评中央领导"带有农民意识"。对此，周恩来进行了巧妙的抗争，在讨论会的发言中，他虽然也承认"要以城市工人领导农民的自然暴动"，但又从中国国情出发，创造性地提出并着力论证了一个非常重要的思想，即在半殖民地半封建的中国，由于军阀割据和混战，政治经济发展不平衡，农村工农武装割据是可能的。他说："中国革命发展趋势和反动势力的加强，与中国不能统一，以及革命不平衡性，证明中国革命有割据的可能。"他统观全国局势指出："以地方言，南部与中部、北部的不同；以阶级言，农民发展与城市沉闷不相配合。"由此他得出结论说："对于南中国的几省中，目前就应该开始割据局面的准备。"②上述情况从正反两方面表明，在"六大"前后，周恩来不仅发展了工农武装割据思想，而且已用农村包围城市道路的初步理论指

---

① 周恩来在中共中央政治局会议上的发言记录，1928 年 4 月 28 日。

② 周恩来在中共中央政治局会议上的发言记录，1928 年 6 月 27 日。

导着全国各地的武装斗争。

　　"六大"以后，周恩来继续沿着农村包围城市道路的方向，探索前进。他以坚定的毅力和非凡的组织才能，采取各种积极措施，加强对全国各地农村武装斗争的领导：多次召开军事会议，总结交流各根据地经验，特别是肯定和推广了毛泽东、朱德领导的红四军和根据地的经验；创办党内刊物《军事通讯》，加强指导各地的武装斗争；秘密举办各种军事人才训练班，给各农村根据地培养和输送大批军事骨干；帮助各地组建和加强红军；建立与各主要根据地联系的交通线，加强中央和各地区的联系；秘密给各农村根据地运送大批军用紧缺物资。在全党上下共同努力，英勇奋斗下，到 1930 年，全国红军扩大到十几个军，连同地方革命武装共约 10 万人，建立了包括毛泽东、朱德亲自领导的根据地在内的大小 15 块根据地。这些重大成就，凝聚着周恩来的大量心血！

　　在指导全国各地的武装斗争实践中，周恩来对农村包围城市道路的认识日益深化。1929 年 3 月，周恩来为中共中央起草了一封给贺龙及湘鄂西前委的指示信，就游击战争、武装割据等七方面的问题做了指示，信中指出："现在，在全国范围内，还没有一种直接革命的形势，故工农兵士贫民武装暴动夺取政权，在目前还是一个宣传的口号。"但是，"在农村斗争中，自然不能说没有从日常生活斗争发展到武装斗争以至暴动推翻豪绅政权、建立农村苏维埃政权的可能和事实"。我们"应对农民自发的暴动极力加以领导，对农民的武装斗争极力加以扩大，使群众对于推翻豪绅乡村统治、建立农村苏维埃的观念日益明了与热望其实现"，"这样的农民暴动才真是群众创造的，才较易持久"。[①]信中强调指出，现在湘鄂西党的力量和群众基础还很薄弱，苏区的主要任务"还不是什么占领大城市，而是在乡村中发动群众，深入土地革命"，扩大游击区域，"决不应超越了主观的力量（主要还是群众的力量，不应只看见武装的力量），而企图立刻占领中心工商业的城市"[②]。新发现的 1929 年 8 月 21 日周恩来起草的《中共中央给红军第四军前委的指示信》又明确提出："你们的任务便首先是：游击区域的发展；农民武装的加强；红军的扩大；而土地革命的深入，更是根本任务"，还强调"更充分负有……建立苏维埃政权的使命"。[③]

　　1929 年 9 月，在周恩来的主持下，中共中央在上海召开军事会议，会后，参加会议的红四军前敌委员会书记陈毅（原书记毛泽东在 6 月召开的红四军第七次党代会上落选，已离开红军）受党中央的委托，按照周恩来多次谈话和中

　　① 《周恩来选集》（上卷），人民出版社，1980 年版，第 14～15 页。

　　② 《周恩来选集》（上卷），人民出版社，1980 年版，第 17～18 页。

　　③ 见《党的文献》1991 年第 2 期。

共中央会议精神，代中央起草了一封经周恩来审定的给红四军前委的指示信，这就是著名的九月来信。信中分析了全国的政治军事形势，肯定了红四军武装割据经验；强调指出"中国的地势辽阔……先有农村红军，后有城市政权，这是中国革命的特征，这是中国经济基础的产物"①；规定目前红军的基本任务主要是："一、发动群众斗争，实行土地革命，建立苏维埃政权；二、实行游击战争，武装农民，并扩大本身组织；三、扩大游击区域及政治影响于全国。"②周恩来还指示要恢复毛泽东在红四军前委的领导职务。

历史表明，周恩来在指导全国的武装斗争实践中，经过近两年的探索，对中国国情以及中国革命的特点和规律，已日益加深认识，并逐步突破"城市中心论"的框框，把工作重点转向农村。他创造性地提出并阐明的"实行游击战争"，发展农村工农武装割据；"先有农村红军，后有城市政权"；"实行土地革命，建立苏维埃政权"；"扩大游击区域及政治影响于全国"等主张，体现了农村包围城市道路的光辉思想已初步形成。尽管这时他的理论阐述还不太完备，带有某些早期的痕迹（也是中国共产党幼年时期还不太成熟的反映），但其基本思路是相当明确的，而且在实践中他已坚定地沿着这一思路前进，指导着全国各地的武装斗争。

有的学者认为："农村包围城市道路的基本内容概括起来说，可以叫做'一个中心，三个基本点'。"即以乡村为中心，进行土地革命、武装斗争和根据地建设。"只要这些基本内容有了（哪怕是初步的），农村包围城市道路的理论就算基本形成了。"据此，他们认为：毛泽东1930年1月写的《星星之火，可以燎原》虽然"始终没有写出'乡村中心'的字样"，但已"实际上提出了'以乡村为中心'的思想"和三个基本点的内容，"标志着农村包围城市道路理论的基本形成"，因而断定毛泽东是"这一理论的创始人"③。笔者认为：如果按照上述农村包围城市道路所含有的"一个中心，三个基本点"来衡量，则当时作为中共中央军事方面最高负责人的周恩来，早在1929年前就多次论述过，比毛泽东还要早些，而且，周恩来早在1928年4月的中共中央政治局会议及6月中共第六次全国代表大会上，已对当时被奉为神圣的共产国际决议中关于"城市中心"的指导思想，公开提出批评，明确指出"这是不好的"；强调中国"与俄国不同"，一再与共产国际进行抗争。历史事实表明：周恩来是开创农村包围城市

---

① 《周恩来选集》（上卷），人民出版社，1980年版，第32页。

② 《周恩来选集》（上卷），人民出版社，1980年版，第33页。

③ 均见王福选、阮守应：《也谈"农村包围城市"道路理论的形成》一文，载《中共党史研究》1992年第4期。

革命道路的先驱和卓越领导者之一，他在理论和实践上对探索这一革命新道路的贡献是不可磨灭的！

三、结语

　　如果不囿于某些已有成说，采取尊重史实的科学态度，就应当承认：中国革命农村包围城市道路的理论，是中国共产党老一辈革命家集体智慧的结晶，不是任何个人的独创。当然，应当肯定周恩来与毛泽东对此做出的贡献最大。在这一理论的开创时期，历史记载周恩来提出最早，论述较多。而对这一理论做出全面的科学的阐述，形成体系的则是毛泽东。毛泽东在 1930 年 1 月发表《星星之火，可以燎原》之后，抗日战争初期，又集中集体智慧，在《论新阶段》（1938 年 10 月）、《战争和战略问题》（1938 年 11 月）、《中国革命和中国共产党》（1939 年 12 月）等一系列著作中对中国革命道路问题做了深刻的论述，构成系统理论。按照尊重历史、实事求是的原则，对探索中国革命农村包围城市的道路，毛泽东的伟大贡献应当肯定，而周恩来的先驱作用和其他老一辈革命家的贡献，也是不容忽视的。

　　周恩来之所以能较早地提出农村包围城市的道路，是由多方面条件造成的。早在大革命时期他就非常重视农民在革命中的重要作用，积极动员、组织和武装农民，参加革命斗争。1924 年 12 月他在《工农阶级与广州市选》一文中就指出，"工农群众为国民革命之中坚"，并强调，"拥护革命政府者，农民也；武装自卫反抗帝国主义与军阀，且兼以为革命政府之前卫者，亦农民也"。更重要的是还有以下诸多条件：第一，他有坚定的马克思主义信念。这种信念是在欧洲学习了不少马克思主义著作，长期探求、比较，并与各种机会主义思潮做斗争中确立的，因而有较坚实的马克思主义理论基础。第二，在当时中共中央领导人中，他有较多的领导武装斗争的实践经验。第三，他一向注重实际，具有实事求是的科学态度。第四，他相信群众，依靠群众，密切联系群众，具有全心全意为人民群众服务的赤诚。第五，他不迷信权威，有敢于独立思考的精神。第六，土地革命时期，他长期是中共中央核心领导成员和党内军事方面的最高负责人，与其他当时只是一个地区的领导人不同，他有条件统观全局，总结全国敌我斗争的经验教训。这些因素的总和，是他能较早地萌生农村包围城市道路思想的基本原因。

    周恩来严于律己，一贯保持我们民族谦虚的美德，从不居功自傲，甚至还竭力抹掉由他首创或带有他个人印记的某些东西，把它作为中国共产党人的集体智慧，融入到毛泽东思想的科学体系之中。但其长期作为中国革命最高层的决策者和指挥者之一，历史是不会忘记他对中国革命所做的重大贡献的。

（本文发表于《南开学报》1994 年第 2 期）

周恩来与农村包围城市革命道路的开创

农村包围城市的革命道路，是指引中国革命走向胜利的正确道路，是马克思主义与中国革命实际相结合的产物，是中国共产党人特别是毛泽东、周恩来、朱德、陈毅等老一辈革命家集体智慧的结晶。在开辟这条道路的过程中，周恩来作为土地革命时期中共中央领导集体的主要成员和军事工作的最高负责人，做出了重要贡献。

一、批判"左"倾盲动错误，指导全党创建工农红军，实行武装割据

1927 年，在蒋介石、汪精卫先后叛变革命，成千上万的共产党人遭到血腥屠杀，白色恐怖极端严重的情况下，周恩来等共产党人高举武装斗争大旗，毅然领导了"八一"南昌起义，打响了武装反抗国民党反动派的第一枪，开始了中共独立领导武装斗争的新时期。起义失败后，同年 11 月周恩来辗转回到上海，被补选为中央政治局常委，继续领导全党的武装斗争。那时，由于敌人的大屠杀，共产党员已从大革命时的 6 万多人减至 1927 年冬的 1 万多人，但党没有被吓倒，仍前仆后继地奋起斗争。然而，这一时期从中央到地方出现了一种盲目暴动的愤激情绪。周恩来发现问题后，及时指出并采取措施纠正。1927 年 12 月 6 日、24 日和 1928 年 1 月 6 日，在中央政治局和常委会上，周恩来针对共青团的盲动情绪问题，先后三次发言批评，指出：如不注意，"青年团将变成冒险主义"，"'无动不暴'在共青团是一个严重问题"。①在此前后，他还代中央起草了致福建、湖北、浙江、云南等省委的指示信，信中批评一些地方不顾主客观条件，盲目暴动的错误倾向，强调暴动是武装夺取政权，必须在工农群众

① 周恩来在中共中央政治局常委会上的发言记录，1927 年 12 月 6 日、1928 年 1 月 6 日。

继续不断的斗争发展到最高点，主客观条件具备时才能产生。

在继续指导全国各地的武装斗争中，周恩来尤其强调了武装割据的重要性。1927年底，他指示朱德、陈毅领导的南昌起义余部坚持与当地农民运动相结合，开展武装斗争。他建议中央指示毛泽东领导的秋收起义队伍，积极在农村开展武装斗争，扩大武装割据局面。1928年1月，他同意贺龙请求，建议中央派贺龙和周逸群去湘鄂边发动群众，建立工农革命军，开展武装斗争，还提出了"依山建军，再向平原发展"的方针。在他起草的中央给广东省委的指示信中提出："应特重琼崖的割据"，"在暴动割据的局面中省委要十分注意工农武力的创造"。[①]此后，各地党组织纷纷发动群众，建立工农红军，创建革命根据地。

自毛泽东、周恩来等一批中共领导人1928年前后提出极为可贵的工农武装割据思想后，在这一思想的指导下，中国共产党领导的各地武装斗争卓有成效。在随后的两年多时间里，红军连同地方武装，发展到约10万人；红军实行了统一编制，包括毛泽东、朱德领导的红四军在内，全军统一编为13个军，红军后来的三大主力——红一、二、四方面军，这时已具雏形；建立了大小15块革命根据地。

二、强调"中国与俄国不同"，与共产国际城市中心思想进行抗争

1928年4月28日，中共中央政治局会议讨论同年2月25日共产国际作出的《关于中国问题的议决案》，周恩来在会上做了长篇发言。他除了肯定该议决案指出中国现时是资产阶级民主革命阶段，是革命低潮时期，最大危险是盲动主义等正确方面外，对共产国际不了解中国国情、要求中共在城市和农村同时发动起义的一些思想也进行了抗争。周恩来认为，中国城乡革命形势发展不平衡，敌占城市，力量强大，工人一时难于起义；在乡村，农民占人口多数，敌人力量较弱。他批评共产国际要求中共城乡配合好同时发动起义的观点，强调中国"与俄国不同"，在中国形势下，"很适宜的配合是很困难的，要这样必致引到乡村的等待，这是不好的"。[②]

1928年6月，中共"六大"在莫斯科召开，在共产国际指导思想的影响下，

---

① 中共中央文献研究室编：《周恩来年谱（1898～1949）》（修订本），中央文献出版社，1998年版，第132～138页。

② 中共中央文献研究室编：《周恩来年谱（1898～1949）》（修订本），中央文献出版社，1998年版，第142～143页。

许多代表发言，拥护共产国际议决案中的主张，不同意周恩来的上述意见。有的代表甚至尖锐地批评周恩来等人"带有农民意识"，"是农民意识影响一切的策略"。周恩来在发言中据理力争，强调"中国与俄国不同"，必须坚持农村武装割据斗争。他说，"中国革命发展趋势和反动势力的加强，与中国不能统一，以及革命不平衡性，证明中国革命有割据的可能"，并指出，"对于南中国的几省中，目前就应该开始割据局面的准备。"①

应该说，在"六大"前后，周恩来能够对当时奉为神圣的俄国城市暴动模式和共产国际的"城市中心"路线大胆提出不同意见甚至直言批评，并连续抗争，这在当时中共领导人中也是不多见的！

三、农村包围城市革命道路的思想开始萌生

1928年初，中共领导的许多攻打城市的武装起义都先后失败了，一些地方保留下来的起义队伍先后改向敌人力量比较薄弱的广大农村进军，开展游击战争，并陆续创建了小块革命根据地。这一时期的周恩来，以务实的态度认真总结了经验教训。当时中共江西省委正准备在南昌、九江暴动，周恩来及时起草了《中央致江西省委信》，信中指出："此种布置若急遽行之于割据局面成功之先……暴动必致流产，必致引起统治军阀更残酷更广大的屠杀。"信中表示，中央很坚信南浔路及九江南昌的暴动，"必须在全省割据的暴动逐渐汇合的时候"②方能实现。周恩来的这一论述，初步蕴含了先实行广大农村的武装割据、逐渐包围城市，最后武装夺取城市的思想。

有意思的是，在中共"六大"上，浙江省委负责人说了这样一段发人深思的话：过去中央"常有乡村包围城市的暴动策略"，"并有一种理论根据，说是根据中国经济情形"。这位负责人还批评农村包围城市的理论"带有农民意识"③。这里值得注意的是：他不是批评中央"偶有"而是"常有农村包围城市的暴动策略"，并且已"有一种理论根据"。

以上情况从正反两方面清楚表明：早在1928年"六大"前后，农村包围城市革命道路的思想，就已在有较多武装斗争经验的周恩来的思想中萌生。

---

① 周恩来在中共"六大"政治报告讨论会上的发言记录，1928年6月27日。
② 《中共中央致江西省委信》，1928年1月28日。
③ 中共第六次代表大会材料——政治报告讨论中的发言，1928年6月24日。

四、强调"先有农村红军，后有城市政权，这是中国革命的特征"，农村包围城市革命道路的思想基本形成

中共"六大"以后，周恩来在指导全党武装斗争的实践中，逐渐摆脱"城市中心"的框框，把工作重点转向农村，继续沿着农村包围城市的思路探索前进。他以坚定的意志和非凡的组织才能，采取以下具体措施，加强全国各地农村武装割据斗争的领导：多次召开军事会议，总结交流各地区斗争经验；创办党的刊物《军事通讯》；加强指导各地武装斗争；秘密举办各种军事技术人才培训班，给各根据地输送大批军事及技术骨干；帮助各地组建和加强红军；建立秘密电台和交通线，加强中央和各根据地的联系；秘密给各根据地输送大批军用紧缺物资。在全党上下共同努力和英勇奋斗下，红军和根据地都有了迅猛发展。

周恩来在 1929 年 8 月代中央起草的《中共中央给红四军前委的指示信》提出："你们的任务便首先是：游击区域的发展；农民武装的加强；红军的扩大；而土地革命的深入，更是根本任务。"信中还强调："更充分负有……建立苏维埃政权的使命。"①

相隔约一个月，1929 年 9 月，周恩来在上海主持召开了中共中央军事会议。会后，参加会议的红四军前敌委员会书记陈毅受党中央委托，按周恩来多次谈话和中央会议精神，代中央起草了一封经周恩来审定的《中共中央给红四军前委指示信》，信中分析了全国的政治军事形势，肯定了红四军武装割据经验，强调指出，"中国地势辽阔……先有农村红军后有城市政权，这是中国革命的特征，这是中国经济基础的产物"。指示信明确规定目前红军的主要任务是："一、发动群众，实行土地革命，建立苏维埃政权；二、实行游击战争，武装农民，并扩大本身组织；三、扩大游击区域及政治影响于全国。"②

人们对真理的认识总要有一个实践、认识、再实践、再认识的过程。在指导全国各地的武装斗争实践中，周恩来对中国革命的特征和规律的认识，也是日益加深的。周恩来根据以毛泽东为代表的一批共产党人在农村实行工农武装割据的实践，阐明："先有农村红军，后有城市政权，这是中国革命的特征"；"实行游击战争"，发展工农武装；"实行土地革命，建立苏维埃政权"；"扩大游击区域及其政治影响于全国"，推进全国革命等等。这一系列论述，反映了周恩

①《周恩来军事文选》第 1 卷，人民出版社，1997 年版，第 81～84 页。
②《周恩来军事文选》第 1 卷，人民出版社，1997 年版，第 90～107 页。

来有关农村包围城市、武装夺取政权的思想理论已基本形成，而且在实践中也已明显地呈现出来。作为这一思想和道路的较早探索者之一，周恩来付出了艰辛努力，作出了巨大贡献。在中共中央核心领导层中，周恩来这种指导思想的转变，对全党全军有着深远影响。

五、促使共产国际和斯大林转变对中国革命的看法，高度重视红军和农村苏区的斗争

1929 年秋，在指导全党武装斗争实践中，周恩来有关农村包围城市的思想已基本成型。但是当时中共接受共产国际的领导，而共产国际曾指责中共的农村武装割据是"必致失败的游击战争"，声言"必须反对对于游击战争的溺爱"。[①]同时，由于中共中央领导层内部也深受共产国际城市中心论的影响，有人反对把工作重点放到农村。因此，要在全党贯彻执行农村包围城市的正确道路，首先就必须统一党的各级领导的思想，并做共产国际的工作。

1930 年春，周恩来经欧洲赴莫斯科，代表中共中央向共产国际报告中共"六大"以来的工作。途经德国时，应德共《红旗报》约请，他化名陈光，发表了一篇题为《写在中华苏维埃第一次代表大会召开之前》的文章，指出：中国革命正在走向新高潮，"农民游击战争和土地革命是今日中国革命的主要特征"[②]。到莫斯科后，周恩来于 7 月 5 日应邀在联共（布）第十六次代表大会上做了《中国革命新高潮与中国共产党》的报告；7 月 16 日，他在共产国际政治委员会做了《中国革命新高潮的特点与目前党的中心任务》的报告；7 月下旬，他又会见了斯大林，进行了一个小时的谈话。在这些会上和谈话中，周恩来都介绍了中国国情和革命发展的情况：强调"全国政治经济的不统一，还表现不平衡的特征"；介绍"六大"以来，红军已发展到 13 个军，在全国各地已建立大小 15个农村根据地；现在"中国工农群众不仅有他们的苏维埃政权，并且有了为这个政权斗争的十万红军和十数万游击队"。周恩来的报告和谈话，有助于斯大林和共产国际进一步了解中国国情，了解中国革命的特点和发展情况，促使他们转变原来的看法。斯大林"接受一年多来中国红军有重大发展的事实，认为应该把红军问题放在中国革命问题的第一位"。7 月 23 日共产国际政治秘书处也

---

①　中共中央文献研究室编：《周恩来年谱（1898～1949）》（修订本），中央文献出版社，1998 年版，第141 页。

②　德国共产党《红旗报》，1930 年 4 月 27 日。

通过《关于中国问题的决议案》，其中强调，"建立完全有战斗力的政治坚定的红军，在现时中国的特殊条件之下，是第一等的任务"①。

周恩来这次在莫斯科卓有成效的工作，为中共中央在全党全军贯彻执行农村包围城市的正确路线，取得苏共和共产国际的理解和支持，化阻力为助力，创造了极为有利的条件。

六、说服当时中共中央其他主要领导人，改变城市中心指导思想，统一认识，重视农村根据地和红军的斗争

由于当时中共中央其他主要领导人"一直把城市作为全部工作的中心，而对农村革命根据地和红军抱着轻视的态度"，1930 年七八月份，周恩来在国外期间，在国内主持中央工作的向忠发、李立三等的"左"倾冒险思想进一步发展，在"城市中心"思想指导下，先后开会决定组织武汉暴动、南京暴动和上海总同盟罢工、广州暴动，并要调集全国七路红军，向武汉进军，争取武汉首先胜利后建立全国苏维埃政权。7 月下旬，共产国际在周恩来的参与下开会，研究中共报来的暴动计划后认为，这一计划是错误的；随后致电中共中央，指出"中国党的主观力量太弱"，不同意布置这些暴动。共产国际希望在莫斯科的周恩来和瞿秋白回去纠正。

中共中央接到共产国际来电后，8 月 1 日和 3 日，连续召开中央政治局会议，进行讨论，与会者都认为共产国际的回电是受周恩来右倾思想的影响，表示对周的"不同路线"，"必有一次激烈的论战和斗争"。有人还想将周恩来排挤出党中央，在会议上提出：调周恩来"去北方局负责"②。

1930 年 8 月 19 日，周恩来回到上海后，李立三、向忠发立刻找他提出质问，周恩来与他们"接连进行两次谈话，通过耐心的说理和具体的分析，终于把他们说服了"。在此后的一个多月，中共中央多次开会，周恩来在会上传达共产国际指示精神，批评了李立三、向忠发的错误，李、向承认错误，做了检讨，原暴动计划停止执行。8 月 24 日，中央政治局经过讨论，一致同意共产国际有关"建立完全有战斗力的政治坚定的红军，在现时中国的特殊条件之下，是第一等的任务"的指示。向忠发在结论发言中说"坚决接受国际指示"，并委托周恩来为中共中央起草一份以向忠发名义给国际的电报，表示"中央政治局对国

---

① 中共中央文献研究室编：《周恩来传》（一），中央文献出版社，1998 年版，第 263～268 页。

② 中共中央文献研究室编：《周恩来传》（一），中央文献出版社，1998 年版，第 264～267 页。

际的指示完全同意，决定坚决执行"。①这表明此时中共中央领导集体已基本取得共识，转变指导思想。这就为全党全军走上农村包围城市的正确道路，消除了思想和行动上的巨大阻力。

七、强调苏区工作"应成为中心的中心"

为纠正实际工作中城市中心路线的错误，把党的工作中心切实转向农村，走农村包围城市的道路，周恩来在促使共产国际、斯大林和中共中央领导集体转变指导思想后，又在多次会上强调红军和苏区工作的极端重要性。为了加强全国各地苏区和红军的统一指导，他及时采取强有力的组织措施，向中央建议成立苏区中央局，并表示自己愿去苏区中央局工作。1930 年 9 月 1 日，周恩来在为中央起草的给长江局的信中进一步强调指出："苏维埃中央局的工作更应成为中心的中心。"这是他探索以农村为中心，走农村包围城市正确道路思想理论的又一次飞跃和升华。10 月 3 日，中央政治局会议决定，接受周恩来建议，成立苏区中央局；17 日，正式任命他为苏区中央局书记。在布置全国工作时，周恩来强调，"要从中央政治局起，以百分之六十的干部力量去加强与巩固苏区的领导"，并要求莫斯科学习军事回来或在国内做过军事工作的干部，"都要以百分之九十以上派往苏区"②。此后，周恩来更加坚定地投入到引领全党全军走以农村包围城市、最后夺取城市的正确道路的工作中去。

（本文发表于《党的文献》2007 年第 5 期）

---

① 中共中央文献研究室编：《周恩来传》（一），中央文献出版社，1998 年版，第 268～269 页。

②《中共中央总书记向忠发给共产国际的报告》，《中共中央文件选集》第 7 卷，中央党校出版社，1991 年版，第 134 页。

周恩来和毛泽东与农村包围城市的革命道路

农村包围城市的革命道路，是指引中国革命走向胜利的正确道路，是马克思主义与中国实际相结合的产物，是中国共产党人，特别是周恩来、毛泽东、朱德、陈毅等老一辈革命家集体智慧的结晶。在开辟这条正确道路，并沿着这条道路前进，取得民主革命胜利的过程中，周恩来和毛泽东一起，做出了最重要的贡献。

一、周恩来对农村包围城市革命道路的主要贡献

土地革命时期，周恩来作为中共中央领导集体的主要成员和军事工作的最高负责人，毛泽东作为红四军和井冈山根据地的主要负责人，开创了农村包围城市的正确革命道路。周恩来对革命道路的主要贡献是：

（一）从 1927 年冬开始，批判"左"倾盲动错误，指导全党创建工农红军，实行武装割据

1927 年国共合作的北伐胜利进军途中，蒋介石、汪精卫先后叛变革命，成千上万的共产党人遭到血腥屠杀。在白色恐怖极端严重的情况下，周恩来等共产党人最早高举武装斗争大旗，毅然领导了"八一"南昌起义，打响了武装反抗国民党反动派的第一枪，开始了中共独立领导武装斗争的新时期。起义失败后，同年 11 月周恩来辗转回到上海，被补选为中央政治局常委，继续领导全党的武装斗争。那时，由于敌人的大屠杀，共产党员已从大革命时的 6 万多人减至 1927 年冬的 1 万多人，但党没有被吓倒，仍前仆后继地奋起斗争。然而，这一时期从中央到地方都出现了盲目暴动的愤激情绪，周恩来发现问题后，及时指出并采取措施批评纠正。1927 年 12 月 6 日、24 日和 1928 年 1 月 6 日，他针对共青团的盲动情绪，先后三次在中央政治局或常委会上发言批评：如不注意，

"青年团将变成冒险主义"，"'无动不暴'在共青团是一个严重问题"。[①]在此前后，他还代中央起草的致福建、湖北、浙江、云南等省委的指示信中，批评了一些地方不顾主客观条件、盲目暴动的错误倾向，强调暴动是武装夺取政权，必须在工农群众继续不断的斗争发展到最高点，主客观条件具备时才能产生。

在继续指导全国各地的武装斗争中，周恩来尤其强调武装割据的重要性。1927年底，他指示朱德、陈毅领导的南昌起义余部坚持与当地农民运动相结合，开展武装斗争；建议中央指示毛泽东领导的秋收起义队伍，积极在农村开展武装斗争，扩大武装割据局面。1928年1月，他同意贺龙请求，建议中央派贺龙和周逸群去湘鄂边发动群众，建立工农革命军，开展武装斗争，并提出"依山建军，再向平原发展"的方针。在他起草的中央给广东省委的指示信中提出："应特重琼崖的割据"，"在暴动割据的局面中，省委要十分注意工农武力的创造"。[②]此后，在全党共同努力下，各地党组织纷纷发动群众，建立工农红军，创建革命根据地。这些情况表明：作为全党军事领导人的周恩来，早在1928年初，就已提出极为可贵的工农武装割据思想，并以这一思想卓有成效地领导着全国各地的武装斗争。到1930年3月，仅两年多时间，红军连同地方武装，发展到约10万人。在周恩来主持下，红军实行统一编制，包括朱德、毛泽东领导的红四军在内，全军统一编为13个军，建立了大小15个革命根据地。红军后来的三大主力——红一、二、四方面军，这时已具雏形。

（二）1928年春强调中国"与俄国不同"，与共产国际城市中心思想进行抗争

1928年4月28日，中共中央政治局会议讨论同年2月25日共产国际做出的《关于中国问题的议决案》，周恩来做了长篇发言，除肯定决议指出中国现时是资产阶级民主革命阶段，是革命低潮时期，最大危险是盲动主义等正确方面外，对共产国际不了解中国国情，在城市中心思想指导下，错误批评中共单纯进行农民革命，"沉溺于……必致失败的游击战争"，要求中共在城市和农村同时发动起义的一些思想也进行了抗争。周恩来认为，中国城乡革命形势发展不平衡，敌占城市，力量强大，工人一时难于起义；在乡村，农民占人口多数，敌人力量较弱。他批评共产国际要求中共城乡配合好同时发动的观点，强调中国"与俄国不同"，"在中国形势下，很适宜的配合是很困难的，要这样，必致

---

① 周恩来在中共中央政治局常委会上的发言记录，1927年12月6日，1928年1月6日。

② 中共中央文献研究室编：《周恩来年谱（1898～1949）》（修订本），中央文献出版社，1998年版，第132～138页。

引导乡村（对城市）的等待，这是不好的"。①

　　1928年6月，中国共产党的"六大"在莫斯科召开，在共产国际指导思想的影响下，许多代表发言，拥护共产国际议决案中的主张，不同意周恩来的上述意见。有的代表甚至尖锐地批评周恩来等人"带有农民意识"，"是农民意识影响一切的策略"。周恩来在巨大压力下发言，据理力争，强调"中国与俄国不同"，必须坚持农村武装割据斗争。他说，"中国革命发展趋势和反动势力的加强，与中国不能统一，以及革命不平衡性，证明中国革命有割据的可能"，并指出，"对于南中国的几省中，目前就应该开始割据局面的准备"。②

　　应该说，在"六大"前后，周恩来能够对当时奉为神圣的俄国城市暴动模式和共产国际的"城市中心"路线大胆地提出不同意见，甚至直言进行批评，并连续抗争，这在当时中共领导人中是不多见的！

（三）1928年"六大"前后农村包围城市革命道路的思想开始萌生

　　1928年初，中共领导的全国许多攻打城市的武装起义都先后失败了，一些地方保留下来的起义队伍先后改向敌人力量比较薄弱的广大农村进军，开展游击战争，陆续创建了小块革命根据地。作风务实的周恩来，认真总结经验教训，认识有了新的飞跃。当时中共江西省委正准备在南昌、九江暴动，周恩来及时起草《中央致江西省委信》指出："此种布置着急遽行之于割据局面成功之先……暴动必致流产，必致引起统治军阀更残酷更广大的屠杀。""中央很坚信南浔路及九江南昌的暴动，必须在全省割据的暴动逐渐汇合的时候方能实现。"③周恩来这一精辟的论述，已初步蕴含了先实行广大农村的武装割据，逐渐包围城市，最后再武装夺取城市。这反映他已用这种思想指导全国各地的武装斗争，开始向农村包围城市的革命道路探索前进。

　　有意思的是，在中共"六大"上，浙江省委负责人说了这样一段发人深思的话：过去中央"常有乡村包围城市的暴动策略"，"并有一种理论根据，说是根据中国经济情形"，他批评农村包围城市的理论"带有农民意识"。④这里值得注意的是：他不是批评中央"偶有"而是"常有农村包围城市的暴动策略"，并且已"有一种理论根据"。

　　以上情况从正反两方面清楚表明：早在1928年"六大"前后，农村包围城市革命道路的光辉思想，就已在有较多武装斗争经验的中央军委书记周恩来的

---

① 周恩来在中共中央政治局常委会上的发言记录，1928年4月28日。
② 周恩来在中共中央政治局常委会上的发言记录，1928年6月27日。
③ 周恩来起草《中共中央致江西省委信》，1928年1月28日。
④ 中共第六次代表大会材料——政治报告讨论中的发言，1928年6月24日。

思想中萌生，并且他已用这种思想指导着全国各地的武装斗争。

（四）1929 年强调"先有农村红军，后有城市政权，这是中国革命的特征"，农村包围城市革命道路的思想理论基本形成

中共"六大"以后，周恩来在指导全党的武装斗争实践中，逐渐摆脱"城市中心"的框框，把工作重点转向农村，继续沿着农村包围城市的思路探索前进。他以坚定的意志和非凡的组织才能，采取以下具体措施，加强全国各地农村武装割据斗争的领导：多次召开军事会议，总结交流各地区斗争经验；创办党的刊物《军事通讯》；加强指导各地武装斗争；秘密举办各种军事技术人才培训班，给各根据地输送大批军事及技术骨干；帮助各地组建和加强红军；建立秘密电台和交通线，加强中央和各根据地的联系；秘密给各根据地输送大批军用紧缺物资。在全党上下共同努力和英勇奋斗下，红军和根据地都有了迅猛发展。

1929 年 8 月，周恩来总结红军实践经验，代中央起草的《中共中央给红四军前委的指示信》明确提出："你们的任务便首先是：游击区域的发展；农民武装的加强；红军的扩大；而土地革命的深入，更是根本任务。"信中还强调"更充分负有……建立苏维埃政权的使命"。①

相隔约一个月，1929 年 9 月，周恩来在上海主持召开了中共中央军事会议。会后，参加会议的红四军前敌委员会书记陈毅受党中央委托，按周恩来多次谈话和中央会议精神，代中央起草了一封经周恩来审订的《中共中央给红四军前委指示信》。信中分析了全国的政治军事形势，肯定了红四军武装割据经验，强调指出："中国地势辽阔……先有农村红军，后有城市政权，这是中国革命的特征，这是中国经济基础的产物。"指示明确规定目前红军的主要任务是："一、发动群众，实行土地革命，建立苏维埃政权；二、实行游击战争，武装农民，并扩大本身组织；三、扩大游击区域及政治影响于全国。"②

人们对真理的认识总要有一个实践、认识、再实践、再认识的过程，在指导全国各地的武装斗争实践中，周恩来对中国革命的特点与规律已日益加深认识。他总结毛泽东等为代表的一批共产党人在农村实行工农武装割据的实践经验，并阐明："先有农村红军，后有城市政权，这是中国革命的特征"；"实行游击战争"，发展农村"工农武装割据"；"实行土地革命，建立苏维埃政权"；"扩

---

① 中央文献研究室、解放军军事科学院合编：《周恩来军事文选》第 1 卷，人民出版社，1997 年版，第 81～84 页。

② 中央文献研究室、解放军军事科学院合编：《周恩来军事文选》第 1 卷，人民出版社，1997 年版，第 90～107 页。

大游击区域及其政治影响于全国"；推进全国革命等等。这一系列论述，反映了周恩来有关农村包围城市、武装夺取政权的思想理论已较早地基本形成，而且已用这一理论指导全党全军的武装斗争。

（五）1930 年 7 月，促使共产国际和斯大林转变对中国革命的看法，高度重视红军和农村苏区的斗争

1929 年秋，周恩来在指导全党武装斗争实践中，农村包围城市的思想理论已基本成型。但当时中共接受共产国际的领导，而共产国际曾指责中共的农村武装割据是"必致失败的游击战争"，声言"必须反对对于游击战争的溺爱"。[①]同时，由于当时中共中央领导层内部也深受共产国际城市中心论的影响，有人反对把工作重点放到农村。因此，要在全党贯彻执行农村包围城市的正确道路，首先就必须统一党的各级领导思想，并做共产国际的工作。1930 年春，周恩来经欧洲赴莫斯科，代表中共中央向共产国际报告中共"六大"以来的工作。途经德国时，应德共《红旗报》约请，他化名陈光，发表了一篇题为《写在中华苏维埃第一次代表大会召开之前》的文章，指出：中国革命正在走向新高潮，"农民游击战争和土地革命是今日中国革命的主要特征"[②]。这是在革命实践中得出的极端重要结论。到莫斯科后，周恩来于 7 月 5 日应邀在苏共十六次代表大会上做了《中国革命新高潮与中国共产党》的报告；7 月 16 日，他在共产国际政治委员会做了《中国革命新高潮的特点与目前党的中心任务》的报告；7月下旬，他又会见了斯大林，进行了一个小时的谈话。在这些会上和谈话中，周恩来都介绍了中国国情和革命发展的情况；强调"全国政治经济的不统一，还表现不平衡的特征"；介绍"六大"以来，红军已发展到 13 个军，在全国各地已建立大小 15 个农村根据地；现在"中国工农群众不仅有他们的苏维埃政权，并且有了为这个政权斗争的十万红军和十数万游击队"。周恩来的报告和谈话，有助于斯大林和共产国际进一步了解中国国情，了解中国革命的特点和发展情况，促使他们转变原来的看法。斯大林"接受一年多来中国红军有重大发展的事实，认为应该把红军问题放在中国革命问题的第一位"。7 月 23 日，共产国际政治秘书处也通过《关于中国问题的决议案》，其中强调："建立完全有战斗力的政治坚定的红军，在现时中国的特殊条件之下，是第一等的任务。"[③]

周恩来此次在莫斯科卓有成效的工作，为中共中央在全党全军贯彻执行农

---

① 中共中央文献研究室编：《周恩来年谱（1898～1949）》（修订本），中央文献出版社，1998 年版，第 141 页。

② 德国共产党《红旗报》，1930 年 4 月 27 日。

③ 中共中央文献研究室编：《周恩来传》（一），中央文献出版社，1998 年版，第 263～268 页。

村包围城市的正确路线，取得苏共和共产国际的理解和支持，化阻力为助力，创造了极为有利的条件。这是他对中国革命独特的历史性巨大贡献。

（六）**1930 年 8 月，说服当时中共中央其他主要领导人，改变城市中心指导思想，统一认识，使农村包围城市的正确道路逐步在全党全军执行**

由于中共中央其他主要领导人，一直把城市作为全部工作的中心，而对农村革命根据地和红军抱着轻视的态度，并曾在给共产国际主席团的信中，把周恩来此前提出的建立苏维埃的主张斥为"割据观念"[①]、"只是一种幻想，一种绝对错误的观念"[②]。1930 年七八月份，周恩来在国外期间，在国内主持中央工作的向忠发、李立三等"左"倾盲动思想进一步发展。在"城市中心"思想指导下，先后开会决定组织武汉暴动、南京暴动、上海总同盟罢工和广州暴动，并要调集全国七路红军向武汉进军，争取武汉首先胜利后建立全国苏维埃政权。7 月下旬，共产国际在周恩来的参与下开会，研究中共报来的暴动计划，认为这一计划是错误的，并致电中共中央，指出"中国党的主观力量太弱"，不同意布置这些暴动，并希望在莫斯科的周恩来和瞿秋白回去纠正。

中共中央接到共产国际来电后，8 月 1 日和 3 日，连续召开中央政治局会议进行讨论。与会者都认为共产国际的回电是受周恩来"右倾"思想的影响，表示对周的"不同路线"，"必有一次激烈的论战和斗争"。有人还想将周恩来排挤出党中央，在会议上提出：调周恩来"去北方局负责"[③]。

1930 年 8 月 19 日，周恩来回到上海后，李立三、向忠发立刻找他提出质询，周恩来与他们"接连进行两次谈话，通过耐心的说理和具体的分析，终于把他们说服了"[④]。在此后的一个多月里，中共中央多次开会，周恩来在会上传达了共产国际的指示精神，批评了李立三、向忠发的错误，李、向承认错误，做了检讨，原暴动计划被停止执行。8 月 24 日中央政治局经过讨论，一致同意共产国际有关"建立完全有战斗力的政治坚定的红军，在现实中国的特殊条件之下，是第一等的任务"的指示。向忠发在结论发言中说，"坚决接受国际指示"，并委托周恩来为中共中央起草一份以向忠发名义给共产国际的电报，表示"中央政治局对共产国际的指示完全同意，决定坚决执行"[⑤]。这表明此时中共中

---

① 中共中央文献研究室编：《周恩来传》（一），中央文献出版社，1998 年版，第 268～269 页。

② 李立三：《怎样准备夺取一省与几省政权的胜利的条件》，1930 年 4 月 5 日，《红旗》第 97 期。

③ 中共中央文献研究室编：《周恩来传》（一），中央文献出版社，1998 年版，第 264～267 页。

④ 中共中央文献研究室编：《周恩来传》（一），中央文献出版社，1998 年版，第 268 页。

⑤ 周恩来起草：《中共中央总书记向忠发给共产国际的报告》，《中共中央文件选集》第 7 卷，中央党校出版社 1991 年版，第 134 页。

央领导集体已基本取得共识，转变指导思想，改变过去城市中心的错误路线，执行重视农村根据地和红军的正确路线。这就为全党全军走上农村包围城市的正确道路，消除了思想上行动上的巨大阻力，这是党的指导思想关系革命前途和命运的新的巨大转变。

（七）1930年秋，强调苏区工作"应成为中心的中心"，引领全党全军向农村包围城市的正确道路胜利前进

为纠正实际工作中城市中心路线的错误，把党的工作中心切实转向农村，走农村包围城市的道路，周恩来在促使共产国际、斯大林和中共中央领导集体转变指导思想后，又多次在会上强调红军和苏区工作的极端重要性。为了加强对全国各地苏区和红军的统一指导，他及时采取强有力的组织措施，向中央建议成立苏区中央局，并表示自己愿去苏区中央局工作。1930年9月1日，周恩来在为中共中央起草的给长江局的信中进一步强调指出："苏维埃中央局的工作更应成为中心的中心。"[1]这是他探索以农村为中心，走农村包围城市正确道路思想理论的又一次飞跃和升华。10月3日，中央政治局会议决定接受周恩来的建议，成立苏区中央局；17日正式任命他为苏区中央局书记。在布置全国工作时，周恩来强调："要从中央政治局起，以百分之六十的干部力量去加强与巩固苏区的领导"，并要求莫斯科学习军事回来或在国内做过军事工作的干部，"都要以百分之九十以上派往苏区"[2]。此后，周恩来更加坚定地投入到引领全党全军走以农村包围城市、最后夺取城市的正确道路的工作中去。

二、毛泽东对农村包围城市革命道路的主要贡献

红军长征到达陕北以后，毛泽东先后成为中共军队和党中央的最高领导人，周恩来成为副帅，以后毛主周辅，带领全党全军，沿着农村包围城市的道路前进，经过抗日战争和解放战争，终于取得民主革命的伟大胜利。毛泽东对革命道路的主要贡献是：

（一）1927年10月初，领导湘赣边界秋收起义余部向井冈山进军，在实践上较早实行农村武装割据

南昌起义爆发后不久，中共中央于1927年8月7日在湖北汉口召开紧急会

---

① 《中共中央给长江局的信》，1930年9月1日。
② 周恩来起草：《中共中央总书记向忠发给共产国际的报告》，《中共中央文件选集》第7卷，中央党校出版社1991年版，第134页。

议（即"八七"会议）。会议决定实行土地革命和武装起义的总方针，并决定在工农运动基础较好的湘鄂赣粤四省发动秋收起义。9 月初，毛泽东作为中央特派员到湘赣边界，领导部分国民革命军和工农武装约 5000 人举行了起义。起义军一度占领醴陵、浏阳县城，原拟一举夺取长沙，但由于反动军队力量远比起义军强大，各路起义军先后遭到严重挫折。毛泽东及时总结经验教训，说服起义军其他领导成员，放弃攻打长沙计划，转向敌人力量比较薄弱的江西农村山区进军。起义军到达江西永新县三湾村时进行了改编，加强党的领导，将支部建立在连上，成立各级士兵委员会，实行民主管理和官兵平等，这是建设新型人民军队的重要开端。10 月 7 日，毛泽东率领起义军到达宁冈县茅坪，开始了创建井冈山革命根据地的斗争。

（二）1928 年 4 月，与朱德、陈毅部在井冈山会师，创建工农红军第四军，巩固和扩大了井冈山根据地

毛泽东到达井冈山地区后，抓紧国民党军阀混战、边界空虚的有利时机，全力进行边界党、军队和政权建设。经过三个月的工作，恢复和健全了边界各县党组织；发展了工农武装，明确工农革命军要担负打仗、筹款和做群众工作三项任务；规定革命军必须严格遵守的三大纪律六项注意（后发展成八项注意）；积极帮助边界各县建立赤卫队等地方武装，建立了革命军和当地民众的密切关系。革命军先后攻占茶陵、遂川县城，建立了县工农兵政府，至此，初步奠定了井冈山根据地的基础。

1928 年 4 月，朱德、陈毅率领南昌起义余部和湘南起义农军 1 万多人，到井冈山与毛泽东部会师，两军共一万二千多人，合编为工农革命军第四军，朱德任军长，毛泽东任党代表。他们率领红四军，击退敌人的多次进攻，使井冈山根据地扩大到宁冈、永新、莲花三个县和附近县的部分地区。

（三）1928 年秋，总结根据地实践经验，进一步从理论上阐明了工农武装割据思想

1927 年 11 月中共在上海召开的临时政治局扩大会议决议，以及当年底至1928 年初中央的一些指示，曾提出农村武装割据思想，要求各地党组织建工农革命军，开展游击战争，实行农村割据。①与此同时，毛泽东已带领秋收起义余部，在井冈山地区开展游击战争，进行土地革命，建立边界县、区、乡级一些工农民主政权。1928 年 10 月和 11 月，毛泽东在《中国的红色政权为什么能够存在？》和《井冈山的斗争》两个文献中，总结近一年武装割据的实践经验，

---

① 中共中央党史研究室著：《中国共产党历史》，人民出版社 1991 年版，第 229 页。

从中国是半封建半殖民地的落后国家，分散的地方性的农业经济；各帝国主义支持的各派军阀不断发生分裂和战争；第一次大革命的影响和中国革命形势必然继续发展；相当数量红军及红色政权的存在和共产党的有力领导等方面，进一步从理论上深刻阐明了"工农武装割据"存在和发展的条件，明确指出它是能长期存在和发展的，批判了革命队伍内部的右倾悲观情绪，鼓舞了革命信心。[①]

（四）1929 年底，毛泽东主持召开古田会议，贯彻《中共中央给红军第四军前委的指示信》精神。1930 年 1 月，又发表《星星之火，可以燎原》，进一步丰富了中央指示提出的农村包围城市，武装夺取政权的思想理论

1929 年 9 月，中共中央委托陈毅根据中央军事会议和周恩来多次谈话的精神，起草了一封经周恩来审定的给红四军前委的指示信。信中提出"先有农村红军，后有城市政权，这是中国革命的特征"等一系列论述，鲜明地反映了农村包围城市，武装夺取政权的基本指导思想。

12 月下旬，毛泽东主持召开中共红四军第九次代表大会（即古田会议），结合红四军具体情况，认真贯彻中央指示信精神。在此基础上，1930 年 1 月 5 日，毛泽东给林彪写信（即《星星之火，可以燎原》），总结根据地斗争经验，对革命道路问题作了论述。他指出：中国是列强争夺的半殖民地，统治阶级内部长期混战，红军、游击队和小块红色区域就有存在和发展的可能，它是"中国在无产阶级领导下农民斗争的最高形式和必然结果"，必须采取"有根据地的，有计划地建设政权的，深入土地革命的，扩大人民武装的路线"。"必须这样，才能树立全国革命群众的信仰……才能真正地创造红军……才能促进革命高潮。"[②]这些论述，进一步丰富了中央指示信提出的农村包围城市道路的思想理论。

古田会议还通过了关于纠正党内错误思想等一系列决议，比较系统地解决了建党建军中的一系列根本问题，发展了中央指示信的思想。

（五）1935 年底以后，毛泽东先后成为全军全党的最高负责人，继续带领人民军队，沿着农村包围城市道路前进，取得民主革命的伟大胜利

1935 年 1 月红军长征途中，中共中央在遵义召开了政治局扩大会议，结束了"左"倾错误路线在中央的统治，改造了中央领导机构。毛泽东在周恩来等的支持下，被选为政治局常委，常委分工中，"恩来同志是党内委托的对于指挥军事上下最后决心的负责者"，"毛泽东为周恩来的军事指挥上的帮助者"。[③]后

---

① 《毛泽东选集》第 1 卷，人民出版社，1951 年版，第 55～88 页。

② 《毛泽东选集》第 1 卷，人民出版社，1951 年版，第 103～114 页。

③ 中共中央文献研究室编：《周恩来传》（一），中央文献出版社，1998 年版，第 350 页。

来行军途中，为便于指挥，又成立三人指挥小组。毛泽东 1967 年一次谈话中讲道："后来搞了个三人团，团长是周恩来，团员一个是我，一个是王稼祥。"[①]1935年 8 月初长征途中，周恩来突患重病，毛泽东承担更多军事指挥工作。1935 年 11 月，红军到达陕北后，中央常委重新分工，周恩来主动让贤，会议推举毛泽东为军委主席，周恩来甘当副主席。此后，毛周紧密合作，周恩来协同毛泽东带领红军，沿着农村包围城市道路前进，经过八年抗日战争和三年解放战争，终于取得民主革命的伟大胜利，1949 年 10 月 1 日建立了新中国。

（六）抗日战争初期，毛泽东先后发表一系列著作，进一步充实和完善了农村包围城市革命道理的思想理论

1938 年毛泽东发表《论新阶段》与《战争和战略问题》，1939 年又发表《中国革命和中国共产党》。在这些著作中，毛泽东进一步深入分析了中国的社会历史特点，反复强调中国革命中武装斗争和农村根据地的极端重要性，明确指出："中国和资本主义国家不同，在中国，主要的斗争形式是战争，而主要的组织形式是军队。""革命的中心任务和最高形式是武装夺取政权"，"在中国，离开了武装斗争，就没有无产阶级和共产党的地位，就不能完成任何的革命任务。"他还用更明确的语言指出：和资本主义国家不同，在半殖民地半封建的中国，"共产党的任务，基本地不是经过长期合法斗争以进入起义和战争，也不是先占城市后取农村，而是走相反的道路"[②]。

这些论述，使中国共产党人根据马克思主义的基本原理，结合中国国情，在集体奋斗中开创的这条农村包围城市革命新道路，在思想理论上更加完善和充实。

三、结语

综上所述，历史研究是一门科学，对任何历史人物，包括领袖人物的研究，都应该把他放在同时代人物的平等地位，才能做出客观公正的评价。半个多世纪以来，我国的一些中共党史、中国现代史著作、教科书和报刊文章，就毛泽东对农村包围城市革命道路的贡献，都有较详细论述，而对周恩来等其他老一辈革命家的贡献则很少提及，至今鲜为人知！拨开个人迷信的历史迷雾，发扬

---

① 《周恩来传》（一），中央文献出版社，1998 年版，第 350 页。
② 《毛泽东选集》第 2 卷，人民出版社，1951 年版，第 505～520 页。

我国史家秉笔直书和党实事求是的优良传统，大量历史事实表明：中国革命农村包围城市的正确道路，是中国共产党人，特别是毛泽东、周恩来、朱德、陈毅等老一辈革命家集体智慧的结晶，不是任何人的独创，而周恩来和毛泽东一起，作出了最卓越的贡献。在开创这条正确道路的土地革命时期，周恩来比同辈人认识和提出要早些，论述也较深刻些，而且那时他是中共中央主要领导成员和军事工作最高负责人，这使他有条件和可能克服上下左右重重阻力，先后说服共产国际、斯大林和中共中央其他主要领导人，改变城市中心指导思想，重视红军和农村根据地的斗争，统一全党认识，带领全党全军，走上这条正确道路。1935 年底红军到达陕北后，毛泽东先后成为中共军队和党中央的最高负责人，周恩来成为副帅，此后毛主周辅，紧密合作，带领全党全军，继续沿着农村包围城市的道路前进，经过艰苦卓绝、英勇无畏的八年抗日战争和三年解放战争，终于取得民主革命的伟大胜利！大量史实还表明：在对这条正确道路做出过贡献的许多共产党人中，毛泽东和周恩来无论在理论上或实践上，都作出了最重要的贡献。他们两人既是这条正确道路的开创者、指路人，也是沿着这条道路取得革命胜利的指挥者、领路人。在中共历史上，毛泽东和周恩来这两个人是不可分离的。

（本文发表于徐行主编：《二十一世纪周恩来研究的新视野》，中央文献出版社
2009 年版）

论周恩来关于人民战争的思想与实践

  周恩来是中共最早从事军事工作的杰出军事家，他最早懂得武装斗争和革命军队的极端重要性，人们对此已有共识。但周恩来在理论上和实践上对人民战争和战略战术方面的重大贡献，在国内外有关研究著作和教科书中，还很少提及，这是一个应该进一步研究的问题。通过分析大量史料，笔者认为：周恩来是中共开创人民战争的先驱，是我军战略战术思想的主要奠基人之一。

周恩来：中共开创人民战争的先驱

（一）大革命时期对人民战争进行开创性探索

  1924 年大革命开始后，周恩来奉调从欧洲回到当时孙中山领导的革命大本营广州，先后担任中共两广区委员长、区委常委兼军事部长，并先后兼任黄埔军校政治部主任和东征军总政治部主任等职务。在参与领导两次东征、平定商团和杨、刘叛乱的战役中，周恩来就开始对人民战争进行探索，初步萌发人民战争思想。

  周恩来认为，革命战争是人民群众求解放的战争，必须依靠群众，动员组织群众进行战争。这正是人民战争思想的核心。他明确指出：在阶级社会，统治阶级为奴役被统治阶级，必然会使用武力，而被统治阶级"受了过甚的压迫，也必然会觉悟起来用武力去反抗压迫者"①。因此，反抗压迫者的革命战争，必然会得到广大民众的支持，也只有依靠人民，才能取得胜利。

  周恩来深信：战争的实力在于广大人民群众之中。1924 年 10 月，他在一次群众大会上明确指出："我们不要以为反革命派的势力极大，反革命派的气焰

---

① 周恩来：《军队中政治工作》，载《黄埔军校第四期毕业同学纪念册》1925 年 6 月 2 日。

日张。我们只要下我们团结的决心，我们有工人可以武装，有农民可以自卫，有士兵可以做先驱，有学生可以做宣传，有商人可以做后盾，我们的实力便在此处。"因此他认为要战胜敌人，"必须团结起全中国的革命民众，向反革命派进攻。"①这明确反映他依靠人民，进行战争的思想。周恩来深信：必须武装民众，把军队和群众的武装斗争结合起来，是夺取胜利的保证。1926年他分析广东的革命形势时指出，"民众武装在广东已成为自然必不可少的组织"，"农民自卫军，工人自卫队的组织，亦为势所必需"②。打倒敌人"唯一的方法就是工农兵大联合起来！"他强调两次东征和平定商团及杨、刘叛乱，"亦是广州工农与革命军联合势力"。他还明确指出："工人是国民革命的领袖。"③"工农群众为国民革命的中坚"，是"唯一可恃之革命力量"。④他号召工农兵联合起来。

正是在上述人民战争思想的指导下，周恩来领导中共广东各级组织和革命军政治部大力发动工农群众支援革命战争。广东许多县市都建立了工会、农会和青年、妇女组织。他还主持东江行政会议，专门通过了《组织人民自卫军案》，并派遣共产党员和黄埔军校毕业学员，帮助一些县市建立和训练工人武装纠察队和农民自卫军。到1926年初，仅东江各县农会会员即发展到60多万人。⑤全省农民自卫军达3万多人，潮、梅各县都有一个用快枪装备起来的农军模范队，工人武装纠察队也有了很大发展。⑥在战争中，许多有组织的群众，争先恐后为革命军运送物资、看护伤员、侦察敌情。周恩来指令革命军政治部，用收缴的敌人枪支武装工农。他还多次亲临前线，指挥工农武装配合革命军作战。一些工农武装"争为先导""荷枪杀贼"，发挥了重要作用。如东征中仅塘湖农军即"截缴枪械千余支之多"。⑦特别是北伐战争开始后，为发动群众，配合北伐进军，周恩来参与领导了上海80万工人大罢工，发动了震惊中外的上海工人第三次武装起义，在中国革命史上谱写了人民战争灿烂的新篇章！

朱德同志在谈到大革命时期周恩来等人在军事上的贡献后指出，"我们党从

---

① 以上见周恩来：《在广州举行的警告反动商团示威运动大会上的讲话》（1924年10月10日），载《双十屠杀特刊》，农工旬刊出版社。

② 周恩来：《现时广东的政治斗争》（1926年12月17日），《人民周刊》第38期。

③ 以上见周恩来：《在省港罢工工人第六次代表大会上的政治报告》（1925年7月31日），载《工人之路》第37期。

④ 周恩来：《工农阶级与广州市选》（1924年12月1日），《农工旬刊》第9期。

⑤ 参见东江革命根据地史编写组：《东江革命根据地史》，中共党史资料出版社，1989年版，第3页。

⑥ 转引自姚得远：《周恩来早期的军事活动对毛泽东军事思想形成的贡献》，载广东省党史征集委员会等编：《周恩来同志在潮汕》学术讨论会论文汇编第1辑，第149页。

⑦《中央陆军军官学校史稿》第7篇，第1章。

那个时候起……就开始注意到了武力和人民相结合、革命的武装斗争和群众斗争相结合……才有了北伐战争的迅猛发展和巨大胜利"①，肯定了周恩来等在大革命时期对人民战争的开创性贡献。

（二）坚持依靠群众，发动群众，实行革命武力与民众相结合；正规军、游击队与民兵相结合

第二次国内革命战争和抗日战争时期，周恩来是中央主要军事负责人之一，他与毛泽东、朱德等一起，在指挥战争中进一步发展了人民战争思想。

周恩来从红军的性质和宗旨上阐明了共产党领导的武装斗争必须实行人民战争。他指出，"红军本身是一种阶级的集聚力量"②，这就要求红军要与工农群众打成一片，一定要动员最广泛的群众，要依靠群众，实行人民战争。否则，就"失去了红军的阶级基础"③。周恩来明确规定红军三大基本任务，第一条就是要"发动群众斗争，实行土地改革，建立苏维埃政权"。"如群众尚未组成工农会，则更应帮助群众建立自己的群众组织。"他要求红军每到一个地区，都应与工农会密切联系，"在政治上，在宣传上，在斗争上，都要与工农会协议共同去做"④。周恩来以历史唯物主义的观点，结合战争实践经验，深刻认识到人民群众的伟大力量，从而更加坚定地树立了革命战争必须依靠群众，动员和组织群众参加的人民战争思想，并进一步深刻地阐明了这个道理。他强调："以红军为中心的战斗力量来开始进行的国内战争，应建在广大的群众基础之上。"⑤红军"应该向着群众有发展斗争可能的地方，去扶助其发展"；"有了广大群众在红军的周围，红军的一切困难及本身发展便将较顺利地得以解决"。⑥

十年内战时期，周恩来一直十分重视武装工农，坚持把军队和群众的斗争结合起来。1928年他在中共"六大"所作的《军事报告》中，特别强调武装工农的重要性，指出：大革命时期军事工作的一个重要教训就是"没有尽力发展工人纠察队，没有将乡村中的农军发动起来，来做夺取乡村政权的力量"⑦。1929年，周恩来在为中央起草或审定的指示信中，又强调对农民武装极力加以扩大，明确规定"实行游击战争，武装农民，并扩大本身组织"，是红军三大基本任务之一。他要求红军所到之处，要"从群众日常生活斗争引导到政治斗争

---

① 朱德：《从南昌起义到上井冈山》，《朱德选集》，人民出版社，1983 年版，第 393 页。

② 《周恩来选集》（上卷），人民出版社，1980 年版，第 35 页。

③ 周恩来在中共"六大"作军事报告的记录（1928 年 7 月 3 日）。

④ 《周恩来选集》（上卷），人民出版社，1980 年版，第 33、36 页。

⑤ 周恩来：《目前红军的中心任务及其几个基本问题》（1930 年 9 月 30 日）。

⑥ 《周恩来选集》（上卷），人民出版社，1980 年版，第 33、34 页。

⑦ 周恩来在中共"六大"作军事报告的记录（1928 年 7 月 3 日）。

以至武装斗争。这种斗争才是群众本身所需要的，才不是单纯军事力量的发动……"①

1930年，周恩来在领导全党的武装斗争中，人民战争思想又有了重要的发展。9月30日，他在中央军委扩大会议上的报告中，总结红军斗争经验，明确提出：要把正规红军与地方游击队和赤卫队的武装斗争结合起来。在"红军的周围，应该围绕着广大的游击队、赤卫队，要在广大游击队赤卫队的基础上，建立红军广泛的补充军"②。他严肃批判不重视武装群众，以及好枪不给地方，坏枪送农民的错误思想倾向，严肃指出："须知红军与工农的武装力量是相成的而不是相消的。"他要求红军要"派人去担任农军的训练"③，强调"凡红军一切行动务要避免单纯的军事行动，要与群众斗争取得密切联系"④。这些论述表明周恩来的人民战争思想，在战争实践中认识已日益深化。因而，到抗日战争时期，他反复强调要"开放民运"，实行"全民抗战"，号召要"宣传民众，发动民众，组织民众，武装民众"，指出："只有全民众起来抗战，抗战才能持久……才能最后战胜敌人"⑤，"要组织他们在武装训练之中，引导其参加人民自卫队、游击队、义勇军，并吸引到部队中来"⑥。把军队和群众的抗日武装斗争紧密结合起来，用发动全民抗战的人民战争，争取抗日战争的胜利。

（三）首倡并领导开辟第二战场，充分发挥人民战争威力

抗战胜利后，蒋介石于1946年发动全面内战，周恩来返回延安，作为中央军委副主席，协助毛泽东指挥全国解放战争，并继续领导国统区的工作。

早在抗日战争时期，周恩来作为中共中央代表和南方局书记，就在蒋管区领导各级地下党组织，利用各种方式，广泛宣传党的各项政策和主张，团结各阶层群众和各民主党派，并大力做争取国民党开明人士和地方实力派的工作。1947年2月1日，他在中共中央政治局扩大会议上分析国统区人民民主运动时指出：这是"第二战场"。这是党中央领导人首次把蒋管区人民反对国民党反动政府的斗争，提高到与敌我两军对阵的第一战场相配合的战略地位，得到党中央和毛泽东赞同。为统一和加强对国统区工作的领导，4月29日成立了中央城市工作部，周恩来兼任部长。周恩来先后代中央起草了《关于在蒋管区的工作

---

① 《周恩来选集》（上卷），人民出版社，1980年版，第33、35页。
② 周恩来：《目前红军的中心任务及其几个基本问题》（1930年9月30日）。
③ 《周恩来选集》（上卷），人民出版社，1980年版，第37页。
④ 《周恩来选集》（上卷），人民出版社，1980年版，第42页。
⑤ 《周恩来选集》（上卷），人民出版社，1980年版，第83页。
⑥ 《周恩来选集》（上卷），人民出版社，1980年版，第87页。

方针和斗争策略的两个文件》①、《蒋管区斗争要有清醒头脑和灵活策略》②等指示，"完整地提出蒋管区工作的总方针：长期打算，积蓄力量，发动斗争，推动高潮，配合反攻形势，发动第二战场，准备里应外合，争取全国胜利。斗争策略是：有时直进，有时迂回，有时集中，有时分散，公开与秘密，合法与非法，既区别又结合"③。

这时，周恩来的人民战争思想发展到更高境界。他放眼全国，协同毛泽东指挥解放战争。除在更大范围和更大规模上，动员解放区千百万群众、地方游击队和民兵武装，积极支援、配合解放军作战外，还领导蒋管区地下党，发动蒋管区千百万学生、工人、农民等各阶层人士，以学生运动做先锋，开展大规模的抗暴、反饥饿、反内战、反独裁、反迫害等各种斗争，扩大了各界人士的反蒋统一战线，罢课、罢工、游行、示威此起彼伏，席卷全国。有的地区如广东、海南、浙、皖、滇、桂、黔、川等地的农民，还建立游击武装，开展反蒋武装斗争。

周恩来还十分重视分化瓦解敌人，化阻力为助力。从第二次国内革命战争时期开始，他就注意利用敌人内部矛盾，采取多种巧妙方式，相机做国民党上层人士、高级将领特别是地方实力派的争取工作。到解放战争时期，这一长期工作的效果明显显现。如原西北军高级将领，解放战争时期除少数几个外，几乎都走上了起义或投诚的道路。解放战争时期，几乎每一个重要战役的胜利，以及在关键时刻一些国民党高级将领的率部起义，都有周恩来领导的敌军工作或大或小、或明或暗的贡献。

周恩来：我国战略战术思想的主要奠基人之一

周恩来在长期领导和指挥革命战争的过程中，与毛泽东、朱德等老一辈军事家一起，不断总结中国革命战争的经验，对奠定我军战略战术思想，做出了重要贡献。

（一）周恩来战略战术的基本思想——革命战争集体经验的结晶

周恩来建立在人民战争思想基础之上的战略战术原则，是在革命战争实践中逐渐形成的，是集体经验的结晶，又具有自身某些特色，到抗日战争时期已

---

① 《周恩来选集》（上卷），人民出版社，1980年版，第268页。
② 《周恩来选集》（上卷），人民出版社，1980年版，，第310页。
③ 童小鹏：《风雨四十年》，中央文献出版社，1994年版，第536页。

比较系统，它是毛泽东军事思想的重要组成部分，其要点可归纳如下：

（1）从实际出发，灵活恰当地运用各种作战形式

周恩来在长期指导战争的实践中，逐渐认识到要取得胜利，就必须知己知彼，按照变化着的战争情况，灵活恰当地运用游击战、运动战、阵地战等各种作战形式。

周恩来是中共较早重视游击战作用的领导人。大革命失败后，党内曾出现一种主张到处暴动的错误倾向，在作战中又不问情况与强敌硬拼，周恩来在实践中很快就发现问题，他反对不顾主客观条件的盲目暴动、与强敌硬拼，而主张在有条件的地方开展游击战争。他说，"红军应该是采取经常游击的政策"，"实行游击四向发展的策略"，"分兵游击集中指导是不可移易的原则"。①他还指出，"游击战争的主要任务，是实现农民斗争的口号，削弱反动派的力量及建立红军"；"游击战争的发展，应该是向农村阶级矛盾与斗争到了更激烈的地方，党与群众的组织有相当基础的地方，以及给养丰富、地势险峻的地方为最宜"。②

在抗日战争中，他根据新的情况和敌我力量的新变化，强调要游击战与运动战相互配合，而"以游击战争为主体"，"在新阶段中，我们抗战的中心放在敌后，在敌人占领地区开展游击战"。③周恩来同时指出，"游击战本身不能驱逐日本帝国主义出中国的"④，最后战胜日本，必须向正规战发展。

（2）集中优势兵力，灵活机动，各个歼敌

周恩来在上海党中央工作时，就开始注意总结各地红军作战经验。1932年初，他到达中央苏区就任苏区中央局书记。经过一段调查研究，进一步总结红军作战经验后，他就主张实行歼灭战的作战方针，强调"集中优势兵力，各个歼灭敌人"。他说，要"在决战方向集中优势兵力和兵器"，"要将少数兵力放在次等方面，去抓住多数的敌军，以便抽出多数的兵力，在主要的突击方向，有把握地去消灭敌军"。⑤1932年7月下旬，周恩来到达前线红一方面军总部，8月初苏区中央局决定，由周恩来与毛泽东、朱德、王稼祥在前线组织军事最高会议，以周恩来为主席，直接指挥红军作战。他们即按上述原则，胜利地指挥了乐安、宜黄战役。

---

①《周恩来选集》（上卷），人民出版社，1980年版，第33、35页。

②《周恩来选集》（上卷），人民出版社，1980年版，第16、18页。

③《周恩来选集》（上卷），人民出版社，1980年版，第85、101页。

④ 周恩来：《怎样进行持久抗战》（1938年1月8日），载《群众周刊》第1卷，第5期。

⑤ 周恩来：《从实际战斗中来认识战术原则》，《红色战场汇刊》1933年8月。

（3）内线作战与外线作战相配合

十年内战时期，周恩来一直强调游击战和运动战，主张积极的运动防御，内线作战与外线作战相配合，反对消极的单纯防御。1933 年 10 月，第五次反"围剿"开始时，周恩来被"左"倾中央排挤，博古、李德强令红军与强敌打阵地战，这种错误指挥导致了红军的惨重损失。1934 年 8 月，周恩来提出从内线作战转到外线作战，"坚决挺进到敌人后方去，利用敌人的空虚，大大地开展游击运动……创造新的苏区，创造新的红军，更多地吸引敌人的部队调回后方，求得整个战略部署的变动"。这是一个可行的方案，可惜为时已晚，红军已无力打破敌人的"围剿"，只有进行战略转移——长征。

抗日战争初期，周恩来特别强调在正面战场处于防御地位的国民党军，要内外线作战相互配合。保卫武汉时他建议，"在战略上我以为必须确定两个战线，亦即内外线夹击敌人的方针"；"敌人进攻愈深入，我们在敌人外线活动地区将愈大。敌人如退守后方，向我游击地区进攻，则我内线作战部队的活动范围及出击机会将愈多"[1]。我抗日敌后战场的开辟也是这一战略思想的体现。

（4）歼敌主力，是取得坚城的先决条件

第四次反"围剿"时，周恩来亲临前线指挥。当时被"左"倾路线统治的中共中央和苏区中央局，不顾敌我兵力悬殊的实际情况，强令红军攻敌重兵设防的坚城南丰。周恩来从作战开始就反对这一错误部署，反复向中央电陈意见，指出攻坚城之不利，力主在运动战中各个歼灭敌人。他在 1933 年 1 月 30 日给中央的电报中说："中央累电催我们攻破城防，与我两电所陈战略实有出入。但我终觉消灭敌人尤其主力，是取得坚城的先决条件。敌人被消灭，城虽坚，亦无从围我，我可大踏步地直入坚城之背后，否则徒损主力，攻坚不下正中敌人目前要求。"[2]之后，在中央坚持错误战略，南丰城又攻不下来的情况下，周恩来和朱德从实际情况出发，毅然决定采取声东击西策略，改强攻为佯攻，主力迅速秘密地大踏步转移，在运动中采取大兵团伏击，集中优势兵力，各个击破的战法，先后歼敌近三个师，俘敌万余人，缴枪万余支。终于取得了第四次反"围剿"的胜利。

（5）统一指挥与机断专行相结合

在军事活动中，周恩来开始比较注意集中指挥，尔后在战争实践中，日益深刻地认识到军队的活力在很大程度来源于各级指挥员的主动性和创造性。要

---

① 周恩来：《论保卫武汉及其发展前途》，1938 年 7 月 7 日《新华日报》。
② 《周恩来选集》（上卷），人民出版社，1980 年版，第 62 页。

取得战争胜利，必须给他们机断专行的权力，把统一指挥与机断专行结合起来。第四次反"围剿"的亲身经历，使他更深刻地认识到这个道理。因此，1933 年 2 月 3 日，他与朱德、王稼祥从前方致电中央局，提出：中央局应给前方"以原则上与方针上的指示"，而"具体布署似宜属之前方"。①抗日战争开始，他就明确提出："部队的指挥要给以机断专行的权力，要使其能独立作战，分区活动，不怕留在敌人背后，不怕被敌人切断。"②武汉保卫战时，他还指出："内外线部队的机断专行与协同动作，关系非常重大，……应赋给该战区高级将领以广泛组织游击队与发动游击战争之权。"③他认为，前线指挥有机动专行之权，才能不误战机，从实际出发，采取灵活机动的战略战术，克敌制胜。尔后他一直十分重视把统一指挥与机断专行结合起来。

（6）战略的持久与战役战斗的速战速决

周恩来认为，中国革命战争面对的是强大的敌人，在敌我力量悬殊的情况下，只有经过长期斗争，才能取得胜利。因此，在战略上我们要实行持久战的方针，但在战役战斗中则要速战速决，应"采取迅雷手段"④，出其不意，突然袭击，干脆利落消灭敌人。

抗日战争时期，周恩来最早提出了坚持持久战的正确战略思想。从 1937 年 11 月开始，他陆续发表《目前抗战危机与坚持华北抗战的任务》《目前抗战形势与坚持长期的抗战任务》《怎样进行持久战》《如何进行持久战》等一系列文章，对为什么要进行持久战，如何进行持久战，提出了许多精辟见解。值得注意的是有些文章发表在毛泽东的《论持久战》发表之前。他强调指出："只有持久抗战，才能争取最后胜利"⑤；只有全面抗战，才能实行持久。而"民众的反抗，是持久战的最主要的条件"⑥。对怎样进行持久抗战？他做了具体回答：指出应巩固前线，建设新军备，建立军事工业，发展敌占区的广大游击战争，进行广泛的征募兵役运动，巩固后方，加强国防机构，运用国际有利条件。⑦周恩来认为：持久战不是消极避战，而是主动打击敌人。我们的战略方针是持久战与消耗战，但持久战不是拖而不打，消耗战不是乱拼，而是消灭敌

---

①　中共中央文献研究室编：《周恩来年谱（1898～1949）》，中央文献出版社、人民出版社 1989 年版，第 241 页。

②　《周恩来选集》（上卷），人民出版社，1980 年版，第 86 页。

③　周恩来：《论保卫武汉及其发展前途》。

④　《周恩来选集》（上卷），人民出版社，1980 年版，第 68 页。

⑤　周恩来：《怎样进行持久抗战》（1938 年 1 月 8 日）。

⑥　《周恩来选集》（上卷），人民出版社，1980 年版，第 85 页。

⑦　周恩来：《怎样进行持久抗战》（1938 年 1 月 8 日）。

人有生力量。

（7）敌击我隐、敌分我袭、敌进我伏、敌围我散的抗日游击战术

第二次国内革命战争时期，毛泽东和朱德总结游击战争经验，概括出有名的"十六字诀"："敌进我退，敌驻我扰，敌疲我打，敌退我追。"这些游击战的基本原则，经过无数次战役的检验，被证明是正确的。抗日战争开始后，战争的环境条件有了变化，我们面对的民族敌人是掌握现代化装备的日本侵略军。周恩来不囿于既往的成功经验，而是在新的条件下，总结抗战初期我军在华北和江南开展游击战的经验，对原"十六字诀"做了重要的补充，于 1939 年 6 月 6 日在重庆做《关于目前抗战形势及任务》的报告时，提出了又一个十六字诀："敌击我隐，敌分我袭，敌进我伏，敌围我散。"①他对此做了阐述：

敌击我隐　即敌集中兵力找我主力决战时，我不退走，也不暴露，而隐蔽起来，使它找不到。

敌分我袭　敌分散开时，要袭击他。但袭击要做好准备，要一击必中，短时间解决。否则敌人要集中，要增援。

敌进我伏　敌人行进途中是最好杀伤他的时候，我可择地埋伏，给予突然袭击。

敌围我散　日军常用几道防线围我们，我们不能放弃抗日根据地退走，而应采取分散开来的办法，使敌人找不到主要目标，以减少损失。

以上周恩来补充和发展的这些原则，对后来胜利开展抗日游击战争，有重要的指导意义。

周恩来的战略战术思想，内涵十分丰富。除以上七方面外，他还高度重视瓦解敌军工作以及情报、电讯和机要工作。在这些方面，周恩来都有其自身的特色，具有开创性的贡献。

（二）全面总结我军军事原则，丰富了毛泽东军事思想

解放战争期间，周恩来担任中央军委副主席，协助毛泽东指挥全国解放战争。1947 年 8 月又根据中共中央决定，兼代总参谋长。他领导总参谋部先后写出解放战争第一年、第二年的总结，并亲自拟出了《战争第三年军事计划》。1948 年 9 月，他在中央政治局会议上详细报告了第三年军事计划要点，极富预见地指出，"今后仍力争在运动中消灭敌人，但攻坚战术则可能增加"；"应准备若干次带决定性的大会战"。②不久辽沈、平律、淮海三大战役即相继展开。1949 年

---

① 周恩来：《关于目前抗敌形式及任务》，见《周恩来军事文选》第二卷，人民出版社，1997 年版，第 227～233 页。《抗日战争时期周恩来对游击战术的补充和发展》，见《党史资料征集通讯》1986 年第 1 期。

② 周恩来在中央政治局会议上的发言记录，1948 年 9 月 13 日。

7月，他在另一次报告中总结了解放战争三年胜利，明确指出："人民解放战争的第四年，将是我们取得全国胜利的一年。"①在此期间，他直接参与全国各战略区一系列重大军事行动的决策和实施，据不完全统计，他留下的报告、批示、电报达580余件，几乎每次重大战役都有他亲自起草的指挥作战电报，最多时一昼夜竟达22份。在解放战争的各个关键时刻，周恩来总结过去，剖析现状，预见未来，对战略决策和战役指挥提出了许多重要的意见。

1947年12月，解放战争转入战略反攻阶段。为准备夺取全国胜利，全面制定党的行动纲领，中共中央于12月25日至28日在陕北米脂杨家沟召开中央工作会议。会前周恩来作为中央军委副主席兼代总参谋长，多次召开小型会议，对军事问题做了广泛和深刻的分析研究。他全面系统地总结了我军在历次革命战争中的基本经验，集中集体智慧，汇集了毛泽东、朱德等中央领导同志和各战略区指挥员在实践中提出的大量符合实际的战略战术指导原则，经过提炼和高度概括，撰写了《军事原则》提纲。该提纲有三部分，提出人民解放军十条作战原则、五条战略指导方针和敌人可能的十条对策，内容全面、系统而深刻。

十条作战原则："一、避强就弱。先打分散之敌，孤立之敌，后打集中强大之敌。二、先面后点。先取小城市、中等城市和广大农村，后取大城市。三、歼敌为主，略地次之。以歼灭敌人有生力量为主要目标，不以保守或夺取城市及地方为主要目标，后者是前者的结果，往往需要反复多次，才能最后保守或夺取之。四、一点两面的包围战，歼灭性打击。劣势中的优势，转入全体优势……四面包围敌人，力求全歼，不使漏网。……五、无准备，无把握不打。不打无准备之仗，不打无把握之仗，每战都应求有准备，力求在敌我力量的对比下有胜利之把握。六、勇敢牺牲，不怕疲劳。发扬勇敢战斗，不怕牺牲，不怕疲劳与连续作战的作风。七、运动战与阵地战。力求在运动中歼灭敌人，同时注意阵地攻击战术，夺取敌人的据点及城市。八、区别攻城战的各种情况。在攻城问题上，一切敌人守备薄弱的据点城市，则坚决夺取之；一切敌人有中等程度之守备而又为环境所许可之据点及城市，则相机夺取之；一切敌人守备强固之据点及城市，则等待条件成熟时，然后夺取之。九、主要补充在前线。以俘虏敌人的全部武器及大部人员补充自己，我军人力、物力的来源主要在前线。十、间隙休整不要长，善于利用两个战役之间的间隙，休整与整训部队。休息时间一般不要过长，尽可能不使敌人获得喘息时间。"②

---

① 《周恩来选集》（上卷），人民出版社，1980年版，第346页。

② 周恩来：《军事原则》，参看陆军指挥学院课题组：《伟大的军事家周恩来》，第9章第3节，军事科学出版社1997年版，第420～430页。

　　周恩来认为，以上十条，是打败敌人的主要方法。但与此同时，要战胜敌人还必须有正确的战略指导方针，周恩来在《军事原则》一文的第二部分，就总结提出五条战略方针："一、正规战与游击战相结合，野战军与地方军相呼应。正规军与民兵相配合。二、内线与外线相配合，由内线转到外线，由外线形成内线，再由内线转往外线。三、夺取敌人武器，加强自己，以提高技术和战术。四、大踏步前进、后退和机动，与发动群众，创造战场相结合。五、节省人力、物力及弹药，用于歼灭敌人，解决战斗方面。"周恩来《军事原则》一文的第三部分还本着"知己知彼，百战不殆"的精神，分析预测了蒋介石可能采取的十个方面的对策。①在此，周恩来对毛泽东的军事原则做了重要的补充和发展。

　　周恩来《军事原则》这篇光辉的著作，全面完整地总结了我军长期作战的经验，集中了集体智慧，他总结归纳的十五条军事原则，可以说集我军战略战术思想之大成，达到了前所未有的高度。

　　周恩来与毛泽东的战略战术是一致的。人们可以明显地看到：周恩来在《军事原则》提纲第一部分中所提出的十条作战原则，与毛泽东 1947 年 12 月 25 日中央工作会议上作的《目前形势和我们的任务》的报告中所提出的"十大军事原则"②，从内容到文字，基本相同。笔者认为，他们提出的这些军事原则，是集体智慧的结晶，是马列主义原理和老一辈革命家长期军事斗争实践相结合的产物。它丰富和发展了马克思主义的军事科学和毛泽东军事思想，在尔后的人民革命战争和战略大决战中，发挥了极为重要的指导作用。

　　周恩来严于律己，一贯保持我们民族的谦虚美德，从不以功臣自居，甚至还竭力抹掉他自己或带有他个人印记的某些东西，把它融入党的集体智慧——毛泽东思想的科学体系之中。但历史事实已经证明：他长期作为中国革命最高层的军事决策者和指挥者之一，是中共开创人民战争的先驱，是我军战略战术思想的主要奠基人之一。历史是不会忘记他不可磨灭的贡献的！

（本文发表于中共中央文献研究室编：《周恩来百周年纪念——全国周恩来生平
　　　　　和思想研讨会论文集》，中央文献出版社 1998 年版）

---

　　① 周恩来：《军事原则》，参看陆军指挥学院课题组：《伟大的军事家周恩来》，第 9 章第 3 节，军事科学出版社 1997 年版，第 420～430 页。

　　②《毛泽东选集》第 4 卷，人民出版社，1991 年版，第 1247～1248 页。

周恩来在中国革命武装斗争中开创的十个"最"

　　武装斗争是中国革命取得胜利的三大法宝之一。周恩来是中国人民解放军的主要创建人和卓越领导人之一，是中外公认的伟大政治家、军事家和外交家。从 1927 年起到 1976 年逝世的近半个世纪，他一直是中共中央和新中国的主要领导成员。1927 年到 1935 年底的土地革命时期，他是中共中央常委和军事工作的最高负责人，带领全党创建工农红军，实行武装割据，开创了农村包围城市的正确道路。1935 年底，红军到达陕北后，中央常委重新分工，周恩来主动让贤，推举毛泽东为军委主席，自己甘当副主席，此后即作为副帅，协同毛泽东，指挥人民军队，参加抗日战争；接着取得了解放战争的伟大胜利，建立了新中国。在长期武装斗争实践中，周恩来积累了丰富的经验，开创了十个最。

一、最早懂得武装斗争和革命军队极端重要性

　　中国是一个有两千多年封建专制历史的国家，鸦片战争以后，帝国主义纷纷入侵，中国逐渐沦为半封建半殖民地社会。伟大的革命家孙中山领导的辛亥革命，推翻了满清封建帝制，但政权很快落入封建军阀之手。中国共产党成立时期，中国正处在列强支持下的各派军阀武力割据和残暴统治之下，在外无独立、内无民主、敌人都武装到牙齿的情况下，要实现反帝反封建的民主革命任务，必须进行武装斗争。但是，在党成立初期，在理论上和实践上，对武装斗争的认识和准备都是不足的。正如毛泽东在《战争和战略问题》一文中提出的："在这一点上，我们党从 1921 年成立直至 1926 年参加北伐战争的五六年内，是认识不足的。那时不懂得武装斗争在中国的极端重要性。"1924 年我们党参加黄埔军事学校，开始懂得军事的重要了，但"1924 年至 1927 年，乃至在其以后的一个时期，对此也还认识不足"。

周恩来对武装斗争的认识比同辈人要早些、深些，早在大革命前的建党初期，他就主张用武力推翻反动统治，还在 1922 年公开发表《评胡适的"努力"》一文，明确提出："真正革命非要有极坚强极有组织的革命军不可，没有革命军，军阀是打不倒的。"这是对武装斗争和革命军队极端重要性认识的重大突破。

二、最早初步回答了中国革命主要应采取什么方式这个最基本问题

1921 年中国共产党成立之后，中国革命主要应采取什么方式，这是全党面临的最主要问题，一些共产党人都开始了艰辛的探索，周恩来就是其中之一。他 1921 年旅欧期间参加了共产党，确立对共产主义的坚定信仰之后，就开始用马克思主义观察分析中国革命的实际问题。1922 年前后，他在中国旅欧共产主义组织的机关刊物《少年》月刊，陆续发表一系列文章，对此问题进行了论述。

1922 年 9 月，他发表《共产主义与中国》一文，分析批判了当时在中国尚有市场的资本主义、国家社会主义、无政府主义等错误思潮，阐明了只有共产主义才是救中国的唯一良方。同月，他还发表《宗教精神与共产主义》一文，批驳诬蔑革命是"驱下层阶级以杀上层阶级"的谬论，指出，"革命是不能不流血的！"

1922 年 12 月，他又发表《俄国革命是失败了么？》和《评胡适的"努力"》两篇文章，前者进一步深刻阐述了武装革命斗争的长期性和必要性，明确指出："一国一种的民主革命，如法国革命，美国独立，都是经过极长期的血战争斗才得使共和奠定，更何况无产阶级的共产革命。"后者更为可贵地强调了革命军队在武装革命中的极端重要性，明确提出："真正革命非要有极坚强极有组织的革命军不可。"

综上所述，可以清楚地看出，早在 1922 年前后，周恩来就正确回答了中国革命主要应采取什么方式这个根本问题，明确提出以下观点：（1）中国革命必须经过流血的武装斗争。（2）武装斗争是极长期的。（3）必须依靠军队。（4）这个军队与旧军队不同，必须建立极坚强极有组织的革命军。

三、最早卓有成效开拓中共军事工作的先驱

1924 年 1 月，国共两党合作的大革命开始。同年 9 月初，周恩来奉调从欧洲回至当时孙中山革命大本营所在地广州，担任中共两广区委委员长；不久改任两广区委常委兼军事部长，并兼任国共合作、在苏联帮助下创办的黄埔军校政治部主任，东征军总政部主任等职务。承担起开拓中共军事工作的重任，参与领导了黄埔建军、东征、平定商团叛乱和杨、刘叛乱等军事斗争；1927 年 5 月，又任中共中央常委兼军事部长，成为党的最高军事领导人。历史事实表明：周恩来是中共最早开拓军事工作的先驱。

四、最早创建中国共产党直接领导的第一支革命武装

1924 年 11 月，经中共两广区委商得孙中山同意，由周恩来负责，组建了中国共产党直接领导的第一支革命武装——建国陆海军大元帅府铁甲车队。1925 年 11 月，经过东征，周恩来等共产党人更感到革命军队的极端重要性，经商得有关方面同意，由周恩来负责，在铁甲车队的基础上，扩大组建一支正规军——国民革命军第四军独立团，全团约 2000 人，叶挺为团长。

这支由周恩来直接领导组建的革命军，与旧军队不同，有以下新特点：（1）由中国共产党直接领导，以共产党员、共青团员为骨干。它的干部配备、人员调动等重大问题，都请示周恩来或两广区委解决。（2）部队设立党代表，建立中共党组织。（3）革除旧军队作风，废止打骂恶习，发扬军队民主，培养官兵一致，同甘共苦新风尚。（4）教育官兵懂得为人民谋幸福的宗旨，禁止欺压百姓，培养军民团结的新关系。

独立团在中国共产党和周恩来的直接领导下，建成一支新型的革命军队，在北伐中成为威震敌胆的先锋，后来又成为南昌起义的中坚力量，它为中共后来正式建军，提供了雏形。

五、最早在理论上和实践上初步解决了创建新型革命军队的一些重大原则问题

从 1924 年至 1927 年的大革命时期，周恩来在参与领导黄埔建军和革命战争的实际工作中，发表了《军队中政治工作》《国民革命军及军队政治工作》等文章，比较系统地论述了建设革命军的一些重大原则，这些原则在革命军中得到普遍执行：

（1）阐明革命军的性质和任务。明确指出：革命军是"为人民所用的军队"，"是实现我们理论的先锋"。

（2）规定"完全是为人民幸福"，是革命军的宗旨。

（3）坚持革命政党对军队的领导。在革命军中建立党代表制度，设立政治部。军、师、团、连各级都设党代表，建立党部。应当指出：这里所说的党，是指有共产党人参加领导的孙中山的革命的国民党，还不是指共产党。但这一原则为后来中共独立建军所继承。

（4）规定革命军要"守严格的纪律"。要做到"革命化、纪律化、统一化"。因而革命军"纪律极好"，"为远近所赞扬"。

（5）反复教育官兵，正确处理军民关系，树立"爱护人民""军民合作""军民一家"思想。他领导政治部编写的《爱民歌》开头就提出，"行军先要爱百姓"，特别强调，"军士与民如一家，千万不可欺负他"。

六、最早创建一套革命军队政治工作制度

大革命时期他担任黄埔军校和国民革命军东征军政治部主任，创建了一套政治工作制度。

（1）明确革命军队政治工作的范围和目的。规定范围包括革命军队、军阀军队和广大人民群众三个方面。目的"就是要使军阀军队渐渐觉悟，革命军队确实其革命观念"，特别强调："最要紧的是使广大群众明了帝国主义的罪恶"，"使全国民众革命化"。

（2）提出政治工作的首要任务是教育官兵懂得为什么打仗？认清"打仗是为人民而打的"，是"为人民利益而战，为国家的独立自由而战"。

（3）规定革命军的任务绝不是单纯打仗，还必须做宣传群众、组织群众，支持和帮助群众建立工会、农会、青年、妇女等群众组织，甚至建立工农群众革命武装。他领导的政治部还承担新解放地区建党建团和建立革命政权的任务。

（4）规定争取、改造旧军队，瓦解敌军，优待俘虏，是革命军队政治工作必须承担的任务和实行的重要政策原则。

（5）为严格治军，他领导政治部制定了一套必须遵守的纪律。纪律严格规定："不拉夫、不筹饷、不强占民房、不强买卖"；"缴获要归公，不许虐待俘虏"；"莫走人家取门板……莫踏禾苗坏田产……莫借民间锅和碗"以及"陆军不许乱出营，水兵不许岸上行"等等。如此严明的纪律，从中不难找到后来解放军《三大纪律八项注意》的某些渊源。

七、最早依靠革命军的枪杆子开创并领导一个地区革命政权的共产党人

周恩来是中国共产党人主政的先驱，1925 年 2 月东征开始后，他领导的革命军总政治部负责收复区的政权建设工作。同年 11 月东征胜利后，时年仅 27 岁的周恩来被国民政府任命为东江各属行政委员，负责东江地区 25 个市县的政权领导工作。他实行民主政治，大力澄清吏治，惩治贪污，废除苛捐杂税，发展工商业，兴修水利，振兴教育，积极进行造福人民的政治、经济、文化教育建设，体现了共产党人全心全意为人民服务的精神。他主政东江的时间虽然不长，就执行别的任务去了，但为他后来担任总理，主持新中国的政府工作，积累了初步经验。

八、最早领导反蒋武装起义，即"八一南昌起义"，创建人民军队

1927 年国共合作反帝反封建的北伐战争胜利进军途中，蒋介石叛变革命，4 月 12 日在上海等地大肆屠杀共产党人。周恩来审时度势，毅然草拟《迅速出师讨伐蒋介石》的意见书，与赵世炎、罗亦农等联名上书中共中央，未被思想右倾的领导人陈独秀接受。7 月 15 日，汪精卫在武汉正式宣布与共产党决裂，随后大规模捕杀共产党人。在此情况下，中共中央决定武装反抗，任命周恩来为中共前敌委员会书记。8 月 1 日，周恩来和贺龙、叶挺、朱德、刘伯承等领

导中共掌握和影响下的国民革命军二万余人，在南昌举行武装起义，打响武装反抗国民党反动派的第一枪，开创了中国共产党独立领导武装革命的新时期。后来，"八一"被定为中国共产党的建军节，周恩来是当之无愧的人民军队的主要创建人之一。

九、最早在理论上和实践上对人民战争进行开创性探索

人民战争的理论，在中国历史上是前所未有的。周恩来是中共开创人民战争的先驱，早在1924年开始的大革命时期，在他参与领导革命战争的实践中，就对人民战争进行了开创性探索。1924年10月10日，他在《广州警告反动商团示威运动大会上的讲话》明确提出：战争的实力存在广大人民群众之中。他说："我们不要以为反革命派的势力极大……只要我们下团结的决心，我们有工人可以武装，有农民可以自卫，有士兵可以做先驱，有学生可以做宣传，有商人可以做后盾，我们的实力便在此处。"在《军队政治工作》一文中，他对战争进行了分析后指出：被统治者"受了过甚的压迫，也必然会觉悟起来用武力去反抗压迫者"。因此，革命战争是被压迫的人民大众自求解放的战争，必须依靠群众，动员和组织群众，进行战争。正是在以上思想的指导下，周恩来在东征、北伐等革命斗争中，领导中共广东各级组织和革命军政治部，大力发动各阶层群众支援革命战争，帮助许多县市建立了工会、农会和青年、妇女组织；还派一些黄埔军校毕业学员和共产党员，帮助组织训练工人武装纠察队和农民自卫军，用收缴敌人的枪炮武装工农。到1926年初，仅东江各县农会会员即发展到60多万人，全省农民自卫军达3万多人。在战争中，他们争先恐后，为革命军运送物资、看护伤员、侦察敌情，甚至"争为先导""荷枪杀贼"，发挥了人民战争的威力！特别是1927年3月为配合北伐进军，周恩来等发动上海80万工人大罢工，领导了震惊中外的上海工人第三次武装起义，配合革命军解放了上海，谱写了人民战争壮丽的新篇章！

十、最早总结和提出农村包围城市的思想理论，并引导全党全军走上这条正确的革命道路

中国革命农村包围城市的正确道路，是马克思主义与中国实际相结合的产

物,是中国共产党人,特别是周恩来、毛泽东、朱德、陈毅等老一辈革命家集体智慧的结晶。在开辟这条道路的过程中,大量历史事实表明:周恩来作为土地革命时期中共中央主要领导成员和军事工作的最高负责人,最早总结毛泽东等共产党人的实践经验,提出农村包围城市的思想理论,并引领全党全军,克服上下左右重重阻力,走上这条正确道路。

周恩来从 1927 年底开始,批判"左"倾盲动错误,指导全党创建工农红军,实行武装割据;1928 年春起,先后在中央政治局会议和党的"六大",强调"中国与俄国不同",多次与共产国际城市中心思想进行抗争,农村包围城市革命道路的思想开始萌生。1929 年 8 月至 9 月,他总结红军实践经验,两次起草和审定的《中共中央给红四军前委的指示信》中明确指出:"中国地势辽阔⋯⋯先有农村红军,后有城市政权,这是中国革命的特征,这是中国经济基础的产物"这一系列论述,标志着农村包围城市道路的思想理论已经基本形成,并已用这一思想,指导全党的武装斗争。1930 年 7 月至 8 月,周恩来先后促使共产国际、斯大林和中共中央其他主要领导人,转变城市中心指导思想,高度重视农村苏区的武装斗争。周恩来卓有成效的工作,终于消除了上下左右重重阻力,统一了党的指导思想,此后即更加坚定地引领全党全军,走上农村包围城市,武装夺取政权的正确道路。

(本文发表于第三届周恩来研究国际学术研讨会论文集《二十一世纪周恩来研究新视野》,中央文献出版社 2009 年版)

周恩来与中国共产党的建设

周恩来是中国党和国家的卓越领导人，是中华民族和中国共产党人的优秀代表，是 20 世纪世界知名的伟人，他对中国共产党的建设和发展做出了不可磨灭的贡献。

一、中国共产党的发起者和创建人之一

1976 年周恩来逝世后，邓小平代表中共中央宣读的"悼词"说周恩来 1922 年入党。在此前后数十年间，我国出版的有关著作、教科书和报刊文章，对周恩来是中共创建人之一的历史地位也从未有人提及。笔者在研究工作中，审阅了大量原始档案资料，并于 1979 年 11 月 3 日和 1980 年 7 月 5 日，两次亲自访问周恩来的入党介绍人张申府，详询周入党情况①之后，发现这一说法不符合事实。笔者在全面具体历史地分析了上述资料后，于 1983 年 9 月中旬写出《关于周恩来入党时间问题的探讨》一文，提出了与"悼词"不同的观点："周恩来1922 年入党的说法，即使是组织裁定，也是不完全合理，不符合实际情况的。""周恩来 1921 年 3 月，在巴黎经张申府、刘清扬介绍加入共产党，他是巴黎共产党早期组织的成员，这个小组是为准备和发起正式成立中国共产党而在国内外先后成立的八个共产主义小组之一……1921 年 7 月，中国共产党正式成立后，包括周恩来在内的巴黎共产党早期组织的成员，和国内六个小组和日本小组的成员，都是当然的中国共产党员，同属 1921 年入党的第一批中国共产党党员"

---

① 《张申府谈旅欧党团组织活动情况》，1979 年 11 月 3 日，载 1981 年 5 月《天津文史资料选辑》第 15 辑；《张申府谈巴黎共产主义小组和周恩来同志入党前后的一些情况》，1980 年 7 月 5 日，存南开大学周恩来研究室。

①，是党的发起人和创建人之一。因与中央说法不同，此文发表前，1983 年 9
月 20 日，笔者先致信"小平同志并党中央"，建议更正周恩来的入党时间。②10
月 8 日，中央文献研究室来信说："您寄给小平同志的信及《周恩来入党时间问
题的探讨》一稿已转来我室。经研究，我们认为：周恩来同志在旅欧期间的 1921
年参加共产主义小组，1922 年经中共中央批准为中国共产党员"，该信同时提
出"您这篇文章可作为讨论文章发表"。③1984 年 8 月，《周恩来入党时间问题
的探讨》在《南开学报》第 4 期发表后，我又立即将该文寄给"胡耀邦同志并
党中央"。1985 年春，中央文献研究室秘书长朱同顺同志面告："你给耀邦的信
和文章，已批给中央组织部和我室研究，提出意见报中央审批。现我们和中组
部已经组成联合小组研究，并复印了你的文章，发到每个小组成员，作为主要
参考。"1985 年 6 月 3 日，中共中央批准中央组织部关于重新确定周恩来入党
时间为 1921 年的报告。1985 年 7 月，《党的文献》和《党史研究》第 4 期同时
公布这一结果，该期同时发表中央文献研究室的《周恩来的入党时间是 1921
年》一文，对此问题作全面说明。此后，全国许多报刊都报道了党中央的决定，
中外许多有关学者都采用了周恩来 1921 年入党的说法，公认他是党的创建人之
一。1988 年著名苏联科学院主席团委员、史学部主任齐赫文斯基院士发表《周
恩来与苏联》一文，称赞"周恩来在中国被公正地认作中国共产党的创建者和
第一批成员之一"④。1998 年，原国家主席杨尚昆发表《相识相知五十年》一
文，肯定周恩来"是中共第一批党员和创建人之一"⑤。

二、中国共产党创建时期的贡献

周恩来在中国共产党创建时期的主要贡献可以概括为：（1）在中共正式建
立前后，积极宣传马克思主义。1920 年 1 月在南开大学学习期间，周恩来因领
导反帝爱国学生运动被捕，关押近半年之久。在狱中他组织难友反迫害斗争，
并于 5 月 28 日、31 日，6 月 2 日、4 日、7 日五次向全体难友系统宣讲马克思

---

① 刘焱：《关于周恩来入党时间问题的探讨》，《南开学报》1984 年第 4 期。

② 刘焱 1983 年 9 月 20 日致"小平同志并党中央"信。

③ 中共中央文献研究室 1983 年 10 月 8 日《致刘焱信》。

④ ［苏联］齐赫文斯基：《周恩来与苏联》，见刘焱主编：《中外学者论周恩来》，南开大学出版社，1990
年版。

⑤ 杨尚昆：《相识相知五十年》，见《周恩来百周年研讨会论文集》，中央文献出版社，1999 年版。

主义。（2）1921年3月加入中国共产党后，积极参与创建并领导中共旅欧党团组织。（3）1921年至1924年旅欧期间，先后发表《西欧的"赤"况》《共产主义与中国》《革命救国论》《俄国革命失败了么？》等文章，积极参与并推动批判无政府主义和国家社会主义等机会主义的斗争，对确立马克思主义在中国的优势，对早期党的建设都有重要影响。（4）在建党工作中，坚持以马克思主义的科学理论为行动指南，把思想建设放在首位，强调共产党人要坚持共产主义科学信仰。（5）从建党开始即坚持民主集中制的组织原则，重视发扬民主，也反对极端民主化倾向。（6）1922年发表《宗教精神与共产主义》一文，反对把党与宗教等同，反对对党领袖的个人迷信，也反对奴隶主义；提出个人、组织和领袖关系的正确原则。（7）十分重视干部的培养和训练。[①]

综上所述，周恩来早期建党理论与实践，使他参与领导创建的中共旅欧党团组织，成为当时全国各地最坚强的党团组织之一，为党培养了一批马克思主义水平较高、作风较好的干部，如朱德、邓小平、陈毅、聂荣臻、李富春、李维汉等，对中国革命和建设事业的胜利有长期深远的影响。

三、担任党中央核心领导成员时间最长，对党的第一、二代领导集体的形成有重大贡献

周恩来从1927年5月任中央政治局委员，到1976年逝世，在近半个世纪的岁月中，一直是党和国家核心领导成员，他担任党和国家领导职务的时间比列宁、斯大林、毛泽东都长，世所罕见。

众所周知，毛泽东能成为党的领袖，党的第一代领导集体的形成，周恩来的支持和谦让起了关键作用。遵义会议上在周恩来等的支持下，毛泽东被选为中央常委，开始进入党中央的领导核心。常委分工，周恩来是党在军事方面"下最后决心的负责者"，毛泽东是"周恩来在军事指挥上的帮助者"。[②]后来的实践证明，毛泽东在军事战略和决策上有过人之处，周恩来出于对革命前途和命运的考虑，在1935年11月红军长征到达陕北后召开的政治局会议上主动让贤，力举毛泽东为军委主席，自己甘当副主席。[③]这是他高尚人格品质的重要表现，

---

① 中共中央文献研究室编：《周恩来年谱（1920～1924）》，中央文献出版社，1998年版；南开大学周恩来研究室编：《周恩来青少年时代纪事》（1920～1924），《天津文史资料选辑》第15辑，天津人民出版社，1981年版。

② 陈云：《遵义政治局会议传达提纲》，1935年2月手稿。

③ 中共中央文献研究室编：《周恩来传》（上），中央文献出版社，1998年版，第369页。

是毛泽东后来成为全党领袖和党的第一代领导集体逐步形成的关键一步。

在"文化大革命"中，周恩来未被信任，事先不知内情，处境十分艰险。有时甚至孤军奋战、腹背受敌，并被迫说过一些违心的话，做过一些违心的事，但他忍辱负重、坚守岗位，以对国家人民高度负责的赤诚，"我不入地狱谁入地狱"的献身精神，发挥高超的领导艺术，苦撑危局，沉着应对各种复杂局面，与"左"倾错误和"四人帮"进行了迂回曲折的艰苦斗争，使国家机器勉强维持运行，国脉民命尚能维系。特别是他想尽各种办法，机智地保护了一大批忠诚的老干部，抓住有利时机，落实干部政策，陆续安排他们到各个重要岗位，大力促成和支持邓小平复出，为纠正"文革"和毛泽东晚年"左"倾错误，恢复党的正确路线，为以邓小平为核心的党的第二代领导集体的形成，在思想上、组织上、干部上做了准备，打下了初步的基础。人们认为，周恩来在危局中不露声色地所走的几招高棋，不论对当时还是毛周后时代中国的命运和前途，都有巨大而深远的影响。在一定意义上可以说，没有周恩来就没有以邓小平为核心的党的第二代领导集体。

四、多次挽救党于危亡之际

（一）指导全党开展武装斗争，创建农村革命根据地

1927 年蒋介石、汪精卫先后叛变革命后，共产党人遭血腥屠杀，周恩来英勇无畏率先举起武装斗争大旗，毅然领导"八一"南昌起义，打响武装反抗国民党屠杀的第一枪。此后直到 1935 年底的 9 年间，他作为中共中央常委兼中央军委书记，是中共军事方面的最高统帅，一直领导全党，在全国各地开展武装斗争，仅仅经过三年多时间，到 1930 年 3 月，红军连同地方武装，已发展到 10 万多人。在周恩来主持下，红军统一建制，包括朱毛领导的红四军在内，共编为 13 个军，全国建立了大小 15 个农村根据地，后来红一、二、四方面军三大主力，这时已具雏形。[①]

（二）指导几乎被打散的白区党组织开展英勇的地下斗争

1927 年 4 月起，蒋、汪先后叛变，成千上万共产党人惨遭屠杀，6 万多共产党员到年底只剩 1 万多人。许多党组织已涣散瓦解。1928 年 1 月 10 日中共中央政治局决定，周恩来任组织局主任，负责中央日常工作。他坚持在上海领

---

① 中共中央文献研究室编：《周恩来传》（上），中央文献出版社，1998 年版，第 233～244 页。

导全党改变斗争方式，迅速转入地下，建立一套适应地下斗争需要的工作原则、纪律和方式方法，还创建了党的秘密情报、机要、保卫、电信、交通等工作，经过近三年的艰苦斗争，逐渐恢复，重建和发展巩固了党组织。到1930年，全国党员又发展到10多万人，比过去力量更加强大。①

（三）主持遵义会议，挽救党和红军

1935年1月，红军长征的危急关头，周恩来在贵州遵义主持召开中央政治局扩大会议，批判"左"倾军事路线，改组了中央领导，取消了博古、李德的错误领导，支持选举毛泽东担任中央政治局常委，进入中央领导核心。毛泽东也认为，周恩来对开好遵义会议起了关键作用，多次说过："没有周恩来，遵义会议开不起来！"②学术界公认：遵义会议挽救了党和红军，而周恩来对开好会议起了关键作用。

五、强调思想建设是建党的首要问题

早在建党初期，周恩来就明确指出：俄国革命之所以能成功，"乃正因为工人阶级有了一个忠实的共产党"。这个政党要做无产阶级的"先驱"和"向导"③，就必须以先进的理论为指南，而马克思的共产主义学说，就是"无产阶级全体的救时良方"。中国"除去努力预备革命，实行共产革命外，实在无法可解"。④为此，他在建设与领导旅欧共产主义党团时，特别注重思想建设，坚持以马克思主义为党的思想指导，在章程中规定，把学习、研究马克思主义，作为"根本任务"。他还组织领导旅欧共产主义党团组织的机关刊物《少年》和《赤光》，大力宣传马克思主义，批判无政府主义和各种机会主义思潮，明确指出：它们"更是陷中国于歧路中的麻醉剂"，而共产主义"在今日全世界上已成为无产阶级全体的救市良方"；并系统阐明只有共产主义才能救中国的伟大真理。⑤

民主革命时期，周恩来在斗争实践中感到随着农村革命根据地的扩大，农民成分党员的增加，各种错误的小资产阶级思想，必然反映到党内来，危害党

---

① 中共中央文献研究室编：《周恩来传》（上），中央文献出版社，1998 年版，第 227～251 页。

② 中共中央文献研究室编：《周恩来传》（上），中央文献出版社，1998 年版，第 349～351 页；王行娟：《贺子珍的路》，作家出版社 1985 年版。

③ 周恩来：《论工会运动》，《少年》1922 年第 6 期。

④ 周恩来：《共产主义与中国》，《少年》1922 第 2 期。

⑤ 周恩来：《共产主义与中国》，《少年》1922 第 2 期。

的事业。他具体指出小资产阶级思想在党内的各种表现：如"左"倾冒险、右倾悲观、家长制、极端民主化、绝对平均主义、小组织倾向、个人义气之争等，明确指出："农民意识将影响到党的组织路线"①。鉴于这些错误意识"时时在破坏党的组织，妨碍党的工作"，他要求全党，"应坚决的起来奋斗，肃清一切小资产阶级的意识"②。

在此后艰难曲折的革命历程中，周恩来还多次根据中国党的特点，强调要加强无产阶级思想领导，克服小资产阶级思想影响。这对中国共产党的建设有重要指导意义。

六、高度重视党的组织建设

无产阶级的力量就在于组织。共产党要成为坚强的领导核心，它自身首先就应当是一个坚强的组织。因此，在加强党的思想建设的同时，也必须加强党的组织和作风建设，在这方面周恩来也有重要贡献。

（一）坚持贯彻民主集中制，完善党的组织制度

民主集中制是无产阶级政党的根本组织制度，是马克思主义建党学说的一个重要原则。早在旅欧党团创建初期，周恩来就坚持民主集中制原则，强调民主和集中的统一。他指出："共产党当然不要'既不能令又不受命'的自由论者，但共产党也未曾造出蠢如鹿豕只知服从的党员。"③既反对无组织无纪律的极端民主化，也要反对盲目服从的奴隶主义，反对封建家长制的领导形式，周恩来在各个革命时期都强调每个党员必须严格遵守党的纪律，服从党的决定，贯彻党的民主集中制原则，党的领袖也不例外。与此同时，他又反对把领袖当神崇拜，指出："共产党人一方服从领袖指挥，一方时时监督其行动。"党员对待领袖，不能像教徒对神父、牧师那样"心知其非，口亦不敢言"④。社会主义建设时期，周恩来又强调："政治上的制度要适合社会主义的经济基础，也要改革，要改革成为民主集中制。又有民主，又有集中；又有自由，又有纪律；又有个性的发展，又有统一意志。"⑤他还强调，在社会主义改造完成之后，扩大民主

---

① 中央档案馆编：《中共中央文件选集》第 3 册，中央党校出版社，1989 年版，第 272 页。
② 《周恩来选集》（上卷），人民出版社，1980 年版，第 11 页。
③ 周恩来：《宗教精神与共产主义》，《少年》1922 年第 2 期。
④ 周恩来：《宗教精神与共产主义》，《少年》1922 年第 2 期。
⑤ 《周恩来选集》（下卷），人民出版社，1984 年版，第 266～267 页。

更具有重大意义。

（二）注重党员质量和干部培养，加强基层组织建设

周恩来一贯重视党员和干部培养，他主持旅欧党团时，就有计划地开展内部训练，组织同志学习马克思主义理论，确立共产主义信仰；又选送一批青年骨干，去苏联学习培养。对于发展党员，他指出："重在质量的选择，要有一人能得一人之用。"[1]干部要德才兼备，"挑选干部的标准，政治标准与工作能力，二者是缺一不可的，而政治上可以信任是先决问题"[2]。

党的基层组织是党的基本战斗单位，是党组织党员和群众进行斗争的堡垒，周恩来十分重视，他指出，党的基层支部应当"成为群众的核心"，"政治的宣传鼓动，群众的组织，只有支部才能深入；日常的斗争，只有支部才能灵敏地领导"。[3]

（三）坚持实事求是，反对"左"和右的错误倾向

周恩来十分重视党内正确开展反对错误倾向的斗争，既反右，又反"左"。在第二次国内革命战争期间"左"倾错误统治时期，他就批判过"'左'比右好"的错误观念。当时"左"倾中央以组织手段推行其貌似革命的错误主张，党内普遍存在一种"宁'左'勿右"的错误思想，周恩来明确指出这种观念也是错误的，"要知右倾会阻碍革命与断送革命的，而'左'倾也同样会障碍革命与断送革命的"[4]。他要求同志们坚决反对"'左'比右好"的错误思想。在"左"倾在党中央占统治地位时，周恩来就勇敢地提出如此深刻的见解，是非常难能可贵的，至今仍有现实意义。

在党内反倾向斗争中，周恩来强调正确开展批评，从思想上解决问题。他主张批评要心平气和，摆事实，讲道理，以理服人，既弄清思想，又团结同志。反对个人意气之争，人身攻击，残酷斗争，无情打击，搞惩办主义。[5]

七、倡导优良作风，搞好党风建设

党风建设是党的建设的一个重要方面。党风是党的世界观在行动中的表现，

①《周恩来选集》（上卷），人民出版社1980年版，第20页。
②《周恩来选集》（上卷），人民出版社1980年版，第130页。
③《周恩来选集》（上卷），人民出版社1980年版，第13页。
④《周恩来选集》（上卷），人民出版社1980年版，第52页。
⑤《周恩来选集》（上卷），人民出版社1980年版，第9～10页。

它反映党的性质。党风的好坏关系党的事业的成败，关系党的生死存亡。周恩来是党的优良作风的倡导者，是优良作风的楷模。他倡导的优良作风，自己首先做到，概括起来主要有以下方面：

（一）爱国爱民，鞠躬尽瘁，极端负责。

（二）实事求是，理论联系实际。

（三）发扬民主，平等待人。

（四）密切联系群众，贯彻群众路线。

（五）坚持真理，修正错误，严于律己，宽以待人，认真开展批评自我批评。

（六）清廉简朴，勤政爱民。

（七）以身作则，率先垂范。

（八）遵纪守法，严明纪律，等等。

周恩来谦虚谨慎，言行一致，他真正全心全意地为国家人民服务，他倡导的党的优良作风，自己首先做到了，而且做得很自然得体。他是党的优良作风的楷模，是中国共产党人和中华民族的优秀代表。他的光辉思想、丰功伟绩、高尚品德和优良作风，不但深受亿万中国人民的衷心敬爱，而且获得世界舆论的普遍赞誉和尊敬，其精神感人之深是罕见的。人们认为：在众多中外政治家中，无论是道德品质还是政治品质，他都是万人称颂，给后代留下深刻印象和影响的人格典型。他是一位不愿给自己建造纪念碑的人，但在亿万人民心中，已为他塑造了一座非人工所能建造的丰碑。

（本文发表于《淮阴师范学院学报》2011 年第 5 期）

学习周恩来在社会主义建设时期
实事求是的思想

　　周恩来是举世闻名的无产阶级革命家。他一生提倡实事求是，讲真话，办实事，并且身体力行，言行一致，鞠躬尽瘁，死而后已。他的这种精神，体现了我们民族的优良气质和我们党的优良作风，获得了全党和全国人民的衷心爱戴。

　　实事求是，理论联系实际，是马列主义的根本原理。中国共产党有着实事求是、全心全意为人民服务的优良传统。在长期革命斗争中，党培育出许多无产阶级革命家，周恩来就是其中杰出的代表。从新中国成立之初到1976年他去世，周恩来一直担任政府总理。他昼夜操劳，日理万机。举凡国家的政治、经济、军事、外交、文化教育、科学卫生的大事，都需要他过问处理。从世界大事到人民群众的日常生活，无一不在他的关怀之中。在复杂繁忙的工作中，他始终坚持谦虚谨慎，不说空话，实干苦干。他的许多文章、讲话和实际行动，都闪耀着实事求是精神的光芒。

　　1956年初，我国生产资料私有制的社会主义改造取得了决定性胜利，工农业生产有了较快的发展。在这种大好形势下，党内有些同志头脑开始发热，出现了急躁冒进情绪，提出了"提早完成工业化"的口号，把说实话、实事求是当成右倾，错误地开展了反右倾保守的斗争。当时，周恩来敏锐地觉察到这种不实事求是、不尊重客观经济规律的错误倾向，以对革命高度负责的精神和无私无畏的勇气，发表了《经济工作要实事求是》的重要讲话，批评了急躁冒进情绪，明确指出，"不要光看到热火朝天的一面。热火朝天很好，但应小心谨慎"，"现在有点急躁的苗头，这需要注意"。他提出警告说："超过现实可能和没有根据的事，不要乱提，不要乱加快，否则就很危险。"他坚决反对说空话大话，反复强调要实事求是。他明确指出："绝不要提出提早完成工业化的口号。冷静地算一算，确实不能提。"他要求"各部门订计划，不管是十二年远景计划，还是今明两年的年度计划，都要实事求是"。他尖锐地指出："领导者的头脑发热了的，用冷水洗洗，可能会清醒些。"他强调指出："各部专业会议提的计划数字都很大，请大家注意实事求是。"①

同年四五月间，他发表了《关于昆曲〈十五贯〉的两次讲话》，表扬《十五贯》思想性很强，反对主观主义、官僚主义，"称赞了实事求是严肃认真的作风"；并指出，"群众本质上是实事求是的，但有时也会被大浪压下去。所以我们要时刻保持清醒的头脑"②。

这一年的九月，周恩来在党的第八次全国代表大会上作《关于发展国民经济的第二个五年计划的建议的报告》，又一次指出："在我们政府的工作中，虽然取得了巨大的成绩，但是决不容许我们有丝毫的骄傲自满。""在我们这样一个地区广阔、情况复杂并且经济上正在剧烈变革的国家里，任何疏忽大意，都可能发生重大的错误，造成重大的损失。因此，克服主观主义和官僚主义，对我们有着特殊重要的意义。"他强调要"实事求是地估计到第二个五年计划期间国内外的各种条件，进行全面的规划。这样，才有可能使计划既积极而又稳妥可靠"。③

党的"八大"接受了周恩来等同志的正确意见，通过了既反保守又反冒进，即在综合平衡中稳步前进的既积极又稳妥的方针。1957年的经济工作，由于认真执行了这一正确方针，取得了很好的效果。不幸的是，这一正确方针没有被认真坚持下去。由于对社会主义建设经验不足，一些领导同志在胜利面前滋长了骄傲自满情绪，急于求成，夸大了主观意志和主观努力的作用，不按客观规律办事，没有经过认真调查研究和试点，就轻率地发动了"大跃进"和农村人民公社化运动。加之，政治上的反右派斗争严重扩大化的影响，把说真话、实事求是当成右倾，错误地开展了反右倾斗争，大大助长了"左"倾思想的发展，使得以高指标、瞎指挥、浮夸风和"共产风"为主要标志的"左"倾错误严重地泛滥开来，使国民经济和党的正常民主生活遭到严重损害，使国家和人民遭受重大损失。

从1960年冬起，党中央开始纠正农村工作中的"左"倾错误，并决定对国民经济实行"调整，巩固，充实，提高"的方针。周恩来随即和毛泽东等中央其他领导同志一起，主持制定和执行了一系列正确的政策，采取有效措施，纠正"大跃进"的错误。

---

① 《周恩来选集》（下卷），人民出版社，1984年版，第190～191页。
② 《周恩来选集》（下卷），人民出版社，1984年版，第198页。
③ 《周恩来选集》（下卷），人民出版社，1984年版，第224页。

1961 年 3 月，周恩来在中央工作会议中做了《调查研究，实事求是》的讲话，指出："进城以后，特别是这几年来，我们调查研究较少，实事求是也差，因而'五风'刮起来就不容易一下子得到纠正"。他提出要提倡调查研究之风，发扬实事求是精神，并且在当时那种情况下难能可贵地指出："是好是坏，要从客观存在出发。不能从主观想象出发。进行调查研究，必须实事求是"[①]。他身体力行，亲自到河北农村蹲点，深入调查研究。他根据所了解的农村真实情况和绝大多数社员的真实意见，提出了取消过早实行的供给制、解散公共食堂、让社员回家做饭、恢复高级社评工记分的办法等正确意见。

1962 年 1 月，中央召开了扩大的中央工作会议，总结"大跃进"中的经验教训，开展批评与自我批评。周恩来针对几年中发展起来的说假话、大话、空话，弄虚作假，浮夸的歪风，发表了《说真话，鼓真劲，做实事，收实效》的重要讲话。他指出，"这几年来，党风不纯，产生了浮夸和说假话的现象。我们要提倡说真话"，"即使是讲过了火的也要听。唐代皇帝李世民，能听魏徵的反对意见，'兼听则明'，把唐朝搞得兴盛起来"。他尖锐地指出："他们是君臣关系，还能做到这样，我们是同志关系，就更应该能听真话了。""大家都说假话，看领导的脸色说话，那不就同旧社会的官场习气一样了吗？"

周恩来明确指出："我们要做实实在在的事，做实事，收实效，才会对人民有利。"他反复强调，最重要的是实事求是。他指出："说真话，鼓真劲，做实事，收实效。这四句话归纳起来就是：实事求是。""鼓干劲也要实事求是。"[②]

十年内乱期间，周恩来处于非常困难的地位，但他仍机智勇敢地以各种方式坚持实事求是精神，反对极"左"思潮。他顾全大局，呕心沥血，任劳任怨，为继续进行党和国家的正常工作，为保护党内外大批干部，为尽量减少"文化大革命"所造成的损失，不论在政治、经济、外交还是文教科技等方面，都尽力纠正"左"的错误，同林彪、江青反革命集团进行了各种形式的斗争，直至他生命的最后一息。在极其艰难复杂的斗争中，他的言行仍散发出实事求是精神的光辉！

怎样才能坚持实事求是精神呢？在周恩来的报告和讲话中，对此有许多重要论述，归纳起来有以下几点：

第一，领导要以身作则。他指出："要大家讲真话，首先要领导上喜欢听真话，反对说假话。"对于"大跃进"的错误，尽管在某些领导的急躁冒进情绪刚

---

① 《周恩来选集》（下卷），人民出版社，1984 年版，第 313 页。
② 《周恩来选集》（下卷），人民出版社，1984 年版，第 349、350 页。

露头时，周恩来就提出过警告，反复强调要实事求是。但当他无法控制局势时，又勇于承担领导者的责任，严肃地进行自我批评。他说："你们反映的情况我们听起来觉得很痛心。你们说假话当然不对，但更重要的是我们压你们，从现在起，不要乱压任务、乱戴帽子了。"①

第二，要注重调查研究。周恩来认为，调查研究与实事求是是互为条件、相辅相成的。要达到对实事求是的正确认识，"首先要认真地调查研究"。而调查研究，又必须以实事求是的科学态度为前提。他强调："调查研究要实事求是，不能乱搞。"②这对于领导者具有更为重要的意义。只有认真调查，弄清客观真实情况，才能做出正确的决策。周恩来一贯十分注重调查研究。他在为党和国家做出重大决策时，经常以他特有的实干作风，采取多种形式，亲自进行认真的、系统的、周密的调查研究。

第三，要发扬民主。过去之所以出现说假话、大话，浮夸成风，说真话、实事求是的反而挨整，根本原因之一就是党内正常民主生活遭到破坏。周恩来认为：只有领导上发扬民主，有听取不同意见的民主精神，人们才敢讲真话，才能做到实事求是。他指出："在战争年代，军队讲民主，就能打胜仗。……军队能够讲民主，为什么党内不能讲民主呢？"他反复强调，"党内要有正常的民主生活，要实事求是，要按照党章办事"，"党内正常的民主生活要尽快恢复起来"。③

第四，要密切联系群众，坚持群众路线的工作作风。周恩来认为，过去战争年代，我们与老百姓的关系很密切，后来就不一样了，特别是某些运动的消极影响，使得群众不敢讲真话。因此，周恩来指出："你要了解真实情况，就要与老百姓平等相待。""要搞好调查研究，就要真正联系群众。""智慧是从群众中来的，但对群众的意见领导方面还要加工，然后回到群众中去考验，在这基础上再加工。"他强调："目前的毛病，还是我们发号施令太多，走群众路线太少。"他极有眼光地指出："脱离我们的基本阶级群众，就会丧失党的基础。"④

六十多年来，我们党所走过的曲折道路反复说明：坚持实事求是，按客观规律办事，革命和建没就会取得胜利，党和国家就会兴旺发达；反之，就会遭

①《周恩来选集》（下卷），人民出版社，1984 年版，第 349 页。
②《周恩来选集》（下卷），人民出版社，1984 年版，第 350、346 页。
③《周恩来选集》（下卷），人民出版社，1984 年版，第 351、352 页。
④《周恩来选集》（下卷），人民出版社，1984 年版，第 350、351 页。

受失败和挫折，给革命事业和人民群众带来巨大损失。周恩来在社会主义建设时期的实事求是的思想和作风，有力地证明了这是一条颠扑不破的真理。周恩来的这种精神，是我们党的宝贵财富，在纪念周恩来同志逝世十周年之际，学习和发扬他在社会主义建设时期的实事求是精神，具有重要的现实意义。

（本文发表于 1986 年 1 月 10 日《人民日报》）

周恩来建设新中国经济的理论丰富和
发展了毛泽东思想

 毛泽东思想是指导我国革命和建设取得胜利的思想武器，是中国共产党人集体智慧的结晶。周恩来是我们党和国家的主要领导人之一。我国社会主义改造和建设的曲折坎坷的历程证明，周恩来建设新中国经济的思想理论是正确的，它丰富和发展了毛泽东思想。我们认真总结新中国建设的经验教训，研究周恩来的经济思想，对于鉴往知来，建设有中国特色的社会主义，至今仍有重要的理论意义和现实意义。

 周恩来建设新中国经济的主要指导思想，可概括为以下几点：

 （一）在有各阶级存在的新民主主义时代，有"五种经济"并存。向社会主义过渡是一个相当长时期的任务，只有全国人民在自己实践中认识到这是唯一最好的前途，才会真正承认它，并愿意全心全意为它而奋斗

 周恩来一贯重视把马克思主义的基本原理和中国革命具体实际结合起来。1949 年 9 月，他受党中央委派，主持起草了一个适合中国国情、颇具中国特色的人民政协共同纲领，并在会上作了报告。他强调，"新民主主义时代既有各阶级存在"，也有国营、个体、合作社、私人资本主义和国家资本主义"五种经济"并存；在这个历史时代要以建设新民主主义的新中国为奋斗目标，建立"新民主主义的政治制度""军事制度"，执行"新民主主义的经济政策""文化政策""民族政策""外交政策"。他对这些制度和政策作了精辟扼要的论述。并强调指出，"在讨论中曾有一种意见，以为我们既然承认新民主主义是一个过渡性质的阶段，一定要向更高级的社会主义和共产主义阶段发展，因此总纲中就要明确把这个前途规定出来。筹备会讨论中，大家以为这个前途是肯定的，毫无疑问的，但应经过解释、宣传，特别是实践来证明给全国人民看。只有全国人民在自己的实践中认识到这是唯一最好的途径，才会真正承认它，并愿意全心全意为它而奋斗。所以现在暂时不写出来，不是否定它，而是更加郑重地看待它"①。

不久，周恩来又强调：由新民主主义到社会主义"要经过相当长的过渡时期"。"虽然是一场革命，但可采取逐步的和平转变的办法，而不是一天早晨突然宣布实行社会主义。"②

从以上言谈可以看出，当时以周恩来为代表的中国共产党人识高瞻远、严肃郑重、谦虚谨慎的风度。他的这些论述，是从中国的国情出发，符合马克思主义的。这些理论，经过几十年的实践证明是正确的。

"文化大革命"以后，以邓小平为核心的党中央认真总结了新中国成立以来的经验教训，进行了经济和政治体制的改革，基本上又回到周恩来设想的思路上来，并有新的创造和发展。

（二）中国人民革命的根本目的是解放我国的生产力，提高人民生活水平。新中国成立后，经济建设工作在整个国家生活中已经居于首要地位。增加生产，对国家人民具有决定意义

新中国成立初期，周恩来指出："现在全国工作已开始从军事方面转向建设方面。"③恢复和发展生产是新中国的基本任务。经过3年经济恢复，进入有计划建设时期，周恩来以战略眼光及时提出："经济建设工作在整个国家生活中已居于首要地位。"④此后，不管政治运动怎样频繁，甚至在"以阶级斗争为纲"的日子里，他仍极为关心生产和人民生活，从革命最终目的的战略高度，反复阐明发展生产的本质意义。1954年，他深刻地指出："我国伟大的人民革命的根本目的，是从帝国主义、封建主义和官僚资本主义的压迫下，最后也从资本主义束缚和小生产的限制下面，解放我国的生产力，使我国国民经济沿着社会主义道路得到有计划的迅速发展，以便提高人民的物质生活和文化生活水平。"⑤他强调"增加生产对于我们全体人民，对于我们国家，是具有决定意义的"。又明确指出，只有生产不断增加和扩大，"才能逐步克服我们人民的贫困，才能巩固我们人民革命的胜利，才能有我们将来的幸福。而损害生产，"也就是损害我们将来的幸福"。⑥

1958年的"大跃进"，严重破坏了工农业生产，周恩来又与毛泽东等中央

①《周恩来统一战线文选》，人民出版社，1984年版，第144～149页。

②《周恩来选集》（下卷），人民出版社，1984年版，第104～107页

③《周恩来选集》（下卷），人民出版社，1984年版，第2页。

④《周恩来选集》（下卷），人民出版社，1984年版，第3页。

⑤《周恩来选集》（下卷），人民出版社，1984年版，第132～133页

⑥《周恩来选集》（下卷），人民出版社，1984年版，第144～145页

领导一起，制定了对国民经济实行调整、巩固、充实、提高的方针。经过几年努力，国民经济得以迅速恢复。"文化大革命"的十年动乱期间，周恩来在处境极端困难的情况下，仍紧抓生产，关心人民生活。在他的艰苦支撑下，国家机器维持运转，国民经济免于崩溃，减轻了国家人民的损失。

（三）实现工业、农业、国防、科技四个现代化，建立独立完整的工业体系，把我国建成强大的社会主义的现代化的工业国家

在我国有计划的经济建设开始后不久，1954 年，周恩来首次提出了建设强大的现代化工业、农业、交通运输业和国防的要求，号召全国人民团结起来，把我国建成强大的现代化的工业国家。

1956 年，他在党的"八大"上提出，"要在大约三个五年计划时期内，基本上建成一个完整的工业体系"①，强调"要使自己有一个独立的完整的工业体系"②。1963 年，他再次提出了"我们要实现农业现代化、工业现代化、国防现代化和科学技术现代化"的要求，并全面、系统、深刻地论述了"建成社会主义强国，关键在于实现科学技术现代化"这一思想。③这是对毛泽东思想的重要拓展。

经过"文化大革命"的大破坏，周恩来在身患绝症的晚年，又强忍病痛，在 1975 年的四届人大会上，响亮地发出了"向四个现代化的宏伟目标前进"④的伟大号召。

从 1954 年到他逝世的 20 多年中，周恩来一直以炽热的爱国爱民的深情，在各种重要会议和报告中，将把我国建成社会主义强国问题先后讲过 7 次，一次比一次充实、丰富、深刻。

（四）新中国的建设是在贫穷落后的旧中国的基础上开始的，起点很低，必须从中国的国情出发，稳健地建设社会主义

周恩来在中国革命和建设事业中，一贯重视了解和分析中国的国情。他反复强调我国经济文化落后，人口众多，各地自然条件和发展水平相差极大，情况复杂，新中国的建设起点很低，"要经过一个相当长的时期，使我们的国家健全地、有步骤地、不急不躁地走向社会主义"⑤。

周恩来凭借其对马克思主义的高度修养和对国情的清醒认识，1956 年初，

---

① 《周恩来选集》（下卷），人民出版社，1984 年版，第 225 页。
② 《周恩来选集》（下卷），人民出版社，1984 年版，第 232 页。
③ 《周恩来选集》（下卷），人民出版社，1984 年版，第 412～416 页。
④ 《周恩来选集》（下卷），人民出版社，1984 年版，第 479 页。
⑤ 《周恩来选集》（下卷），人民出版社，1984 年版，第 12 页

当一些地区正忙于穷过渡时，大胆尖锐地指出："建成社会主义要消灭剥削和贫困，如果只是消灭剥削，贫困和愚昧还存在，就宣布进入社会主义了，会败坏社会主义声誉，人们会失望地说，'哦！原来社会主义就是这样！'"①在当时全国正竞相宣布进入社会主义的浪潮下，他逆流而进，大胆提出这些正确思想，是非常难能可贵的。

（五）坚持实事求是进行经济建设的指导思想

实事求是，是周恩来思想作风的一个突出特征，是毛泽东思想的活的灵魂。周恩来一贯把实事求是作为指导其一切活动的基本原则。尤其对关系国家民族命运，关系社会主义前途和声誉，关系亿万人民切身利益的经济建设问题，他采取了更加严肃郑重、实事求是的态度。他强调要"以辩证唯物主义思想作指导，辩证唯物主义思想能帮助我们更好认识客观规律，更好地发挥主观能动性"。②而辩证唯物主义的核心就是实事求是。

1956年初，正当全国各地热火朝天地掀起社会主义改造高潮的时候，周恩来及时强调指出："经济工作要实事求是。"他告诫："不要光看热火朝天的一面"。③他根据丰富的群众工作经验指出："群众本质上是实事求是的，但有时也会被大浪压下去，所以我们要时刻保持清醒的头脑。"④

他明确指出："进城以后，特别是这几年来，我们调查研究较少，实事求是也差，因而'五风'（按：指"大跃进"后出现的共产风、浮夸风、命令风、瞎指挥风、干部特殊化风）刮起来就不容易一下子得到纠正。"他强调调查研究要坚守三条原则："从群众来，到群众中去；集中起来，坚持下去；坚持真理，修正错误。"⑤

十年"文革"期间，周恩来仍机智勇敢地以各种方式，坚持实事求是精神，与林彪、江青一伙的各种破坏活动进行各种形式的斗争，使国家人民尽量减少损失，直至他生命的最后一息。

（六）制定既积极又稳妥的，在综合平衡中稳步发展国民经济方针

周恩来一贯坚持辩证唯物主义原则，强调对客观情况作全面分析，反对主观片面和官僚主义。1956年初经济建设中出现盲目冒进的倾向时，他及时提出批评。当年6月，他和刘少奇、陈云、李富春等同志一起，在中央政治局会议

---

①《党的文献》第2卷，第10～11页。

②《周恩来选集》（下卷），人民出版社，1984年版，第413页。

③《周恩来选集》（下卷），人民出版社，1984年版，第190～191页。

④《周恩来选集》（下卷），人民出版社，1984年版，第198页。

⑤《周恩来选集》（下卷），人民出版社，1984年版，第313～314页。

上制定了既反保守，又反冒进，在综合平衡中稳步前进的经济建设方针。9月，他在党的"八大"作报告，又进一步全面深刻地阐述了这一方针。他强调："第一，应当根据需要和可能，合理地规定国民经济的发展速度，把计划放在既积极，又稳妥可靠的基础上，以保证国民经济比较均衡地发展。""第二，应该使重点建设与全面安排相结合，以使国民经济各部门能按比例地发展。""第三，应该增加后备力量，健全物资储备制度。""第四，应该正确处理经济和财政的关系……用财政保证经济计划的圆满执行。"①党的"八大"接受了周恩来等同志的正确意见。1957年由于认真执行了这一正确方针，全国的工农业生产有了均衡健康的发展。

（七）从全局着眼，正确处理新中国经济建设中的各种关系

周恩来统观全局，非常重视处理好经济建设中各种关系。

新中国成立初期，他就全面分析了当时的财经形势，提出要正确处理城乡、内外、工商、公私、劳资、上下这六种关系；并深刻地阐述了党的公私兼顾、劳资两利、城乡互助、内外交流，自力更生为主，争取外援为辅，工业为主，引导商业为工农业的流通和人民生活服务等方针。在这些正确方针的指导下，被长期破坏了的经济很快得到恢复和发展。

进入大规模经济建设时期后，他又及时深刻阐述了经济建设中几个重要的方针性问题。比如，"要重工业，也要人民"②，按农、轻、重秩序安排生产③；摆好经济建设与国防建设关系的位置等。此外，他还对经济建设中的需要和可能、重点和一般、生产和基建、经济和财政、积累和消费、经济建设与国防建设和文教建设、物质建设和精神建设等问题，作了全面辩证的论述。这些论述是马克思主义和我国建设实际相结合的产物，是我国建设实践经验的总结，它丰富了毛泽东思想。

（八）建成社会主义强国，关键在于实现科学技术现代化

周恩来深刻地认识到科学技术对实现四化、振兴中华的关键作用。在担任总理的27年中，他一直把发展科技事业作为党和政府的重大决策之一，并有系统精辟的论述。

首先，他深刻阐述了发展科技事业的重要意义，指出：一、社会主义"归根结底是为了最大限度地满足整个社会经常增长的物质文化需要。……必须在高技术的基础上，使社会主义生产不断地增长，不断地改善。因此，在社会主

---

① 《周恩来选集》（下卷），人民出版社，1984年版，第218～222页。

② 《周恩来选集》（下卷），人民出版社，1984年版，第230页。

③ 《周恩来选集》（下卷），人民出版社，1984年版，第375页。

义时代，比以前任何时代都更加需要科学技术，更加需要充分地发展科学和利用科学知识"①。二、我国过去科学基础很差，我们要实现现代化，"把我们祖国建设成为一个社会主义强国，关键在于实现科学技术的现代化"②。三、科学技术的发展状况，决定着中华民族能否立于世界民族前列。四、要提高人民生活水平，就必须不断地发展社会生产力，不断地提高劳动生产率，关键是依靠科学技术。

其次，他提出了"实事求是，循序渐进，相互促进，迎头赶上"的实现科技现代化的方针。③他指出，"实事求是，循序渐进""是指要有科学的态度"，但同时"还要有雄心壮志"，"迎头赶上"。他认为"四个现代化要同时并进，相互促进，不能等工业化以后再来进行"农业现代化、国防现代化和科学技术现代化"。他号召科技人员树立民族自信心，"迎头赶上"，指出，"只有把实事求是，循序渐进，相互促进，迎头赶上统一起来"，才能使我们的科学技术"比较快地赶上世界先进水平"④。

再次，他分析了实现我国科技现代化的有利条件。

最后，对如何更快更好地实现科技现代化，他提出以下措施：一、"加强科技界人士的主人翁责任感"。二、"集中和加强科学技术力量"，分工合作，重点突破，联合攻关。三、"改进各方面的关系，首先是党群关系，领导与被领导关系"，"还有青老关系，师徒关系"；"认真实现领导、专家和群众的三结合"。⑤

周恩来的上述科技思想，是对毛泽东思想的重要拓展。

（九）独立自主，自力更生，对外开放与积极进行国际合作

独立自主，自力更生，是从国际形势和国内情况出发进行革命和建设的必然结论，是毛泽东思想的活的灵魂。周恩来一贯主张政治上坚持独立自主，经济上坚持自力更生，并把它作为处理外交内政的基本原则立场。他认为，我们获得的民族独立来之不易，应当十分珍视，不论在处理同西方还是同苏联的关系中，都要鲜明地坚持独立自主原则。新中国成立前他就说过："不要置于一个国家的影响之下，以致成为一国的工具。"新中国成立初期为对付美国威胁，他赞成与苏联结盟，但他牢牢掌握独立自主、内政不容干涉的原则，坚持在对外

---

① 《周恩来选集》（下卷），人民出版社，1984年版，第159～160页。

② 《周恩来选集》（下卷），人民出版社，1984年版，第412～415页。

③ 《周恩来选集》（下卷），人民出版社，1984年版，第412～415页。

④ 《周恩来选集》（下卷），人民出版社，1984年版，第412～415页。

⑤ 《周恩来选集》（下卷），人民出版社，1984年版，第412～415页。

经济交往中，不能绝对"一边倒"①。

他强调，"自力更生是革命和建设事业的基本落脚点"②，认为任何一个国家的建设都应主要依靠自己，应当有点独立能力，特别是像我们这样一个人口众多的大国，不能依赖外援，"不然一旦风吹草动，没有任何一个国家能够支援我们完全解决问题"③。

与此同时，周恩来也积极主张对外开放，开展国际合作，反对闭关锁国，盲目排外。他说："我们实行自力更生，也要积极进行国际合作。""自力更生，建立独立经济，并不排除和拒绝平等贸易、互通有无。""特别是经济不发达的国家，更需要发达国家的技术和设备。"④他强调关起门来搞建设的思想是错误的，不用说现在我国还很落后，"即使我们将来建成社会主义工业国之后，也不可能设想，我们就可以关起门来万事不求人了"⑤。

他又辩证地指出，"国际合作必须建立在自力更生的基础上"⑥，强调平等互利，互通有无，有来有往，"大家共同发展"，"目的就是求得人类繁荣"。如果说 1953 年他亲自提出的《和平共处五项原则》，是我国今天在全世界积极倡导建立国际政治新秩序先声的话，那么，1964 年他根据上述基本精神亲自提出的《对外经济援助的八项原则》⑦，则是我国倡导建立国际经济新秩序的先声。

（十）学习外国必须同独创精神结合，引进新技术必须同自己钻研结合

周恩来十分重视学习外国一切先进的东西。他说："一切国家都有长处，也有短处，有优点也有缺点。""我们应该学习一切国家的长处和优点"，包括"资本主义生产上的好技术，好的管理方法"。敢于这样做，"就是有自信心，也是有自尊心，也是能够自强的民族"。⑧

周恩来认为，"努力发明创造并不排除利用国外科技新成就"，"国外一切好的经验，好的技术，我们都要吸收过来，为我所用。"⑨拒绝向外国学习，盲目排外是不对的。当然，迷信外国，认为外国的东西都是好的，也是不对的。他

---

①　南开大学周恩来研究室编：《中外学者论周恩来》，南开大学出版社，1990 年版，第 377 页。

②　《周恩来选集》（下卷），人民出版社，1984 年版，第 440～441 页。

③　《周恩来选集》（下卷），人民出版社，1984 年版，第 232 页。

④　钱其琛：《认真研究周恩来的外交思想与实践》，《周恩来百周年纪念论文集》中央文献出版社，1999 年版。

⑤　《周恩来选集》（下卷），人民出版社，1984 年版，第 226 页。

⑥　《周恩来选集》（下卷），人民出版社，1984 年版，第 440～441 页。

⑦　《周恩来选集》（下卷），人民出版社，1984 年版，第 429 页。

⑧　钱其琛：《认真研究周恩来的外交思想与实践》，《周恩来百周年纪念论文集》中央文献出版社，1999 年版。

⑨　《周恩来选集》（下卷），人民出版社，1984 年版，第 440～441 页。

强调，学习外国必须同独创精神结合起来，引进新技术必须同自己钻研结合起来。对于引进的新技术如何消化、吸收、利用？他高度概括地提出了"一学、二用、三改、四创"的完整方针，给引进吸收外国新技术指明了具体的努力方向。

纵观周恩来建设新中国经济的思想，细查他的言行，可明显看出：他一贯坚持辩证唯物主义的基本立场；坚持马列主义同中国革命实际相结合，一切从实际出发，实事求是的原则；坚持革命勇气和科学态度结合起来。新中国建立后，他从中国国情出发，坚持集中力量发展社会生产力，把经济工作放在首位；坚持实事求是，稳步前进，规划出一套颇具中国特色的社会主义经济的路线和政策。尽管因为各种原因而未能完全实现，但几十年来的历史实践证明，他的建设新中国经济的指导思想是正确的。毛泽东思想是集体智慧的结晶。周恩来的经过历史实践检验证明是正确的上述思想理论，丰富和发展了毛泽东思想，至今仍有现实指导意义。

（本文发表于《理论与现代化》1992 年第 5 期）

周恩来对建设有中国特色社会主义经济的探索

周恩来在领导新中国经济建设的过程中，把马克思主义与中国国情紧密结合起来，坚持实事求是的原则，探索出一套颇具中国特色的社会主义经济建设的路线和政策，虽然由于"左"倾错误的干扰，未能完全实行，但实践证明是正确的。认真学习和研究周恩来的经济建设指导思想，总结新中国经济建设的经验教训，对于鉴往知来，建设有中国特色的社会主义，具有重要的理论意义和现实意义。

一、新中国的建设是在贫穷落后的旧中国的基础上开始的，起点很低，必须从中国的国情出发，稳健地、不急不躁地建设社会主义

周恩来在参与领导中国革命和建设事业中，非常重视了解和分析中国的国情。重视把马克思主义的基本原理与中国实际结合起来。新中国成立之初他就指出："我们所接收的旧中国满目疮痍，是一个破烂摊子……我们决不能随随便便地在破烂摊子上建设高楼大厦，那是不稳固的，必须打好基础。"[①]他反复强调我国经济文化落后，人口众多，各地自然条件和发展水平相差很大，情况复杂，新中国的建设起点很低，"要经过一个相当长的时候，使我们的国家健全地、有步骤地、不急不躁地走向社会主义"[②]。当毛泽东强调中国"一穷二白、人口众多"的有利方面，批判右倾保守思想，发动所谓的"反右倾"斗争，要求加快社会主义改造和建设，以致出现急躁冒进的时候，周恩来勇敢地提出"要

①《周恩来选集》（下卷），人民出版社，1984年版，第23页。
②《周恩来选集》（下卷），人民出版社，1984年版，第12页。

稳步前进，不能急躁"①，更不能盲目地急于求成。他公开批评了盲目冒进的倾向，尖锐地指出："超过现实可能性和没有根据的事，不能乱提，不要乱加快，否则很危险！""绝不要提出提早完成工业化的口号，冷静地算一算，确实不能提。""领导者的头脑发热了的，用冷水洗洗，可能清醒些。"②

1956 年初，当一些地区正忙于"穷过渡"，北京在天安门广场召开了 20 万人的各界群众大会，宣布社会主义改造已胜利完成，全国 50 多个大中城市纷纷效法的时候，周恩来以马克思主义的政治勇气和对国情的清醒认识针对时弊，明确指出，"建成社会主义，就要消灭剥削和贫困"。他认为如果只是消灭剥削，贫困和愚昧还存在，就宣布进入社会主义了，会败坏社会主义声誉，人们会失望地说："哦！原来社会主义就是这样！"③他旗帜鲜明地既反对急于求成的盲目冒进，也反对降低社会主义标准的"穷过渡"。当时他大胆提出这些正确思想，是非常难能可贵的。

二、由新民主主义向社会主义过渡是一个相当长时期的任务，不能急躁，"只有全国人民在自己实践中认识到这是唯一最好的前途，才会真正承认它，并愿意全心全意为它而奋斗"

1949 年 9 月，周恩来受党中央委派，主持起草了一个适合中国国情、颇具中国特色的人民政协共同纲领。他强调，"新民主主义时代既有各阶级存在"，也有国营、个体、合作社、私人资本主义和国家资本主义"五种经济"并存。在这个历史时期要以建设新民主主义的新中国为奋斗目标，建立"新民主主义的政治制度""军事制度"，执行"新民主主义的经济政策""文化政策""民族政策""外交政策"，他对这些制度和政策作了精辟的论述。关于向社会主义过渡，他强调，"应经过解释、宣传，特别是实践来证明给全国人民看。只有全国人民在自己的实践中认识到这是唯一最好的途径，才会真正承认它，并愿意全心全意为它而奋斗。所以现在暂时不写出来，不是否定它，而是更加郑重地看待它"④。

---

① 《周恩来选集》（下卷），人民出版社，1984 年版，第 113 页。
② 《周恩来选集》（下卷），人民出版社，1984 年版，第 104～107 页。
③ 1956 年 2 月 6 日，周恩来在全国政协第二届常委会第十七次会上的讲话。
④ 《周恩来统一战线文选》，人民出版社，1984 年版，第 144～149 页。

　　不久，周恩来又告诫："我们处在这样一个复杂的时代，中国又是这样一个复杂的社会，我们不能够冒进。否则违背了《共同纲领》，就要闯大乱子。"①他明确指出：由新民主主义到社会主义，"要经过相当长的过渡时期"。"虽然是一场革命，但可采取逐步的和平转变的办法，而不是一天早晨突然宣布实行社会主义。"他反复强调，"我们进行工作时要稳步前进，不能急躁"，要做到"水到渠成"，将来"阶级消灭，个人愉快"。②

　　当时周恩来的这些论述，是从中国是贫穷落后的大国的国情出发，是符合生产关系一定要适应生产力发展水平的客观规律的。他主持制定的政协共同纲领是马列主义和中国实际相结合的产物，是很有中国特色的。对于向社会主义过渡，他甚至认为可以不写入政协纲领，而反复强调了过渡的长期性、实践性和启发人民群众的自觉自愿的极端重要性。这些理论和政策经过几十年来的实践证明是正确的，与我们党提出的社会主义初级阶段的理论是吻合的。可惜，当时社会主义改造和建设的进程没有按照周恩来的设想进行，先后出现了"要求过急，工作过粗，改造过快"以及"大跃进"、人民公社化运动等"左"的倾向，使国家人民遭受了严重的损失。③

三、中国人民革命的根本目标是"解放我国的生产力"，提高人民生活水平，新中国成立后"经济建设工作在整个国家生活中已经居于首要地位"④，增加生产，对国家人民"具有决定意义"

　　新中国成立初期，周恩来就曾指出，"现在全国工作已开始从军事方面转向建设方面"⑤。恢复和发展生产是新中国的基本任务。经过三年经济恢复，进入有计划建设时期，他又以战略家的眼光及时提出，"经济建设工作在整个国家生活中已居于首要地位"⑥。此后，不管政治运动怎样频繁，甚至在"以阶级斗争为纲"的日子里，他一直关心生产，关心人民生活，从革命最终目的的战略高度，反复阐明发展生产的本质意义。1954 年，他深刻地指出："我国伟大

　　① 《周恩来选集》（下卷），人民出版社，1984 年版，第 249 页。

　　② 《周恩来选集》（下卷），人民出版社，1984 年版，第 106 页。

　　③ 《关于建国以来党的若干历史问题的决议》。

　　④ 《周恩来选集》（下卷），人民出版社，1984 年版，第 2 页。

　　⑤ 《周恩来选集》（下卷），人民出版社，1984 年版，第 2 页。

　　⑥ 《周恩来选集》（下卷），人民出版社，1984 年版，第 133 页。

的人民革命的根本目的，是从帝国主义、封建主义和官僚资本主义的压迫下，最后也从资本主义束缚和小生产的限制下面，解放我国的生产力，使我国国民经济沿着社会主义道路得到有计划的迅速发展，以便提高人民的物质生活和文化生活水平。"①他强调："增加生产对于我们全体人民，对于我们国家，是具有决定意义的。"他明确指出：只有生产不断增加和扩大，"才能逐步克服我们人民的贫困，才能巩固我们人民革命的胜利，才能有我们将来的幸福"。而损害生产，"也就是损害我们将来的幸福"。②

"大跃进"严重破坏了工农业生产，国家人民遭到三年困难，周恩来又与其他中央领导同志一起，制定了对国民经济实行调整、巩固、充实、提高的方针。在他主持下，国务院调整经济发展计划，猛压基本建设和重工业生产，大力精简职工和城镇人口，果断地决定把三年"大跃进"时期新建的 10 万个小土高炉全部停产，几万个未建成的新项目大部分停产。这个调整计划是冒着反"三面红旗"风险的。经过几年调整，国民经济迅速恢复，1965 年，出现了欣欣向荣的大好形势。"文化大革命"中，生产又一次遭到严重破坏，周恩来在处境极为困难的情况下，仍然紧抓生产，关心人民生活。在他的艰苦支撑下，国家机器得以勉强维持运转，国民经济免于崩溃。

四、实现工业、农业、国防、科技四个现代化，建立独立完整的工业体系，把我国建成强大的社会主义的现代化的工业国家

在我国有计划的经济建设开始后不久，1954 年周恩来在一届人大的报告中，就首次提出了建设强大的现代化工业、农业、交通运输业和国防的要求，号召全国人民团结起来，"把我国建成强大的现代化的工业国家"③。1956 年，他又在党的"八大"提出，"要在大约三个五年计划时期内，基本上建成一个完整的工业体系"④。1963 年，他再次提出了"我们要实现农业现代化、工业现代化、国防现代化和科学技术现代化"的要求，并全面、系统、深刻地论述了"建成社会主义强国，关键在于实现科学技术现代化"。⑤这是对毛泽东思想的

①《周恩来选集》（下卷），人民出版社，1984 年版，第 133 页。
②《周恩来选集》（下卷），人民出版社，1984 年版，第 144～145 页。
③《周恩来选集》（下卷），人民出版社，1984 年版，第 113 页。
④《周恩来选集》（下卷），人民出版社，1984 年版，第 104～107 页。
⑤《周恩来选集》（下卷），人民出版社，1984 年版，第 2 页。

重要拓展。

经过"文化大革命"的大破坏，在身患绝症的晚年，周恩来又强忍病痛，在 1975 年的四届人大上，响亮地发出了"向四个现代化的宏伟目标前进"①的伟大号召。

从 1954 年到他逝世的 20 多年中，周恩来一直以炽热的爱国爱民的深情，即使在"以阶级斗争为纲"的年月里，也念念不忘实现"四化"、把我国建成社会主义强国、让人民生活更美好的战略目标。他在各种重要会议和报告中，先后对这个问题讲过 7 次，一次比一次充实、丰富、深刻。尽管 20 多年来经过许多风风雨雨，他的宏图遭到"念念不忘阶级斗争"的"左"倾错误思想的压制和打击，社会主义建设走了许多弯路，但对国家、民族和广大人民命运的深切关怀，一直鼓舞他无私无畏、始终不渝地为实现祖国四化而英勇斗争。

五、坚持实事求是进行经济建设的指导思想

实事求是，是毛泽东思想的活的灵魂，也是周恩来思想作风的一个突出特征。周恩来一贯把实事求是作为指导其一切活动的基本原则，无论是在言论上，还是行动上，都是令人敬佩的实事求是的典范。尤其在对关系国家和民族的命运、关系社会主义前途和声誉、关系亿万人民切身利益的经济建设问题上，他采取了更加严肃慎重、实事求是的态度。他强调：我们"是以辩证唯物主义思想作指导，辩证唯物主义思想能帮助我们更好地认识客观规律，更好地发挥主观能动性"②。而辩证唯物主义的核心就是实事求是。

1956 年初，正当全国各地热火朝天地掀起社会主义改造"高潮"，有的同志出现急躁冒进情绪，提出"提早完成工业化"的口号的时候，周恩来及时在国务院全体会议上指出，"经济工作要实事求是"。他告诫："不要光看热火朝天的一面，热火朝天很好，但应小心谨慎。""请大家注意实事求是。"③他根据丰富的群众工作经验指出："群众本质上是实事求是的，但有时也会被大浪压下去，所以我们要时刻保持清醒的头脑。"④他要求各部门订计划"都要实事求是"⑤。

①《周恩来选集》（下卷），人民出版社，1984 年版，第 2 页。
②《周恩来选集》（下卷），人民出版社，1984 年版，第 90~91 页。
③《周恩来选集》（下卷），人民出版社，1984 年版，第 133 页。
④《周恩来选集》（下卷），人民出版社，1984 年版，第 144~145 页。
⑤《周恩来选集》（下卷），人民出版社，1984 年版，第 225 页。

周恩来强调"进行调查研究，必须实事求是"，明确指出"进城以后，特别是这几年来，我们调查研究较少，实事求是也差，因而'五风'刮起来就不容易一下子得到纠正"。他强调调查研究要坚守三条原则："从群众中来，到群众中去；集中起来，坚持下去；坚持真理，修正错误。"①他针对"大跃进"以来发展起来的说假话、大话、空话，弄虚作假等歪风，大声疾呼要"说真话，鼓真劲，做实事，收实效"②。

六、制定既反保守，又反冒进，既积极，又稳妥，在综合平衡中稳步发展国民经济的方针

周恩来一贯坚持辩证唯物主义原则，强调对客观情况应作全面分析，反对主观主义和官僚主义。1956 年初经济建设中出现盲目冒进的倾向时，他及时提出批评。同年 6 月，他和刘少奇、陈云、李富春等一起，在中央政治局会议上制定了既反保守，又反冒进，在综合平衡中稳步前进的经济建设方针。9 月，他在党的"八大"做报告，又进一步全面、深刻地阐述了这一方针。他强调："第一，应当根据需要和可能，合理地规定国民经济的发展速度，把计划放在既积极，又稳妥可靠的基础上，以保证国民经济比较均衡地发展。""第二，应该使重点建设与全面安排相结合，以使国民经济各部门能按比例地发展。""第三，应该增加后备力量，健全物资储备制度。""第四，应该正确处理经济和财政的关系……用财政保证经济计划的圆满执行。"③他深刻指出："在我们工作中所发生的一些缺点和错误，有许多是同领导上的主观主义和官僚主义分不开的。""因此，克服主观主义和官僚主义，对我们有着特殊重要的意义。"④党的"八大"接受了周恩来的正确意见，通过了既反保守，又反冒进，既积极，又稳妥，在综合平衡中稳步前进的方针。1957 年由于认真执行了这一正确方针，全国的工农业生产有了均衡健康的发展。

周恩来还提出，第二个五年计划期间工业年平均增长速度为 15%，农业为 5%，五年投资定为 1 千亿元。现在看来这个计划是积极稳妥、切实可行的。可惜"二五"计划刚实行不久，周恩来的反冒进思想就遭到毛泽东的错误批评。随后出现的"大跃进"和人民公社化运动，更导致周恩来提出并经"八大"讨

---

① 《周恩来选集》（下卷），人民出版社，1984 年版，第 412～416 页。
② 《周恩来选集》（下卷），人民出版社，1984 年版，第 230 页。
③ 《周恩来选集》（下卷），人民出版社，1984 年版，第 479 页。
④ 《周恩来选集》（下卷），人民出版社，1984 年版，第 413 页。

论通过的正确方针和计划被迫停止执行，使得以高指标、瞎指挥、浮夸风和共产风为主要标志的"左"倾错误严重地泛滥开来。[①]

七、从全局着眼，正确处理新中国经济建设中的各种关系

周恩来统观全局，非常重视处理好经济建设中的各种关系。

新中国成立初期，他就全面分析了当时的财经形势，提出要正确处理城乡、内外、工商、公私、劳资、上下这六种关系。他深刻地阐述了党的公私兼顾、劳资两利、城乡互助，内外交流；自力更生为主，争取外援为辅，工业为主，引导商业为工农业的流通和人民生活服务等方针。在这些正确方针的指导下，被长期战乱破坏了的经济很快得到恢复和发展。

进入大规模经济建设时期后，他又及时深刻阐述了经济建设中一些重要的方针性问题，强调"要重工业，也要人民"，把国家利益与人民利益、长远利益和目前利益结合起来[②]；要按农、轻、重秩序安排生产[③]。他高度概括地说："可以写一副对联，上联是先抓吃穿用，下联是实现农轻重。横批是综合平衡。"[④]同时，他还对经济建设中的需要与可能、重点与一般、生产与基建、经济与财政、积累与消费、经济建设与国防建设和文教建设、物质建设与精神建设等问题，做了全面辩证的论述。这些论述是马克思主义和我国建设实际相结合的产物，是我国建设实践经验的科学总结。

八、"建成社会主义强国，关键在于实现科学技术现代化"

周恩来深刻地认识到科学技术对实现"四化"、振兴中华的关键作用。在担任总理的 27 年中，他一直把发展科技事业作为党和政府的重大任务之一，并做了系统、精辟的论述。

首先，他深刻阐述了发展科技事业的重要意义，指出：（1）社会主义"归根结底是为了最大限度地满足整个社会经常增长的物质文化需要。……必须在高技术的基础上，使社会主义生产不断地增长，不断地改善。因此，在社会主

---

① 《关于建国以来党的若干历史问题的决议》。
② 《周恩来选集》（下卷），人民出版社，1984 年版，第 190～191 页。
③ 《周恩来选集》（下卷），人民出版社，1984 年版，第 198 页。
④ 中央文献研究室编：《周恩来年谱 1949～1976》（中卷），中央文献出版社，1997 年版，第 462 页。

义时代，比以前任何时代都更加需要科学技术"①。（2）"把我们祖国建设成为一个社会主义强国，关键在于实现科学技术的现代化。"②（3）科学技术的发展状况，决定着中华民族能否屹立于世界民族前列。第二次世界大战后科学技术突飞猛进地发展，火箭、导弹、原子弹、氢弹、卫星、电子计算机等相继问世。他敏锐地觉察到这些最新成就，"使人类面临一个新的科学技术和工业革命的前夕"。其意义"远远超过蒸汽机和电的出现而产生的工业革命"，"我们必须赶上这个世界先进水平"。③（4）要提高人民生活水平，"就必须不断地发展社会生产力，不断地提高劳动生产率"，关键是依靠科学技术。

其次，他提出了"实事求是，循序渐进，相互促进，迎头赶上"的实现科技现代化的方针。④他指出，"实事求是，循序渐进"，"是指要有科学的态度"，但同时"还要有雄心壮志"。他号召科技人员树立民族自信心，"迎头赶上"。他深刻指出，"只有把实事求是，循序渐进，相互促进，迎头赶上统一起来"，才能使我们的科学技术"比较快地赶上世界先进水平"。⑤

再次，他分析了我国实现科技现代化的有利条件，指出"我们有辩证唯物主义做思想指导"，"有优越的社会主义制度做保证"，已经有一支比旧中国大许多倍的科学技术力量"，"有了工业化的基础"。他说："只要我们在党的领导下，把这些条件应用好，群策群力，自力更生，就一定能后来居上，做出超过前人的贡献。"⑥

最后，对如何更快更好地实现科技现代化，他提出以下措施：一是"加强科技界人士的主人翁责任感"。二是"集中和加强科学技术力量"，分工合作，重点突破，联合攻关。三是"改进各方面的关系，首先是党群关系，领导与被领导关系"，"还有青老关系，师徒关系"，"认真实现领导、专家和群众的三结合"。⑦

---

① 《周恩来选集》（下卷），人民出版社，1984 年版，第 159～160 页。
② 《周恩来选集》（下卷），人民出版社，1984 年版，第 412 页。
③ 《周恩来选集》（下卷），人民出版社，1984 年版，第 182 页。
④ 《周恩来选集》（下卷），人民出版社，1984 年版，第 412 页。
⑤ 《周恩来选集》（下卷），人民出版社，1984 年版，第 412～413 页。
⑥ 《周恩来选集》（下卷），人民出版社，1984 年版，第 375 页。
⑦ 《周恩来选集》（下卷），人民出版社，1984 年版，第 159～165 页。

九、坚持独立自主，自力更生，同时强调对外开放与积极进行国际合作

周恩来从理论到实践，一贯主张政治上坚持独立自主，经济上坚持自力更生，以此作为处理外交内政的基本原则立场。他认为，我国获得的民族独立来之不易，因此，不论在处理同西方还是同苏联的关系中，他都鲜明地坚持独立自主原则。新中国成立初期为对付美国威胁，他赞成与苏联结盟，但他牢牢掌握独立自主、内政不容干涉的原则，强调："不能把自己党和国家的独立性失掉"，"不依赖"外援，"不盲从照搬外国经验"；"在战略上是要联合，但战术上不能没有批评"；坚持在对外经济交往中，不能绝对"一边倒"。①

他强调，"自力更生是革命和建设事业的基本落脚点"②，认为任何一个国家的建设都应主要依靠自己，应当有点独立能力，特别是像我们这样一个人口众多的大国，不能依赖外援，"不然一旦风吹草动，没有任何一个国家能够支援我们完全解决问题"③。

与此同时，周恩来也积极主张对外开放，开展国际合作；反对闭关锁国，盲目排外。他说："我们实行自力更生，也要积极进行国际合作。""自力更生，建立独立经济，并不排除和拒绝平等贸易、互通有无。""特别是经济不发达的国家，更需要发达国家的技术和设备。"④强调关起门来搞建设的思想是错误的，不用说现在我国还很落后，"即使我们在将来建成社会主义工业国之后，也不可能设想，我们就可以关起门来万事不求人了"⑤。他又辩证地指出："国际合作必须建立在自力更生的基础上。"⑥强调平等互利，互通有无，有来有往，"大家共同发展"，"目的就是求得人类繁荣"。

---

① 《周恩来外交文选》，中央文献出版社，1990 年版，第 2 页。

② 《周恩来选集》（下卷），人民出版社，1984 年版，第 412～415 页。

③ 《周恩来选集》（下卷），人民出版社，1984 年版，第 181～182 页。

④ 钱其琛：《认真研究周恩来的外交思想与实践》，裴坚章主编《研究周恩来》，世界知识出版社，1989 年版。

⑤ 《周恩来选集》（下卷），人民出版社，1984 年版，第 440～441 页。

⑥ 《周恩来选集》（下卷），人民出版社，1984 年版，第 232 页。

十、"学习一切国家的长处，必须同独创精神结合，引进新技术必须同自己钻研结合"

周恩来十分重视学习外国一切先进的东西。他指出："一切国家都有长处，也有短处，有优点也有缺点。""我们应该学习一切国家的长处和优点"，包括"资本主义生产上的好技术，好的管理方法"。敢于这样做，"就是最有自信心和自尊心的表现，这样的民族也一定是能够自强的民族"①。

周恩来认为："努力发明创造并不排除利用国外科技新成就。""国际上一切好的经验，好的技术，我们都要吸收过来，为我们用。"②拒绝向外国学习，盲目排外是不对的。当然，迷信外国，认为外国的东西都是好的，也是不对的，"应该有批判地学习"。

周恩来强调："学习外国必须同独创精神结合起来，引进新技术必须同自己钻研结合起来。"对于引进的新技术如何消化、吸收、利用，他高度概括提出了"一学、二用、三改、四创"的完整的方针，给引进吸收外国新技术指明了具体的努力方向。在"十年动乱"的日子里，他不顾"四人帮"的干扰，在20世纪70年代初期指示国家计委，把急需引进的新技术项目通盘研究，搞了一个总共引进51.8亿元新技术设备的规划。后来的事实证明，这些技术的引进和投产，经过消化吸收，学、用、改、创，使我国四化建设向前迈进了一步。

几十年来，新中国的经济建设走过曲折坎坷的道路，正反两方面的历史经验证明：周恩来在建设新中国经济的艰难历程中，坚持从中国的国情出发，时刻不忘发展生产、改善人民生活这一革命根本目的；紧紧抓住发展社会生产力，把经济工作放在首位；提出实现四个现代化的宏伟目标；坚持在任何情况下，一切从实际出发，实事求是的原则，稳步前进，规划出一套建设颇具中国特色的社会主义经济的路线和政策。虽然因为种种原因，他的设想未能完全实现，但历史证明其是正确的，其丰富和发展了马列主义、毛泽东思想，至今仍有重要的理论意义和现实意义。

（本文发表于《苏州大学学报》1998年第1期）

---

① 《周恩来选集》（下卷），人民出版社，1984年版，第226页。
② 《周恩来选集》（下卷），人民出版社，1984年版，第440～441页。

周恩来发展中国食品经济的思想与实践

"国以民为本，民以食为天"，周恩来深受中华民族这一优秀传统文化思想的影响，时刻将亿万平民百姓的饥寒冷暖装在心中，把解决人民的吃饭问题放在一切工作的首位。他发展我国经济，尤其是食品经济的思想与实践，饱含着爱国爱民的深情和高尚的思想品质。

一、时刻不忘革命的根本目的是解放我国的生产力，使国家富强，人民生活幸福

近百年来，中国人民经过前仆后继的长期的英勇斗争，终于在中国共产党的领导下，推翻了三座大山，结束了被欺凌、被压迫的历史，获得了解放。新中国成立后，周恩来主张要建设社会主义强国，必须"依社会发展必然的规律"，稳步增加生产，提高人民生活水平。新中国成立初期他就指出："现在，全国的工作已经开始从军事方面转向建设方面。"[①]恢复和发展生产，是新中国的基本任务。经过三年经济恢复，进入有计划建设时期，他以战略家的眼光及时提出："经济建设工作在整个国家生活中已经居于首要的地位。"[②]他从革命最终目的的战略高度，反复阐明发展生产的本质意义，深刻指出："我国伟大的人民革命的根本目的，是从帝国主义、封建主义和官僚资本主义的压迫下，最后也从资本主义的束缚和小生产的限制下面，解放我国的生产力，使我国国民经济沿着社会主义道路得到有计划的迅速的发展，以便提高人民的物质生活和文化生活的水平。"[③]他强调："最主要的事情，就是我们人人都要关心提高我们国家的

①《周恩来选集》（下卷），人民出版社，1984年版，第2页。
②《周恩来选集》（下卷），人民出版社，1984年版，第132页。
③《周恩来选集》（下卷），人民出版社，1984年版，第133页。

生产力。增加生产对于我们全体人民,对于我们国家,是具有决定意义的。"只有生产不断增加,"才能逐步地克服我们人民的贫困,才能巩固我们革命的胜利,才能有我们将来的幸福"。而损害生产,"也就是损害我们将来的幸福"①。

20 世纪 50 年代,当"大跃进"、人民公社等运动严重破坏了党和国家的民主生活及工农业生产,使国家人民遭受严重灾难的时候,周恩来与中央领导一起,制定了对国民经济实行调整、巩固、充实、提高的方针,经过几年果断的调整,国民经济迅速地恢复,在 1965 年出现了大好形势。但是到了 1966 年,"文化大革命"开始后,生产又遭到严重破坏,广大人民吃饭穿衣等基本生活出现了困难。周恩来在处境极端困难的情况下,仍然紧紧抓住生产,时刻关心人民生活。在党中央的领导下,国家机器得以维持运转,国民经济免于崩溃。

新中国成立以来,经历了不少风风雨雨,也走过曲折坎坷的道路,但不管怎样,周恩来一直以炽热的爱国爱民深情,不忘广大人民的吃饭穿衣问题,不忘建设四个现代化强国。1954 年,他做一届人大的报告,就提出了建设强大的现代化工业、农业、交通运输和国防的"四化"要求。②1956 年又在党的"八大"提出:"要在大约三个五年计划时期内,基本上建成一个完整的工业体系。"③1963 年,他再次提出:"我们要实现农业现代化、工业现代化、国防现代化和科学技术现代化。"④这是首次对我国"四化"的准确完整的表述。经过"文化大革命"的大破坏,在身患绝症的晚年,他仍强忍病痛,在 1975 年的四届人大上,响亮地发出了"向四个现代化的宏伟目标前进"的伟大号召。⑤从 1954 年到 1976 年的二十多年中,他在各种重要会议的报告中,先后对这个问题讲过 7 次,一次比一次充实、丰富、深刻。党的十一届三中全会彻底批判了"以阶级斗争为纲"的"左"倾错误路线,把党的工作转到以经济建设为中心的轨道上来。在邓小平建设有中国特色的社会主义理论的指导下,党的第二代、第三代领导集体都继承周恩来遗志,团结全国人民,一心一意搞四个现代化,为建设繁荣富强的祖国,为全国人民丰衣足食,生活更加幸福美好而奋斗!

---

① 《周恩来选集》(下卷),人民出版社,1984 年版,第 144~145 页。
② 《周恩来选集》(下卷),人民出版社,第 133 页。
③ 《周恩来选集》(下卷),人民出版社,第 225 页。
④ 《周恩来选集》(下卷),人民出版社,第 412~416 页。
⑤ 《周恩来选集》(下卷),人民出版社,第 479 页。

二、把解决人民吃穿放在首位，制定并执行"以农业为基础，以工业为主导"的发展国民经济总方针

旧中国贫穷落后，反动政府不关心人民死活，亿万人民饥寒交迫，挣扎在死亡线上，处境极为悲惨！

新中国成立后，周恩来作为人民共和国总理，深深地热爱着人民，时刻把解决亿万人民的吃穿等基本生活保障问题放在首位。为此，他与党中央制定并执行了"以农业为基础，以工业为主导"的发展国民经济的总方针。

1949 年 1 月，在新中国成立两个多月后召开的全国农业会议上，他明确指出，"生产是我们新中国的基本任务"，特别强调"农业的恢复是一切部门恢复的基础，没有饭吃，其他一切就都没有办法"。[①]他对工业和农业的关系做了深刻的论述，指出，"我们必须在发展农业的基础上发展工业，在工业的领导下提高农业生产的水平。没有农业基础，工业不能前进；没有工业领导，农业就无法发展"[②]。他还进一步阐明："城市与乡村、工业与农业都是辩证的两方面，绝不能取消或忽视任何一方面。我们强调城市领导乡村、工业领导农业，绝不是忽视广大的农业生产对发展工业的作用。如果没有广大农业的发展，工业发展是不可能的。目前的任务是恢复农业生产，然后再进一步发展农业生产。"[③]他强调城市人吃的粮食和穿的棉花等工业原料，都需要乡村供应。"如果没粮食，城市人民就不能生活下去"；没有棉花，工厂"纱锭就得停转"。因此，城市"人口的吃穿都要靠乡村来供应。城市离不开乡村而且要依靠乡村，工业离不开农业而要以农业为基础"。他提出警告说："谁忽视了农民和农业，谁就要犯错误。"[④]

周恩来阐明的以上重要的经济建设指导思想，是对我国"以农业为基础，以工业为主导"的发展国民经济总方针的最初表述。可惜，这一重要思想当时尚未被全党一致认识。在"大跃进"和人民公社化运动中，全国范围内发生了共产风、浮夸风、命令风、干部特殊化和生产瞎指挥的现象，工农业生产遭到严重破坏，千万人民缺吃少穿，难以温饱。周恩来作为人民的总理，极为关心人民的疾苦。他日日夜夜，废寝忘食，想方设法，为解决全国人民的基本吃穿

---

① 《周恩来选集》（下卷），人民出版社，1984 年版，第 4～5 页。
② 《周恩来选集》（下卷），人民出版社，1984 年版，第 10 页。
③ 《周恩来选集》（下卷），人民出版社，1984 年版，第 8～9 页。
④ 《周恩来选集》（下卷），人民出版社，1984 年版，第 8～9 页。

问题而操劳。特别是从 1960 年冬起，他又认真总结了"大跃进"三年以来的经验教训，进一步深刻阐明了"以农业为基础"的方针。

他在一次会议上讲话深刻指出："农业是国民经济的基础，也就是说，农业的发展水平是国民经济首先是工业发展速度的决定因素。"[1]而工业的发展取决于："（1）农业能提供多少粮食给工业和城市。（2）农业能提供多少劳动力给工业和其他各行各业。（3）农业能为工业提供多少原料。（4）农业能为工业提供多大购买力。（5）以上四条，又决定于农业劳动生产率的水平。"[2]他强调指出："目前农业落后，影响工业发展；反过来工业建设规模过大，占用劳动力过多，又影响农业发展。"[3]因此，必须实事求是地坚决进行合理的调整，认真切实地正确贯彻"以农业为基础，以工业为主导"的发展国民经济的总方针。他反复阐明："我国的经验说明，农业是国民经济发展的基础，农业发展了，粮食棉花能够自给，解决了人民的吃、穿问题，就能在自力更生的基础上发展经济。"[4]我国的历史实践已经表明，这是一条正确的路线。

三、庄严宣告"一切工作都是为了人民"，提出发展食品经济的一些具体方针和措施

周恩来作为新中国总理，他热爱人民，关心人民，无私忘我，时刻将国家人民利益放在第一位。1954 年，在第一届全国人民代表大会上他庄严宣告："我们的一切工作都是为人民的。"[5]从这一基本思想出发，他极为关心人民大众的吃饭穿衣问题，提出了一些发展我国经济，尤其是发展我国食品经济的具体方针和措施：

（一）先抓吃穿用，首先是食

"民以食为天。"千百年历史经验证明："得民心者昌，失民心者亡。"古今中外，概莫能外。而领导者要得民心，首先就必须解决好广大人民的吃饭问题，让人民吃饱穿暖，进而逐步做到丰衣足食，才能得到人民的拥护。这样的国家政权才有坚实的群众基础；反之，政权就难以巩固。苏联东欧剧变，一些社会主义国家政府垮台，国家改变颜色，就是没有很好地关心人民的生活，这是一

---

① 《周恩来经济文选》，中央文献出版社，1993 年版，第 415～416 页。
② 《周恩来经济文选》，中央文献出版社，1993 年版，第 415～416 页。
③ 《周恩来经济文选》，中央文献出版社，1993 年版，第 413～414 页。
④ 《周恩来经济文选》，中央文献出版社，1993 年版，第 648 页。
⑤ 《周恩来经济文选》，中央文献出版社，1993 年版，第 195 页。

个极其深刻的教训。

深受中国传统优秀文化"民本"思想的影响的周恩来深刻懂得这个道理。抗日战争胜利不久，国民党刚接收的沦陷区的一些城市粮食短缺，许多群众面临饥饿威胁。当时还处于国共合作维持时间，周恩来关心国统区人民生活，帮助这些城市人民解决吃的问题，为党争取民心。1946 年初，他主动与国民党粮食部长徐堪商定"粮食互济"方案，并当即电告各解放区"以粮食六万石接济北平、济南、徐州、新乡、太原等城市"。1949 年新中国成立不久，周恩来作为共和国总理，在一次重要会议的讲话中特别强调关心群众生活，首先解决群众吃饭问题的重要意义。他深刻地指出："没有饭吃，其他一切就都没有办法。"①他强调农业的恢复是其他一切部门恢复的基础。经过三年恢复，进入有计划建设时期，他又及时指出："农业的发展对于工业的发展有多方面的影响。许多工业特别是纺织工业和食品工业的原料是由农业供给的。工业人口和其他城市人口所需要的粮食、油类和其他副食品都需要农业。"②吃饭已成了全国的大问题。

1956 年，东欧社会主义国家波兰、匈牙利先后发生暴乱事件，周恩来总结经验教训，指出："社会主义国家都是优先发展重工业，这个原则是对的，但是在发展中忽视了人民的当前利益。直接与人民利益关系最大的是轻工业和农业，轻视这两者就会带来不好的后果……一些社会主义国家发生的事件，值得我们引为教训。"③因此，他提出我们"要重工业，又要人民"；要关心人民的"衣食住行，首先是食"。④这就使"以农业为基础，以工业为主导"的思想进一步具体化。可惜，那时全党对吃饭已成了全国的大问题这一重要思想尚未形成统一认识。

1960 年冬，周恩来在一次会上总结三年"大跃进"的经验教训时指出：近三年来，"热衷于无休止地日夜苦战，其结果是削弱了生产力，破坏了生产力"。他提出"要保证劳力能够持续地有效地劳动"，首先要"保证必要的生活资料，即吃、穿、住、用、行"。⑤

1961 年，周恩来与中央有关领导一起，提出了恢复和发展国民经济的"调整、巩固、充实、提高"的八字方针。1962 年 3 月 7 日，他在中央财经小组的

---

① 《周恩来经济文选》，中央文献出版社，1993 年版，第 24 页。
② 《周恩来经济文选》，中央文献出版社，1993 年版，第 186 页。
③ 《周恩来经济文选》，中央文献出版社，1993 年版，第 336～337 页。
④ 《周恩来经济文选》，中央文献出版社，1993 年版，第 336～337 页。
⑤ 《周恩来经济文选》，中央文献出版社，1993 年版，第 414～416 页。

会议上，又强调要"先抓吃穿用"①。这时，党和国家主要领导人总结几年实践的现实教训，都赞成这一方针，重视抓吃穿用。经过全党上下几年的努力，生产有了明显的恢复和发展，人民生活逐步改善。

（二）按农、轻、重秩序安排生产

早在新中国成立之前，解放战争正胜利进行的时候，周恩来就考虑新中国的建设问题。1949年7月，他在全国工会会议上就号召"恢复生产，建设中国"。根据中国贫穷落后，人口众多，解决亿万群众吃穿是个大难题的国情，他强调："我们要恢复生产，首先就得恢复农业生产。"他号召在新的环境下要艰苦奋斗，精兵简政，节衣缩食，防止奢侈腐化，克服困难。②

新中国建立不久，他深刻分析了城乡关系、内外关系、工商关系、公私关系、劳资关系、上下关系这六种关系，反复强调要首先解决亿万人民的吃穿问题，初步阐明了"以农业为基础，以工业为主导"的发展国民经济的方针。经过"大跃进"的惨痛教训，全党对这一方针的重要意义已逐步统一认识，周恩来的认识也进一步深化。1962年初，他在第二届全国人大常委会报告当前建设任务时，明确提出首先"要过农业第一关"③。也就是说要发展国民经济，排在第一位的就是要发展农业，这样工业的发展才有巩固基础。他深刻指出："按马克思主义观点来说，集中的一句话就是农村能供应多少商品粮给城市，就能够办多大的工业。"④他还强调："为了要使农业过关，我们要把农业放在第一位，全力支援。"⑤而争取农业增产，"首先是争取粮食、棉花、油料的增产。因为，有了粮食才能比较迅速地恢复经济作物的生产，才能保护和增加耕畜，发展家畜家禽"。而发展棉、麻、油料等经济作物的生产，才能"逐步增加城乡人民的布匹、食油等生活必需品的供应"⑥，使人民生活逐步改善。

关于如何正确处理发展农业、重工业和轻工业之间的关系，1956年周恩来在党的八届二中全会上做报告，讲到我国的经济建设方针时，就总结波、匈两国发生暴乱的教训，指出苏联和其他一些国家都是优先发展重工业，"但是在发展中忽视了人民的当前利益。直接与人民利益关系最大的是轻工业、农业，轻视这两者就会带来不好的后果"。他还进一步分析指出："发展重工业，实现社

---

① 中央文献研究室编：《周恩来年谱1949～1976》（中卷），中央文献出版社，1997年版，，第462页。

② 《周恩来经济文选》，中央文献出版社，1993年版，第12～14页。

③ 《周恩来经济文选》，中央文献出版社，1993年版，第419～424页。

④ 《周恩来经济文选》，中央文献出版社，1993年版，第419～424页。

⑤ 《周恩来经济文选》，中央文献出版社，1993年版，第419～424页。

⑥ 《周恩来经济文选》，中央文献出版社，1993年版，第466～469页。

会主义工业化，是为人民谋长远利益。为了保卫人民的福利和社会主义成果，必须依靠人民。如果不关心人民的当前利益，要求人民过分地束紧裤带，他们的生活不能改善，甚至还要降低水平，他们要购买的物品不能供应，那么，人民群众的积极性不能很好发挥，资金也不能积累，即使重工业发展起来也还得停下来。"他就此提出警告说："这一条经验也值得我们在建设中经常想到。"①

可惜，周恩来 20 世纪 50 年代中期提出的这些发展经济的正确的极为重要的指导思想，在"左"倾错误的干扰下未能实现。严酷的现实教育了全党，从 1960 年冬起，周恩来与毛泽东等中央领导一起，开始对国民经济进行调整，提出要"将重、轻、农的顺序，改为按农、轻、重的顺序排列"②。其后他又重申并进一步深刻论述了"以农业为基础，以工业为主导"的发展国民经济的总方针，反复强调要关心群众吃穿用等日常生活，要按农、轻、重顺序安排生产。他强调："我们必须采取更有力的措施，切实按照农业、轻工业、重工业这样的秩序，对整个国民经济进行全面调整，合理安排，以便集中主要力量，逐步解决人民的吃、穿、用方面的最迫切的问题，并且逐步地在国民经济各部门之间建立新的平衡。"③

为真正落实"按农、轻、重秩序安排生产"的方针，他还采取了一些措施："责成政府的各级计划机关，把主要注意力从工业交通方面转移到农业和市场方面来，切实按照农业、轻工业、重工业的秩序和调整的具体任务，安排国民经济计划"④。他特别强调为适当满足城乡人民吃穿用的需要，要重视合理安排食品工业在内的轻工业生产，"尽一切可能多增产日用品"，不仅轻工业、食品工业、手工业部门"要努力增产日用品，重工业部门凡有条件的，也应该尽可能地增产适合市场需要的日用品"⑤。"有些轻工业和重工业都需要的原料、材料，在分配的时候，应该先照顾轻工业的需要……对于一切可以利用的废气、废物、应该注意回收，充分利用。"⑥在商品不足的情况下，要想尽一切办法生产和基本保证"城乡居民最必需粮食、蔬菜、食油、食盐、煤炭、日用品等的定量供应"⑦。

① 《周恩来经济文选》，中央文献出版社，1993 年版，第 336～337 页。
② 《周恩来经济文选》，中央文献出版社，1993 年版，第 414～416 页。
③ 《周恩来经济文选》，中央文献出版社，1993 年版，第 466～469 页。
④ 《周恩来经济文选》，中央文献出版社，1993 年版，第 470～474 页。
⑤ 《周恩来经济文选》，中央文献出版社，1993 年版，第 470～474 页。
⑥ 《周恩来经济文选》，中央文献出版社，1993 年版，第 470～474 页。
⑦ 《周恩来经济文选》，中央文献出版社，1993 年版，第 466～469 页。

（三）采取各种具体措施，切实解决吃穿用问题

三年经济困难发生之后，周恩来与党中央领导一起，综观全国经济形势，总揽全局，制定了"以农业为基础、以工业为主导""先抓吃穿用""按农、轻、重秩序安排生产"等一系列发展国民经济的正确方针。为落实这些方针，周恩来还想尽各种方法，采取各种具体措施，亲自领导贯彻执行：

1. 兴修水利，抗旱防涝，争取农业首先是粮、棉、油等作物丰收。[①]

2. 提倡"靠山吃山，靠水吃水，实行多种经营"[②]，发展副业生产。

3. 坚决精简机构，压缩"大跃进"以来城镇盲目增加的近两千万人口，减少城镇吃、穿、用供应压力，增加农业劳动力。[③]

4. 坚持勤俭建国，节衣缩食。口粮、布匹实行低指标，严格定量供应。[④]

5. 1961 年青黄不接时，为解决有的地区严重缺粮、饿死人的问题，保证城市粮食供应，毅然决定突破当时禁区，进口部分口粮。[⑤]

6. 备战备荒，储备粮食。经过几年努力，生产有了很大恢复和发展，但是为了备战备荒，周恩来又提出以下要求：①各地粮食要自给。②队有余粮。③国有储备。④农民口粮要达到全国平均水平。[⑥]

7. "藏富于民"。生产逐渐恢复后，粮食多了，周恩来认为国家可少收购点，"农民是不会乱吃掉的，藏在农民家里比国家收购起来还好"。"战争打起来，还是藏富于民好。"[⑦]

四、困难时期亲自抓粮食工作，是解决全国人民吃饭问题的总指挥

周恩来时刻深切关心人民生活，一向重视与国计民生关系十分重大的粮食工作。凡出现全国性的粮食问题，他都要亲自过问。

1952 年随着国家经济的恢复和发展，城市人口的增加，商品粮需要量激增，加之部分地区灾情比较严重，全国粮食生产的增长赶不上商品粮增长的需要，

---

① 《周恩来经济文选》，中央文献出版社，1993 年版，第 441～446 页。

② 《周恩来经济文选》，中央文献出版社，1993 年版，第 380 页。

③ 《周恩来经济文选》，中央文献出版社，1993 年版，第 441～446 页。

④ 《周恩来经济文选》，中央文献出版社，1993 年版，第 428～429 页。

⑤ 《不禁的思念》，中央文献出版社，1987 年版，第 228～236 页。

⑥ 《周恩来经济文选》，中央文献出版社，1993 年版，第 523 页。

⑦ 《周恩来经济文选》，中央文献出版社，1993 年版，第 610～617 页。

城市粮食供应出现困难。为稳定市场物价，保证国家经济建设顺利进行，解决粮食供求矛盾，周恩来和党中央都支持陈云同志经过认真调查，反复考虑后提出的粮食统购统销政策，周恩来又亲自修改定稿，并于1953年11月由政务院发布了《关于实行粮食计划收购和计划供应的命令》，这一政策由于适合当时我国国情，在执行中收到良好效果。

三年经济困难时期，周恩来统筹全国粮食全局，根据情况，果断决策；亲自抓一些难度较大的省、自治区、直辖市间的调拨，调剂余缺，初步解决了各地区应急救命的需要。

他抵制虚报浮夸风，保持清醒头脑，1958年毛泽东主席在北戴河主持中央政治局扩大会议，正式宣布当年粮食产量将达到6000～7000亿斤。同年年底各省市预报产量又夸大到8500亿斤，1959年上报更夸大到一亿亿斤。高指标决定高征购，人为地加大了灾情。周恩来头脑冷静，明确指出粮食产量有虚数，没有那么多。他支持粮食部门在全国社队用过秤入仓等办法实测。最后落实1959年粮食产量仅3300多亿斤，1960年仅2800多亿斤，据此降低了征购指标，减轻了人为灾祸。

他抵制共产风。"大跃进"中农村人民公社办公共食堂，让农民敞开肚皮吃大锅饭，加剧了粮食紧张情况。周恩来听到一些社队库存吃光，食堂无米下锅的反映后，深为关切，和中央其他领导先后到农村调查，根据广大社员要求，提出了停止供给制，解散食堂的意见。后来各地普遍解散食堂，口粮分配到户，受到广大群众的欢迎。

三年困难时期，周恩来为安排好全国人民的吃饭问题，日夜操劳，废寝忘食，呕心沥血，精心指导。据有关史料记载：从1960年6月到1962年9月的两年零四个月里，他有关粮食问题的谈话达11次；他每周要找粮食部负责人好几次，听取情况汇报，研究解决办法，而且常常是在深夜进行的，有时甚至通宵达旦讨论研究。经他亲自审阅的粮食计划表，粮食部现仍保存32张，上有他的笔迹994处之多。他工作极端负责，报表中许多数字，都一笔笔核算过。①

在"文化大革命"连续十年的大动乱中，国民经济严重混乱，全国人民的吃穿问题再次出现。周恩来在自己处境已非常困难的情况下，仍全心全意为国为民，坚守岗位，忍辱负重，迂回战斗，以高超的领导艺术应付复杂局面，甚至重病在床仍关心着八亿人民的穿衣吃饭问题，要求坚持生产绝不能停。在席卷全国的"夺权"动乱中，他力挽狂澜，坚持业务大权是中央的，不能夺，并

---

① 《不禁的思念》，中央文献出版社，1987年版，第228～236页。

亲自做有关群众组织的工作。他指示与人民吃穿关系重大的粮食等经济部门，要指定一名部长，抽人成立专门班子，保证业务工作不断进行。他还根据粮食紧缺的情况，提出"以出养进"的方针，通过进出口，调剂粮食品种，以出口大米换回二倍的小麦，想尽一切办法，解决人民吃饭问题。在他的主持和努力下，全国国民经济免于崩溃，人民吃穿勉强维持。

五、改革行政管理体制，适当放开搞活食品经济

新中国成立以后，我国学习苏联建立了一套集权的管理体制，这对于集中人力、物力、财力，恢复被长期战争破坏的国民经济，曾起了积极作用。但随着大规模经济建设的开展，它的一些弊端也逐渐暴露出来。周恩来觉察后经过认真研究，明确提出："社会生产力的发展不能光靠集权。"[①]中央集权过多，就必然束缚地方和企业手脚，"就容易犯主观主义、教条主义、官僚主义、形式主义"[②]。1956 年 9 月，他在中央"八大"报告中就提出，要改进国家行政管理体制，"按照统一领导，分级管理，因地制宜，因事制宜的方法，进一步划分中央和地方的行政管理权限，改进国家的行政体制，以利于地方积极性的充分发挥"[③]。他对划分中央和地方权限应当遵守的原则，还做了详细具体的阐述。

周恩来还注意扩大企业自主权问题，强调指出："必须给每一个生产单位以一定的自治权力"，"给它以一定的机动范围"，使企业的"经营积极性不受阻碍"，"可以推销自己产品"。[④]

我国社会主义建设事业发展很快，有的人在社会主义改造中，想很快彻底消灭私有制，搞清一色的公有制。周恩来发觉后，认为在生产力低下、经济文化落后的中国，这种急于求成、急于求纯的思想是不合实际、违反经济发展规律的，是错误的。他主张各行各业，都可以保留点私有经济。

尤其对与广大人民吃穿用关系密切的食品工业、轻工业、手工业、商业等，他更明确提出管理权力要下放，要放开搞活。他在党的"八大"报告中就提出："凡是不必要由合作社统一经营的农家副业，应该鼓励社员单独经营"，"有些手工业……可以让他们完全自产自销"。城乡"都应保持相当数量的小商小贩……

①《周恩来在国务院体制会上讲话》，1956 年 6 月 23 日。

②《周恩来在中央政治局扩大会议上关于体制问题的发言》，1956 年 4 月。

③《周恩来在国务院体制会上讲话》，1956 年 6 月 23 日。

④《周恩来在国务院司局长以上干部会上的讲话》，1956 年 5 月 3 日。

更好地为居民服务"。他还主张有计划地开放一部分"自由市场",实行自产自销,"以满足人民多样的生活需要"[①]。他特别强调领导经济工作要"更好地应用价值规律"[②]。

周恩来特别关心改革食品经济的管理体制,他还亲自征求党外代表人物、食品工业部长李烛尘,水产部长许德珩等人的意见。他说:"我和李烛尘部长谈食品工业,他主张多分,中央管得多了不好。""许德珩部长也对我说,水产主要靠地方。"他主张权力应下放,认为中央抓多了一定出官僚主义,这一点各省市也应注意。[③]

周恩来认为体制改革涉及面广,情况复杂,又缺乏经验,必须稳步进行。他还把改革看成一个不断实践探索,不断深化认识,不断改进完善的过程。他提醒人们要特别注意,不要以为改革后的体制就没有问题了,它还要"在执行中不断改进,实行一个时期又要有改造,要不断改进"[④]。这种不断实践探索,不断改进的思想,是符合马克思主义认识论原理的。虽然由于"左"倾错误的干扰,这一精神未能被认真贯彻,长期只是在中央与地方、条条与块块的管理权限上来回兜圈子,未能深入企业的自主权方面,但他的这些思想是极富启发性的,闪烁着马克思主义的光辉!

综上所述,周恩来发展我国经济,尤其是食品经济的思想与实践,体现了高度的马克思主义素养,深刻的爱国爱民、求真务实的思想品德,至今仍有重大的理论意义和现实意义。

(本文发表于马连镇主编:《世界食品经济文化通览》(第1卷),西苑出版社
2000年版)

---

① 中央党校党史教研室选编:《中共党史参考资料》(八),人民出版社,1980年版,第419~423页。
② 中央党校党史教研室选编:《中共党史参考资料》(八),人民出版社,1980年版,第419~423页。
③《周恩来经济文选》,中央文献出版社,1993年版,第270页。
④《周恩来经济文选》,中央文献出版社,1993年版,第272页。

论周恩来行政管理作风

周恩来优良的行政管理作风，内涵十分丰富。而坚持实事求是，密切联系群众，坚决反对官僚主义，是他的优良行政管理作风的突出特征。

一、坚持实事求是

新中国成立后，周恩来一直担任政府总理，在领导整个国家的行政管理工作中，始终坚持实事求是的原则。

1955 年初，我国革命和建设事业不断取得胜利，工农业生产有了发展，党内有些同志骄傲自满，头脑开始发热，出现了急躁冒进情绪。周恩来敏锐地觉察到这种错误倾向的苗头，及时提出了警告。同年 3 月，他在国务院第六次全体会议上说：这几年农村工作有成绩，但出现工作粗糙、急躁的问题，又粗又急，如果搞出大乱子，几年缓不过来。他还提出要放慢发展农业生产合作社的步骤。

同年 7 月，毛泽东做了《关于农业合作化问题》的报告，批评主张稳步前进的同志像小脚女人，是思想右倾。在毛泽东的推动下，10 月，党的七届六中全会通过决议，要求彻底地批判右倾机会主义，加快社会主义改造和建设的步伐。会后，各方面都开展了反右倾的斗争，把说真话、实事求是当成右倾，错误地进行了批判，助长了急躁冒进情绪的发展，并提出了某些无法实现的高指标和"提早实现工业化"的口号，在全国范围内形成了不切实际的大干快上、盲目冒进的局面。

面对这种冒进形势，周恩来仍然保持冷静的头脑。1956 年 2 月 8 日，他以对国家和人民高度负责的精神和无私无畏的勇气，发表了《经济工作要实事求是》的重要讲话，批评了急躁冒进倾向，坚决反对说空话、大话。对于"提早实现工业化"的口号，他提出警告说：超过现实可能和没有根据的事，不要乱提，不要乱加快，否则很危险。他要求各部门订计划，不管是 12 年远景计划，还是今明两年的年度计划，都要实事求是。他还尖锐指出：领导者头脑发热了的，用冷水洗洗，可能会清醒些。同年 9 月，周恩来在党的第八次全国代表大会上做了《关于发展国民经济第二个五年计划的建议的报告》，又一次强调指出：要实事求是地估计到第二个五年计划期间国内外的各种条件，进行全面的规划。这样，才有可能使计划既积极又稳妥可靠。

党的"八大"接受了周恩来等同志的正确意见，通过了既反保守又反冒进，即在综合平衡中稳步前进的既积极又稳妥的方针。1957 年的经济工作，由于执行了这一正确方针，取得了很好的效果。不幸的是，这一正确方针没能坚持下去。由于对社会主义建设经验不足，对经济发展规律和中国经济基本情况认识不足；更由于毛泽东同志、中央和地方不少领导同志在胜利面前滋长了骄傲自满情绪，急于求成，夸大了主观意志和主观努力的作用，所以没有经过认真的调查研究和试点，就在总路线提出后轻率地发动了"大跃进"和农村人民公社化运动，使得以高指标、瞎指挥、浮夸风和"共产风"为主要标志的"左"倾错误严重地泛滥开来。加之，1957 年夏季开始的反右派斗争严重扩大化的影响，把说真话、实事求是都当成右倾，错误地进行了斗争，大大助长了"左"倾歪风的发展，使国民经济和党的正常民主生活遭到严重破坏，使国家和人民遭受重大损失。

从 1960 年冬起，党中央开始纠正工作中的"左"倾错误，周恩来和中央其他领导人一起，制定了对国民经济实行"调整、巩固、充实、提高"的方针，执行了一系列实事求是的正确政策，纠正了"大跃进"的错误。

1961 年 3 月，周恩来在中央工作会议上做了《调查研究，实事求是》的重要讲话，指出：进城以后，特别是这几年来，我们调查研究较少，实事求是也差，因而"五风"刮起来就不容易一下子得到纠正。他还提出：是好是坏，要从客观存在出发，不能从主观想象出发；进行调查研究，必须实事求是。会后，他身体力行，亲自到河北农村蹲点，深入调查研究，并根据所了解的农村真实情况和绝大多数社员的真实意见，提出取消过早实行的供给制，解散公共食堂，让社员回家吃饭，恢复高级社评工记分的办法等。

1962 年 1 月，中央召开扩大的中央工作会议，总结"大跃进"以来的经验教训，开展批评与自我批评。周恩来针对几年中发展起来的不实事求是，说假话、大话、空话、弄虚作假、浮夸等歪风，发表了《说真话、鼓真劲、做实事、收实效》的重要讲话。他深刻而尖锐地指出：要提倡讲真话，即使是讲过了火的也要听。唐朝皇帝李世民，能听魏徵的反对意见，"兼听则明"，把唐朝搞得兴盛起来。他们是君臣关系，还能做到这样，我们是同志关系，就更应该能听真话了。如果大家都说假话，看领导脸色说话，那不同旧社会的官场习气一样了吗？

二、依靠群众，密切联系群众

周恩来作为党的创建人之一，在漫长的民主革命斗争时期，把依靠群众、密切联系群众视为开展革命工作的根本方法，反复强调力量的源泉是人民，要相信群众力量，并把群众路线与认识路线、工作路线结合起来。

新中国成立后，周恩来长期担任政府总理。他身居高位，仍密切联系群众，时刻关心群众，视人民利益高于一切，把"一切工作都是为了人民"作为政府管理工作的出发点。他认为，政府工作人员，不论职务高低，都是人民公仆，只有全心为人民服务的义务，而没有为自己牟取私利和照顾的特殊权利。他以身作则，严于律己，清廉俭朴；对自己、对身边工作人员和亲属都严格要求，从不允许搞特殊化。

周恩来谦虚谨慎，平等待人，平易近人，常置身于群众之中。他认为，智慧是从群众中来的，你要了解真实情况，就要与老百姓平等相待。要搞好调查研究，就要真正联系群众。他认为，要搞好革命和建设，就必须面向群众。而面向群众，不仅要教育群众，还要向群众学习。因为领导者本身知识还不全面，经验还不够，领导地位并不能使你得到知识和经验，所以面向群众，汲取群众经验，十分必要。他还指出：对群众的意见领导方面还要加工，然后回到群众中去考验，在这基础上再加工。他认为，在对待群众的问题上，既不要脱离群众，又不能做群众尾巴。他说：脱离我们的阶级群众，就会丧失党的基础。尾巴主义，随着群众跑，就会放弃党的领导。他要求人们坚守毛泽东同志的三条原则：从群众中来，到群众中去；集中起来，坚持下去；坚持真理，修正错误。

周恩来告诫各级干部：领导群众的基本方法是说服，绝不能压服。要从群众的实际觉悟出发，启发诱导，不能搞命令主义。

三、坚决反对官僚主义

周恩来深刻揭示了官僚主义对党、国家和人民的严重危害，把反对和克服官僚主义看作执政党建设和人民政权建设的一个根本问题。

周恩来认为，官僚主义这种剥削阶级的思想表现，与许多非无产阶级的思想有密切联系。它对革命事业的危害特别巨大，故反对官僚主义的斗争非常艰巨。他还认为，官僚主义与自由主义、个人主义、命令主义、事务主义、分散主义、本位主义、宗派主义都是密切相关的。我们反对官僚主义，也就必须联系到反对这些主义。

周恩来认为，官僚主义是领导者、领导机关最容易犯的政治病症，对国家和人民的危害特别严重。官僚主义者脱离人民群众，脱离实际，不了解下情，很难制定出符合实际情况的正确的政治路线和方针政策，容易犯"左"或右的政治错误。即使有了正确的路线和方针政策，如果存在官僚主义，也必然会阻碍或破坏正确路线的贯彻执行。周恩来指出，我们政治上、工作上的错误，有许多是同领导者的主观主义和官僚主义分不开的，有些领导同志高高在上，不接近群众，不了解实际情况，主观地处理问题和布置工作，因而所做的决定就很难正确，甚至发生错误。而上级的官僚主义，又助长了下级的命令主义。

周恩来还认为，官僚主义严重破坏了党与群众的密切联系，使党政干部丧失了人民公仆的本色，有的甚至完全背离为人民服务的宗旨，走上蜕化变质的道路。他警告说：必须看到，官僚主义在我们执政党内，在我们国家机关内，是十分有害、非常危险的！如果听任其发展下去，党和国家就可能变质，就有亡党亡国的危险！

周恩来深刻阐明了官僚主义和主观主义的密切关系，认为两者互为因果关系。他指出：封建时代的官僚主义是很坏的，主观主义也草菅人命。今天干部的主观主义也很误事，性质是一样的，思想差不多。主观主义需要官僚主义的庇护，如果没有官僚主义，主观主义不能这么厉害。因此，要使革命和建设事业取得胜利，必须同时反对主观主义和官僚主义。

人民民主专政是我们国家的根本政治制度，民主集中制是我们党和国家的根本组织原则。周恩来认为，要坚持这两个根本制度，最重要、最本质的是要发扬民主。他深刻揭示了官僚主义对这两者的严重危害，指出：光有集中，没有民主，就成为官僚主义了。压制民主，是官僚主义的重要表现形式，因此，要使人民民主专政制度实行得更好，必须同官僚主义做斗争，经常反对官僚主义，这是一个很重要的问题。

周恩来特别注意警惕和防止党政领导机关产生官僚主义。他在向全国人大所做的政府工作报告中，几乎每次都尖锐地批评官僚主义。1963 年 5 月 29 日，他在中共中央和国务院直属机关负责干部会议上的报告中，集中地、深刻地揭示了官僚主义的 20 种表现形式及其对国家和人民的严重危害，可谓鞭辟入里、入木三分：

第一种，高高在上，脱离群众的官僚主义。

第二种，蛮横专断，强迫命令的官僚主义。

第三种，迷失方向，辛辛苦苦的官僚主义。

第四种，唯我独尊，老爷式的官僚主义。

第五种，弄虚作假，不老实的官僚主义。

第六种，遇事推诿，不负责任的官僚主义。

第七种，世故圆滑，混饭吃的官僚主义。

第八种，滥竽充数，领导无能的官僚主义。

第九种，混混沌沌，糊涂无用的官僚主义。

第十种，支吾推脱，懒汉式的官僚主义。

第十一种，人浮于事，机关式的官僚主义。

第十二种，文牍主义和形式主义的官僚主义。

第十三种，图享受，特殊化的官僚主义。

第十四种，官大脾气坏，摆架子的官僚主义。

第十五种，假公济私，自私自利的官僚主义。

第十六种，伸手名位，争名夺利的官僚主义。

第十七种，互相排挤，闹不团结的官僚主义。

第十八种，结党营私，宗派性的官僚主义。

第十九种，意志衰退，蜕化变质的官僚主义。

第二十种，作奸犯科，害党害国的官僚主义。

周恩来不仅口头上反对官僚主义，而且从言行一致、以身作则、谦虚谨慎、严于律己、兢兢业业、身体力行的高尚品格，为各级干部和广大党员树立了榜样。

（本文发表《天津党史》1997 年第 4 期）

简论周恩来教育思想

周恩来十分重视发展教育事业，他坚持把马克思主义的普遍真理与我国教育工作的实际密切结合起来，并对教育问题有着深刻而精辟的论述，形成了比较完整的教育思想体系，为发展我国教育事业，做了重大贡献。

教育是"四化"建设的基础，是国家建设的决定性因素

周恩来的教育思想主要体现在：

第一，多次阐明发展教育、培养人才是国家建设的决定性因素。周恩来说："人才缺乏，已成为我们各项建设中的一个最困难问题。不论在经济建设，国防建设，还是在巩固政权方面，我们都需要人才。"①他认为："今天最大的不足是知识分子不足，工作一开展，知识分子就更不够。"②因此，他反复强调："我们必须从各方面大力培养建设人才"③，"培养技术人才是我们国家建设的关键"④，"训练知识分子已经成为我们国家建设的一个中心问题"⑤。而人才的培养，要靠发展教育。因此，周恩来明确指出："培养干部、人才，就是文教部门最主要的任务。"⑥

第二，强调指出在国家建设中，教育要优先发展。1952年7月，在我国大规模的经济建设即将开始前夕，他以革命家的宏伟气魄和战略眼光提出，"今后

①《周恩来教育文选》，教育科学出版社，1984年版，第34页。
②《周恩来教育文选》，教育科学出版社，1984年版，第31页。
③《周恩来教育文选》，教育科学出版社，1984年版，第35页。
④《周恩来经济文选》，中央文献出版社，1993年版，第142页。
⑤《周恩来经济文选》，中央文献出版社，1993年版，第62页。
⑥《周恩来教育文选》，教育科学出版社，1984年版，第71页。

教育要有很大发展，我们对教育事业的投资要超过任何一个工业部门"①，并强调随着经济建设高潮的到来，必然要出现文化建设的高潮。"因此，我们不应该把文化建设看作将来的事，不能等待，现在就应着手。"②

1953年9月，他在中国共产党第二次全国组织工作会议上所做的政治报告中再次明确指出："培养大批建设人才，是我们现在最中心的问题。……是摆在你们面前的第一任务，你们要搞社会主义就是搞这个东西，别的是空论，这是实际，你们做到了这一点，就是掌握了一切。"③ 1956年9月，他在中共八大所做的报告中进一步强调，"我们要建立社会主义工业化的巩固基础，进行国家建设和推进国民经济的技术改造，就必须努力培养建设人才，加强科学研究工作"；"为国家培养各项建设人才，首先是工业技术人才和科学研究人才，是教育工作的首要任务"。④

第三，主张加快实现科学技术现代化。实现农业、工业、国防和科学技术现代化，建成社会主义强国，是我国亿万人民的共同愿望。周恩来深刻地指出：要实现"四化"，"关键在于实现科学技术的现代化"⑤。而科学技术现代化，"关键在于人才"。他反复阐明："搞独立的经济体系和尖端技术，没有人才是不行的。"⑥而人才的培养，又靠发展教育。他还说："人才不是一年两年能够培养出来的，而要一天天教育出来，我们现在就要加快这个速度。"⑦因此，归根结底，教育是"四化"建设的基础。1959年12月，他在做《目前社会主义建设的四项任务》的报告时，强调"发展科学、教育也是现在一个中心任务"。之后，他又明确指出："有些项目宁可少搞，不十分急的宁可推迟，也要先把校舍搞上去，多办一些学校。"⑧

周恩来有关国家建设、"四化"、人才、教育和它们之间关系的精辟论述，以及教育是"四化"建设的基础，是国家建设的决定性因素，教育要优先发展的战略指导思想，反映了现代化建设的客观规律。

---

① 《周恩来经济文选》，中央文献出版社，1993年版，第116页。
② 《周恩来教育文选》，教育科学出版社，1984年版，第71页。
③ 《周恩来经济文选》，中央文献出版社，1993年版，第160～161页。
④ 《周恩来教育文选》，教育科学出版社，1984年版，第140页。
⑤ 《周恩来选集》（下卷），人民出版社，1980年版，第412页。
⑥ 《周恩来经济文选》，中央文献出版社，1993年版，第405页。
⑦ 《周恩来经济文选》，中央文献出版社，1993年版，第405页。
⑧ 《周恩来经济文选》，中央文献出版社，1993年版，第407页。

培养德、智、体、美等方面均衡发展的劳动者和劳动人民的知识分子

党的教育方针有其产生、形成、发展和完善的过程。在制定教育方针的过程中，周恩来做出了重大的贡献。

新中国成立前夕，周恩来主持制定的《中国人民政治协商会议共同纲领》明确提出："新民主主义的教育是民族的、科学的、大众的教育。"即坚持为人民大众服务的方向，科学的内容，为人民热爱的民族形式，这也是新中国成立初期周恩来规划教育的基本思路。当时，他特别强调青年学生"必须先解决方向问题"，"确定为新中国服务的方向，站稳民族立场和工人阶级立场"①，自觉努力地为祖国和人民服务。

随着我国大规模社会主义建设事业的展开和各方面人才需求量的加大，党和国家要教育培养什么样的人才？如何教育培养？即培养目标和方法如何？这也是当时需要明确回答的问题。

1954年2月，周恩来在一次政务会议上提出："我们向社会主义、共产主义前进，每个人要在德、智、体、美等方面均衡发展。不均衡发展，一定会有缺陷，不仅影响个人能力的发挥，对国家也不利。"②

1957年6月，他在全国人民代表大会做《政府工作报告》时进一步说："今后我们的教育方针应该是培养有社会主义觉悟的、有文化的、身体健康的劳动者。"③在这里，他除增加了"身体健康的"这一重要提法外，又做了极为重要的补充，特别强调还要培养有各种专业知识的"劳动人民的知识分子"，培养"国家建设人才"。他说："各级教育部门和学校教师要针对学生的思想情况，加强对学生的思想政治教育，培养他们成为忠于社会主义事业的、勤劳朴素的、体力劳动与脑力劳动相结合的国家建设人才。"④

1957年5月4日，周恩来在给他的母校——天津市南开中学全体同学的复信中说："希望你们好好学习，加强劳动观点，热爱祖国，提高政治思想觉悟，树立艰苦朴素作风，为准备做一个有文化有技术的工人和农民，做一个体力劳动与脑力劳动相结合的知识分子而努力。"⑤

---

① 《周恩来教育文选》，教育科学出版社，1984年版，第22页。
② 《周恩来选集》（下卷），人民出版社，1980年版，第129页。
③ 《周恩来教育文选》，教育科学出版社，1984年版，第155页。
④ 《周恩来教育文选》，教育科学出版社，1984年版，第155页。
⑤ 《周恩来教育文选》，教育科学出版社，1984年版，第150页。

1963 年，周恩来关于知识分子问题的正确观点已受到党内某些有"左"倾错误思想的人士的反对，但他在阐述党的教育方针，勉励同学要"全面发展，做有社会主义觉悟的有文化的劳动者"时，仍特别解释说："当然，这里所指的劳动者是就广义而言，包括体力劳动者和脑力劳动者。"

周恩来坚持把知识分子看作国家建设不可缺少的重要力量，公开号召青年学生做一个体力劳动和脑力劳动相结合的劳动者，做一个劳动人民的知识分子，使党的教育方针的表述更加全面和完整，培养目标更加明确。

同时，周恩来还非常重视全面地、完整地贯彻党的教育方针，十分关心青年学生的身体健康。早在新中国成立初期，他主持召开政务院会议，通过了《政务院关于改善各级学校学生健康状况的决定》，其中强调："只有身体好才能学习好、工作好，才能均衡地发展。"1963 年，在一次对北京高等学校应届毕业生大会的报告中，周恩来在阐明"德育、智育、体育这三方面是相互联系、相互结合的，而不是相互对立或互不相关"的同时，又具体地、详细地阐述了德、智、体三育的具体内容。他要求青年学生应有以下"基本功"：

德育方面：要树立第一阶级观点，第二劳动观点，第三革命观点，第四集体观点。

智育方面：要把学习的基本工具掌握好，要学哲学，要学社会科学，要参加生产劳动，学习生产知识，要学习自然科学，还应学一点革命文艺。

体育方面：他具体地提出：一是锻炼；二是把锻炼身体和锻炼革命意志结合起来；三是公开向青年进行生理卫生教育，包括必要的性知识教育，使青年人懂得一些生理发育的自然规律；四是提倡晚婚和节育。这样才能使青年学生保持身体健康，学得更多，工作得更好。

总之，周恩来对党的教育方针的这些更全面、更系统、更具体的深刻而精辟的论述，大大拓展了毛泽东教育思想，丰富了马克思主义的教育理论，至今仍有现实指导意义。

教育为无产阶级政治服务，教育与生产劳动相结合

1958 年，在周恩来的参与下，党中央进一步制定了"教育为无产阶级政治服务，教育与生产劳动相结合"的方针。周恩来在一次报告中解释说："教育为无产阶级政治服务，就是要使受教育的人具有社会主义觉悟，愿意为社会主义服务。教育与生产劳动相结合，也就是要使受教育的人经过生产劳动，锻炼成为

一个既有社会主义觉悟，又有文化的劳动者。""包括体力劳动者和脑力劳动者。"①

此后，周恩来在多次讲话中都强调要明确办学的政治方向。他要求广大青年学生明确学习目的，"一定要有坚定正确的政治方向，要站稳立场"。他还对"红"与"专"的关系做了辩证的深刻的论述，指出："红，一定要体现在完成党交给我们的学习任务上。"不然，"什么搞革命，搞建设，都是一句空话"。专，就是要学好各种专业知识，学好建设国家的本领。但政治是灵魂，不能"专而不红"，否则就会迷失政治方向。因此，他强调："红而不专"的倾向是不对的，而"专而不红"也是不对的，必须努力"学好专业知识，还要学好政治，做到又红又专"。②

为了切实贯彻和帮助人们理解"教育与生产劳动相结合"的方针，周恩来从我国的基本国情和国家建设的全局出发，对这一方针的多重涵义做了深刻阐述，说明这是关系庞大的劳动后备军的培养和就业的问题。他指出："我们国家的人口，解放后每年平均增加一千五百万左右，大家可以想得到，要使同一年龄的一千五百万左右的青年都进高中，都进高等学校，现在是不可能的。""进入大学学习的，只能占同一年龄青年当中的极少数。"这就是说我国每年要有大约一千四百八十万男女青年成为劳动后备军，补充到农业或工业战线上去。对每年数量这样众多的劳动后备军，国家必须统一规划，加强对他们的教育培养，指导他们就业。周恩来要求普教工作要注意解决好劳动后备军的培养问题，使青年学生了解，"学习是为了劳动，为了社会主义建设，这就联系到就业问题了。青年人学习告一段落，就要到劳动岗位上去，到农村和城市的各种劳动岗位上去，这就是就业"③。

周恩来不仅指出贯彻教育与生产劳动相结合的方针是为了加强劳动教育，培养学生的劳动观点，而且还认为在学校中应加强劳动教育，通过参加生产劳动和劳动人民在一起，久而久之，就能够发现他们的优点，从他们那里汲取营养，巩固我们的阶级立场，建立起无产阶级的思想感情。不仅如此，周恩来还进一步从实现脑力劳动和体力劳动的结合，消除脑体劳动差别的高度指出参加生产劳动的深远意义。他说："脑力劳动要和体力劳动结合，精神产品才可以转化为物质产品。反过来，物质产品经过我们的观察、思考、研究，又可以提高、构成新的设计，然后再创造出新的物质产品。我们现在就要使脑力劳动与体力劳动逐步结合起来，逐步消灭差别，走向共产主义。因此，知识分子参加生产

---

① 《周恩来教育文选》，教育科学出版社，1984 年版，第 206～207 页。
② 《周恩来教育文选》，教育科学出版社，1984 年版，第 228～230 页。
③ 《周恩来教育文选》，教育科学出版社，1984 年版，第 145 页。

劳动具有深远的意义。"①

　　教学是学校工作的中心，贯彻"教育为无产阶级政治服务，教育与生产劳动相结合"的方针，不能离开这个中心。周恩来在新中国成立初期就明确提出："教学是学校中压倒一切的中心任务。校长与教师的主要任务是教学，学生的主要任务是学习。"②他也特别强调："教育与生产劳动相结合，教育是主导方面。因为学生来学校就是为了学习，我们一定要认清主导方面，认不清主导就没有方向，认不清主导就没有重点。"③学校工作必须抓住教学这一中心环节，纠正教师学生过多地参加社会活动和校内非教学活动的偏向，搞好教学工作，保证和提高教育质量。

正确处理各类教育的关系，建设合理的教育体制

　　新中国成立后，如何发展我国的教育事业，以满足国家建设的需要，这已是摆在党和国家面前的重大问题。周恩来的基本指导思想是，从我国的实际情况出发，尊重教育事业发展的客观规律，正确处理各类教育的关系，建设合理的教育体制，大力培养国家建设需要的合格的各级各类人才。

　　周恩来在对我国教育状况进行了充分调查研究和分析后认为："劳动人民在旧中国很少有受教育的机会，少数人即使读了几年书，知识也很少，无法适应今天的建设工作……需要给他们创造学习条件。""还有一些失业的人缺乏专门的知识和技术，需要加以训练。一些老知识分子对新鲜事物，对新的政治制度还不适应，需要学习、改造。革命干部长期参加革命斗争，尽管对战争、对革命工作很熟悉，可是一旦转到建设方面，也产生知识不够的困难，也需要再教育。"从这一基本国情出发，周恩来着眼全局，统筹兼顾，认为仅按小学、中学、大学这样的顺序办正规教育，培养青少年是不够的，"必须在教育观念上来一个转变"。除发展正规的普通教育和高等教育外，还必须兴办其他类型的教育，使"成年人的教育，包括工农的教育，失业人员的教育，老知识分子的教育，老干部的再教育"，都"在我们的学制中占有一定的地位"。他提出："根据我们的情况，应该采取新民主主义过渡时期的学制。这种学制不是永久不变的，是过渡性质的。这种学制除包括一般的小学、中学、大学外，还有工农速成中学，技

---

　　①《周恩来教育文选》，教育科学出版社，1984年版，第212页。
　　②《周恩来教育文选》，教育科学出版社，1984年版，第86～87页。
　　③《周恩来教育文选》，教育科学出版社，1984年版，第181页。

术学校，文化补习学校等。"①

在发展我国教育事业中，周恩来非常重视各级各类学校的适当合理配置，从而使我国教育事业逐渐适应国家建设的需要，得到了健康有序的发展。

周恩来既重视高等教育，还十分重视中小学基础教育。

周恩来认为，发展我国教育事业，必须十分重视中小学教育。早在 20 世纪 50 年代初期，周恩来就以总理名义，发布了《关于整顿和改进小学教育的指示》（以下简称《指示》），明确指出："小学教育是整个教育建设的基础"，"小学教育是人民的基础教育"。它的任务是教育新后代，使之成为新中国健全的公民。《指示》还强调"教学是学校中压倒一切的中心任务"，并对提高小学教师质量、改善教师待遇、解决经费问题、整顿和改进小学教育、加强领导等十一个方面的问题，做了具体指示。②

60 年代初，周恩来根据我国人口多，中小学毕业生多，高等学校容量有限等实际情况，再次强调要"重视中小学教育和职业教育"。他说："这一切都说明中小学教育和职业教育十分重要。教育部的工作不能'大大、小小'。……中小学教育数量很大，关系也很大，决不能忽视。"③

周恩来还认为，师范教育对整个教育事业有着全局性的影响。他说："高等师范教育是办好和发展中等教育的关键。……高等师范学校的数量和质量直接影响中等教育，影响新中国青年一代的培养，间接影响高等教育的发展和提高，也就影响培养建设干部的计划和国家建设计划的完成。"因此，在我国大规模建设开始的时候，周恩来多次指出了发展和提高高等师范教育以适应国家建设的需要，是当前教育建设中一个十分重要的任务。

关于职业技术教育，周恩来认为，这是培养工业、农业、交通运输业的中级和初级技术人才，训练劳动后备军的一个重要方面，是教育结构中一个重要组成部分。1952 年，周恩来署名发布的《关于整顿和发展中等技术教育的指示》中强调指出："培养技术人才，是国家经济建设的必要条件。而大量地训练和培养中级和初级技术人才，尤为当务之急。"《指示》根据各方面的初步估计提出：在今后五六年内，全国经济建设约需中级和初级技术人才五十万人，现有的中等技术学校，在数量与质量上均远不能适应此种需要。为此，他要求"各级人民政府应领导有关部门共同积极整顿与发展中等技术教育"，还提出"在办学方针上，必须掌握革命建设初期的特点，采取革命的办法，务使正规的、速成的、

①《周恩来教育文选》，教育科学出版社，1984 年版，第 35～37 页。
②《周恩来教育文选》，教育科学出版社，1984 年版，第 84～91 页。
③《周恩来教育文选》，教育科学出版社，1984 年版，第 225 页。

业余的各种技术学校和训练班得到适当的配合发展"。此外，还就整顿和发展职业技术教育，提出了一些切实具体的措施。①

周恩来关于发展教育的远见卓识，为正确处理各类教育的关系，建设合理的教育结构体制提出了正确的指导思想，使我国教育更好地适应了国家建设需要，得到了健康的发展。

教育必须改革，但改革是长期的事，要有步骤地进行

周恩来根据辩证唯物主义的观点，正确分析政治经济和文化教育的关系，认为一定的文化是一定的政治和经济在观念形态上的反映，并且是为这种政治经济服务的。因此，他十分重视教育改革。对教育为什么要进行改革，改革什么，怎样改革，即对教育改革的重要意义、改革内容和改革方法，都有一系列精辟的论述。

首先，他非常强调教育改革的重要性和必要性。新中国成立后，周恩来明确表示："新中国的教育与旧中国的根本不同，必须反映社会主义的新政治新经济，必须为广大劳动人民服务，必须适应我们国家的社会主义改造和社会主义建设的需要。因此，我们就有必要对接收来的旧教育作根本性质的改革。"②

其次，改革什么？新中国成立前夕，周恩来在《关于新民主主义的教育》的讲话中，在强调教育必须改革的同时就指出："新民主主义的教育就包括了两个方面：一方面是反对旧的，另一方面是发展新的。这就是要反对帝国主义、封建主义和官僚资本主义的文化，发展民族的、科学的、大众的文化。"新中国成立不久，他对此又进一步做了阐述，指出："我们的教育是大众的，是为人民服务的，这是我们的教育方向。……我们的教育是科学的，要有科学的内容。……我们的教育是民族的，要有民族的形式。"概括地说：为人民服务的方向，科学的内容，民族的形式，就是周恩来改革教育、发展有中国特色的社会主义教育的基本思想。

周恩来主张在社会主义建设中，无论是经济建设和文化教育建设，都搞活一点有好处；主张允许甚至鼓励私人办学，他说，"主流是社会主义，小的给些自由，这样可帮助社会主义的发展。……有些私人办的小学，也可以让它办下

---

① 《周恩来教育文选》，教育科学出版社，1984 年版，第 66～70 页。
② 《周恩来教育文选》，教育科学出版社，1984 年版，第 151～152 页。

去。大概工、农、商、学、兵，除了兵以外，每一行都可来点自由，搞一点私营的。文化也可以搞一点私营的，这样才好百家争鸣嘛！在社会主义建设中，搞一点私营的，活一点有好处。"①他还提出应鼓励办私立技术学校。他说："各地现有的私立中等技术学校和私立技术补习学校，对培养技术人才能起一定作用。……应鼓励此类学校的设置。""办理有成绩而经费确实困难者，应予以适当的补助。"②

为了使培养的人才更好地适应国家建设各方面的需要，周恩来提出："高等教育和中等专业教育应该实事求是地而不是主观主义地调整科系和设置专业，切合实际地改进教育计划、教学大纲、教材和教学方法。"他提倡"我们的教育要采取理论与实际一致的方法"，提倡启发式教学，鼓励学生独立思考，改变旧中国的高等教育大多是理论与实际脱节，要学生死记硬背、"抄黑板"的现象，防止教育犯脱离实际的教条主义或没有理论指导的经验主义错误。

最后，怎样改革？周恩来从国家社会主义改造和建设的全局看待教育改革。他深刻地指出："文化教育一方面是政治的先导，另一方面它的改造又要在经济、政治变革之后才能完成。所以文化教育既是'先锋'，又是'殿军'。"因此，他强调"教育改革是比较长期的事"，必须既积极，又稳妥，区别轻重缓急，慎重地、有计划、有步骤地进行；"不能漫无计划，兴之所至，乱搞一气"，并指出，"有改革条件而拖着不改革是不对的，口头上同意改革而实际上不改革也是不对的。……另一方面鲁莽从事，过于性急，企图用粗暴的方法进行改革，也是不对的"。③

在教育改革中，周恩来还非常重视及时总结经验，克服前进中的缺点。1957年6月，他在全国人大一届四次会议所做的《政府工作报告》中，在肯定教育改革工作成绩的同时，指出："教育部门在实行教育改革的时候，也发生过若干偏差，主要是否定了旧教育的某些合理部分；对解放区革命教育的经验没有作出系统的总结，加以继承；并且在学习苏联经验的时候同我国实际情况结合不够，这些缺点，今后应当改正。"

综观周恩来教育思想，其是深刻、系统而精辟的，已经形成了比较完整的教育思想体系，丰富和发展了马克思主义的教育理论。它不仅过去指导了我国教育事业的健康发展，就是在改革开放的今天，仍然具有极大的现实指导意义。

（本文发表于《党的文献》2000年第2期）

---

① 《周恩来经济文选》，中央文献出版社，1993年版，第350～351页。
② 《周恩来教育文选》，教育科学出版社，1984年版，第70页。
③ 《周恩来选集》（下卷），人民出版社，1980年版，第20页。

周恩来对和平统一祖国与"一国两制"构想的重要贡献

　　振兴中华，建立一个独立、富强和完全统一的祖国，一直是中华民族，包括台湾和港澳同胞、海外侨胞以及世界各地的华裔等亿万炎黄子孙的共同心愿。为实现这一崇高目标，中国共产党人提出了"一国两制"的构想。这一伟大创造有其产生、发展和逐步完善的历史过程。早在 20 世纪 50 年代，周恩来与毛泽东等老一辈革命家，就开始提出和平统一祖国和"一国两制"的初步设想。十一届三中全会以来，邓小平和党中央继承、丰富和大大发展了这一构想，提出一系列切合实际的政策，逐步形成完整理论，在实践中推动了港、澳问题的解决，促进了和平统一台湾事业的进展。

　　本文仅就周恩来对中国共产党和平统一祖国和"一国两制"思想的产生和发展的重要贡献，做一论述。

一、关心台、港、澳同胞，念念不忘祖国统一

　　中华人民共和国成立后，很快在大陆实现了祖国的统一。但台湾尚未解放，香港、澳门尚分别由英国和葡萄牙根据历史上强加给中国的不平等条约进行统治。作为共和国总理，周恩来是中国共产党和中国政府处理台湾和港、澳问题的主要决策者之一，他十分关心台、港、澳同胞，念念不忘祖国的统一。从新中国成立初期起，他就亲切接见从台湾和港澳来的各界人士，以后几乎每年都要接见一批又一批的台、港同胞。20 世纪 60 年代以后，回国参观的台、港、澳爱国人士和留美学生较多，周恩来多次接见他们，直到病重期间，仍亲切接见他们，耐心倾听他们的意见，解释党的政策，使他们感受到祖国的关怀和温暖。他特别重视从政治上关心台、港、澳同胞，发挥他们的政治积极性和在祖

国建设中的积极作用。在他的关心和统筹安排下，历届政协和全国人民代表大会都吸收了一些有代表性的台湾和港澳人士参加。中共十大时，台湾作为一个单位产生代表。周恩来还指示在人民大会堂内设立台湾厅，厅内布置充分听取台湾人士的意见。

周恩来十分关心培养、使用和爱护港、台籍干部，"文化大革命"中，针对林彪、"四人帮"打击迫害他们的现象，1973 年他明确指示对港、台籍干部要落实政策，合理安排使用。当他从国务院"群众来信简报"中得知有三位台籍同胞所在单位未给落实政策，就立即指示中央组织部和两位台籍中央委员，给有关省委打电话，要他们派人调查处理。后来又指示邀请这三位台籍同胞到北京，列席台湾省协商选举四届人大台湾代表会议。在他病重住院、卧床不起的生命最后时刻，仍深情惦念着台湾。1975 年 12 月 20 日，他高烧 38.7℃，在病床上吊着瓶子输液，还约罗青长前来谈台湾工作问题，询问台湾情况和在台湾的一些老朋友的情况，其间两次被病痛折磨得说不出话来，不得不中止谈话。他强忍病痛艰难地表示："让我休息十分钟再谈。"但随后即昏迷过去。周恩来逝世后，邓颖超还根据他生前的遗愿，把他的骨灰盒安放在人民大会堂台湾厅。

周恩来还十分关心港、澳的经济发展和人民生活的改善，在担任共和国总理的 26 年里，他尽了最大努力，采取各种切实措施，保持香港的繁荣和稳定，发现问题，立即补救，消除消极影响。在他的指示下，大陆长期以优惠价格向香港提供大量农副产品、工业原料、燃料、日用必需品等；为保证数百万香港居民的饮水和每天能吃到鲜活的鱼、禽、蛋、肉、蔬菜，在 20 年代 60 年代初我国遭受三年"大跃进"和三年自然灾害，大陆还有许多困难的情况下，周恩来就批准拨出巨款，专门扩建为香港提供淡水的深圳水库。从 1962 年 12 月 11 日起，又专门安排了一列被誉为"香港厨房"的从郑州直达香港九龙的冷冻货运专车，每天为香港运送新鲜副食品，至今已开行了 30 多年。周恩来对台、港、澳回归祖国的和平统一事业的惦念，对台、港、澳同胞的深情关怀，至今仍使海内外的亿万炎黄子孙感念不已！

二、倡导和平方式统一祖国，呼吁第三次国共合作

台湾自古就是中国领土的一部分。实现祖国统一，是海峡两岸人民包括国民党中一切爱国人士的共同愿望。朝鲜战争结束，远东局势逐渐稳定，周恩来审时度势，展望和平统一祖国的前景，较早地提出以和平方式统一祖国的主张，

呼吁实现第三次国共合作。1955 年万隆会议期间，周恩来就表示：我们可能用和平方式解放台湾，欢迎蒋介石派代表来北京谈判。1956 年 1 月 30 日，他在《中国人民政治协商会议第二届全国委员会常务委员会工作报告》中提出了"为争取和平解放台湾，实现祖国的完全统一而奋斗"的号召，公开宣布允许台湾一切人到大陆省亲会友，参观学习。凡愿走和平道路的不管过去罪多大，都将既往不咎。3 月，他在一次谈话时说：国共和谈不排除任何一个人，蒋介石在台湾，枪也在他手里，他可以保持。主要的是使台湾回归祖国，成为祖国的一个组成部分，这就是一件好事。同年 6 月 28 日，周恩来在第一届全国人民代表大会第三次会议上的报告中，又就和平解放台湾问题，进一步阐明了中国政府的原则立场。他严正指出："中国人民一定要解放台湾，这是我国六万万人不可动摇的共同意志。"而解放台湾有战争与和平两种可能方式，他明确表示："中国人民愿意在可能的条件下，争取用和平的方式解放台湾。毫无疑问，如果台湾能够和平解放，那么，对于我们国家，对于我们全体中国人民，对于亚洲和世界的和平，都将是最有利的。"[1]周恩来分析了当时的国内外形势，认为国际形势已趋向缓和；祖国更加巩固和壮大，具有革命传统的台湾人民希望早日回到祖国怀抱；台湾和海外的国民党军政人员中已有越来越多的人表示了他们的爱国愿望，愿意促成祖国的和平统一。因此，"和平解放台湾的可能性正在增长"，"这将是不可抗拒的趋势"[2]。周恩来在这个报告中，第一次公开郑重地呼吁争取实现第三次国共合作，实现台湾与大陆的和平统一。他说："我们是一贯主张全民族团结，一致对外的。为了我们伟大祖国和人民的利益，中国共产党人和国民党人曾经两度并肩作战，反对帝国主义。在抗日战争结束以后，我们也曾经努力争取实现国内的和平。中国人民即使在被迫拿起武器进行国内解放战争期间，甚至在大陆解放以后，也没有放弃和平谈判的努力。尽管这些年来，由于美国的武装干涉，我们和台湾的国民党军政人员走上了不同的道路，但是，只要大家以民族和祖国的利益为重，我们仍然可以重新携手团结起来。我们相信，我们久经忧患的伟大民族一定能依靠我们自己的努力，实现祖国的完全统一。"[3]

周恩来代表政府正式宣布："我们愿意同台湾当局协商和平解放台湾的具体步骤和条件，并且希望台湾当局在他们认为适当的时机，派遣代表到北京或者

---

①《周恩来选集》（下卷），人民出版社，1980 年版，第 200 页。

②《周恩来选集》（下卷），人民出版社，1980 年版，第 200～201 页。

③《周恩来选集》（下卷），人民出版社，1980 年版，第 201～202 页。

其他适当的地点，同我们开始这种商谈。"①

为了团结一切爱国力量，早日实现祖国的统一，周恩来还代表政府宣布了一系列具体政策：对台湾和在海外的爱国人士和国民党军政人员，都将本着"爱国一家"，爱国不分先后的原则，既往不咎；欢迎他们为和平解放台湾立功，并将"给予应得的奖励和适当安置"；对台湾同胞将"从各方面支持他们反抗外国统治的斗争，而且随时准备欢迎他们参加祖国的社会主义建设"，允许台湾军政人员同大陆亲友通信，回大陆省亲会友，来大陆考查，"我们保证他们来去自由"；"希望台湾的国民党军政负责人员，在和平解放台湾的事业中发挥重要的作用……他们将来的地位就会得到肯定的保证"。②他还希望海外广大爱国侨胞"在推动和平解放台湾的事业中发挥积极作用"。对"曾经或者还在对祖国采取对立态度的少数海外华侨"，希望他们"认清是非，省察大势，跟广大爱国侨胞站在一起，为促进和平解放台湾的爱国事业作出贡献"。③

40 年前，周恩来公开宣布的这些原则和具体政策，奠定了我国党和政府和平统一祖国方针的初步基础。

1956 年 10 月，毛泽东进一步指出：如果台湾和平统一，"一切可以照旧"。台湾现在可以实行三民主义，可以同大陆通商，但不要派特务来破坏，我们也不派"红色特务"去破坏他们，说好了可以订个协议公布。1958 年 10 月，毛泽东再次表示：台湾如果回到祖国来，照蒋介石他们自己的方式生活。美国不要蒋时，蒋可以来大陆，来了就是大贡献。蒋介石可以搞他的一套，军队可以保存，不要他们裁兵，不要他简政，让他搞三民主义。周恩来也向有关人士表示：如果蒋介石、蒋经国、陈诚等愿意，他们将来可以到中央工作。

那时，蒋介石在美国武装力量的支持下，派飞机、军舰袭扰福建、广东沿海，炮兵也扩大对沿海村镇的炮击，使沿海居民的生命财产遭到严重威胁。我福建前线炮兵奉命对经常向我挑衅的金门蒋军进行猛烈轰击，海峡两岸关系十分紧张。但就是在此情况下，1958 年 10 月 5 日，周恩来接见苏联驻华临时代办安东诺夫，介绍海峡两岸斗争形势，分析美蒋各自的政策和阴谋，说明我方对策时表示：我们坚决反对美国干涉中国内政，出动武装力量盘踞台湾，支持蒋介石，搞"两个中国"的阴谋，坚决要求美军从台湾撤走。但我们"还准备建议同蒋介石直接谈判，和平解决相互间的问题"。10 月 14 日，周恩来在会见外国人士，解释我国政府政策时进一步指出：美国虚声恫吓，搞"战争边缘"

---

① 《周恩来选集》（下卷），人民出版社，1980 年版，第 202 页。
② 《周恩来选集》（下卷），人民出版社，1980 年版，第 202~203 页。
③ 《周恩来选集》（下卷），人民出版社，1980 年版，第 203 页。

政策，但真正到了"边缘"时又害怕了，想劝蒋军撤离金门、马祖，想以金、马换取台、澎，在台湾海峡划一条线，隔海而治，像南北朝鲜、南北越和东西德一样，我们决不允许这样做。蒋介石不愿撤出金、马，想拉美国下水，美蒋之间矛盾在加深。我们的方针简单说来，就是要使台、澎、金、马仍然留在蒋介石手里，不让其完全落到美国人手里，叫美国人进退维谷，难以脱身，长期被动。清朝统治阶级的方针是"宁予外人，不给家奴"，我们则是"宁予家奴，不给外人"。台、澎、金、马留在蒋介石手里，那就总有一天会回到大陆上来，因为 5 年也好，10 年也好，台湾总是要起变化的。周恩来还指出：我们的方针政策截然划清了国际和国内两类问题的界限，彻底粉碎了美国的侵略阴谋，堵住了国际干涉的借口，加深了美、蒋之间的矛盾，我们要用一切办法最大限度地孤立和打击美国。

随着形势的发展，1960 年，周恩来根据 5 月 22 日中央政治局常委会的集体决策和毛泽东的谈话精神，进一步具体地提出"一纲四目"的方针政策。"一纲"是台湾必须回归祖国。"四目"是：（一）台湾回归祖国后，除外交必须统一于中央外，所有军政大权人事安排由蒋决定；（二）所有军政建设经费不足之数，由中央拨付；（三）台湾的社会改革可以从缓，协商解决；（四）双方互约不派人进行破坏对方团结之事。他还表示：中国整个是社会主义，有这么一块地方处于民主革命阶段未尝不可。为把中共的诚意传递到台湾，周恩来还委托张治中、傅作义、邵力子等给蒋氏父子和陈诚等写信，做工作。"文化大革命"时期，促使台湾回归，和平统一祖国的事业遭到严重破坏，周恩来说：我们这一辈子如看不到祖国统一，下一代或再下一代总会看到的。"我们要播好种，把路开对了就行。"

历史事实表明：周恩来和毛泽东当年阐述和制定的解决台湾问题的方针政策，已经开始显露了"一国两制"的伟大思想，不仅是当时我国政府处理台湾问题的指导方针，而且对后来形势的发展和"一国两制"理论构想的正式形成，有着深远影响。

三、坚持收回香港主权，"香港要完全按资本主义制度办事"

香港自古以来就是中国领土，1840 年英国发动极不光彩的鸦片战争，大举向中国入侵，迫使腐败无能的清政府于 1842 年签订了中英《南京条约》，强行割占香港。1860 年，英、法制造借口，联合侵入北京，大肆抢劫和纵火焚毁了聚集中华民族古今艺术珍品和无数财富、世界少有的壮丽宫殿和园林圆明园，迫使清政府签订《北京条约》，强行割九龙司地方给英国。19 世纪末叶，中国民族危机更加深重，英、日、俄、法、德、美等帝国主义国家掀起瓜分中国的狂潮，1898 年，英国乘机迫使清政府签订了《中英展拓香港界址专约》，强租连接大陆的九龙半岛和附近海面岛屿，把香港界址由本岛面积 75 平方公里扩展到 1049 平方公里，租期 99 年，1997 年到期。

周恩来一直十分关心香港的前途和命运，作为共和国总理，他始终坚持维护国家主权的原则立场，关心收回香港，彻底解决香港问题，念念不忘实现祖国的统一。1949 年新中国成立后，周恩来与毛泽东等中央领导根据当时的国内外形势，研究决定不立即收复香港，保留香港作为我国的国际通道。这一正确决策对打破帝国主义对我国的经济封锁，起了积极作用。但周恩来多次代表中国政府申明：中华人民共和国政府从来不承认关于香港地区的三个不平等条约，将在适当的时机收回香港主权。他在会见英国等有关国家的外宾和香港人士时，多次阐明我国政府解决香港问题的一贯立场和基本方针：一是到 1997 年，中国一定要恢复对香港的主权；二是在恢复主权后将充分照顾香港的特殊情况，采取特殊政策，并在长期内不予改变，以保持香港的繁荣和稳定。

20 世纪 50 年代中期，我国加快了对农业、手工业和资本主义工商业的社会主义改造进程，1956 年，内地的资本主义工商业已全部实现了公私合营。这一变化对香港有很大震动，香港一些资本家思想动荡，港、澳同胞担心前途。为了向国内外各界人士阐明我国政府对香港问题的态度和政策，安定人心，保持香港的长期繁荣和稳定；并为将来妥善地解决香港主权的回归，实现祖国统一创造条件，周恩来根据香港的历史和现状，以战略家的高瞻远瞩，从中国革命的全局和长远利益出发，于 1957 年 4 月 28 日在上海工商界人士座谈会上公开发表讲话，进一步阐明了我国政府对解决香港问题的原则立场和具体政策。他坚决维护国家主权，严正宣告："香港的主权总有一天我们是要收回的，连英国也可能这样想。"[1]讲话从内地和香港长期实行两种不同社会制度的现实情况出发，创造性地提出了一系列特殊政策，实际上勾画了"一国两制"的初步构想。周恩来明确指出："我们不能把香港看成内地。对香港的政策同对内地是不一样的，如果照抄，结果一定搞不好。因为香港现在还在英国统治下，是纯粹的资本主义市场，不能社会主义化，也不应该社会主义化。"他强调："香港要完全按资本主义制度办事，才能存在和发展，这对我们是有利的。"[2]

---

①《周恩来统一战线文选》，中央文献出版社，1984 年版，第 353 页。

②《周恩来统一战线文选》，中央文献出版社，1984 年版，第 353～355 页。

　　周恩来认为，现在国内的私营企业已全部公私合营，但香港情况特殊，应该实行特殊的政策。他指出：香港是自由港，原料来得容易，联系的范围很广，发展生产具备很多有利条件。对香港的私营企业不要去变动它，"否则在原料、市场和销路上反而吃亏"。他强调我们要动员一切可以动员的力量，化消极因素为积极因素，我们保持和发展香港这个资本主义阵地，使它为我所用。我们可以把它"化为经济上对我有用的港口"；"可作为我们同国外进行经济联系的基地"；"可以通过它吸收外资，争取外汇。我们要打开局面，就得对香港的民族资产阶级讲清政策，使人家有利可图"。①

　　周恩来还指出："香港的企业家是我们的朋友，他们搞的是资本主义，不是帝国主义。过去我们同民族资产阶级合作过，将来同香港的企业家还是可以合作的。港、澳的同胞不要担心前途。"②他表示港、澳有的同胞如果主动要求回来，内地有一些人想出去，也是允许的，"现在应该是来去自由，不加歧视"③。至于有的人对我们的政策有怀疑，不相信我们，"可以让他们再看一看，看一二十年都可以。我们不要歧视他们，责怪他们"④。他强调："凡有爱国心的人，我们就欢迎。对他们不要强劝回来，也不强留。"过去我们搞得比较死，现在"有些政策就要根据实际情况有所改变"。⑤

　　他还明确地说："香港的生活方式，当然是资本主义的生活方式，带有腐化性"⑥，要人们保持清醒的头脑。

　　周恩来还针对当时国际上有人企图把香港、澳门问题复杂化，把我国政府收回主权与所谓"殖民地"同题混为一谈，阻挠港、澳回归祖国的现实，多次代表中国政府严正宣告：解决香港、澳门问题完全是中国主权范围内之事。1963年3月8日，他指示《人民日报》发表经他亲自审定的文章，指出："香港、澳门这类问题，属于历史上遗留下来的帝国主义强加于中国的一系列不平等条约的问题。""我们一贯主张，在条件成熟的时候，经过谈判和平解决，在解决之前维持现状。"1972年3月8日，周恩来亲自审定的我常驻联合国代表黄华致联合国非殖民地化特别委员会主席的信中又一次重申："香港、澳门是属于历史上遗留下来的帝国主义强加于中国的一系列不平等条约的结果。香港和澳门是

---

①《周恩来统一战线文选》，中央文献出版社，1984年版，第353～355页。
②《周恩来统一战线文选》，中央文献出版社，1984年版，第354页。
③《周恩来统一战线文选》，中央文献出版社，1984年版，第354页。
④《周恩来统一战线文选》，中央文献出版社，1984年版，第354页。
⑤《周恩来统一战线文选》，中央文献出版社，1984年版，第355页。
⑥《周恩来统一战线文选》，中央文献出版社，1984年版，第354页。

被英国和葡萄牙当局占领的中国领土的一部分，解决香港、澳门问题完全是属于中国主权范围内的问题；根本不属于通常的所谓'殖民地'问题范畴。"正是由于周恩来长期坚持这一坚定的原则立场，联合国也已记录在案，后来80年代我国提出收回香港主权与英国谈判时，没有出现大的国际纷争，较顺利地达成协议。

上述历史事实同样表明：周恩来处理香港问题的指导思想，是充分考虑了香港的历史和现实的特殊情况的，他创造性地提出和执行的一系列特殊政策，与他处理台湾问题同样，明显地反映了"一国两制"的初步构想已经开始萌生。它对后来邓小平"一国两制"伟大构想的正式形成，同样有着深远影响！

四、结语

综上所述，周恩来处理台湾和香港问题的指导思想和具体政策，是从我国（包括台湾和港、澳）的特殊实际情况出发，把马克思主义与中国实际密切结合起来；把高度的原则性与高度的灵活性密切结合起来；既坚持了维护台湾、香港主权和祖国统一的原则立场，又提出了一些灵活具体的特殊政策。从周恩来上述整个思路和发展趋向综合全面分析，虽然他当时尚未使用"一国两制"的明确提法，但可以明显看出，"一国两制"的创造性的构想已经开始萌生。在古今中外尚无先例的情况下，周恩来与毛泽东等中共第一代领导核心，开创性地提出"一国两制"的初步设想，尽管这一设想还是不完备的，但这是十分难能可贵的！

十一届三中全会以来，以邓小平为核心的中共第二代领导集体，继承并大大地发展了毛泽东、周恩来解决台湾、香港问题的指导思想，邓小平的一系列有关讲话，明确提出了具有理论形态的"一国两制"的概念，把"一国两制"思想扩大运用于解决台湾、香港、澳门问题上。为更有利于促进民族统一大业，提出不再使用"解放台湾"的提法，改用"台湾回归祖国"；把允许台湾和港澳地区实行资本主义制度作为长远的战略构想，公开宣告至少五十年、上百年不变。邓小平的一些讲话以及叶剑英1981年代表我国政府提出的"九条方针"和不久前江泽民的"八项建议"，使"一国两制"的构想更加明确、具体，内容更完备。在邓小平的直接领导下，按照"一国两制"的构想，中英双方关于香港问题的谈判已于1984年9月达成协议，中葡双方关于澳门问题的谈判也已于1987的4月达成协议，并分别发表了《联合声明》。全国人民代表大会后来分别通过了关于香港和澳门两个特别行政区的《基本法》，使"一国两制"的构想不仅形成了比较完整的理论，而且在实践中取得巨大胜利！它已经成为我们国家的基本国策，并且具有法律效力。现在，香港、澳门的回归已经指日可待，我们相信，台湾的和平统一，也将为期不远！

"一国两制"是人类历史上从来没有过的新事物，是中国共产党领导人集体智慧的结晶。由毛泽东、周恩来"播种开路"，而主要由邓小平的一系列论述所形成的比较完整的理论，是对马克思主义国家学说的创造性发展，具有重大而深远的理论意义和国际意义。英国前首相撒切尔夫人也高度评价说："从历史的眼光看，'一国两制'是最高天才的创造，这种构想看起来是简单的想法，但却是充满想象力！"

展望21世纪，我们可以满怀信心地说，具有悠久历史，曾经为人类文明作出巨大贡献的伟大的中华民族，将再创历史的辉煌！海内外亿万炎黄子孙日夜企盼的一个独立、富强、和平、民主和完全统一的现代化的中国，将屹立在世界东方，为人类的文明和进步，做出更大的贡献！

（本文发表于《党史资料与研究》1996年第1期）

论周恩来独立自主、和平发展的外交
思想与实践

周恩来是新中国外交工作的主要开拓者、决策者、指挥者和实践家，是四位一体，举世公认的杰出外交家。早在民主革命时期，周恩来就是中国共产党外事工作的开拓者和领导者。新中国成立后，他凭借独立自主、和平发展外交的思想，捍卫了国家主权和民族尊严，冲击了旧世界以强凌弱、侵略掠夺的帝国主义外交称霸世界的局面，为世界的和平发展，为建立国际政治经济新秩序，做出了重大贡献。他发展了马列主义的外交理论，开创了世界外交的新纪元。

一、周恩来外交思想的主要内容

（一）独立自主，是新中国外交的基本立场

从 19 世纪 40 年代开始，中国就不断受到东西方帝国主义国家的疯狂侵略和残酷掠夺，受尽欺凌和屈辱，沦为半殖民地半封建国家。因此，争取国家民族的独立自主，是近百年来中国人民革命的一个根本目标。

早在抗日战争最艰苦的年代，周恩来就强调中国要独立自主和自力更生。1941 年他针对国民党政府一味依赖美国的言行，公开指出："独立自主和自力更生，是我们抗战的基本国策。"①1946 年，他在一次谈到中国和美、苏的关系时又说：中国"不要置身于一个国家影响之下，以致成为一国的工具"②。1949 年 4 月，他向即将参加新政协会议的爱国民主人士讲话时又明确指出："我们对外交问题有一个基本立场，即中华民族独立的立场，独立自主，自力更生的立

---

① 周恩来：《论目前战局》，《新华日报》1941 年 5 月 25 日。
② 周恩来与美国哥伦比亚大学教授裴斐谈话纪要，1946 年 7 月 9 日。

场。"①1949 年 9 月，周恩来主持起草并获正式通过的《中国人民政治协商会议共同纲领》明确规定：对国民党政府与外国政府订立的条约和协定，"中央人民政府应加以审查，按其内容分别予以承认，或废除，或修订"。②这是首次郑重地以法律形式规定新中国外交的独立自主的基本原则立场。在中国历史上，辛亥革命后成立的以孙中山为首的中华民国的临时政府，曾直接把清政府旧有的外交关系继承下来。但是，周恩来明确表示："我们不这样做。"③

新中国成立前后，以美国为首的一批资本主义国家对新中国采取敌视政策，世界也已分裂成社会主义与资本主义两个对立阵营。为了对付美帝国主义的威胁，周恩来赞成毛泽东提出的与苏联结盟的"一边倒"的外交政策，但他同时牢牢掌握独立自主、内政不容干涉的原则，强调不能把党和国家的独立性失掉。他指出："对兄弟国家在战略上是要联合，但战术上不能没有批评。"④他赞同政治上"一边倒"，但坚决主张在对外经济交往中不能"一边倒"。他指出："苏联的帮助是重要的，但起决定作用的是中国人民。"一再告诫"要去掉依赖思想"，主要靠"自力更生"。⑤他特别强调："如果不是坚决贯彻独立自主的立场，就会成为卫星国，仰帝国主义的鼻息，成为从属国家。"⑥

独立自主的外交政策，把旧中国屈辱外交一扫而光，取消了帝国主义国家在华的一切特权，有力地捍卫了国家的独立、主权和民族尊严，使新中国真正独立自主地屹立于世界的东方。

（二）维护世界和平，是新中国外交的战略目标

这一战略目标，是周恩来与毛泽东等中央领导人共同制定的。早在新中国成立前夕，周恩来主持起草的《共同纲领》就指出新中国外交的首要目标是："保障本国独立、自由和领土主权完整，拥护国际的持久和平和各国人民间的友好合作，反对帝国主义的侵略政策和战争政策。"⑦

1952 年，周恩来强调："中华人民共和国成立以来，一直坚持和平的对外政策，我们坚持这一政策，相信以和平竞赛的方法来胜过帝国主义是完全可能的。"⑧此后，他还郑重对外宣布："我们宪法规定了我们的和平外交方针，中

---

① 《周恩来选集》（上卷），人民出版社，1980 年版，第 321 页。
② 《国际关系史资料选编》下册，武汉大学出版社，1983 年版，第 219 页。
③ 《周恩来外交文选》，中央文献出版社，1990 年版，第 49 页。
④ 《周恩来外交文选》，中央文献出版社，1990 年版，第 2～3 页。
⑤ 《周恩来外交文选》，中央文献出版社，1990 年版，第 172 页。
⑥ 《周恩来外交文选》，中央文献出版社，1990 年版，第 405 页。
⑦ 《周恩来选集》（上卷），人民出版社，1980 年版，第 371 页。
⑧ 《周恩来外交文选》，中央文献出版社，1990 年版，第 48 页。

国人民不允许我们违背这个方针去侵略别人。近百年来，中国人民受罪受够了，我们不愿意把这种痛苦加在别人身上。我们懂得这个痛苦，我们同情别人的苦难。"①

周恩来认为：中国要改变贫穷落后面貌，需要长期的努力。一个持久、稳定的国际和平环境，是中国自身建设所必需的，和平时间越长，对人民越有利。为了创造一个国际和平环境，周恩来在外交方面作了不懈的努力。在 1955 年 4 月的万隆亚非会议上，他庄严宣告："我们迫切地需要一个和平的国际环境，来发展我国独立自主的经济。"②不久，他又从世界全局和全人类利益的高度，进一步阐明了和平与发展思想的重要意义。他说："争取持久和平是我们的努力方向，这对于我们祖国的建设，对于各国人民的进步和繁荣，都是有利的，我们要在和平竞赛中前进。"还说："改善生活是人类的基本要求，也只有在和平的环境中，在社会的前进中，才能改善生活，因此我们反对侵略战争。"③

周恩来和平与发展的外交思想，是从对第二次世界大战后世界主要矛盾和我国国情的科学分析中得出的结论。他认为：战后世界的"矛盾主要表现在战争与和平、民主与反民主、帝国主义与殖民地以及帝国主义国家之间四个方面"，社会主义和资本主义之间的矛盾"当然是基本的"，但今天最突出的"国际上的主要矛盾是和平与战争问题"。④他认为和平与发展是人类繁荣与进步的永恒要求，而发展的前提是和平。这种以人为本的思想，反映了我国和世界各国人民求和平、求发展、求改善生活的共同愿望，符合全人类的根本利益。它是我国外交的基本政策，是新中国外交的长期战略目标，而不是一般政策，更不是短期的策略思想。

（三）首倡和平共处五项原则，是建立国际政治新秩序的基础

和平共处五项原则，是 1953 年 12 月 30 日周恩来同印度代表的谈话中首次提出的。1954 年 6 月，周恩来先后访问印度、缅甸，这些原则得到两国政府的赞同，正式写入中印、中缅两个联合声明中。周恩来指出："我们倡导了五项原则，就是大家所知道的，互相尊重主权和领土完整，互不侵犯，互不干涉内政，平等互利，和平共处。"⑤

众所周知，和平共处的概念是列宁首先提出的。但当时列宁还来不及将这

①《周恩来外交文选》，中央文献出版社，1990 年版，第 92 页。
②《周恩来外交文选》，中央文献出版社，1990 年版，第 116 页。
③《周恩来外交文选》，中央文献出版社，1990 年版，第 149～150 页。
④《周恩来外交文选》，中央文献出版社，1990 年版，第 59～62 页。
⑤《周恩来外交文选》，中央文献出版社，1990 年版，第 91 页。

一原则具体化。而且，那时的社会主义国家只有苏联一个，列宁的和平共处只限于不同社会制度的国家之间。第二次世界大战后，国际形势发生了很大变化，新成立了一批社会主义国家和人民民主国家，还有一些殖民地先后获得独立。20世纪50年代初期，周恩来根据国际形势的变化，将和平共处思想具体化，提出了五项原则。1955年4月在万隆召开的亚非29国会议，面对与会国家的重大分歧，周恩来在发言中又鲜明地提出"求同存异"的方针。他说："我们的会议应该求同而存异……我们并不要求个人放弃自己的见解，因为这是实际存在的反映，但是不应该使它妨碍我们在主要问题上达成共同的协议，我们还应在共同的基础上来互相了解和重视彼此的不同见解。"而"五项原则完全可以成为在我们中间建立友好合作和亲善睦邻关系的基础"。①在周恩来的不懈努力下，亚非会议根据和平共处五项原则，提出了处理国与国之间关系的十项原则。"求同存异"实际是五项原则的一种体现，后来也成为我国外交的一个基本方针。

1956年"波匈事件"发生后，中国共产党总结国际共运和社会主义国家间关系正反两方面的经验，把和平共处五项原则引入了社会主义国家关系之中。同年11月1日，我国政府发表声明强调指出："和平共处五项原则，应该成为世界各国建立和发展相互关系的准则"，"社会主义国家的相互关系就更应该建立在五项原则的基础上"。

周恩来首倡并积极推行和平共处五项原则，完全符合联合国宪章的宗旨和精神，逐渐为世界绝大多数国家接受。1957年第12届联合国大会列入了《各国和平共处五项原则宣言》，当年和其后联合国通过的许多决议，以及1976年欧安会的最后文件，都在不同程度上重申了五项原则的内容和精神。半个多世纪以来，同中国建交的160多个国家，包括有的长期敌视新中国的资本主义国家，实际上都接受这些原则作为双方关系的准则。

（四）提出对外经济援助八项原则，是建立国际经济新秩序的先声

世界反法西斯战争的胜利，极大地改变了世界面貌，战后民族解放运动蓬勃发展，殖民体系土崩瓦解，许多国家和地区纷纷摆脱殖民统治，在国际舞台上崛起，成为反对帝国主义和殖民主义的主力军。

新中国把这些国家作为外交的重点。周恩来十分重视发展同它们的关系，加强同它们的团结合作。在新中国刚成立不久，百废待兴，自身还存在许多困难的时候，中国人民就不惜做出重大的民族牺牲，全力支持朝鲜人民和越南人民的反侵略斗争；并节衣缩食，抽出有限资金，援助10多个新独立的国家。1950

---

① 《周恩来外交文选》，中央文献出版社，1990年版，第122页。

年至 1978 年，仅向越南就提供了 200 多亿元人民币的援助，其中 90%以上是无偿援助。

中国提供对外援助时，一贯根据平等互利原则。1963 年 8 月，周恩来同索马里总理谈话时，提出了中国对外经济援助的四项基本政策：（1）我们的援助不要求任何特权或政治条件。（2）我们援助的目的是有利于你们建立独立的民族经济，不造成你们对外国的依赖。（3）我们派专家去或接受你们的留学生，其目的都是帮助培养独立建设人才。（4）我们的援助要量力而行，答应的一定做到，实事求是。[①]

1964 年 1 月 15 日，周恩来访问非洲加纳时，对以上四项原则做了进一步补充和完善，提出了中国对外经济技术援助的八项原则，主要内容为：

第一，中国政府一贯根据平等互利原则对外提供援助，并认为援助不是单方面的赐予，而是相互的。

第二，对外援助时严格尊重受援国的主权，绝不附带任何条件，绝不要求任何特权。

第三，中国以无息或低息贷款方式提供援助，以尽量减少受援国的负担。

第四，中国对外援助的目的，不是造成受援国对中国的依赖，而是帮助受援国逐步走上自力更生、经济上独立发展的道路。

第五，中国政府帮助受援国的建设项目，力求投资少，收效快。

第六，中国政府提供自己生产的质量最好的设备和物资，根据国际市场的价格议价，并保证退换。

第七，中国政府对外提供任何技术援助，保证受援国人员充分掌握这种技术。

第八，中国派到受援国的专家，与当地专家享受同样待遇，不容许有任何的特殊要求和享受。[②]

这八项原则的提出和实施，促进了中国同亚、非、拉国家双边关系的迅速发展，与有的发达国家以控制、干涉、掠夺别国的所谓"经济援助"不同，真正体现了国家关系中平等互利、互通有无、相互支持、真诚合作的新精神。从而加强了中国与第三世界国家在国际斗争中的团结合作，为打破国际经济旧秩序提供了锐利的思想武器，为建立国际经济新秩序提供了基本准则和范例。

---

① 《研究周恩来——外交思想与实践》，世界知识出版社，1989 年版，第 139 页。
② 《周恩来外交文选》，中央文献出版社，1990 年版，第 388~389 页。

（五）积极主张对外开放和向一切国家学习长处，是新中国和平发展的必要条件

从新中国成立起，周恩来就一贯主张发展经济是要坚持自力更生，强调"自力更生是革命和建设事业的基本落脚点"，在对外经济交往中，不能绝对"一边倒"，不能单纯依赖外援。[①]

与此同时，为了新中国的和平发展，周恩来也积极主张对外开放，开展国际合作，搞活经济，反对闭关锁国，盲目排外。他说："我们实行自力更生，也要积极进行国际合作。"自力更生，"并不是排除和拒绝平等贸易，互通有无"。"特别是经济不发达国家，更需要发达国家的技术和设备。"[②]他强调关起门来搞建设的思想是错误的，"即使我们在将来建成了社会主义工业国之后，也不可能设想，我们就可以关起门来万事不求人了。"[③]他统观全局，放眼世界，认为我们维护世界和平，强调国际合作，"目的就是求得人类繁荣，大家共同发展"[④]。

周恩来明确提出要"向一切国家的长处学习"。他认为："一切国家，一切民族，都有长处，也有短处，有优点，也有缺点。"资本主义国家的先进技术和管理经验，也是人类社会创造的优秀成果，"我们是可以学的"，不能全盘否定。"必须把世界上一切好的东西学来，这样，我们的制度就会更优越，我们就能在和平竞赛中取得更大的胜利。"他强调："敢于向一切国家的长处学习，就是最有自信心和自尊心的表现，这样的民族也一定是能够自强的民族。"与此同时，他批判了某些人存在的骄傲自大、盲目排外和迷信外国两种错误思想，强调对外国的东西"应该有批判地学习"[⑤]。

（六）提出或参与制定一整套富有中华民族文化特色的外交方略

周恩来根据马克思主义的基本原理，吸取中华民族传统文化的营养，借鉴历史经验，结合新中国实际，陆续制定了一整套具有中华民族文化特色的外交方针和策略。

1．"另起炉灶"。这是协助毛泽东制定的。周恩来指出："就是不承认国民党政府同各国建立的旧的外交关系。"要经过重新谈判，"在平等、互利和互相

---

① 《周恩来选集》（上卷），人民出版社，1984 年版，第 321～322 页。

② 钱其琛：《认真研究周恩来的外交思想与实践》，载《研究周恩来——外交思想与实践》，世界知识出版社，1989 年版，第 1～8 页。

③ 《周恩来选集》（下卷），人民出版社 1984 年版，第 226 页。

④ 钱其琛：《认真研究周恩来的外交思想与实践》，载《研究周恩来——外交思想与实践》，世界知识出版社，1989 年版，第 1～8 页。

⑤ 《周恩来外交文选》，中央文献出版社，1990 年版，第 158～162 页。

尊重领土主权的基础上，同我们建立外交关系"①。这就改变了旧中国任人摆布的屈辱外交。

2."打扫干净屋子再请客"。周恩来提出建交前"先把帝国主义在中国残余势力清除一下"②，这样，就不给帝国主义留下继续欺凌和掠夺中国人民的余地。

3."针锋相对"。这是中华民族处理人与人和国与国关系的古老传统。周恩来说："你对我好，我也对你好；你对我不好，我也对你不好。针锋相对，来而不往非礼也。"③

4."求同存异"。周恩来是一位善于求同存异解决矛盾的大师。出席万隆会议的国家情况非常复杂，各国首脑态度不一，更因帝国主义长期反共宣传，一些国家代表抱有偏见，在会上对新中国公开诽谤和攻击，有的国家随声附和，会议有陷入争吵和不欢而散的危险。周恩来以博大胸怀，镇定自若，阐明中国政府谋求团结的诚意，并提出解决分歧的"求同存异"方针，通情达理，真诚感人。"求同存异"方针为大家接受，会议终于圆满成功。此后，"求同存异"就成为我国处理国际关系的一个基本方略。

5."礼尚往来"。周恩来指出："中国有句古话，'来而不往非礼也！'你对我不好，欺侮我，逼得我不得不有所准备，要进行回击。否则，就会把我们看成软弱可欺。"④

6."决不开第一枪"。周恩来指出：在外交斗争中，"我们总是采取后发制人的办法，你来一手，我也来一手。不怕它先动手，实际上它一先动手就马上陷于被动"⑤。

7."见机而作"。外交活动"不能心急"，要"见机而作"，有机会一定抓住，决不放过。

8."退避三舍"。周恩来指出："你来，我先退，给你警告。再来，再退，再给警告，但事不过三。"这时候有远见的人会谨慎从事，但"有人可能视我可欺，逼我到墙角，我只好还击"⑥。

9."要等待，不要将己见强加于人"。周恩来说："当双方争执不下时，强

① 《周恩来外交文选》，中央文献出版社，1990 年版，第 48～49 页。
② 《周恩来外交文选》，中央文献出版社，1990 年版，第 50 页。
③ 《周恩来外交文选》，中央文献出版社，1990 年版，第 51 页。
④ 《周恩来外交文选》，中央文献出版社，1990 年版，第 327 页。
⑤ 《周恩来外交文选》，中央文献出版社，1990 年版，第 51 页。
⑥ 《周恩来外交文选》，中央文献出版社，1990 年版，第 328 页。

加于人反而容易坏事,最好的办法是等待对方自己觉悟。"①

此外,周恩来提出的外交方略还有:"互通有无""弯弓不发""有备无患"等等。

他特别指出:"我们中国人办事,就是根据这样一些哲学思想。这些哲学思想,来自我们的民族传统,不全是马列主义的教育。"②

(七)形成一套独具特色的外交风格

这些风格,概括起来主要有:原则坚定,策略灵活;坦诚相见,光明磊落;实事求是,以理服人;不卑不亢,平等待人;说话算数,信守承诺;联系实际,注重调研,等等。

周恩来独特的外交风格,不仅为他本人,也为新中国在国际上赢得了尊敬和赞誉。美国前总统尼克松说:"周恩来的敏捷机智大大超过我所知道的其他任何一位世界领袖。这是中国人独有的特殊的品德,是多少世纪以来的历史发展和中国文明精华的结晶。"③

二、周恩来的和平与发展思想开创世界外交新纪元

在周恩来独立自主、和平发展外交思想的主导下,新中国外交取得了巨大成就。

第一,独立自主的外交方针结束了中国近百年来受侵略、欺凌的屈辱的历史,中国人民真正站起来了,新生的中华人民共和国一开始就以崭新的风貌,屹立于世界的东方。

第二,经过日内瓦会议、万隆会议,和平共处五项原则的提出和推行,周恩来的平等协商、求同存异、友好合作、和平共处的外交新理念产生了深远的影响,为越来越多的国家所接受,打破了旧世界以大欺小、以强凌弱的帝国主义外交称霸的局面,为世界的和平发展做出了重大贡献。

第三,周恩来倡导的和平共处五项原则和对外经济援助五项原则,已为世界上绝大多数国家接受,是建立国际政治经济新秩序的准绳和思想基础,是开创世界外交新纪元的两大支柱。

第四,在周恩来主持下,20世纪70年代初期,和平发展的外交有了新的

---

① 《周恩来外交文选》,中央文献出版社,1990年版,第327页。
② 《周恩来外交文选》,中央文献出版社,1990年版,第328页。
③ [美]理查德·尼克松著,刘湖等译:《领袖们》,知识出版社,1985年版,第304页。

突破：（1）中国恢复了在联合国的合法席位。（2）美国总统尼克松访华，结束了两国 20 多年互相敌对、互不往来的历史，中美关系有了新的发展。（3）中日建交。这三件大事改变了 20 世纪的世界格局，对国际关系产生了巨大而深远的影响，出现了西方国家与中国建交的热潮。

周恩来的外交思想是在他长期领导党和国家的外事工作中形成的。他根据马列主义的基本原理和丰富的实践经验，结合中国国情，吸收中外古今外交思想的精华，集各家之长又有所发展创新；加上他廉和宽厚、诚信务实、无私奉献、平等待人的高尚品德和优良的外交风范，他的外交思想已构成一套完整的思想体系，形成了既有中国特色，又有独特个性的"周恩来外交学"，包含了国际外交的许多新思想和新精神。

周恩来对中国与全世界和平发展的伟大贡献，他的光辉思想和崇高品德，不仅深受亿万中国人民的衷心爱戴，而且获得了全世界各界朋友的普遍尊敬。国际舆论称赞他是"杰出的大外交家""罕见的大政治家""一个勇敢的旧世界的破坏者和新世界的创造者""二十世纪的伟人之一"。

周恩来不仅属于中国，而且属于世界，属于全人类，他博大精深的外交思想，对我国的和平发展，对调整国际关系格局产生了积极而深远的影响。

（本文发表于《周恩来和平与发展思想——学术研讨会论文汇编》，
国家行政学院出版社 2005 年版）

周恩来与新中国的外交

周恩来是当代中国和世界最有影响的杰出的外交家之一。早在民主革命时期，他就卓有成效地领导了中国共产党的外事工作，积极倡导和推进国民外交；广泛加强国际联系，扩大中共影响；采取切实措施，培训外事干部，为未来开展新中国的外交做了必要准备。新中国建立后，他长期担任政府总理，1958年以前还兼任外交部长，指导中国外交工作长达26年之久。新中国成立伊始，他就提出"应当把外交学中国化"①，根据中国国情，建立有中国特色的外交科学体系的任务。他系统阐述了外交工作的指导思想，主持或参与制定了一系列具有中国特色的外交工作方针政策；在领导实施过程中娴熟而灵活地运用外交策略，维护了新中国的独立、主权和民族尊严，支持了被压迫国家和人民争取民族独立的斗争，提高了新中国的国际地位，为世界和平与人类进步事业做出了不可磨灭的贡献。

历史事实表明：周恩来不仅是一位享有崇高国际声誉、才华出众、经验丰富、善于把坚定的原则性和高度的灵活性结合起来的外交实践家，而且是一位胸怀全局、高瞻远瞩、善于把马克思主义的基本原理与中华民族的优秀传统文化和现实外交工作实际密切结合起来的外交思想家。他吸取中外古今外交思想中积极与合理的因素，把它熔于一炉，形成了一整套集各家之长且又有发展、创新的外交思想，对新中国外交和国际关系中几乎所有重要方面都有比较系统的论述。周恩来具有中国特色、又有鲜明独特个性的外交思想和风格极大地丰富和发展了毛泽东思想，是我们学习、继承和发扬的宝贵精神财富。

---

① 《周恩来外交文选》，中央文献出版社，1990年版，第1页。

一、周恩来与新中国外交的基本立场

　　争取国家民族的独立自主，是近百年来中国人民革命的一个根本目标，也是周恩来一贯坚持的新中国外交的基本立场。

　　旧中国是一个受侵略、受欺凌的半殖民地半封建国家。当历史迈进19世纪的时候，西方资本主义在殖民掠夺的血雨腥风中迅速发展，腐败的清王朝统治下的封建的、落后的中国成为他们猎取的重要目标。1840年，英国率先发动了侵略中国的鸦片战争，打开了中国的大门。美、法、日、俄等资本主义列强随即争先恐后地入侵中国，在近百年中将上千个不平等条约强加给中国，对中国人民进行了残酷的屠杀、掠夺和奴役。中国人民为争取国家独立和民族解放，前赴后继地奋起斗争，付出了重大的代价。因此，在处理新中国对外关系时，维护得来不易的民族独立，政治上独立自主而不允许任何外来干涉，经济上自力更生而不依赖外援，就是中国共产党和周恩来一贯坚持的新中国外交政策的基本立场。

　　早在抗日战争最艰苦的年代，周恩来就强调中国要独立自主和自力更生。1941年，他针对国民党一味依赖美国的言行公开指出："独立自主和自力更生，是我们抗战的基本国策。"[1]1946年，他在一次谈到同美、苏的关系时又说：中国"不要置身于一个国家的影响之下，以致成为一国的工具"[2]。

　　新中国成立前后，为了彻底结束旧中国的屈辱外交，开创新型外交，周恩来和毛泽东等党的领导人一道，深思熟虑地规划了新中国独立自主的外交方针和政策。1949年4月，他十分明确地指出："我们对外交问题有一个基本的立场，即中华民族独立的立场，独立自主、自力更生的立场。"[3]1949年6月，毛泽东在《论人民民主专政》一文中指出："中国必须独立，中国必须解放，中国的事情必须由中国人民自己作主张，自己来处理，不容许任何帝国主义国家再有一丝一毫的干涉。"[4]毛泽东还提出"另起炉灶"和"一边倒"的外交方针。由周恩来主持起草的《中国人民政治协商会议共同纲领》于1949年9月29日正式通过，它充分体现了独立自主的精神。第七章"外交政策"明确规定："对

----

[1] 《论目前战局》，《新华日报》1941年5月25日。
[2] 周恩来与美国哥伦比亚大学教授裴斐的谈话纪要，1946年7月9日。
[3] 《周恩来选集》（上卷），人民出版社，第321页。
[4] 《毛泽东选集》第4卷，人民出版社1991年第2版，第1465页。

于国民党政府与外国政府所订立的各项条约和协定，中华人民共和国中央人民政府应加以审查，按其内容，分别予以承认，或废除，或修改，或重订"；"凡与国民党反动派断绝关系，并对中华人民共和国采取友好态度的外国政府，中华人民共和国中央人民政府可在平等、互利及互相尊重领土主权的基础上，与之谈判，建立外交关系"。[①]这样，首次郑重地以法律形式规定了新中国外交独立自主的基本原则立场。在中国历史上，辛亥革命后在南京成立的以孙中山为首的临时政府，曾直接把旧有的外交关系继承下来。但是，周恩来表示："我们不这样做。"[②]

独立自主的外交方针改变了旧中国半殖民地的屈辱地位，取消了帝国主义国家在华的一切特权，有力地捍卫了国家的独立、主权和民族的尊严，把旧中国的屈辱外交一扫而光，使我国在外交谈判中立于主动地位，使新生的中华人民共和国一开始就以崭新的风貌屹立于世界的东方。

1949 年 10 月 1 日，就在新中国宣布成立的当天，周恩来就以外交部长名义致函各国政府，并将《中华人民共和国中央人民政府公告》随函送达，表明新中国的建交立场。公告发出后，很快得到了以苏联为首的社会主义国家以及其他一些友好国家的支持，到 1950 年 10 月，共有 17 个国家与我国建立外交关系，它们是苏联、保加利亚、罗马尼亚、朝鲜、匈牙利、捷克斯洛伐克、波兰、蒙古、东德、阿尔巴尼亚、越南、印度、瑞典、丹麦、缅甸、瑞士、芬兰等。至于大多数资本主义国家与我国建交则必须通过平等、严肃的外交谈判手续。有几个资本主义国家想与我国早日建交，以保住他们在中国的特权，我国政府为争取外交主动，采取"宁愿再等一等""打扫干净屋子再请客"的方针，看他们是否真有诚意接受新中国的建交原则。

当时以及其后很长一段时期，以美国为首的一批资本主义国家，以其雄厚的军事力量为后盾，企图称霸世界，对新中国采取敌视政策，实行军事上包围、经济上封锁和政治上不承认等一系列敌对方针，妄图扼杀新生的中华人民共和国；世界也已分裂成社会主义与资本主义两个相互敌对的阵营。为对付美帝国主义威胁，周恩来赞成实行与苏联结盟的"一边倒"的外交政策。但他同时牢牢掌握独立自主、内政不容干涉的原则，强调不能把党和国家的独立性失掉。在阐述新中国的外交关系时，他对我国与苏联和东欧社会主义兄弟国家的关系做了精辟分析："就兄弟国家来说，我们是联合的，战略上是一致的，大家都要

---

① 《国际关系史资料选编》下册，武汉大学出版社 1983 年版，第 219 页。

② 《周恩来外交文选》，中央文献出版社，1990 年版，第 49 页。

走社会主义的道路。但国与国之间在政治上不能没有差别，在民族、宗教、语言、风俗习惯上是有所不同的。所以要是认为同这些国家之间毫无问题，那就是盲目乐观。"他强调："'人心不同，各如其面'，人和人之间尚有不同，何况国家、民族呢？"①他深刻而明确地指出："对兄弟国家在战略上是要联合，但战术上不能没有批评。"至于"对帝国主义国家战略上是反对的，但战术上有时在个别问题上是可以联合的"。他强调，对此"我们应当认识清楚，否则就会敌我不分"②。

周恩来赞同政治上"一边倒"，但坚决主张在对外经济交往中不能绝对"一边倒"。他认为："任何一个国家建设社会主义总要有一点独立的能力，更不用说像我们这样一个大国。"③他一再告诫："要去掉依赖思想"，主要靠"自力更生"。他指出："苏联的帮助是重要的，但起决定作用的是中国人民"④，"不然一旦风吹草动，没有任何一个国家能够支援我们完全解决问题"⑤。他强调："如果不是坚决贯彻独立自主的立场，就会成为卫星国，仰帝国主义的鼻息，就会成为从属国家。因此，在坚持独立自主上不能放松。"⑥同时，他还指出，在对外交往中，"既不盲目排外，也不媚外。否则不是狂妄便是自卑。不亢不卑才是我们的态度，在这方面必须掌握得体"⑦。

20世纪50年代后期，中苏两党在认识上有分歧，但两国关系基本上还算正常。1958年4月，苏联国防部长马利诺夫斯基致函中国国防部长彭德怀，希望在中国建立长波发报中心和特种收报无线电中心，用来指挥太平洋地区的苏联潜艇，并表示此项建设费用由苏方承担。与此同时，苏联又提出与中国共同建立潜艇舰队的问题，建议中方向苏方订购新的海军装备。这两件事都涉及中国主权的政治问题，周恩来代表中国政府通知苏方，拒绝共同建立潜艇舰队的要求，建设长波电台之事后来也随着中苏关系的恶化而中断。在涉及国家主权的问题上，周恩来一贯坚持独立自主的原则立场，态度十分明确坚定，没有一丝一毫的犹豫和动摇。

周恩来根据马克思主义的基本原理，结合世界形势的发展和中国的国情，对中国独立自主外交立场所做全面、系统、辩证的论述，大大丰富和发展了毛

①《周恩来外交文选》，中央文献出版社，1990年版，第6页。
②《周恩来外交文选》，中央文献出版社，1990年版，第2～3页。
③《周恩来选集》（下卷），人民出版社，1980年版，第232页。
④《周恩来外交文选》，中央文献出版社，1990年版，第172页。
⑤《周恩来选集》（下卷），人民出版社，1990年版，第232页。
⑥《周恩来外交文选》，中央文献出版社，1990年版，第405页。
⑦《周恩来外交文选》，中央文献出版社，1990年版，第16页。

泽东思想。新中国成立初期，周恩来先后发表的《新中国的外交》《中华人民共和国的外交政策》《我们的外交方针和任务》《和平共处五项原则》《中国人办外事的一些哲学思想》等一系列重要讲话，全面、系统、深刻地论述了新中国外交的战略目标、基本方针政策和策略以及外交工作的基本指导思想，为新中国外交奠定了思想理论基础。

周恩来是新中国外交的主要开创者和奠基人。

二、周恩来与新中国外交的战略目标

维护世界和平，反对帝国主义的侵略政策和战争政策，是周恩来与毛泽东等领导人制定的新中国外交的战略目标。

近百年来，中国人民饱受侵略战争的苦难，"中国人民受罪受够了"[①]。帝国主义对中国的长期侵略和掠夺，造成了中国的贫穷和落后，中国人民要和平不要战争。

早在新中国成立前夕，周恩来受党中央委派主持起草了人民政协的共同纲领，并在 1949 年 9 月召开的中国人民政治协商会议第一届全体会议上做了题为《关于〈中国人民政治协商会议共同纲领〉草案的起草经过和特点》的报告，明确指出新中国外交的首要目标是："保障本国独立、自由和领土主权的完整，拥护国际的持久和平和各国人民间的友好合作，反对帝国主义的侵略政策和战争政策"，"这就是我们在外交政策上的基本态度"。[②]此后，他多次重申这种态度。1949 年 11 月 8 日，他在外交部成立大会上的讲话中指出：我们现在外交任务的目标分两个方面，一方面是"为持久和平、人民民主和社会主义的前途而奋斗。另一方面，是反对帝国主义"。1950 年 9 月 30 日，在全国政协为新中国成立一周年举行的庆祝大会上，他又重申了这一态度，指出中华人民共和国维护世界和平的外交政策，在具有临时宪法性质的政协《共同纲领》中已明确规定，是我国坚持不渝的原则。[③]1952 年，他又强调："中华人民共和国建国以来，一直坚持和平的对外政策……相信以和平竞赛的方法来胜过帝国主义是完全可能的。"[④]

①《周恩来外交文选》，中央文献出版社，1990 年版，第 92 页。

②《周恩来选集》（上卷），人民出版社，1980 年版，第 371 页。

③《周恩来外交文选》，中央文献出版社，1990 年版，第 1～2 页。

④《周恩来外交文选》，中央文献出版社，1990 年版，第 20 页。

周恩来坚持推行的独立自主、维护和平的外交政策是从对战后世界主要矛盾和我国国情的科学分析中得出的结论，他据此提出战争与和平是当今世界的主要矛盾；维护世界和平是新中国外交的首要目标；和平政策是我国外交的基本政策，不是一般政策，更不是策略思想。

第二次世界大战后，国际形势发生了重大变化。周恩来深刻地分析了这一变化，敏锐地抓住出现的新情况和新问题。他在一次外事工作会议的报告中指出：国际上"当前的矛盾主要表现在战争与和平、民主与反民主、帝国主义与殖民地以及帝国主义国家之间四个方面"。尽管社会主义和资本主义的矛盾是基本的，但当前表现的"主要矛盾是和平与战争问题"①。这是最突出的问题。抗美援朝战争基本结束后，他又指出："如果新战争能够被推迟，也就可能被制止。"②这儿说的"新战争"指的是当时人们最为关心和担忧的第三次世界大战。针对这样紧张的国际局势，周恩来提出："我们主张通过和平协商解决一切国际纠纷"③，避免血腥的战争，重申"争取和平，和缓国际紧张局势是中国的坚定不移的外交政策"④。新中国高举和平旗帜，反对侵略战争，这既符合中国人民的利益，也符合全世界人民的共同利益。

反对霸权主义是维护世界和平的一个重要方面。超级大国的军备竞赛、尤其是不断升级的核军备竞赛给世界人民带来了战争的威胁和不安全感。中国从维护世界人民的利益和持久和平出发，积极参与国际社会的裁军活动，要求两个超级大国必须首先大规模裁军，反对军备竞赛太空化。1963年8月2日，周恩来写信给世界各国政府首脑，转达我国政府的声明，提出召开世界各国政府首脑会议来讨论全面、彻底、干净、坚决地禁止和销毁核武器问题。为了打破几个大国的核垄断，中国反对美、英、苏三国签订的《禁止在大气层、外层空间和水下进行核武器试验条约》，支持非洲和拉丁美洲建立无核区的斗争。1964年10月16日，中国成功地试验了第一枚原子弹。次日，周恩来以政府总理的名义发出致世界各国政府首脑的电报，郑重声明："中国政府一贯主张全面禁止和彻底销毁核武器，中国进行核试验、发展核武器，是被迫而为的。""中国政府郑重宣布，在任何时候、任何情况下，中国都不会首先使用核武器。"众所周知，只有使拥有核武器的国家受到制约才可能促使其保证不使用核武器。以上正确立场使中国逐渐成为世界维护和平和制约战争的主要力量之一。

---

① 《周恩来外交文选》，中央文献出版社，1990年版，第59、62页。
② 《周恩来外交文选》，中央文献出版社，1990年版，第61页。
③ 《周恩来外交文选》，中央文献出版社，1990年版，第62页。
④ 《周恩来外交文选》，中央文献出版社，1990年版，第111页。

奉行独立自主的和平外交政策是由我国的社会制度决定的。我国是社会主义国家，"我国的制度不允许向外扩张、挑衅、掠夺。"社会主义的中国在政治上建立起人民民主专政的国家政权，在经济上建立起以生产资料公有制为主体的经济基础。这样，在国内根除了阶级剥削和阶级压迫的根源，在国际上也不像殖民主义、帝国主义那样依靠侵略和掠夺他国来积累资本，靠战争发财。周恩来郑重宣布："我们不会侵略别人，我们宪法规定了我们的和平外交方针，中国人民也不允许我们违背这个方针去侵略别人。近百年来，中国人民受罪受够了，我们不愿意把这种痛苦加在别人身上。我们懂得这个痛苦，我们同情别人的苦难。"因此，中国社会主义制度既决定了我国对外政策的和平实质，也是实行和平外交政策的根本保证。

中国要改变贫穷落后的面貌需要长期的努力。因此，一个持久、稳定的国际环境是中国自身建设的需要。周恩来指出："我们迫切地需要一个和平的国际环境，来发展我国独立自主的经济"①，时间越长对人民越有利。这就决定了我们在国际事务中的一切活动只能是为和平的目的，而不能是其他的任何方针。

为了创造一个和平的国际环境，促使国际形势向有利于和平的方向发展，周恩来代表我国政府在外交方面作了不懈的努力。他在 1954 年日内瓦会议和 1955 年万隆会议上充分地阐明了我国独立自主的和平外交政策，受到世界人民的瞩目。

三、周恩来与新中国外交的方针和策略

新中国成立以后，周恩来一直坚持和平的对外政策。在执行和平政策的过程中，他根据马克思主义的基本原理，结合新中国对外关系中的实际情况，吸取我们民族文化传统中处理对外交关系的一些值得借鉴的历史经验，主持或参与制定了一系列具有中国特色的外交方针和灵活机动的策略。这些具有中国特色的外交方针策略有的是他协助毛泽东主持制定的，更多的是由他主持制定或直接提出的。

（一）在执行和平政策中的外交方针

新中国成立不久，周恩来在执行和平政策中就多次对我国的外交方针做过系统而深刻的论述。主要提出以下几点：

---

① 《周恩来外交文选》，中央文献出版社，1990 年版，第 116 页。

1."另起炉灶"

这一重要方针是周恩来1949年春协助毛泽东提出的。其主要内容就是不承认国民党政府同各国建立的旧的外交关系，要在新的基础上同各国另行建立新的外交关系。为了维护站起来了的中国人民的尊严，改变旧中国任人摆布的屈辱外交，周恩来提出外国与我建交要经过严肃谈判的手续，"我们要看看人家是不是真正愿意在平等、互利和互相尊重领土主权的基础上同我们建立外交关系"①。他指出："这一'另起炉灶'的方针，使我国改变了半殖民地的地位，在政治上建立了独立自主的外交关系。"②

2."打扫干净屋子再请客"

新中国成立后，帝国主义国家千方百计地想保留一些在中国的特权，有几个国家想同我们谈判建交，想钻进来。周恩来提出："我们的方针是宁愿等一等，先把帝国主义在我国的残余势力清除一下"，"在建立外交关系以前把'屋子'打扫一下，'打扫干净屋子再请客'"③。这样，就不给帝国主义留下继续欺凌和掠夺中国人民的余地。

3."针锋相对"与"礼尚往来"

这是我们民族处理人与人之间、国与国之间关系的古老的传统。周恩来结合新中国的实际，把它作为一个外交方针。他提出："资本主义国家，你对我好，我也对你好；你对我不好，我也对你不好，针锋相对，来而不往非礼也。我们总是采取后发制人的办法，你来一手，我也来一手。不怕它先动手，实际上它一先动手就马上陷于被动。"④"礼尚往来"的方针还表示我国决不屈服于任何外国的压力。周恩来指出："中国有句古话，'来而不往，非礼也'。你对我不好，欺侮我，逼得我不得不有所准备，要进行回击。否则，就会把我们看成为懦弱可欺。"⑤周恩来提出并认真执行了这一"针锋相对""礼尚往来"的外交方针。特别是在抗美援朝战争以后，帝国主义国家碰了钉子，知道中国总理说话是算数的，从此再也不敢肆意欺侮我国。

4."求同存异"

周恩来是一位善于求同存异、解决矛盾的大师。在国际关系中，矛盾各方大多是享有独立地位的主权国家，单方面强加于人的做法不但解决不了矛盾，

① 《周恩来外交文选》，中央文献出版社，1990年版，第49页。
② 《周恩来外交文选》，中央文献出版社，1990年版，第49页。
③ 《周恩来外交文选》，中央文献出版社，1990年版，第50页。
④ 《周恩来外交文选》，中央文献出版社，1990年版，第51页。
⑤ 《周恩来外交文选》，中央文献出版社，1990年版，第327页。

反而会使矛盾激化。国际社会的矛盾和斗争错综复杂，周恩来认为"世界各国政治制度、意识形态各有不同，很难一致起来"，为了在地球上共同生存，应该撇开不同点，去"找共同点"。①因此，他把"求同存异"作为处理国际关系的指导方针和基本方法，这可说是求同存异的战略意义。在具体的外交谈判中，为了达成协议，他善于在尖锐的矛盾中求同，善于在适当的条件下存异，被誉为处理外交难题的能手。

5. "互通有无"

新中国成立以来，周恩来就反对闭关自守，主张"根据平等互利的原则同外国做买卖"②。但他认为：不能让帝国主义国家像过去那样把中国作为他们的消费品市场，我国主要出口人家需要的农产品，进口我们需要的工业装备。美帝国主义对我搞禁运，我们就以货易货，不用结汇，这对打破禁运极为有利。他指出："这种互通有无是互利的。"③在这一方针的指导下，到1952年初，我国出口贸易额就已经超过第二次大战前的数字，以后又逐年有所发展，使以美国为首的某些敌视我国的帝国主义国家妄图扼杀我国新政权的阴谋未能得逞。

6. "团结世界人民"

周恩来指出："外交是通过国家和国家的关系这个形式来进行的，但落脚点还是在影响和争取人民，这是辩证的。"④因此，为巩固和发展和平力量，扩大新中国的影响，在执行"一边倒"方针的同时，"我们要团结世界各国的人民，不仅兄弟国家的人民，就是原殖民地半殖民地国家和资本主义国家的人民，我们也都要争取"⑤。

(二) 外交策略

正确而灵活的策略是实现方针、任务的必要方法。周恩来根据外交斗争的实际情况，从我国传统文化中吸取营养，在《中国人办外事的一些哲学思想》等讲话中提出了一整套富有中华民族特色的外交策略。

1. 分清敌、我、友，具体分析，区别对待

分清敌、我、友是正确制定斗争战略和策略的主要依据。在新中国成立开始时，周恩来就提出过这个问题，他指出："区别的主要关键是对战争与和平的

---

① 《周恩来外交文选》，中央文献出版社，1990年版，第145页。
② 《周恩来外交文选》，中央文献出版社，1990年版，第51页。
③ 《周恩来外交文选》，中央文献出版社，1990年版，第51页。
④ 《周恩来外交文选》，中央文献出版社，1990年版，第52页。
⑤ 《周恩来外交文选》，中央文献出版社，1990年版，第52页。

态度。"①但对敌与友都要具体分析，区别对待。他认为："朋友方面以国家来分有两种：第一种是基本的朋友，第二种是一时的朋友。"后一种朋友是资本主义国家。他指出："对帝国主义阵营也要有分析"，"资本主义世界并不是铁板一块，我们应该区别对待"。同我们最敌对的国家，"应该对它坚决斗争"；同我关系较坏而又同美帝有矛盾的国家，不能把它看成最敌视我们的帝国主义一样，"我们应该给一些影响，使它们不过分同我敌对"；对一时可成为我们的朋友，或在我们同帝国主义斗争中保持中立的资本主义国家，"我们不能采取敌对态度，不要把它们挤到敌人的营垒里去，我们可以和它们做朋友"；对新独立而由当地资产阶级统治的国家，我们应与他们交朋友，"在战争时争取它们中立，在和平时争取它们同帝国主义保持距离"。②

2. 依靠进步，争取中间，分化顽固

新中国成立初期，世界已分裂为社会主义与帝国主义两个敌对阵营，为对付美帝国主义的威胁，中国不得不执行"一边倒"的外交方针。但周恩来认为："不是简单的两大阵营对立，没有什么工作可做。"③虽然"外交是通过国家和国家的关系这个形式来进行的，但落脚点还是在影响和争取人民"④。因而他十分重视人民外交，长期以来一直坚持不懈地指导我国各人民团体做世界各国人民包括资本主义和帝国主义国家人民的工作。他自己也抽出许多时间接待各国各阶层的人士，亲自耐心地做工作。在开展人民外交中，他提出："我们要依靠进步，争取中间，分化顽固。这样可以使我们的外交工作更灵活一些⋯⋯要这样来打开我们外交工作的局面。"⑤周恩来倡导的人民外交是他外交思想的一大特色，长期艰苦而细致的人民外交工作为我国在世界各国各阶层人民中争取了许多朋友，促进了国家关系的发展。他巧妙地通过"乒乓外交"，进而打开了敌对多年的中美建交的大门，就是这方面的典型事例。

3. "要等待，不要将己见强加于人"

周恩来指出：在外交工作中，"当双方争执不下时，强加于人反而容易坏事，最好的办法是等待对方自己觉悟"⑥。

---

① 《周恩来外交文选》，中央文献出版社，1990 年版，第 52 页。
② 均见《周恩来外交文选》，中央文献出版社，1990 年版，第 52～54 页。
③ 《周恩来外交文选》，中央文献出版社，1990 年版，第 54 页。
④ 《周恩来外交文选》，中央文献出版社，1990 年版，第 52 页。
⑤ 《周恩来外交文选》，中央文献出版社，1990 年版，第 54 页。
⑥ 《周恩来外交文选》，中央文献出版社，1990 年版，第 327 页。

4. "决不开第一枪"

周恩来说：在对外交往中，"人家可以先对我不好，我们决不会先对人家不好。"[1]这就是说，与外国发生矛盾时，我们要恪守后发制人的原则，不搞形式上的先声夺人，这样政治上可争取主动。

5. "退避三舍"

针对敌对国家对我国的侵犯，周恩来制定了"退避三舍"的策略。他说："你来，我先退，给你警告。再来，再退，再给警告，但事不过三。退为的是给对方以考虑的时间。这时候，将发生两种可能：一种是有远见的人会考虑，这不是软弱可欺，应该谨慎；另一种是有人可能视我可欺，逼我到墙角，我只好还击。"[2]抗美援朝时，周恩来用的就是这种策略。当美国一再不听我国警告，"一直进逼鸭绿江，逼我们到墙角，我们才进行抗美援朝"[3]，给美国深刻教训。

此外，周恩来还提出外交行动要"见机而作""有备无患""弯弓不发""细水长流""见缝插针""守如处子，动如脱兔"等一系列策略思想，这些都是从我国传统文化中吸取的营养，并将之创造性地运用于当前外交实践，值得深入学习。

综上可以看出，周恩来的这些外交方针和策略思想具有非常鲜明的中国特色。他强调指出："我们中国人办事，就是根据这样一些哲学思想。这些哲学思想，来自我们的民族传统，不全是马列主义的教育。"[4]

四、周恩来与和平共处五项原则

周恩来创造性地提出并积极推行的和平共处五项原则，是对马列主义、毛泽东思想的重要发展，是新中国外交的基本准则。到今天，它已成为我国积极倡导的，并为世界大多数国家接受的建立国际政治新秩序的准则。

（一）和平共处五项原则的初步提出及其历史背景

两种不同社会制度国家之间和平共处的思想，最早是列宁在 1919 年提出的。他说："俄罗斯社会主义联邦苏维埃共和国希望同各国人民和平相处，把自

---

① 《周恩来外交文选》，中央文献出版社，1990 年版，第 327 页。
② 《周恩来外交文选》，中央文献出版社，1990 年版，第 328 页。
③ 《周恩来外交文选》，中央文献出版社，1990 年版，第 328 页。
④ 《周恩来外交文选》，中央文献出版社，1990 年版，第 328 页。

己全部力量用来进行国内建设。"①新中国成立伊始，在周恩来主持起草的全国
政协《共同纲领》中也包含了和平共处五项原则的某些内容。"凡与国民党反动
派断绝关系，并对中华人民共和国采取友好态度的外国政府，中华人民共和国
中央人民政府可在平等、互利及互相尊重领土主权的基础上，与之谈判，建立
外交关系。"②1950 年 2 月 14 日，周恩来与苏联外长维辛斯基签署的《中苏友
好同盟互助条约》中规定："缔约国双方保证以友好合作的精神，并遵照平等、
互利、互相尊重国家主权与领土完整及不干涉对方内政的原则，发展和巩固中
苏两国之间的经济与文化关系，彼此给予一切可能的经济援助，并进行必要的
经济合作。"③可见，中苏两国建交不久就确认了包含着和平共处五项原则的某
些基本外文精神。

　　和平共处五项原则的提出还有其特定的历史背景。第二次世界大战之后，
世界局势发生了巨大变化，近百年来一直受帝国主义侵略的中国，在中国共产
党领导下，经过长期浴血奋战，在世界的东方冲破帝国主义的阵线，取得革命
胜利，为亚、非、拉各被压迫民族争取民族解放的斗争树立了光辉榜样。短时
期内，民族解放运动迅猛发展，一批亚、非、拉国家相继独立，旧的国际政治
与经济秩序已被打破，如何处理好各类国家之间的关系，包括帝国主义和新兴
国家之间的关系，作为战后的一个历史课题已提到日程上来，新兴国家为维护
得来不易的政治独立都渴望解决这一课题。我国也是如此。与我国打交道的国
家社会政治制度不同，意识形态各异，周恩来从维护世界和平的外交战略出发，
依据独立自主原则，抓住国际局势走向缓和的历史契机，提出了和平共处五项
原则，作为我国与一切国家建立和发展正常外交关系的准则，取得了举世瞩目
的成就。

　　1953 年 12 月 31 日，中印两国政府举行西藏地方关系问题的谈判时，周恩
来在同印度代表团的谈话中首次完整地提出了和平共处五项原则，"那就是互相
尊重领土主权、互不侵犯、互不干涉内政、平等互惠和和平共处的原则"④。
这些原则得到了印度总理尼赫鲁的赞同，两国政府都同意将和平共处五项原则
写进 1954 年双方达成的《关于中国西藏地方和印度之间的通商和交通协定》。
1954 年 6 月，在日内瓦会议休会期间，周恩来应邀访问了印度和缅甸，发表了
中印、中缅两国总理的联合声明，一致同意以和平共处五项原则作为指导中印、

①《列宁全集》第 37 卷，人民出版社，1986 年版，第 354 页。
②《国际关系史资料选编》下册，武汉大学出版社，1983 年版，第 219 页。
③《国际关系史资料选编》下册，武汉大学出版社，1983 年版，第 223 页。
④《周恩来外交文选》，中央文献出版社，1990 年版，第 63 页。

中缅关系的基本原则。同年 10 月 11 日，周恩来在同日本国会议员访华团和日本学术文化访华团的谈话中指出："我们认为，这五项原则不应该只限于处理中印和中缅关系，它也可以适用于全亚洲，甚至全世界各国。"①如果说周恩来在1953 年底会见印度代表团时首次提出这些原则时，考虑的还主要是处理中印两个"接壤大国"的双边关系的话，那么，到 1954 年年底，他就明确地意识到这些原则是指导不同社会制度国家关系的普遍准则。

（二）和平共处五项原则提法的完善和重大发展

1954 年 6 月下旬，周恩来访问了印度、缅甸，在中印、中缅两个联合声明中，中印、中缅共同倡导了和平共处原则，与 1953 年年底首次提出的和平共处五项原则比较，和平共处五项原则做了不影响本质的、字面上的一点修改，将"平等互惠"改为"平等互利"。同年 10 月 11 日，周恩来在同日本访华团的谈话中明确指出："我们倡导了五项原则，就是大家所知道的，互相尊重主权和领土完整、互不侵犯、互不干涉内政、平等互利、和平共处。"②

这里，周恩来又将"互相尊重领土主权"改为"互相尊重主权和领土完整"，其含义就更加全面而准确。这样，完整的和平共处五项原则就最后定型了，并第一次正式地、最完整地写进了 1954 年 10 月 12 日发表的中苏《联合宣言》中。《联合宣言》写道："中华人民共和国和苏联，将继续把它们同亚洲和太平洋区域的各个国家以及其他国家的关系,建立在严格遵守互相尊重主权和领土完整、互不侵犯、互不干涉内政、平等互利、和平共处的各项原则的基础之上。"

和平共处五项原则是一个不可分割的、有机联系的整体，是周恩来外交思想的集中概括。和平共处五项原则的发展经历了以下几个阶段。

它的初步发展是在亚非会议时。1955 年 4 月，由缅甸、锡兰（今斯里兰卡）、印度、印度尼西亚和巴基斯坦五个国家发起的亚非会议在万隆召开，出席这次会议的有亚、非地区 29 个国家的 340 名代表。我国代表团首席代表周恩来在会上做了几次重要发言。发言中，他鲜明地提出了亚非国家应采取"求同存异"的方针："在亚非国家中是存在有不同的思想意识和社会制度的，但这并不妨碍我们求同和团结"；"我们的会议应该求同而存异。……我们并不要求各人放弃自己的见解，因为这是实际存在的反映。但是不应该使它妨碍我们在主要问题上达成共同的协议，我们还应在共同的基础上来互相了解和重视彼此的不同见解"；"五项原则完全可以成为在我们中间建立友好合作和亲善睦邻关系的基

---

① 《周恩来外交文选》，中央文献出版社，1990 年版，第 91 页。
② 《周恩来外交文选》，中央文献出版社，1990 年版，第 91 页。

础"。①"求同存异"实际上就是和平共处五项原则的一种体现。"求同"就是求和平合作之同,"存异"就是存意识形态和社会制度之异,目的是保证各国在和平共处五项原则的基础上共处。会议依据中国和印度首倡的和平共处五项原则,提出了处理国与国之间关系的十项原则。十项原则包括了和平共处五项原则,实际上是和平共处五项原则的一个发展。"求同存异"体现了我国处理国际矛盾时所表现的合作态度,成为我国外交的一项基本方针。

和平共处五项原则又一次发展是在波匈事件后。1956年波匈事件的发生,暴露了社会主义国家关系中也有忽视平等原则、干预别国内政现象。为了倡导社会主义各国关系走上正常健康的轨道,1956年11月1日,我国政府就社会主义国家关系问题发表了一项重要声明——《中华人民共和国政府关于苏联政府1956年10月30日宣言的声明》(以下简称《声明》)。《声明》强调指出:"和平共处五项原则,应该成为世界各国建立和发展相互关系的准则";"社会主义国家的相互关系就更应该建立在五项原则的基础上"。这样,就第一次明确地指出社会主义国家关系也应遵循和平共处五项原则。周恩来把和平共处五项原则引进社会主义国家关系,从而创造性地丰富和发展了列宁关于不同社会制度国家和平共处的思想。

(三)和平共处五项原则的积极运用和全面拓展

和平共处五项原则是周恩来外交思想的精髓,周恩来积极倡导并推广五项原则,努力使中国同世界各国在这些原则的基础上和平共处,进而保障世界和平。

在贯彻执行和平共处五项原则时,周恩来首先把精力集中到搞好邻边关系上,努力按此原则,通过和平协商,互谅互让,先后同缅甸、尼泊尔、巴基斯坦、阿富汗、蒙古等国解决了边界问题,同印度尼西亚达成了关于解决双重国籍问题的协议,建立睦邻友好关系,从而保证了一个和平、安定的周边环境,在国际上树立起和平共处的典范。

1963年12月至1964年2月,周恩来先后访问了阿拉伯联合共和国、加纳、马里等10个非洲国家,结合阿拉伯和非洲国家的情况,提出了中国同阿拉伯和非洲国家关系的五项原则并写进了《中华人民共和国政府和阿拉伯联合共和国政府公报》中。《公报》指出:"中国一贯主张并且信守和平共处五项原则和万隆会议十项原则"②,强调这一立场也适用于我国同非洲各国的关系。在访问

---

①《周恩来外交文选》,中央文献出版社,1990年版,第122页。

②《周恩来外交文选》,中央文献出版社,1990年版,第387页。

加纳共和国答加纳通讯社记者时，周恩来宣布了我国对外经济技术援助八项原则，将它写进了中国同马里两国政府的联合公报中。其中第二项规定："中国政府在对外提供援助的时候，严格尊重受援国的主权，绝不附带任何条件，绝不要求任何特权。"①周恩来亲自拟定的五项政治原则和八项经济原则是和平共处五项原则在对外关系中的积极运用和发挥，是社会主义中国对外关系的重要组成部分。

周恩来不仅主张同亚、非国家在和平共处五项原则的基础上建立友好合作关系，同时也愿意在这些原则的基础上与西方国家建立正常的关系。1954 年 8 月 12 日，周恩来在一次外交干部会上指出："世界上不同制度的国家是可以和平共处的，丘吉尔、艾登都这样说过。中印、中缅联合声明倡导了和平共处五项原则，迫使艾森豪威尔也不得不说些和平共处之类的话。"②同年 10 月，他在同日本访华团的谈话中指出："我们和日本也同样可以根据这五项原则来彼此承担义务。"③1955 年 1 月，周恩来同英国驻华代办杜维廉的谈话中强调："中国政府一直到现在都在致力于搞好中英关系，两国的制度不同，对问题的看法不同，这并不妨碍两国的和平共处和友好合作。"④ 20 世纪五六十年代，西方国家大多数都追随美国，对中国推行"两个中国"或"一中一台"的政策，没有同我国建立正常的外交关系。进入 70 年代，中国同西方国家关系有了很大发展，美国。日本等国实际上都承认和平共处五项原则并在这些原则的基础上同我国实现关系正常化；日本、联邦德国、西班牙等同我国先后建交；英国、荷兰等由代办级升为大使级外交关系。到 70 年代末，国际上先后有 90 个国家在同我国发表的文件中承认了和平共处五项原则。

周恩来制定和积极推行的和平共处五项原则，超越了社会制度和意识形态，解决了世界上千差万别的国家进行友好合作和和睦共处的问题。和平共处五项原则使新中国在国际政治生活中日益发挥着积极作用，它也是目前我国积极倡导的建立国际新秩序的准则。周恩来的和平共处五项原则是对马列主义、毛泽东思想的重要拓展，其影响是深远的。

---

① 《周恩来外交文选》，中央文献出版社，1990 年版，第 388 页。
② 《周恩来外交文选》，中央文献出版社，1990 年版，第 80 页。
③ 《周恩来外交文选》，中央文献出版社，1990 年版，第 91 页。
④ 《周恩来外交文选》，中央文献出版社，1990 年版，第 99 页。

五、周恩来与对外经济援助八项原则

第三世界是新中国外交的重点。

世界反法西斯战争的胜利从根本上改变了世界面貌，国际政治力量对比发生了有利于世界人民的深刻变化。战后亚、非、拉民族解放运动以前所未有的规模蓬勃发展，殖民体系土崩瓦解，第三世界在国际政治舞台上崛起，成为反对帝国主义、殖民主义、霸权主义的主力军。20 世纪 50 年代中期在万隆召开了亚非会议，亚、非、拉民族独立国家逐步联合成一股政治力量。20 世纪 60 年代，不结盟运动开始崛起，形成"77 国集团"这样的发展中国家组织。

毛泽东对战后国际形势进行了长期的观察和仔细的思考。1974 年 2 月，他在和赞比亚总统卡翁达谈话中，提出了"三个世界"划分的战略思想，指出美国和苏联是第一世界，日本、欧洲、加拿大是第二世界，整个亚洲、非洲、拉丁美洲除日本以外是第三世界。第三世界包括 130 多个国家，总面积占世界土地面积的 2/3，人口占世界总人口的 3/4，国家数占独立国家的 3/4 以上。中国人民对亚、非、拉国家反对帝国主义和殖民主义的斗争一贯给予热烈的同情和支持。在新中国的外交事务中，周恩来非常重视发展同第三世界国家的关系，重视加强和它们的团结合作。50 年代初期，当新中国成立不久，百废待举的时候，我国就不惜做出重大的民族牺牲，全力支援朝鲜人民和越南人民的反侵略斗争。整个 50 年代，尽管我国在各方面还存在许多困难，人民还在节衣缩食，恢复和发展被长期战乱破坏了的经济，但仍抽出有限资金，向巴基斯坦、尼泊尔、老挝、柬埔寨等 16 个国家提供援助，对外支付的援助款项占同期国家财政支出的 0.95%。

60 年代以后，中苏关系恶化，我国向敢于反抗苏联霸权主义的阿尔巴尼亚长期提供了大量的经济和军事援助。在此前后，我国在道义上、军事上、物资上全力支援越南人民反抗美国侵略的正义斗争。从 1954 年至 1965 年间，中国是唯一向越南大量提供军事援助的国家。1950 年至 1978 年，中国向越南提供了 200 多亿人民币的援助，其中 90% 以上是无偿援助；向越南提供足够装备 200 多万陆、海、空军的军事设备和 450 个成套设备。

中国在提供对外援助时，一贯坚持平等互利的原则。1963 年 8 月，周恩来同索马里总理阿卜迪拉希德·阿里·舍马克谈话中提出了中国向亚非国家提供经济技术援助的四点基本政策：（1）我们的援助不要求任何特权或政治条件，否则就是帝国主义和大国沙文主义；（2）我们援助的目的只能有利于你们逐步建立独立的民族经济，而不是阻碍你们发展这种经济，也不是造成你们对外国包括对我们的依赖；（3）无论我们派专家去，还是接受你们的留学生，其目的是逐步培养你们自己独立的建设人才，我们的援助只是过渡性质的，一旦你们自己能够搞了，我们就撤退，决不造成对我们更加依赖的情况；（4）我们的援助要根据我们的力量，有多大的力量就做多大的事。①

1964 年 1 月 15 日，周恩来在访问非洲加纳共和国时对以上四个原则做了进一步补充和完善，提出中国对外经济技术援助的八项原则：

第一，中国政府一贯根据平等互利的原则对外提供援助，从来不把这种援助看作单方面的赐予，而认为援助是相互的。

第二，中国政府在对外提供援助的时候，严格尊重受援国的主权，绝不附带任何条件，绝不要求任何特权。

第三，中国政府以无息或者低息贷款的方式提供经济援助，在需要的时候延长还款期限，以尽量减少受援国的负担。

第四，中国政府对外提供援助的目的，不是造成受援国对中国的依赖，而是帮助受援国逐步走上自力更生、经济上独立发展的道路。

第五，中国政府帮助受援国建设的项目，力求投资少，收效快，使受援国政府能够增加收入，积累资金。

第六，中国政府提供自己所能生产的、质量最好的设备和物资，并且根据国际市场的价格议价。如果中国政府所提供的设备和物资不合乎商定的规格和质量，中国政府保证退换。

第七，中国政府对外提供任何一种技术援助的时候，保证做到使受援国的人员充分掌握这种技术。

第八，中国政府派到受援国帮助进行建设的专家，同受援国自己的专家享受同样的物质待遇，不容许有任何特殊要求和享受。②

在这八项原则的指导下，中国同第三世界的经济技术合作得到了迅速发展。60 年代，我国新增加受援国 18 个，1964 年至 1977 年经援金额比 1950 年至 1963 年增长 4.8 倍。其中以非洲国家最为显著。从 60 年代起，我国向埃及、阿尔及利亚、苏丹等国提供援助，派出了一大批工程师、医疗队，其中最著名的援建工程是坦赞铁路和索马里边境公路。从 50 年代中期起到"文化大革命"前的

① 参见柳白、徐人龙：《建立国际经济新秩序的先声——周恩来倡导的对外援助八项原则》，载《研究周恩来——外交思想与实践》第 139 页，世界知识出版社，1989 年版。

②《周恩来外交文选》，中央文献出版社，1990 年版，第 388～389 页。

1966 年，我国向非洲提供经援金额 4.28 亿美元；从 1965 年至 1969 年，虽有"文化大革命"的干扰和破坏，我国提供经援金额仍达 2.3 亿美元。

60 年代末到 70 年代初，我国调整了对外政策，中国在亚、非、拉等第三世界国家的支持下，在联合国恢复了合法席位，中国同非洲国家的关系有了新的发展。1970 年至 1976 年，中国援非金额高达 18.15 亿美元。从 60 年代开始，中国向拉丁美洲国家提供经济技术援助有了进一步增长，仅 1961 年至 1965 年间，中国向古巴提供了 2.4 亿卢布的无息贷款，用以购买成套设备，帮助古巴发展经济；70 年代，我国又先后同智利、秘鲁、牙买加、圭亚那等国签订经济合作协定，向它们提供经济援助。这些援助都是在道义精神和对外经济援助八项原则指导下进行的，与发达国家的"经济援助"有鲜明的不同。我国还注意学习第三世界各国的好经验，相互借鉴，真诚合作，相互支持，为发展中国家的友好合作提供了范例。因此，我们可以说：周恩来提出并倡导的和平共处五项原则，是建立国际政治新秩序的先声，对外经济援助八项原则，则是建立国际经济新秩序的先声。

六、周恩来外交工作的指导思想和风格

周恩来长期亲自领导中国共产党和国家的外事工作，十分重视加强外交工作的思想领导。他强调："我们的外交工作要绝对地接受无产阶级思想的领导，不能允许资产阶级和小资产阶级思想的侵蚀，当然，更不能允许这些思想占据领导地位。我们的立场必须十分坚定，思想必须十分明确。"[①]

（一）基本指导思想

为切实加强外交工作的思想领导，他鲜明地提出并深刻阐述了"坚持什么、反对什么"，作为党和国家的外事工作都必须遵循的基本指导思想：

（1）坚持国际主义，反对狭隘民族主义；

（2）坚持爱国主义，反对失去民族自信心，投靠大国的"世界主义"；

（3）坚持集体主义，反对个人主义；

（4）坚持无产阶级的纪律性，反对自由主义；

（5）坚持民主集中制，反对官僚主义；

（6）要求有高度党性，反对政治空气稀薄；

---

① 《周恩来外交文选》，中央文献出版社，1990 年版，第 54 页。

（7）提倡勤俭朴素的作风，反对资产阶级的铺张浪费思想。[①]

周恩来认为，国家这个统治武器主要依靠军队、警察、监狱等工具和外交等方面的工作，对内对外，保卫国家利益。而"对外而言，外交就成了第一线的工作"[②]。这就不仅需要加强外交工作的思想领导，而且需要加强具体领导。因此，1949 年 11 月 8 日，新中国成立不久，他在外交部成立大会的讲话中就向外交战线的领导者和全体工作人员提出了在工作中应当注意的一系列问题。

当时，以美国为首的一些帝国主义和殖民主义国家对我国敌视，政治上不予承认，经济上封锁，军事上威胁恐吓。周恩来教育鼓励干部"要认清敌友"，"要认清帝国主义的本质"，"在战略上要藐视，在战术上要重视"[③]，不要怕它，畏惧它。他指出："中国的反动分子在外交上一贯是神经衰弱怕帝国主义的。清朝的西太后、北洋政府的袁世凯、国民党的蒋介石，哪一个不是跪倒在地上办外交呢？中国 100 年来的外交史是一部屈辱的外交史，我们不学他们。"[④]我们要有战胜帝国主义的信心，不要怯懦，在战略上要藐视帝国主义。但同时，"在战术上要重视，对具体斗争我们必须用心组织，好好地进行。这同打仗一样，我们稍不经心，就会打败仗"[⑤]。

他还提出外交工作"要有独立精神，要争取主动"；遇事要冷静，仔细分析，全面考虑，"不能冲动"；"要培养思考的能力"，多思考，多分析研究；要"一切从学习出发"，"多看书，多实践，才能善于斗争"；"不要冒昧，不要轻敌"；"不要骄傲""不要趾高气扬"；"不要急躁；不要气馁"；"不要无纪律乱出马，否则就要打败仗"。他强调："外交同军事一样，外交不过是'文打'而已。我们说一句话，做一件事，都可能影响战斗，必须要有严格的纪律"，事先要请示，做完后要报告。[⑥]

周恩来还十分重视外交干部的选拔和培养工作。德才兼备，是党历来选拔干部的标准。周恩来根据外交斗争的实际及其对外交干部的特殊要求，1951 年明确提出了外交干部必须"站稳立场，掌握政策，熟悉业务，严守纪律"的"十六字"方针，并从理论与实践的结合上多次作过详细论述。

在周恩来长期亲自领导、认真选拔、精心培育、以身作则、严格要求下，

①《周恩来外交文选》，中央文献出版社，1990 年版，第 54～57 页。
②《周恩来外交文选》，中央文献出版社，1990 年版，第 2 页。
③《周恩来外交文选》，中央文献出版社，1990 年版，第 4～5 页。
④《周恩来外交文选》，中央文献出版社，1990 年版，第 4～5 页。
⑤《周恩来外交文选》，中央文献出版社，1990 年版，第 4～5 页。
⑥《周恩来外交文选》，中央文献出版社，1990 年版，第 5～7 页。

我国外交战线汇集了许多优秀人才，培养锻炼出一支立场坚定、思想过硬、水平较高、业务熟练，纪律严明、作风较好的队伍，使我国的外事工作在风云多变的国际环境中，在矛盾错综复杂、斗争激烈的"文化大革命"中，始终掌握正确的航向，不断取得新的胜利。

（二）外交风格

周恩来在长期的外交实践中形成了一套独具特色的外交风格，这是他博大精深的外交思想、崇高品德、优良作风在外交实践中的形象体现。其风格之独特、外交领导艺术之精湛，是举世公认的。外交家的风格往往被视作一个国家精神风貌的反映。周恩来多次强调：新中国必须"在新的外交风格上树立一面旗帜"。他本人就是一面光辉的旗帜。他把马克思主义的基本原理、中华民族的优秀文化传统，创造性地运用于外交实践之中。他个人的品格修养，是中华民族传统美德的继承和发扬，并与时代精神融合，形成一种独特的外交风格。这不仅为他本人，也为新中国在国际上赢得了尊敬和赞誉。尼克松赞扬"周恩来的敏捷机智大大超过我所知道的其他任何一位世界领袖。这是中国人独有的特殊的品德，是多少世纪以来的历史发展和中国文明精华的结晶"[①]。

1. 原则坚定，策略灵活

周恩来在处理重大外交问题时，一贯从全中国、全世界人民的根本利益出发，勇于坚持原则立场。他在支持什么、反对什么的原则问题上，态度十分鲜明，绝不使人对中国的立场有丝毫误解。但他刚柔相济，善于把原则的坚定性和策略的灵活性紧密结合起来，运用得体。以中美关系为例，美国在很长一段时间里一直敌视中国，周恩来认为，对美国既要坚持原则，又要灵活掌握策略。在他的倡议和推动下，1955 年至 1970 年，中美双方断断续续进行了 15 年的谈判。在这场漫长的谈判中，双方除就平民回国问题达成一项协议外，在涉及中美关系的一切实质问题上皆无结果。谈判中，中国始终坚持两项原则：（1）美国政府保证立即从中国领土台湾省和台湾海峡地区撤出它的一切武装力量，拆除它在台湾省的一切军事设施；（2）美国政府同意中美两国签订关于和平共处五项原则的协定。周恩来始终坚持必须先解决这两个原则问题才能谈其他问题，不能以原则做交易，表现出其高度的原则性。王炳南在《中美会谈九年回顾》中指出："就中美大使级会谈而言，我认为，这是新中国外交在特定条件下的一种独创。它使中美两个大国在互不承认的对立情况下，有了一个沟通和联系的渠道。两国互不承认，却有会谈关系；没有外交关系，却又互派出大使进行长

期会谈；双方还可以达成某种协议，即协议声明，创造了协议上你讲你的，我讲我的新写法。这在国际关系史上也是独树一帜的。""我在中美大使级会谈中，也是周恩来总理在中国外交上发挥才干，最富有创造性、富有朝气、富有特色的年代。他坚持原则，从没有丝毫的摇摆，却又讲究灵活性，有理、有利、有节，宽宏大量。他为新中国外交奠定了原则的坚定性和策略的灵活性相结合的新的风格。"①

　　再以与法建交为例。1963 年 10 月，法国前总理埃德加·富尔来中国访问，表示愿意同中国谈判建交，认为没有承认中华人民共和国而与台湾保持关系，这是不正常的，而且产生了许多问题。但对法国来说，同台湾断绝一切关系有困难。周恩来考虑到法国奉行独立政策，不同于苏、美，故在中法建交的具体步骤上采取灵活态度。他指出："如果法国认为采取勇敢的行动，断绝同蒋帮的关系，同中国建交的时机已到，我们欢迎这种决心，也愿意同法国建交，直截了当交换大使。""如果……觉得时机尚未成熟，还有困难，我们愿意等待。"②这样，既坚持了原则，又运用了灵活的策略。法国后来采取了果断措施，决定与中国建交，成为西方大国中第一个与中国建立正式外交关系的国家。

　　2. 不卑不亢，平等待人

　　周恩来在外交场合，举止言谈总是落落大方，不卑不亢，使朋友感到可敬可亲，敌视我国者又感到他凛然不可侵犯。早在 1950 年 3 月 20 日，周恩来在对外交部全体干部会上就指出："我们要打破旧的外交传统，既不盲目排外，也不媚外，否则不是狂妄便是自卑。不亢不卑才是我们的态度，在这方面必须掌握得体。"③周恩来在国际交往中十分注意广交朋友，增进相互了解。他的平等待人态度受到国际舆论的普遍称赞。他特别注意尊重中小国家，在国际上树立了自尊、自信而又谦虚自处的崇高形象，被誉作"没有大国架子的大国风度"。1956 年 6 月，周恩来应邀访问坦桑尼亚和巴基斯坦，坦桑尼亚外交部派一位礼宾官员在往返途中陪同周恩来。我方负责礼宾的负责人没有看重这件事，没有安排会见。当周恩来来到前舱发现这位官员后，就批评我方负责人，说他是代表坦桑尼亚政府来陪同我们的，这是对我们尊重，我们一定要以礼相待。说完，周恩来特地邀请他到自己的座舱进行交谈。回程时，这位官员在卡拉奇下机，我方礼宾人员又没有报告周恩来，飞机起飞后，周恩来得知其事，对这位礼宾同志进行了更严厉的批评，并交代立即给我驻巴基斯坦使馆去电，让大使宴请

　　① 王炳南：《中美会谈九年回顾》，《世界知识》1985 年第 8 期。
　　②《周恩来外交文选》，中央文献出版社，1990 年版，第 366 页。
　　③《周恩来外交文选》，中央文献出版社，1990 年版，第 16 页。

那位官员，并转达周恩来的谢意和歉意。这件事反映了周恩来在外交场合平等待人的思想，也使那位官员深受感动，并在该国引发了良好的反应。

3. 坦诚相见，以理服人

这是周恩来外交风格的又一突出表现。周恩来在外交活动中强调对朋友要坦诚，常常设身处地地替对方着想，体谅他们的处境，照顾他们的具体困难。1964年，周恩来在访问加纳前夕，恩克鲁玛总统遇刺，加纳国内局势比较混乱，是否如期往访成为一个问题。周恩来不顾个人安危，坚持往访。为了照顾该国总统的安全，他又打破常规，主动建议，凡有总统参加的一切活动，都在总统住地举行，总统不必前往机场迎送。在访问埃塞俄比亚时，该国迫于美国的压力，提出在远离首都的阿斯马拉接待我方代表团。对这一失礼的安排，周恩来却对我代表团说：这没有关系，外国对他们有压力，我们应该谅解他们。这种处处替人着想的风格和品质使对方深受感动，博得了该国广大人士好评。

周恩来还强调在外交交涉事务中注意以理服人，主张开导、启发，同时摆事实，讲道理。50年代，周恩来在万隆会议期间就所谓"颠覆活动的问题"做了专门的回答，请泰国人放心，中国不会利用云南省的傣族自治区进行反对泰国的活动，并就我国民族区域自治政策做了一些解释，介绍了傣族自治区的有关情况，并邀请泰国参加亚非会议代表团团长旺亲王访问中国，亲自到那里去看看，是否有"自由泰国"活动。周恩来就是这样坦诚开导、说明，最后消除了泰国对中国的疑虑。周恩来与人坦诚相见、以理服人的风格，常使对方深为感动。一位日本政治家说：从政几十年，从未遇见像周总理这样为他人着想的人，没有一个外国政治家像周总理那样得到那么多日本人民的尊重。

4. 实事求是，说话算数

这是周恩来又一突出的外交风格。他在处理对外事务时总是强调实事求是、合情合理、照顾各方面的利益。他坚持"说话算数"，做不到的事决不说，说过的话一定要做到。他特意为日本首相田中题词："言必信，行必果。"他自己就是这样做的典范。他强调向外国客人介绍情况"不要只讲成绩，不讲缺点"，要将我们好的、中间的、落后的三方面的现象都放手让客人看。周恩来特别指出：外交是处理国与国之间的关系，"国家同国家办事，说了就得算数"[①]。1965年4月2日，周恩来同巴基斯坦总统阿尤布·汗进行会谈时，周恩来对阿尤布·汗说：如果总统阁下访问美国，美国问到中国时，可以告诉美国："中国人说话是

---

① 《周恩来外交文选》，中央文献出版社，1990年版，第56页。

算数的，凡是中国答应了的国际义务，就一定要履行。"①

对这一点，美国是深有体会的。朝鲜战争爆发后，周恩来在《人民日报》发表《为巩固和发展人民的胜利而奋斗》一文，文中指出："中国人民决不能容忍外国的侵略，也不能听任帝国主义者对自己的邻人肆行侵略而置之不理。"②两日后，周恩来约见印度驻华大使潘尼迦，希望他告诉印度总理尼赫鲁，再转告美国政府：如果美军过了"三八线"的话，我国不能坐视不顾，我们要管。美国政府当时无视中国政府这一警告，越过"三八线"，进逼鸭绿江。这样，中国决定派出志愿军，抗美援朝，保家卫国，被迫奋起参战。美国前国务卿基辛格在回忆中也承认："至少在和我们的接触当中，中国外交家证明是完全可靠的"，"他们信守协议的意义和精神。正如周恩来喜欢说的：'我们说话是算数的'"③。周恩来在对外交往中实事求是、说话算数的风格大大提高了新中国的威信，使对手不敢掉以轻心，使朋友感到可以信赖。

5. 联系实际，注重调查研究

周恩来在办外交中，尤其是外交决策时，十分注重调查研究。以中缅边界谈判为例。中缅两国有着悠久的交往历史，有着 2000 余公里的共同边界。1948年 1 月，缅甸取得独立，声明要求继承英国统治时期由英国人确定的边界。这与我国原来出版的地图在边界划分上有很大的出入。周恩来为了解决这一历史遗留问题，指示有关部门组织力量，系统地搜集有关史料，了解实际情况。他本人对这方面的情况也做了极为细致的调查，查看历史上的有关记载，仔细研究不同时期地图的不同画法，查考历史边界纠纷和交涉情况，参考国际上处理边界问题的国际惯例和法规；还邀请了有关人士和专家进行座谈，广泛听取各方面的意见。在此基础上，根据我国的和平外交政策，充分照顾两国人民的民族感情和利益，确定了互谅互让、友好协商解决中缅边界问题的方案。之后，又与到中国来访问的缅甸政府领导人吴努、吴巴瑞、奈温等人会谈，了解缅方的看法和想法。在双方的共同努力下，比较顺利地解决了这一历史难题。1960年 1 月，中缅边界协定在北京签字，双方组织联合委员会对边界进行实地勘察；10 月，中缅正式签订了《中缅边界条约》。1961 年 10 月，双方签订中缅边界议定书。至此，中缅边界问题得到圆满解决。

周恩来联系实际，注重调查研究还体现在当外交工作中出现偏差时，立即

---

① 《周恩来外交文选》，中央文献出版社，1990 年版，第 440 页。

② 《周恩来外交文选》，中央文献出版社，1990 年版，第 24 页。

③ 转引自马列、王凝：《周恩来同志所倡导和体现的新中国外交风格》，载《人民日报》1981 年 7 月 14日第七版。

采取措施，认真查清，予以补救和纠正，力求挽回不良影响，维护外交政策的严肃性。1967 年 6 月，我国驻民主德国使馆一辆汽车与德方一辆载重汽车相撞，死伤多人。当时，在极"左"思潮的影响下，我方有人怀疑这是政治谋害，并向民主德国外交部提出"最最强烈的抗议"。事发后，周恩来等决定派一个调查小组前往调查事故的真相。调查组出国前，周恩来特别要他们注意实事求是。调查结果表明，这确属一次车祸，主要责任在我方，不是什么政治谋害事件。再如 1967 年 5 月，北京市报告说有一外国记者将《二月提纲》发往海外，江青等人获悉此事，认为这是盗窃机密文件，要求追查此事并赶走这位记者。周恩来指示外交部调查。查明文件抄自人民大学红卫兵小报和街头大字报后，外交部认为赶走记者理由不充分。尽管江青仍纠缠，但周恩来同意外交部意见，这位记者才免遭驱逐。

周恩来丰富、精深的外交思想和具有鲜明特色的外交风格，获得了中外人士高度赞誉，是一座极为丰富的宝库，值得认真学习、继承并发扬光大。

（本文系作者与邵建红合作，发表于刘焱主编：《周恩来与毛泽东思想》，
重庆出版社 1998 年再版）

周恩来的思想是邓小平理论的重要渊源之一

周恩来是伟大的马克思主义者，党和国家杰出的领导人，是当代举世公认的伟人。周恩来对以毛泽东为核心的中共第一代领导集体的形成起了关键作用，为以邓小平为核心的中共第二代领导核心的形成打下初步基础。周恩来的正确思想主张是邓小平建设有中国特色社会主义理论的重要渊源之一，对中国共产党新的领导集体乃至今后中国的发展方向有着长期而深远的影响。

一、周恩来对以邓小平为核心的中共第二代领导集体的形成 发挥了特殊作用

领导的正确或错误，是革命事业兴衰成败的关键。周恩来从 1927 年 5 月起，至 1976 年逝世的近半个世纪，一直是中共中央领导核心成员，他担任党和国家领导人的时间，比列宁、斯大林、毛泽东都长，在中外历史上是罕见的！

周恩来是开国元勋，他对以毛泽东为核心的中国共产党的第一代领导集体的形成起了极为重要的关键作用，对党的指导思想——毛泽东思想的产生、形成和发展有巨大贡献，他的思想主张是毛泽东思想极为重要的组成部分。正是在以毛泽东为核心的党的第一代领导集体的正确领导下，中国人民经过艰苦卓绝的斗争，推翻了三座大山，建立了中华人民共和国。

新中国成立后，在全党和全国人民的共同努力下，各方面工作都取得辉煌成就。但从 20 世纪 50 年代中期起，毛泽东急躁冒进，急于改变生产关系，搞"穷过渡"的"左"倾思想逐渐发展，脱离了党的八大制定的正确路线，错误批评和压制了周恩来等中央领导提出并坚持的以经济建设为中心，大力发展生产力，从中国国情出发，实事求是、稳步发展经济的正确方针；先后错误地发动了"反冒进""反右派""反右倾""大跃进""人民公社"以至"文化大革命"

等运动，给国家和人民造成巨大的损失。

周恩来从大局出发，不计个人恩怨，勇敢挑起纠正错误的重担。1962 年，他与中央其他领导人一起，制定和执行了"调整、巩固、充实、提高"的正确方针，使国民经济很快走出"大跃进"困境，重新得到恢复和发展，人民生活逐渐改善。

在"文化大革命"中，周恩来事先不知内情，处境十分艰险，有时甚至孤军奋战，腹背受敌，并被迫说过一些违心的话，做过一些违心的事。但他忍辱负重，苦撑危局，以对国家、人民负责的全部赤诚，忍受常人难以忍受的痛苦，以"我不入地狱谁入地狱"的献身精神，发挥高超的领导艺术，毅然迎着险风恶浪，沉着应付各种复杂局面，与"左"倾错误和"四人帮"进行了迂回曲折的艰苦斗争，使国家机器勉强维持运转，国脉民命尚能维系。人们普遍认为：在十年内乱中，周恩来是中流砥柱，他一身系天下安危，所起的中和作用和对国家人民的巨大贡献，是无人可以替代的。我国研究"文革"的专家在汇集分析了大量史料，进行统计后得出结论说："中央常委是第一个在公众场合否定错误说法的，老一辈无产阶级革命家中，当时在公众场合做这样否定最多的都是周恩来。"[①]著名老一辈革命家陈云同志说："没有周恩来同志，'文化大革命'的后果不堪设想。"[②]美国前总统尼克松说：中国"如果没有周恩来，革命的成果将烧为灰烬"[③]。

在十年内乱中，周恩来机智地想尽各种办法，保护了一大批忠诚的久经考验的老干部，抓住有利时机，落实干部政策，陆续安排他们到各个重要岗位，大力促成和支持邓小平复出工作，为纠正"文革"和毛泽东晚年"左"倾错误，恢复党的正确路线，为以邓小平为核心的党的第二代领导集体的形成，在思想上、组织上、干部上做了准备，打下了初步基础。周恩来在危局中，不露声色地所走的几步高棋，不论对当时和后毛周时代中国的前途和命运，都有巨大而深远的影响！在一定意义上可以说，没有周恩来就没有以邓小平为核心的党的第二代领导集体。

---

① 王一年：《周恩来1966年8～12月的一些言论》，见《文化大革命中的周恩来》，中央党校出版社，1997年版，第7页。

② 中央党校出版社编：《文化大革命中的周恩来》，中央党校出版社，1997年版，第331页。

③ ［美］理查德·尼克松著，白玫译：《领导人》，新华出版社，1983年版，第311页。本书重点介绍了当代世界各国领导人，作者认为对世界影响最大的有7人，其中有中国的周恩来。

二、周恩来的思想是邓小平建设有中国特色社会主义理论的重要渊源之一

在中国如何建设社会主义?新中国成立前后中共第一代领导集体就开始了艰辛的探索,走过曲折坎坷的道路。新中国成立初期,党的领导集体思想比较正确和一致,全国各方面工作都取得巨大成绩。从 20 世纪 50 年代中期起,急于求成的"左"倾错误思想逐渐在党和国家工作中占主导地位,先后出现了"大跃进""人民公社""文化大革命"这样时间较长、范围较广、破坏性较大的错误,使国家和人民遭受巨大灾难。改革开放以来邓小平建设有中国特色的社会主义理论,是对党第一代领导集体特别是周恩来正确思想的继承和发展。周恩来以下正确或比较正确的思想,是邓小平理论的重要渊源。

(一)必须从中国国情出发,实事求是,不急不躁地走向社会主义

周恩来一贯坚持实事求是原则,非常重视了解和分析中国国情。新中国成立之初他就指出:"我们所接收的旧中国,满目疮痍,是一个破烂摊子……我们决不能随随便便在破烂摊子上建筑高楼大厦,那是不稳固的,必须打好基础。"[①]他反复强调我国经济文化落后,情况复杂,新中国建设起点很低,"要经过一个相当长的时候,使我们的国家健全地、有步骤地、不急不躁地走向社会主义"[②]。当毛泽东强调中国"一穷二白,人口众多"的有利方面,从 1955 年夏起,多次批判右倾保守,发动所谓"反右倾"斗争,要求加快社会主义改造和建设步伐,急于求成,有人又提出"提早完成工业化"口号的时候,周恩来勇敢地公开批评了这种盲目冒进的倾向,尖锐地提出:"超过现实可能性和没有根据的事不能乱提,不能乱加快,否则很危险";"绝不要提出提早完成工业化的口号,冷静地算一算,确实不能提";"领导者的头脑发热了的,用冷水洗洗,可能清醒些"[③]。

1956 年初,当一些地区正忙于"穷过渡",北京在天安门广场召开 20 万人的各界群众大会,宣布社会主义改造已胜利完成,全国五十多个大中城市纷纷效法,庆祝提前进入社会主义的时候,周恩来以马克思主义的政治勇气和对国情的清醒认识,针对时弊明确指出:"过渡时期还是照原来设想的那样长一点没

---

① 《周恩来选集》(下卷),人民出版社,1984 年版,第 23 页。
② 《周恩来选集》(下卷),人民出版社,1984 年版,第 12 页。
③ 《周恩来选集》(下卷),人民出版社,1984 年版,第 190~191 页。

有坏处";"建成社会主义就要消灭剥削和贫困,照列宁说的还要消灭愚昧"。他认为只是改变所有制,消灭剥削,就宣布进入社会主义了,会败坏社会主义声誉,人们会失望地说:"哦!原来社会主义就是这样!"①他既反对急于求成的盲目冒进,也反对降低社会主义标准的"穷过渡"。当时他冒着和毛泽东"左"倾错误对抗的风险,大胆提出这些正确意见,是非常难能可贵的!尽管后来遭到毛泽东多次严厉的错误批评,他被迫做了违心的检查,并被迫一度提出辞去总理职务,但几十年来的历史实践证明:他当时反对急于求成的冒进和"穷过渡"是正确的。十一届三中全会后,邓小平又深刻地批判了"穷过渡"的思想,明确提出"贫穷不是社会主义",恢复了党实事求是的优良传统,这是对周恩来上述思想的继承和发展。

(二)新民主主义是一个历史时代,"既有各阶级存在",也有"五种经济"并存,"不经过新民主主义就不能达到社会主义"

本来新中国成立之前,党中央、毛泽东就已明确:中国革命要分两步走,第一步要建立一个"新民主主义的社会,以完结其第一阶段,然后再使之发展到第二阶段,以建立中国社会主义的社会"。党的七大又指出:没有一个新民主主义国家和新民主主义经济文化的发展,"要想在殖民地半殖民地半封建的废墟上建立起社会主义来,那只是完全的空想";"只有经过民主主义,才能达到社会主义,这是马克思主义的天经地义"。②这就是说,在中国,不仅革命要分民主主义革命与社会主义革命两步走,而且民主革命胜利后,社会性质的变革也要分两步,由新民主主义社会发展为社会主义社会。

周恩来对以上基本思想,曾多次深刻阐述。新中国成立前夕他受党中央委托,主持起草了一个适合中国国情、颇具中国特色的《中国人民政治协商会议共同纲领》,强调:"新民主主义既有各阶级存在",也有国营、合作社、个体、私人资本主义和国家资本主义"五种经济"并存,在这个历史时期要以建设新民主主义的新中国为奋斗目标,建立"新民主主义的政治制度""军事制度",执行"新民主主义的经济政策""文化政策""民族政策""外交政策",他对这些制度和政策做了精辟的论述,强调要继续搞新民主主义。③

关于向社会主义过渡,他甚至认为不急于写入《共同纲领》,强调:"应经过解释宣传,特别是用实践来证明给全国人民看,只有全国人民在实践中认识到这是唯一最好的途径,才会真正承认它,并愿全心全意为它而奋斗,所以现

① 周恩来在全国政协第二届常委会上的讲话,1956年2月6日。
②《毛泽东选集》第3卷,人民出版社,1991年版,第1083页。
③《周恩来统一战线文选》,人民出版社,1984年版,第144~149页。

在暂时不写出来，不是否定它，而是更加郑重地看待它。"①

1950 年春，在第一次全国统战工作会议期间，周恩来发现关于搞新民主主义与进入社会主义的问题，党内有的干部仍存在急躁冒进情绪，主张对私营企业实行"利用、限制、排挤"的政策；主张大资本家要停工，我们"就接收过来"。一些资本家也疑虑观望，到处都有人问："到底什么时候实现社会主义？"为此，在会上和会后周恩来又多次发表讲话，比较集中地从理论上阐述了中国必须经过新民主主义阶段，才能达到社会主义。他强调指出："社会主义是依社会发展必然的规律实现的"②，"必须经过相当长期的努力才能达到，决不可躐等而进"③。他认为发展新民主主义经济可能要一二十年，"今天我们的任务是共同努力建设新中国，不经过新民主主义就不能达到社会主义，着急是不行的"④；"在今天只有巩固与开展新民主主义，才能争取早日实现社会主义"⑤。他告诫："按照《共同纲领》不折不扣地做下去，社会主义的条件就会逐步具备和成熟"⑥；"否则违背了《共同纲领》，就要闯出大乱子"⑦。

周恩来的以上论述，坚持了马克思主义生产关系一定要适合生产力发展水平的科学原理，从中国贫穷落后的国情出发，强调要确立新民主主义社会秩序，"不经过新民主主义就不能达到社会主义"，强调向社会主义过渡的长期性、实践性和启发人民群众自觉自愿的极端重要性。虽然由于"左"倾错误的干扰，未能完全实现，但几十年来正反两方面实践的教训证明是正确的。它是邓小平建设有中国特色的社会主义理论的重要渊源，与党近年提出的社会主义初级阶段理论也是吻合的。

（三）我国社会主义时期的所有制不能一味求纯，应以全民所有制和集体所有制为主，以私人所有制为补充

新中国成立后，毛泽东和周恩来都重视大力发展生产，这一点是一致的。但如何发展生产？两人的着重点有所不同。毛泽东着重改变生产关系，强调抓阶级斗争；周恩来则着重发展生产力，强调要"依社会发展必然的规律"⑧，不急不躁，稳步前进。

---

① 《周恩来统一战线文选》，人民出版社，1984 年版，第 144～149 页。
② 《周恩来统一战线文选》，人民出版社，1984 年版，第 168 页。
③ 周恩来在全国政协第一届委员会第一次会议上的政治报告，1950 年 6 月 16 日。
④ 《周恩来统一战线文选》，人民出版社，1984 年版，第 178 页。
⑤ 《周恩来统一战线文选》，人民出版社，1984 年版，第 169 页。
⑥ 周恩来对中央直属机关工作人员的讲话，1950 年 5 月 22 日。
⑦ 《周恩来统一战线文选》，人民出版社，1984 年版，第 249 页。
⑧ 《周恩来统一战线文选》，人民出版社，1984 年版，第 168 页。

1955年夏，毛泽东主观断言"在全国农村中，新的社会主义群众运动的高潮就要到来"。他批评"某些同志却像一个小脚女人"走路，"犯出右的错误"①，他要求加快社会主义改造和建设的步伐，发动"反右倾"斗争。在毛泽东的亲自发动和领导下，中共中央原决定到"第三个五年计划的完成"时（即1967年）实现的对农业、手工业和资本主义工商业的社会主义改造，仅仅经过一年多的时间，到1956年底即基本完成。这虽被认为是一个"历史性胜利"，但"有缺点和偏差……改造要求过急，工作过粗，改变过快，形式也简单划一，以致在长期间遗留了一些问题"。其后，"由于毛泽东同志，中央和地方不少领导同志在胜利面前滋长了骄傲自满情绪，急于求成……的'左'倾错误严重泛滥开来"。②

当时，有些人对社会主义改造除盲目急于求成外，还存在急于求纯的思想，认为社会主义不应允许私有制存在，公有程度越高越好，想搞清一色。周恩来在实践中很快觉察在经济文化落后、生产力低下的中国，这种思想是不切实际的。1956年9月，他在党的"八大"报告中指出："凡是不必要由合作社统一经营的农家副业，应该鼓励社员单独经营"；"有些手工业可以……继续独立生产，也可以让他们完全自产自销"；城乡商业，"都应保持相当数量的小商小贩……更好地为居民服务"。他还主张有计划地组织一部分"自由市场"，实行自产自销，"以满足人民多样的生活需要"。他特别强调领导经济工作必须"更好地应用价值规律"。③

1957年，周恩来又针对社会主义改造基本完成后公有化程度过高的问题，再次提出各行各业可以保留少量私有经济。他说："大概工农商学兵，除了兵以外，每一行都可以来一点自由，搞一点私营的，文化也可以搞一点。私人办小学也可以。""在社会主义建设中，搞一点私营的，活一点有好处。"④

当我国所有制的社会主义改造在毛泽东的亲自领导下，又急又快地刚完成之际，周恩来就根据马克思主义社会发展的规律和我国实际情况，提出在所有制结构方面应保留一点私营的以搞活经济的正确主张，这是十分可贵的，它为我国社会主义建设开拓了新的思路。可惜，在"左"倾思想的主导下，周恩来的这些正确思想未能贯彻执行。不久，毛泽东又错误地发动了追求快速，"一大二公"的"大跃进"和公社化运动，结果"欲速则不达"，生产遭到巨大破坏，

① 《毛泽东选集》第5卷，人民出版社1977年版，第168～175页。
② 《关于建国以来党的若干历史问题的决议》。
③ 中央党校党史教研室选编：《中共党史参考资料》（八），人民出版社，1980年版，第419～423页。
④ 《周恩来经济文选》，中央文献出版社，1993年版，第350～351页。

社会主义事业遭受巨大挫折。十一届三中全会以后，党摆脱了"左"倾思想的束缚，在邓小平理论的指导下，周恩来上述主张才得以付诸实施。党的十四大总结改革开放十四年的经验明确指出：我国社会主义现阶段，"在所有制结构上，以公有制包括全民所有制和集体所有制经济为主体，个体经济、私营经济、外资经济为补充，多种经济成分长期共同发展，不同经济成分还可以自愿实行多种形式的联合经营"①。这是周恩来上述思想的继承和发展，它为我国经济注入了新的活力。正反两方面的实践经验证明，关于我国社会主义初级阶段的所有制结构，周恩来的基本思路是正确的。也可以明显地看出，它是邓小平建设有中国特色的社会主义理论的重要源头。

（四）中国人民革命的根本目的是解放我国的生产力，提高人民生活水平，增加生产

新中国成立初期，周恩来就指出："现在全国工作已开始从军事方面转向建设方面。"②恢复和发展生产，是新中国的基本任务。经过三年经济恢复，进入有计划建设时期，他以战略家的眼光及时提出："经济工作在整个国家生活中已居于首要地位。"③此后，不管政治运动怎样频繁，甚至在"以阶级斗争为纲"的日子里，他一直极为关心生产，关心人民生活，从革命最终目的的战略高度，反复阐明发展生产的本质意义。1954 年他深刻地指出："我国伟大的人民革命的根本目的，是从帝国主义、封建主义和官僚资本主义的压迫下，最后也从资本主义束缚和小生产的限制下面，解放我国的生产力，使我国国民经济沿着社会主义道路得到有计划的迅速发展，以便提高人民的物质生活和文化生活水平。"④他强调："增加生产对于我们全体人民，对于我们国家，是具有决定意义的。"只有生产不断增加，"才能逐步克服我们人民的贫困，才能巩固我们人民革命的胜利，才能有我们将来的幸福"；而损害生产，"也就损害了我们将来的幸福"。⑤

毛泽东发动的"大跃进"和人民公社化运动严重地破坏了工农业生产，使国家人民遭受严重灾难，周恩来又与其他中央领导一起，制定了对国民经济实行调整、巩固、充实、提高的正确方针，经过几年果断的调整，使国民经济步

---

① 江泽民：《加强改革开放和现代化建设步伐，夺取有中国特色社会主义事业的更大胜利》，人民出版社，1992 年版，第 23～24 页。

② 《周恩来选集》（下卷），人民出版社，1980 年版，第 2 页。

③ 《周恩来选集》（下卷），人民出版社，1980 年版，第 133 页。

④ 《周恩来选集》（下卷），人民出版社，1980 年版，第 133 页。

⑤ 《周恩来选集》（下卷），人民出版社，1980 年版，第 143～145 页。

入正轨，迅速有了恢复和发展，1965 年出现了大好形势。但 1966 年毛泽东发动"文化大革命"，生产又一次遭到严重破坏，周恩来在处境极端困难的情况下，仍然紧紧抓住生产，时刻关心人民生活。在他的艰苦支撑下，国家机器得以勉强维持运转，国民经济免于崩溃。

十一届三中全会之后，以邓小平为核心的党中央从根本上坚决纠正"以阶级斗争为纲"的"左"倾错误，使全党工作转到周恩来原来强调的以经济建设为中心的正确轨道上来，使生产力不断发展，人民生活迅速改善，综合国力大大加强。

（五）要扩大民主，加强民主政治建设。

社会主义改造基本完成后，周恩来强调要扩大民主，在阐述民主集中制的辩证关系时，毛泽东强调集中，周恩来强调民主，认为扩大民主"更带有本质意义"①。他还指出，要吸取苏联侵犯人民民主自由权利的教训，经常注意扩大民主，健全民主生活。在毛泽东亲自发动的"反右派""反右倾"运动后，党和国家民主遭到破坏，人们普遍不敢讲真话，周恩来在 1962 年中央扩大工作会议上指出："这几年党风不纯产生了浮夸和说假话现象……要大家讲真话，首先要领导上喜欢听真话……要发扬民主，恢复和加强正常的民主生活。"他强调："在战争年代军队讲民主，就能打胜仗……军队能够讲民主，为什么党内不能讲民主呢？"对破坏民主，他甚至在中央扩大会上表示"很痛心"，并尖锐地提出："唐朝皇帝李世民，能听魏徵的反对意见，兼听则明，把唐朝搞得兴旺起来，他们是君臣关系，还能做到这样，我们是同志关系，就更应能听真话了。"②

如何扩大民主？周恩来根据我国国情提出：要改善党的领导，正确处理党政关系和中央同地方的关系；要完善党领导的多党合作制度；健全政协组织和政治协商制度；要建立人大代表和政协委员定期视察工作的制度，使他们能参加政府工作包括公安、司法工作的检查，对政府工作提出批评建议，政府要承认应该承认的错误，允许他们与政府唱"对台戏"。③他还在中央会上提出，任何党员都不应特殊，"现在被搁在一边的党的优良传统和作风都要恢复起来。党内要有正常的民主生活，要实事求是，要按党章办事"④。

① 《周恩来选集》（下卷），人民出版社，1980 年版，第 207 页。
② 《周恩来选集》（下卷），人民出版社，1980 年版，第 207 页。
③ 《周恩来选集》（下卷），人民出版社，1980 年版，第 208 页。
④ 《周恩来选集》（下卷），人民出版社，1980 年版，第 349～352 页。

（六）把我国建成四个现代化的强国，教育是基础，科技是关键，要信任和尊重知识分子

把我国建成现代化的社会主义强国，让人民生活幸福美好，是周恩来始终不渝追求的目标。1954 年他在一届人大的报告中，就首次提出了建设强大的现代化工业、农业、交通运输和国防的"四化"要求。[①]1956 年，他又在党的"八大"提出："要在大约三个五年计划时期内，基本上建成一个完整的工业体系。"[②]1963 年 1 月，他再次提出："我们要实现农业现代化、工业现代化、国防现代化和科学技术现代化。"[③]这是我国领导人首次对我国"四化"的准确完整的表述。经过"文化大革命"的大破坏，在身患绝症的晚年，他仍强忍病痛，在 1975 年的四届人大上，响亮地发出了"向四个现代化的宏伟目标前进"[④]的伟大号召。从 1954 年到 1976 年他逝世的 20 多年中，他一直以炽热的爱国爱民深情，在毛泽东号召"念念不忘阶级斗争"的岁月里，仍念念不忘实现"四化"，让国家富强、人民幸福的革命根本目标。在各种重要会议和报告中，先后对这个问题讲过 7 次，一次比一次充实、丰富、深刻。尽管 20 多年来经过许多风风雨雨，他的宏图遭到"左"倾错误的压抑和打击，我国社会主义建设走了许多弯路，但对国家、民族和广大人民命运的深切关怀，一直鼓舞他始终不渝地为实现祖国"四化"而英勇斗争。党的十一届三中全会彻底批判了"以阶级斗争为纲"的"左"倾错误，把党的工作重心转到以经济建设为中心的正确轨道上来。在邓小平建设有中国特色的社会主义理论的指导下，党的第二代、第三代领导都继承周恩来遗愿，团结全国人民，一心一意，为建设四个现代化的繁荣富强的祖国而奋斗！

周恩来认为，教育是"四化"建设的基础。他十分重视教育在国家建设中的战略地位和作用，深刻阐明："经济建设和文化建设，好像一辆车子的两个轮子，相辅而行，我国要建设，干部、人才就成为一个决定性因素。"[⑤]而培养人才，就要依靠教育。

周恩来深刻认识到科学技术在实现"四化"和振兴中华的关键作用，并有系统精辟的论述。他指出："建成社会主义强国，关键在于实现科学技术的现代

---

① 《周恩来选集》（下卷），人民出版社，1980 年版，第 133 页。

② 《周恩来选集》（下卷），人民出版社，1980 年版，第 225 页。

③ 《周恩来选集》（下卷），人民出版社，1980 年版，第 412～416 页。

④ 《周恩来选集》（下卷），人民出版社，1980 年版，第 479 页。

⑤ 《周恩来选集》（下卷），人民出版社，1980 年版，第 71 页。

化。"①社会主义归根结底是要使国家富强，不断提高人民的物质文化生活水平，这"就必须不断地发展社会生产力"，"必须在高技术的基础上，使社会主义生产不断增长……因此，在社会主义时代，比以前任何时代都更加需要科学技术"。②

周恩来是中国共产党正确认识和对待知识分子的光辉典范！他一贯认为中国知识分子是革命的基本力量之一，"革命需要吸收知识分子，建设尤其需要吸收知识分子"③。1956 年 1 月，他正确指出：我国知识分子中间的绝大多数"已经是工人阶级的一部分"④。这一科学论断后来遭到党内高层人士的非难，毛泽东也不同意，但他仍坚持这一马克思主义的正确分析，60 年代初期又反复阐明知识分子在国家建设中的重要作用，重申他们中间的"绝大多数属于劳动人民的知识分子"⑤，号召要信任和尊重知识分子。党的十一届三中全会拨乱反正，批判了不断搞阶级斗争的瞎折腾，决定今后要一心一意搞"四化"建设，邓小平又提出科教兴国、科技是第一生产力，重申我国知识分子"已经是工人阶级自己的一部分"⑥，提出要"尊重知识，尊重人才"。⑦很明显，这些思想都是对周恩来上述重要理论的直接继承和发展。

（七）坚持独立自主、和平发展的外交方针，创立一套具有中华民族文化特色的外交方针和策略

周恩来是新中国外交的主要开拓者、决策者、指挥者和实践者，是四位一体举世公认的杰出外交家。他协同毛泽东或独立制定新中国的和平外交政策以及对重大问题的决策，并直接指挥或亲自实践了重大的外交行动。他坚持独立自主是新中国外交的基本立场，维护世界和平是新中国外交的战略目标；制定了一套外交工作必须遵循的基本指导思想；首创和平共处五项原则和对外经济援助八项原则，成为建立国际政治经济秩序的两大支柱；制定一整套立场坚定策略灵活的富有中国传统文化特色的外交方针策略，如"另起炉灶""打扫干净屋子再请客""求同存异""针锋相对""礼尚往来""决不先开第一枪""退避三舍""见机而作""弯弓不发"等等；形成了一套独具特色的外交风格，如：原则坚定、策略灵活、坦诚相见、光明磊落、实事求是、以理服人、不卑不亢、平等待人、说话算数、信守承诺、联系实际、注重调研等等。周恩来独立自主

---

① 《周恩来选集》（下卷），人民出版社，1980 年版，第 412～415 页。
② 《周恩来选集》（下卷），人民出版社，1980 年版，第 159～160 页。
③ 《周恩来选集》（下卷），人民出版社，1980 年版，第 161～163 页。
④ 《周恩来选集》（下卷），人民出版社，1980 年版，第 161～163 页。
⑤ 《周恩来教育文选》，教育科学出版社，1984 年版，第 202 页。
⑥ 《邓小平文选》第 2 卷，人民出版社，1995 年版，第 89 页。
⑦ 《邓小平文选》第 2 卷，人民出版社，1995 年版，第 40 页。

和平发展的外交思想与实践，为新中国赢得了国际社会的普遍赞誉和尊敬，开创了世界外交的新纪元。

（八）立足自力更生，勇于对外开放，向一切国家的长处学习

周恩来从新中国成立之初起，就一贯主张政治上坚持独立自主，经济上坚持自力更生，以此作为处理内政外交的基本原则立场。那时为对付美国的威胁，他赞成与苏联结盟，但他牢牢掌握独立自主的原则，强调："自力更生是革命和建设事业的基本落脚点"①，"不能把自己党和国家的独立性失掉"；不依赖外援；对社会主义国家"在战略上是要联合，但战术上不能没有批评"；在对外经济交往中，"不能绝对一边倒"。②

与此同时，周恩来也积极主张对外开放，搞活经济，开展国际合作，反对闭关锁国、盲目排外。他说："我们实行自力更生，也要积极进行国际合作。"自力更生，"并不排除和拒绝平等贸易，互通有无。特别是经济不发达国家，更需要发达国家的技术和设备"③。他强调关起门来搞建设的思想是错误的，"即使我们将来建成社会主义工业国之后，也不可能设想，我们就可以关起门来万事不求人了"④。他又辩证地指出："国际合作必须建立在自力更生的基础上。"平等互利，互通有无，"大家共同发展"，"目的就是求得人类繁荣"。⑤

周恩来十分重视学习外国一切先进的东西。他说："一切国家，一切民族，都有长处，也有短处，有优点也有缺点……要学人家的长处和优点。"资本主义国家，"也有长处，我们也可以学……资本主义生产上的好的技术，好的管理方法，我们是可以学的"；"敢于向一切国家长处学习，就是最有自信心和自尊心的表现，这样的民族也一定是能够自强的民族"。⑥他批判了某些人存在的骄傲自大，盲目排外和迷信外国两种错误思想，强调对外国的东西"应该有批判地学习"⑦。改革开放 20 年来，邓小平、党中央的指导思想和政策，有许多都带有周恩来上述对外开放思想的明显印记，并有了重大发展。

（九）主张和平统一台湾，坚持收复香港主权，提出"一国两制"的初步构想

1956 年 1 月 30 日，周恩来在我国政协的一次报告中就首次提出要用和平

---

① 《周恩来选集》（下卷），人民出版社，1980 年版，第 440～441 页。
② 《周恩来外交文选》，中央文献出版社，1990 年版，第 2 页。
③ 钱其琛：《认真研究周恩来的外交思想与实践》。
④ 《周恩来选集》（下卷），人民出版社，1980 年版，第 226 页。
⑤ 《周恩来选集》（下卷），人民出版社，1980 年版，第 440～441 页。
⑥ 《周恩来外交文选》，中央文献出版社，1990 年版，第 158～162 页。
⑦ 《周恩来外交文选》，中央文献出版社，1990 年版，第 158～162 页。

方式统一台湾。6 月 28 日，在全国人大的报告中，又首次正式提出争取第三次国共合作，并提出爱国一家、爱国不分先后，开放两岸人员自由往来，和平交流等政策。①1963 年又采取具体措施，与台湾代表秘密谈判。

1957 年 4 月 18 日，周恩来在上海对工商界人士发表公开讲话：坚持恢复香港主权，同时强调香港情况特殊，长期是"纯粹的资本主义市场，不能社会主义化"；"香港要完全按照资本主义制度办事，才能存在和发展，这对我们是有利的"。②这就创造性地首次提出了"一国两制"的初步构想。

（十）坚持按劳分配原则，反对平均主义

新中国成立初期，周恩来很快注意到革命战争年代实行的曾起过重大作用的供给制，带有平均主义倾向。他认为当时在部分工作人员中仍继续实行的待遇基本平均的供给制，与按劳分配原则和经济核算制是矛盾的，已不适应社会发展的需要，在今天已害多利少了。1954 年 9 月，他在一届人大会议报告中，就提出要把带有平均主义的供给制逐步改为按劳付酬的工资制。他深刻地指出："平均主义是一种鼓励落后、阻碍进步的小资产阶级思想，同马克思主义思想和社会主义制度毫无共同之点。平均主义妨碍职工学习技术和提高劳动生产率的积极性，对于发展经济建设很有害，因此我们必须坚决反对平均主义。"③1954 年，在工资制度改革中，周恩来又提出应建立新的奖金制度、升级制度；逐步扩大计件工资的范围；凡经过技术鉴定和考核，符合高等技术标准的，都应升级，按新等级标准发给工资。他特别指出："应当根据按劳取酬的原则，适当地调整知识分子的工资，使他们所得的工资多少同他们对于国家所作的贡献大小相适应，消除工资制度中的平均主义倾向和其他不合理现象。"④其后，在新的工资制度中提高了知识分子待遇；对高级知识分子规定了较高的工资标准；对有重要贡献的知识分子，规定加发特殊津贴的制度。周恩来当时还觉察到劳保福利也受平均主义影响，有很多弊端，需要改革。他提出劳保医疗和公费医疗应实行少量收费，减少国家补贴；城市公房租金一般应包括折旧、维修、管理三项费用等等。周恩来以上思想，至今仍有重要的现实指导意义。

周恩来在反复强调并贯彻按劳分配，反对平均主义的同时，也指出根据我国农民占大多数，相当一部分农民还很贫困的国情，要注意社会分配的公平合理，不能造成太大悬殊，工人和农民之间，高低工作人员之间，收入差距不能

---

① 《周恩来选集》（下卷），人民出版社，1980 年版，第 200～203 页。
② 《周恩来外交文选》，中央文献出版社，1990 年版，第 353 页。
③ 《周恩来选集》（下卷），人民出版社，1980 年版，第 143～145 页。
④ 《周恩来选集》（下卷），人民出版社，1980 年版，第 172 页。

过大，否则不利于发展社会生产。

周恩来在分配问题上以上这些很有见识的主张，由于"左"倾错误的干扰，未能完全落实，特别在"文化大革命"中，按劳分配政策遭到冲击，计件工资制被取消，奖励制度被否定，平均主义在分配领域中居统治地位，造成"四个一样"，即干多干少、干好干坏、会干不会干、干与不干都一个样，严重破坏了社会生产的发展和人民生活水平的提高。只有到十一届三中全会以后，邓小平全面继承和发展了周恩来在分配领域的上述思想，周恩来的以上正确主张，才逐步得到较好的贯彻执行。

（十一）改革国家行政管理体制，克服集权过多弊端

新中国成立以后，我国学习苏联，建立了一套集权的管理体制，这对于集中大量人力、物力、财力，恢复被长期战争破坏的国民经济，曾起了积极作用，但随着大规模经济建设的开展，它的一些弊端也逐渐暴露出来，周恩来觉察后经过认真研究，明确提出："社会生产力的发展不能光靠集权"①。中央集权过多，就必然束缚地方和企业手脚，"就容易犯主观主义、教条主义、官僚主义、形式主义"②。苏联和斯大林就由于"过分集权"，结果"社会主义建设成就比应有的少了"。1956 年 9 月，周恩来在中共"八大"的报告中就提出，要改进国家行政管理体制。"按照统一领导、分级管理、因地制宜、因事制宜的方法，进一步划分中央和地方的行政管理权限，改进国家的行政体制，以利于地方积极性的充分发挥。"他对划分中央和地方权限应当遵守的原则，还做了详细具体的阐述，并提出："因为地方比中央更加接近企业和事业的基层单位，更加接近群众，也更容易了解实际情况，适当地扩大地方权限，就能够更好地把地方上的一切力量，一切积极因素，组织到社会主义建设事业中来。"③

周恩来还注意扩大企业的自主权问题，指出："必须给每个生产单位以一定自治权力"，"给它以一定的机动范围"，使企业的"经营积极性不受阻碍"，"可以推销自己产品"。④

鉴于改进管理体制涉及面广，情况复杂，又缺乏经验，周恩来指出："改进体制要逐步实现，某些重大的改变应该采取今年准备，明年试办，到第二个五年计划期间全面实施的步骤，稳步进行。"⑤

---

① 周恩来在国务院体制会议上的讲话，1956 年 5 月 23 日。
② 周恩来在中共中央政治局扩大会议上关于体制问题的发言，1956 年 4 月。
③ 周恩来在国务院体制会议上的讲话，1956 年 5 月 23 日。
④《周恩来经济文选》，中央文献出版社，1993 年版，第 314～315 页。
⑤ 周恩来在国务院司局长以上干部会上的讲话，1956 年 5 月 3 日。

周恩来还把改进体制的过程看成是一个不断实践探索、不断深化认识、不断改进完善的过程。他提醒人们要特别注意，不要以为改进后的体制就没有问题了，"在执行中要不断地改进，实行一个时期又要有改进，要不断地改进"①。这种不断实践探索、不断改进的思想，是符合马克思主义认识论原理的。虽然由于"左"倾错误的干扰，周恩来的这些正确主张，未能被认真贯彻，体制的改革长期只是在中央与地方、条条与块块的管理权限上来回兜圈子，特别是未能深入到企业的自主权方面。但周恩来的这些思想是极富启发性的，为以后的体制改革开拓了新思路，它闪耀着马克思主义的光辉！邓小平不断探索、"摸着石子过河"等改革思想，正是继承和发展了周恩来这些思想，指导我国彻底进行管理体制的改革，推动生产建设事业取得飞跃发展。

（十二）谦虚谨慎，严守纪律，树立高尚的思想品德作风

周恩来一生谦虚谨慎，以德治国，光明磊落，坦诚待人，对同志朋友不搞阴谋诡计；他清廉简朴，勤政为民，一身正气，两袖清风；他严于律己，一贯严守党的纪律，位高而从不自命特殊，生前绝不允许别人颂扬自己，把自己置于党组织之上；他有错误就认真检查，从不自命一贯正确，居功诿过；他言行一致，身体力行，要求别人做的自己首先做出榜样，并严格要求亲属和身边人员；他一贯把国家人民利益放在首位，坚持实事求是，自觉实践党的理论联系实际、密切联系群众、批评自我批评三大作风，是广大人民公认的党风廉政的楷模，受到广大人民的长期怀念和衷心崇敬。

总的来说，历史已经证明周恩来以上许多政治思想主张是符合中国国情的，虽然由于党内"左"倾错误的压制和干扰，周恩来的正确思想主张未能完全实现，但闪耀着马克思主义的光辉！几十年来我国建设事业绕了一个大弯子，又基本回到周恩来原来设想的轨道上来。邓小平建设有中国特色的社会主义理论，正是继承和发展了周恩来的思想路线。可以说邓小平的若干理论观点，直接来自周恩来。

当然，周恩来的认识也有其历史局限性，如对党内多次发生的"左"倾错误，他虽多次进行了艰苦斗争，但有的还认识不足，抵制不力；有的服从，并参与组织和执行。又如，在改革的问题上，也未能摆脱传统计划经济的框框。所有这些，只有到邓小平时代才能取得突破。作为一位老练的资产阶级政治家，美国前总统尼克松评论说："过去半个世纪的中国历史，在很大程度上是三个人的历史：毛泽东、周恩来和蒋介石……在争夺中国大陆的战争中，得胜的是毛

---

① 《周恩来经济文选》，中央文献出版社，1993 年版，第 272 页。

和周，而在这两个人中，是周更具有远见卓识……在现代中国影响日益上升的是周的遗产。"①他又评论说："在过去的二十五年里，我有幸会见过的一百多位政府首脑中，没有一个在敏锐的才智、哲理的通达和阅历带来的智慧方面超过他。这使他成为一位伟大的领导人。"②"周的政策在他去世后仍然具有生命力，而毛的权力继承人却竞相放弃毛主义。"③应当说中外舆论普遍认为：邓小平摒弃了毛泽东晚年"以阶级斗争为纲"的"左"倾错误路线，继承了周恩来实事求是的务实的思想路线。这是符合事实的。

三、周恩来的光辉思想和崇高品德对当代和今后的中国将有深远影响

周恩来的思想，对中共第三代领导集体的指导思想有重要影响。以江泽民为核心的中共第三代领导集体，在高举邓小平理论伟大旗帜，指导我国内政外交各方面工作，取得了举世公认的辉煌成就！现在，我国生产建设迅猛发展，综合国力日益增强，人民生活大大改善，国际地位不断提高，实践证明：邓小平建设有中国特色社会主义理论是完全正确的。它对当代中国的发展，有特殊重要的意义。从周恩来的正确思想是邓小平理论的重要渊源这个意义上看，周恩来的正确思想对党的第三代领导集体的指导思想仍有重要影响。

周恩来的崇高品德和伟大精神，是我们今天倡导的以德治国和精神文明的主要内容。他坚定的革命信念，始终不渝地坚持发展生产力、实现"四化"的主张，鞠躬尽瘁、死而后已、全心全意为最广大人民的根本利益服务的奉献精神，勤政廉政、以身作则、言行一致的美好品德，实事求是、求真务实、发扬民主、谦虚谨慎、联系群众的良好作风，工作极端负责、勇于创新、严谨细致的工作态度等，都是我们今天要继承和发扬的。江泽民同志深刻总结了我党正反两方面的历史经验，明确提出了"三个代表"重要思想；党的十六大已正式确定"三个代表"重要思想是我党必须长期坚持的指导思想。纵观周恩来一生的光辉思想和伟大实践，可以说充分体现了"三个代表"重要思想，是我们全党全民学习的典范！

周恩来的丰功伟绩、光辉思想、崇高品德和优良作风，中外称颂，世人景

---

①［美］理查德·尼克松著，白玫译：《领导人》，新华出版社，1983年版，第275页。

②［美］理查德·尼克松著：《他帮助结束了黑暗》，载新华社编译《五洲的怀念》，新华出版社，1978年版，第237页。

③［美］理查德·尼克松著，白玫译：《领导人》，新华出版社，1983年版，第275页。

仰。中华民族优秀文化和传统美德的熏陶，西方先进思想、马克思主义的影响，半个多世纪烈火般革命斗争的锤炼，造就了这位忠于祖国、忠于人民、忠于共产主义伟大理想，风格独特的伟人。我国史学家在评论一位历史人物时，大都从立德、立功、立言三方面考察，在普通平民百姓心中，更注重领袖人物的品德，西方似乎也是如此，中外学者和国际舆论普遍认为：周恩来就是这样一位品德高尚、功勋卓著的世纪伟人。在当代中外政治家中，无论是做人品德，还是政治品德，他都是给后人留下深刻印象和影响的人格典型！他是一位不愿给自己建立纪念碑的人，但在亿万人民心中，已为他塑造了一座非人工所能建造的丰碑！他的光辉思想、崇高品德和优良作风，对中国现在和未来都有深远影响。

（本文发表于《南开大学历史所建所二十周年纪念文集》，南开大学出版社 1999
　　年版。在收入《南开学者纵论周恩来》时，作者进行了一些修改补充。）

延安精神楷模周恩来

周恩来是我国人民衷心敬爱的杰出领导人，是举世知名的世纪伟人。新中国成立后，他身居国务院总理的高位，仍然继续保持和发扬延安精神本色，谦虚谨慎，严于律己，言行一致，艰苦朴素，要求别人做到的，自己首先身体力行，做出榜样。他的光辉思想、崇高品德和优良作风，在立功、立德、立言等方面都达到了非常高的境界，成为亿万人民心中的巍巍丰碑。

当我们高举邓小平理论伟大旗帜，全面贯彻十五大精神之时，纪念周恩来百年诞辰，深感亟须学习和弘扬周恩来这位楷模所体现的延安精神。

一、追求真理的献身精神

崇高的理想是鼓舞人们前进的动力。只有树立远大理想，才能有自觉的奉献精神。这是当年汇集延安的千万革命战士的思想特征。周恩来从青年时代经过艰辛探索，找到马克思主义的救国真理之后，就一往无前，百折不挠，无私无畏地为真理而献身。在他漫长的革命生涯中，不管是出入枪林弹雨，还是身居龙潭虎穴，他都临危不惧，把个人生死置之度外。"文革"期间，林彪、"四人帮"搞得极"左"思潮泛滥成灾，"赤色恐怖"蹂躏神州，党和国家陷入岌岌可危的险地。处境极其困难的周恩来还是坚持马克思主义、毛泽东思想的真理，始终以大无畏的精神批判极"左"思潮，同林彪、"四人帮"进行艰苦卓绝的斗争。他曾用悲壮的气势对国务院一些负责同志说："我们不来下地狱，谁下地狱？""我们不来入虎穴，谁来入虎穴？"他身体力行，"下地狱入虎穴"，冒险做了一切力所能及的工作。举例说，林彪、"四人帮"一伙打着"左"的旗号大搞个人崇拜、神化毛泽东的迷信活动，无休止地大量印刷毛泽东著作、《毛主席语录》，大量制作毛泽东像章。对此，周恩来多次提出不同意见。1969 年，在一次讨论全国计划纲要（草稿）的会议上，他又发现仍计划出版两千万册《毛泽东选集》一至四卷和三亿册《语录》与《最高指示》等，这都要耗费大量当时奇缺的急需物资。周恩来马上指出，《毛主席语录》已印发七亿多册，毛主席像章也已制作了二十二亿枚，而且越做越大。他批评这是某些人有意搞封建阶级那一套，何况也是一种浪费。他指示削减《毛泽东选集》和《毛主席语录》等书的印数，责令物资部门把批发下去要用于制作毛主席像章的5000吨铝材统统追回来，批转给有关工厂企业用于生产人民急需的产品。周恩来还曾多次在不同场合，运用马克思主义和毛泽东思想的观点直言批评极"左"思潮就是搞空洞的、抽象的、形而上学的东西；也曾很有针对性地指出极"左"思潮不肃清，科研工作上不去，文艺质量不能提高。总之，在"文革"中，他抵制极"左"思潮，消除种种破坏性的消极影响，为党和国家立下了巨大功勋。正如陈云同志所说："没有周恩来同志，'文化大革命'的后果不堪设想。"

二、无私无畏的爱国精神

这是延安精神的另一突出特征。周恩来从小就立下了"为了中华之崛起"而读书的雄心壮志。投身革命后，经过长期的学习和锻炼，他的爱国精神更坚定更崇高，更无私无畏，且有了高度升华，为抗日救国、全国解放、建立新中国做出了非凡的贡献。新中国成立后，作为共和国的总理，他每天呕心沥血工作长达18个多小时，是国家领导人辛苦劳累之最。更不要说，他经常轻车简从深入祖国各地工厂、农村等基层单位进行调查研究了。他和老一辈革命家结束了旧中国屈辱外交的历史，使新中国独立自主地屹立于世界的东方。他为香港、澳门的回归和台湾的和平统一也做了许多"播种""开路"的工作。1972 年 5月，74岁的周恩来被确诊为膀胱癌，但即使如此，他依旧拖着病躯同"四人帮"一伙野心家和阴谋家做极其复杂的艰苦斗争。1974年6月至1975年12月他病情加重，住进305医院，进行大小手术14次。疗养期间，我们敬爱的周总理仍抱病在病房休息室里召开会议，找有关中央领导同志谈工作共计225次。他已经病得很难进食，体质甚差了，为什么依然舍生忘死地在病榻上操劳不已？因为他的高度党性原则和忠于人民的强烈爱国心使他感到只要一息尚存就必须用整个生命保证党和国家的大权不落入"四人帮"的魔掌之中，保证党和祖国的社会主义现代化建设的强国之路不致中断而毁于一旦，所以，他病中日理万机，抓的最重要的政务就是支持邓小平复出，千方百计确保邓小平掌握党、政、军的大权，并能有效地行使手中的党、政、军大权。比如，1975 年 2 月，他抱病到人民大会堂主持召开国务院常务会议，除邓小平等几位副总理到会外，还特别邀请中央军委副主席叶剑英等列席会议。会上，周恩来郑重宣布"我身体不行了，今后国务院的工作，由小平同志主持"。他也曾每周一两次邀小平同志到医院共商国是，甚至彻夜深谈，要求邓牢牢掌握大权，用好大权。1975 年 10 月底，处于病危状态的周恩来躺在手推车上，进入手术室前，又特意当众喊来邓小平，吃力地伸手紧握邓小平的双手，使劲喊道："你这一年干得很好！比我强得多！"1975 年 12 月，他病势险恶，又约来叶帅再次郑重叮嘱，要注意斗争方法，无论如何不能让党政大权落在"四人帮"手中。以后不久，1976 年 1 月 8 日，他与世长辞。周恩来一生为党为国长期超负荷劳累，直到 78 岁生命终结，真真是无私无畏地鞠躬尽瘁，死而后已啊！

三、实事求是的科学精神

实事求是，是马列主义、毛泽东思想的精髓，也是延安精神的精髓。周恩来一生不论做什么工作，都十分重视调查研究，强调理论与实际密切结合，坚持实事求是，把握这一精髓，所以，他功勋赫赫。比如，1955 年党内出现急躁冒进情绪，各地区各部门不断提高各种发展指标，使财政和物资日益紧张。对此，周恩来不止一次地明确指出："搞计划要实事求是"，"搞生产要联系平衡"。"要使我们的计划成为切实可行的、实事求是的计划，而不是盲目冒进的计划"。在他的主持下，1956 年度的基本建设投资从 170 亿元压到 147 亿元。后经测算，147 亿元的基建投资仍不符合实际，又压到 140 亿元。周恩来要求做到既反对保守，也反对冒进。可是，就在 1956 年 4 月召开的政治局会议上，毛泽东却要再追加一大笔基本建设投资。周恩来表示不同意，反复说明再追加大笔投资，会造成财政极度紧张，物资极端短缺，经济秩序就要搞乱了。在 1956 年 11 月召开的八届二中全会上讨论 1957 年度的经济计划时，周恩来进一步实事求是地指出，1956 年成绩是肯定的，但仍有冒进问题（例如，财政赤字多达 18 亿元）。他根据 1956 年的经验教训，提出 1957 年的经济计划应当实行"保证重点，适当收缩"的方针。而毛泽东则主张 1957 年的预算指标可以高一些。会议结束时，他虽未明确反对周恩来提出的"保证重点，适当收缩"的方针，但是不点名地批评周恩来是促进，还是促退？不过以后，党中央和国务院依然按照八届二中全会决定的"保证重点，适当收缩"的实事求是的方针，对 1957 年的经济计划做了调整，并在全国开展了增产节约运动，使这一年的经济工作成为新中国成立以来最好的年份之一。可惜后来由于毛泽东三番五次点名批评周恩来"右倾保守""反冒进是反马克思主义""反冒进是政治问题不是业务问题""是给群众的生产热情泼冷水"，是"促退派""像蜗牛一样爬行""距离右派不远，大概50米远了"，周恩来不得不忍辱负重做了多次违心的检讨。随之"大跃进"、人民公社等"左"的错误思潮冲击而来，致使周恩来从我国一穷二白的国情出发、根据需要与可能、按客观经济规律办事、反保守又反冒进、既积极又稳妥的方针未能实现，但是，历史已经证明周恩来坚持实事求是的科学精神依然是光芒四射的！

四、艰苦勤政的公仆精神

为人民服务，是毛泽东在延安追悼张思德讲演中提出的光辉思想，由此成为我党我军的伟大宗旨。周恩来处处、事事、时时以高度自觉性贯彻执行这一宗旨。他说过："全心全意为人民服务，是进行党性修养的核心。共产党员就应当像牛一样，努力奋斗，为人民服务而死。"新中国成立后，他又多次对身边工作人员说："为人民服务就是要像蚕那样吐尽最后一根丝。"作为共和国的总理，作为屡建丰功伟绩的世纪伟人，他的声望和形象是非常崇高的，可他从不自视特殊，而是一直以人民公仆的平凡身份同人民群众交往，倾听人民群众的呼声，做人民群众的勤务员。1958年，他到一钢厂视察，迎面遇到一位满身污垢、双手油腻的轧钢工人，周恩来主动上前打招呼，伸手要握手。那位工人带着歉意说："总理！我手太脏！"周恩来还是紧握住他的手，笑容满面地说："不！工人的手最干净！……""工人的手最干净！"这朴实的话语表明工人群众在他的心里是必须尊重的主人翁。1962年，他到一农村视察，看庄稼问农活儿，农民们对总理无话不谈。忽然走来一个七八岁的小男孩，指着周恩来笑着嚷道："我认识你！你是周总理！"周恩来哈哈大笑，连声说："对！对！这回，我也认识你啦！"拥在四周的群众都爽朗地欢笑起来，也连声说："咱们总理和庄户人家大人孩子都不见外呀！……""不见外"这话出自农民笑声里，不也更表明周恩来确系群众可亲可敬可信的公仆吗！

应当说，周恩来为人民服务是至为真诚的，尤其是当人民群众处于艰难困苦的灾害险境时，他总是急急赶到第一线指挥救灾抢险，不辞艰苦，不避艰险，不顾个人安危！1958年夏天，60岁的周恩来为指挥战胜黄河特大洪水，抢修被冲垮的郑州黄河大铁桥，同当地干部和铁路员工一样，顶着狂风，淋着大雨，来去奔忙。有同志要为总理撑伞。他断然拒绝，言道："你看大家不都在雨里淋着吗？"这一天，他工作了 18 个多小时。60 岁的老人，人民的好总理，和人民群众同甘共苦，累不怕，险也不怕！……1966 年 3 月 8 日，68 岁的周恩来为视察邢台地震重灾区，不顾余震危险，专程到震中地带看望重灾区的灾民。正当他在抗震救灾指挥部了解灾情时，突然又发生了五级以上的地震，房屋剧烈摇晃，泥土唰唰下掉。大家慌忙喊道："总理！离开这里吧！"周恩来断然拒绝，言道："大家不都在这里吗？"听完汇报，他又一个窝棚一个窝棚地慰问受灾群众，从早五点到晚九点，一刻都没休息，连口饭都没吃，劳累了 16 个多小时。一位重伤灾民冲着周恩来喊道："总理啊！您整天操劳国家大事，工作挺忙，还亲自来看大伙，不知道怎么报答您的恩情啊！"周恩来握着他的手，亲切地答道："为人民服务是我应该做的。我就是为人民服务的！"68 岁的老人，人民的好总理，同人民心连心！伟大的人民公仆周恩来及其公仆精神是永恒的！

五、公心博大的民主精神

革命圣地延安是人民当家做主的民主圣地，是实践党的群众观点和群众路线的民主圣地。不言而喻，民主精神也是延安精神极为重要的组成部分。周恩来地位显赫，威望很高，但他一直坚持群众路线，以博大的公心发扬民主精神。他常说，我们管理着这样大的国家，就要注意听取各种意见。他认为"民主作风必须从我们这些人做起，要允许批评，允许发表不同意见"。他尤其提倡对他的讲话允许大家思考、讨论、批判、否定和肯定。他不相信"一言堂"说出来的话就百分之百的正确。

他主持政务会议，很注意让党与非党的委员和领导人各持己见，畅所欲言。有些党外人士年岁大，讲话慢，周总理总是一句一句地亲自动笔将他们的不同意见记在笔记本上。他做结论时，从来不以对方是否为中共党员做取舍的标准，而是唯真理是从。比如，当年政务委员罗隆基即便因病住院也要来出席政务会议，发表自己的意见，直到听完周总理做结论的讲话，散了会，他才退席。罗隆基称赞道，总理的结论使人心悦诚服。1961 年，在一次国务院全体会议上，财政部和国家统计局对手工业产值的计算口径和方法意见不一致。讨论时，国家统计局的负责同志讲了一些不同意财政部意见的见解。周总理听了双方发言，表示基本同意财政部的意见，对国家统计局负责同志略有批评之意，但未最后结论。该负责同志又起立发言，重申不完全同意财政部意见。会议结束后，这位负责同志有点不安，表示总理讲话后自己不该再起立发言，感到对总理不够尊重，很是歉疚。周总理却对他鼓励说："你敢于讲不同的意见，这好嘛！我们讨论问题就是要听不同意见，不然还讨论什么？有争论，就可以把要决定的问题考虑得更周到些嘛！"对方听了，深为总理平等待人的民主作风所感动。

周恩来的民主精神最感人的是，深入群众，细心倾听群众呼声和意见，而且善于把群众反映的情况概括、提炼为一种治国安邦的大举措。1962 年粮食紧张，他到群众中多方调查研究，寻找共渡难关的办法。那年 6 月，周恩来到大连视察，住在宾馆里，一天同一服务员谈心，问及口粮问题，发现城市人民口粮稍高于农村，若每人每月节约一斤，就有可能支援当时夏忙紧张的农民急需之粮。他请这位服务员就这问题同家人和邻居商量一下，是否可行，但不要说是总理给的任务。服务员回家找亲友合计之后向总理汇报说完全可行，并说每人每天节约三钱粮，换来的可是夏收千车万担丰收粮，城乡人民都受益。周恩来再经过一番调查研究，又找旅大市委负责同志详加商谈和测算，都认为可行。后再报东北局审议，也认为是一好办法，便拟出正式文件批转东北三省贯彻执行。这样，一个自力更生、挖掘潜力，城市人节约粮食、支援农村夏锄缺粮问题的热潮就变成了巨大的物质力量。这一成功的壮举说明周恩来真正把人民群众尊重为国家的主人，相信并依靠他们发挥当家做主的积极性和创造性，就能解决有关国计民生的大问题。

六、高风亮节的廉洁精神

周恩来常教育干部"下了山不应该忘了山，进了城不应该忘了乡。如果忘了，就是忘本"。他还多次强调"不忘延安"，不忘清廉简朴、艰苦奋斗的光荣传统。在这方面，他又是身体力行的伟大楷模，从不认为自己身为党和国家的重要高级领导人就应当特殊，有什么特权，因而始终过着廉洁的一尘不染的简朴生活。对此，连许多国家的元首和政府首脑也非常钦佩和敬重。柬埔寨国王诺罗敦·西哈努克在他写的《周恩来》一文中就有这样的生动记述："作为一个身体力行的共产主义者，周的服装少得可怜。60 年代和 70 年代，我和周经常见面，忍不住要去注意他出席官方活动时穿的服装。我注意到，他每次的服装尽管都整洁挺括，但换来换去就那么几套。他熨烫得非常平整的衬衣的领子和袖口，有着明显的补缀的痕迹。这虽是小节，但却是谦逊朴素的明证。一个伟大卓越的大国领袖，富有教养，儒雅超群，风度翩翩，但却是如此与众不同，魅力独具。"①

　　周恩来为什么这样节俭？陈毅同志赞道："廉洁奉公，以正治国者周恩来也。"周恩来自己也说："我身为总理，带一个好头，影响一大片；带一个坏头，也影响一大片。所以，我必须严格要求自己。"故此，他总是以高度的党性自觉处处注意率先垂范，乃至在外交工作中，他也不稍有疏忽。举例说，1973 年 9 月 15 日，他陪同法国总统蓬皮杜到大同参观访问，期间设宴招待，也带头节俭，同贵宾一起吃煮玉荽和高粱米粥，摆上席的是当地产的鸡蛋和土豆片炒的菜肴。宾主吃得津津有味，谈笑风生，亲切友好。这成为中国"勤俭办外交"的一段佳话。他说过外事活动"友好重在精神，不在物质，尤其不在排场"，要"节俭朴素，切忌铺张华丽，有失革命精神和艰苦奋斗的作风"。

　　为了"以正治国"，故"正己率下"。他向来拒收任何馈赠；坐公车办私事要自付车费；以他个人名义赠送外宾的礼品也要自己付款；他办公室里严禁新添地毯、窗帘、沙发等物，一切因陋就简；他卧室的家具也极其简单，睡的是木床，铺的是棕绷床垫，仅有的装饰就是几张字画和几件古董艺术品。他和邓颖超的存款更是无几。有一天，他自费买了些蜜橘要寄往柬埔寨赠送该国王后，邮费也要自付。秘书拿来总理存折一看，仅有 400 元，支付不了昂贵的远程航空运费，不得不辗转托人顺便带去。周恩来清廉如是，在中外国家领导人中，实为廉洁奉公之典范！

　　他的伟大榜样对他的亲属后辈影响最深，后辈们也都愿意听从他的教诲。比如，他的一个侄女是攻读蒙古语言的大学毕业生。遵照周恩来的教导，她主动到内蒙古艰苦的地方去做当地最需要的工作，还同一蒙古族青年恋爱结婚，安家立业，成了蒙古族人民的好儿媳。他的一个侄儿，也遵照他教导，拒绝了不合规定的参军入伍的照顾，主动到延安农村插队落户，成了延安人民的好后生。周恩来的侄辈为什么这样听伯父的话？他们回答说，伯伯用他的言行教会了他们怎样做人。他们就是要学习和继承他老人家的精神财富，作为传家宝一代一代传下去……

　　我们记得，20 世纪 80 年代初，邓小平同志多次说过，周恩来是我们中华民族和我党我军光荣传统、革命作风的化身。为了承前启后，继往开来，小平同志号召所有党员、干部，特别是高级干部都要努力学习周恩来，努力发扬延安精神。这是时代需要，也是人民的心声。为建设有中国特色社会主义现代化

---

① 引自西哈努克所著《我所交往的世界领袖》，中国文史出版社，1997 年版，第 46 页。

强国，让我们努力学习周恩来，努力发扬延安精神吧！

（本文参阅书目为《风雨四十年》《伟人周恩来》《周恩来的最后岁月》和《周恩来的最后十年》等书，并引用了其中的若干史实。）

（本文系作者与薛洲合作，发表于《民族魂》1998 年第 1 期）

论周恩来的领导艺术

周恩来是举世知名的杰出领导人。在半个多世纪的革命生涯中，他经历了许多风风雨雨，形成具有鲜明特色和特殊魅力的领导艺术。在中国革命极其复杂的历程中，他出类拔萃的综合判断能力、决策规划能力、组织指挥能力、协调沟通能力、排难解纷能力、逻辑思维能力、敏感领导能力等多方面的才干，发挥得淋漓尽致！在中国革命的许多紧要关头，他总是以大无畏的勇气、高超练达的领导艺术，解开一个又一个矛盾死结，解决一个又一个复杂的难题。

周恩来的领导艺术，内涵广博精深。认真学习和研究周恩来的领导艺术，对提高干部的领导水平，推进中国特色的社会主义建设，具有重大的理论和现实意义。现仅就八个方面，论述于下：

一、照顾多数，不可跑得太前，也不可落在运动后面

这是周恩来领导艺术的明显特征。

在长期革命实践中，周恩来日益深刻地认识到：要使革命成功，"必须团结起全中国的革命民众"①。在提出斗争口号、制定工作方针和斗争策略时，必须"照顾多数""不可跑得太前，也不可落在运动后面"。②他认为群众的觉悟程度不同，在一般情况下，进步分子和反动分子都只是少数，大量的是处于中间状态。要善于从大多数群众的实际觉悟水平出发，善于团结广大中间分子参加斗争。否则会脱离群众，犯冒险主义或尾巴主义错误。大革命失败后，成千上万的共产党员和革命群众遭到血腥屠杀，共产党员从大革命时的6万多人减

---

① 周恩来：《在广州警告反动商团示威运动大会上的讲话》，1924年10月10日。
②《周恩来选集》（上卷），人民出版社，1980年版，第132页。

至 1 万多人，许多地方党组织陷于涣散或瓦解。但当时中共中央的指导思想上出现"左"倾错误，不顾革命已转入低潮的实际情况，仍命令全国各地党组织发动少数党员和群众举行毫无希望的武装起义。周恩来开始也有"左"的情绪，但执行中央错误决议还不到一个月，他就很快发现这种不顾大多数群众的觉悟程度、不顾主客观条件的盲动倾向，并立即采取措施，多次在中央会议上和一些代中央起草的给各省委的指示信中，批评制止。

1947 年春，蒋介石扩大内战，加强法西斯统治。周恩来根据蒋管区爱国民主运动日益高涨的新形势，多次为中央起草指示，强调指出：蒋管区的工作方针和斗争策略要"照顾多数"，"争取中间分子"，建立联合大多数群众的"广大阵线"。"应避免在不利条件下去硬碰，这不是保守，而是领导群众变换方式，绕过暗礁。"[1]他还强调面对敌人的镇压，要顾及群众中"有愤激的，也有畏缩的"，要提出适合大多数群众觉悟水平的斗争口号，"如果我们只动员少数进步分子，提出中间分子尚不能接受的口号，进行反抗，正好中其暴露我方力量之计，便于其分化挑拨，各个击破"[2]。因此，"要有清醒头脑和灵活策略"。"不要使少数觉悟者单独去斗争，……凡脱离中间派的群众行动，必须力求避免。"[3]

大量历史事实表明，在激烈复杂的群众斗争中，从群众的实际觉悟水平出发，时刻不忘"照顾多数"，紧密地和大多数群众在一起，是周恩来高超领导艺术的明显特征。

二、团结各种力量，和同盟者一道干

这是周恩来领导艺术的一大特点。

周恩来从学生时代起，就逐步培养起以诚待人、善于团结人的高尚品格，南开学校《毕业同学录》对他的介绍说："君性温和诚实，最富于感情，挚于友谊，凡朋友及公益事无不尽力。"[4]正是这种真诚待人的个性和品德，使他成为光明磊落、诚信感人、以德服人、具有特殊魅力的伟大政治家，并赢得了中外各界人士的信任和尊敬。

旅欧时期，周恩来根据中共中央指示，领导旅欧中共党团组织，率先实现

---

① 《周恩来选集》（上卷），人民出版社，1980 年版，第 268～269 页。
② 《周恩来选集》（上卷），人民出版社，1980 年版，第 268～269 页。
③ 《周恩来选集》（上卷），人民出版社，1980 年版，第 310～312 页。
④ 《南开学校第十次毕业同学录》中的周恩来小传，1917 年。

与国民党合作；其后，受孙中山和国民党总部委托，又担任国民党驻欧支部特派员。他善于团结同盟者一道干，与国民党总部驻欧代表王京岐精诚合作，于1923年11月和1924年1月先后建立了"中国国民党驻欧支部"和"国民党巴黎通讯处"。两人在工作中建立了深厚友谊，1924年7月周恩来奉调回国，王京岐依依不舍。9月，王在给其父的信中说："同志周恩来与儿协同办党，可说两年之久了。……本其过去工作，判断他的智力、魄力与夫将来之事业，不在汪（精卫）胡（汉民）诸老同志之下。现中央（广东）夺之东归，全欧党务影响非浅，加之儿初次单身出马，尤其应付乏术。欢送他去法东归之时，正与儿别家出来之时，同一说不出的痛苦。"①国共两党党员的合作竟达到如此亲密的程度，周恩来对同盟者的影响竟如此之深，在中外历史实属罕见！这是国共最早合作的最成功的典型。

周恩来的思想坚定而又灵活，善于团结人，与同盟者一道干的领导艺术不同凡响。为团结旅法各华人团体共同反对北京军阀政府，他主动找正激烈与之斗争的政敌——国家主义派等右翼团体协商"停战"。他与青年党的论战激烈到几乎动武的程度，但为了团结他们共同反对北京政府，他主动找青年党头目曾琦谈判"休战"，以至青年党头目对此迷惑不解。

震惊中外的西安事变和平解决，是中国历史由内战走向合作抗日的转折点。当时，西安局势复杂多变，动荡不安。各派政治力量意见分歧，是战是和，前途难卜，剑拔弩张，险象丛生。作为应张、杨邀请来到西安的中共中央代表，周恩来坚持和平解决的方针，处变不惊，临危不惧，耐心做张、杨及其部下工作，亲自与蒋介石及国民党代表谈判，折冲樽俎，终于促使西安事变和平解决，进而促使抗日民族统一战线正式形成，将多年刀兵相见的仇敌化为盟友，共同抗日，挽救了国家民族的一大危机。周恩来排难解纷，善于争取盟友，和同盟者一道干的领导艺术，达到了炉火纯青、出神入化的境界，中外称赞，世人叹服！

解放战争时期，周恩来下大力量全方位、多层次地团结争取盟友，把各革命阶级、各民主党派的代表人物，一些爱国人士和地方实力派，都争取到爱国反蒋的旗帜下，为推翻蒋介石的反动统治发挥了重大作用，为新政治协商会议的召开和新中国的成立，奠定了政治基础。

---

① 1924年9月王京岐寄给其父一张相片，此信写在相片背面。原件存中国革命博物馆。

三、要使群众不感觉我们是在领导

这是周恩来的一种独特的、既聪慧又高妙的领导艺术。

周恩来特别重视领导和群众的关系以及对待群众的态度，他的高明之处是既要"领导群众"，又要注意"领导群众的方式和态度，要使他们不感觉我们是在领导"。[①]如何才能达到这种高妙境界呢？周恩来认为第一要以身作则，"领导者自己要起模范作用"，以榜样的力量影响带动群众。第二要谦虚谨慎，平等待人，与群众坦诚相见。"要戒慎恐惧地工作"。第三，要以理服人，"领导群众的基本方法是说服，绝不是命令"。[②]他恪守"身教重于言教""正人先正己"这些中华民族古老的格言。而这些对领导者的要求，他自己不仅做到了，而且做得十分自然、得体，毫无勉强。这种领导素养是在坚定的共产主义世界观、高尚品德、过人智慧和机灵技巧相结合的基础上形成的，体现了中华民族优秀传统文化的深刻影响。因此，周恩来这种高妙的领导艺术就具有特殊的人格魅力和极大的感染力。许多与他接触过的人都有深切感受。包括邓小平同志在内的许多与他患难与共的老战友和他身边的普通工作人员，都普遍把他视为"一个宽厚的兄长"。著名作家魏巍说："周恩来的谈话，温暖而亲切，如春风细雨，滴滴入土，仿佛他不是首长，而是一位兄长。"与他一起工作的同志都心情舒畅，愿与他说心里话，真诚敬爱他，而不是敬而远之。因为他们知道说错话也不要紧，他不会乱扣帽子。一旦工作失误，他总是主动承担责任，在批评别人时总是先自我批评。因此，"他的批评并不使对方感到委屈，而是心服口服"[③]。著名工商界人士胡子昂说："各方面人士一接触他，就敬服他。每开一次会，谈一次话，都令人感动，令人流泪！"

周恩来善于做人的工作，许多与他接触过的外国友人也深有体会。新中国成立前在重庆和延安与周有过多次交谈的原美国外交官谢伟思说："同他谈话，每次都是思想智慧的交锋，愉快得很。他文雅、和蔼、机警而不紧张，不会使人提心吊胆，幽默而不挖苦人或说话带刺。……他自己思想敏捷而不耍花招，他言行如行云流水而从不夸夸其谈。"在设法说服别人赞同他的看法时，"靠的是冷静的说理，清晰温和的措辞，广博的历史知识和对世界事物的了解及深入

---

① 《周恩来选集》（上卷），人民出版社，1980 年版，第 310、312 页。

② 《周恩来选集》（上卷），人民出版社，1980 年版，第 310、312 页。

③ 《周恩来和他的秘书们》，中央广播电视出版社，1992 年版，第 124～125 页。

掌握的事实和细节。人们需要的是说服（或者受到教育），而不能压服他们，或者不同意就摈弃他们。"①

中外人士这些生动的描绘，也可以说是周恩来这种独特领导艺术一个侧面的真实写照。

四、照顾全局，通盘运筹

周恩来是总揽全局、通盘运筹的高手，他照顾全局、高瞻远瞩、一切为了党和国家人民利益的高尚品格和领导艺术，在处理党内矛盾中表现得尤为突出。用他自己的话说就是领导者要"顾全大局，相忍为党"②；要忍辱负重，"在必要时应忘记他所受的侮辱"。③

在中国共产党的历史上，领导成员之间曾多次发生严重分歧和斗争，在关键时刻，正是周恩来这种"顾全大局，相忍为党"的博大胸怀和领导艺术，使党多次度过危局，避免分裂。1930年，周恩来根据共产国际意图，与瞿秋白一道，实事求是地批评和处理了李立三的"左"倾错误，停止了"左"倾路线的执行。但后来共产国际及其代表米夫改变态度，支持王明等人哄闹中央，反而批评周恩来在处理李立三错误中犯了"调和主义错误"。当时全党正处在白色恐怖统治之下，对敌斗争十分尖锐激烈，为团结全党共同对敌，周恩来"顾全大局，相忍为党"，避免了党的分裂。

红军长征途中，在革命危急关头，召开了有伟大历史意义的遵义会议，批判了"左"倾领导在军事上的一系列严重错误，结束了"左"倾路线在中央的统治，使长征出现了新的转机。周恩来虽然在五次"反围剿"前即已被博古、李德等排斥而失去了对红军的最高指挥权，但他在会上顾全大局，严于律己，既批判"左"倾军事错误，又主动承担责任，并积极支持毛泽东进入中央领导核心，对会议取得成功、避免党的分裂，起了关键作用。

新中国成立后，周恩来担任总理。他着眼全局，通盘运筹国家建设的各方面问题，提出了要正确处理好公私关系、劳资关系、城乡关系、内外关系、工商关系、上下关系等六方关系；正确处理党派问题、民族问题、知识分子问题、宗教问题、华侨问题；参与制定并执行了一系列正确的方针政策，统筹兼顾，

---

① 方钜成、姜桂欣编：《西方人看周恩来》，中国和平出版社，1989年版，第323～324页。
② 周恩来1972年6月的讲话：《我们党在新民主主义阶段六次路线斗争的个人认识》。
③《周恩来选集》（上卷），第132页。

全面安排，使被长期战乱破坏了的国民经济很快得到恢复和发展。人民政权日益巩固，广大人民生活逐步有了改善。

对"文化大革命"，周恩来和党中央事先都不知道，有个认识的过程，开始他从积极方面着想。但当他从赞同、不理解，进而逐渐认识到"文革"给国家人民带来灾难的时候，这次所谓"革命"，已被罩上了一层对毛泽东个人迷信的虚幻的神圣光环。周恩来意识到在他有生之年已无力纠正毛泽东的晚年错误，只好尽力给后人做些开路工作。他总揽全局，瞻前顾后，通盘运筹，走了几着高棋：抓住有利时机，批判极"左"思潮；落实各项政策；把一批久经考验的忠诚的老干部安排到党和国家重要岗位，为后来粉碎"四人帮"，结束"文化大革命"灾难，打下了思想基础和组织基础，最终使党的路线又回到周恩来设想的正确轨道上来。

国内外舆论普遍认为：以邓小平为核心的中共第二代领导集体，基本上是继承了周恩来的务实路线，纠正了毛泽东的晚年错误，这是符合历史事实的。

五、抓住中心，推动全盘

领导者的工作纷繁复杂，往往千头万绪，工作从哪里入手？这是必须要好好解决的问题，也是一项重要的领导艺术。列宁强调要抓住工作链条的中心环节，毛泽东指出要抓工作中的主要矛盾，以推动全盘工作的进展。历史经验表明：一个领导者，特别是党和国家的领导人，工作中心抓对了，才能推动全盘，取得好的效果。错了，就会搅乱全局，甚至使国家人民遭受灾难。从这个意义说，第二次革命战争时期的"城市中心论"，建国后的"以阶级斗争为纲""继续革命论"以及"文化大革命"等错误，都可说是抓错中心的明显例证。

周恩来长期担任党和国家主要领导人，马克思主义的高度修养、丰富的实践经验，使他能统观全局，洞察形势的发展变化，分清每个时期工作的主次和轻重缓急，从众多复杂纷乱的工作中理出头绪，正确判断和紧紧抓住中心，推动全盘，使整个工作井然有序地向前发展。人们普遍感到，每当工作纷繁复杂，难于着手进行时，周恩来总是能以无畏的勇气和杰出的组织指挥才能，抓住中心，治乱解难，把工作推向前进。

新中国成立初期，百废待举，周恩来就指出："现在全国工作已开始从军事方面转入建设方面"，恢复和发展生产，是新中国的中心任务。[①]经过三年经济恢复，进入有计划的建设时期，他又以战略家的眼光及时提出："经济建设工作在整个国家生活中已居于首要地位。"[②]他深刻地指出，我国人民革命的根本目的是"解放我国的生产力，使我国国民经济沿着社会主义道路得到有计划的迅速发展，以便提高人民的物质生活和文化生活水平"[③]。他紧紧抓住发展生产力、增加生产、发展经济这一中心，推动全盘工作前进。他一再强调："增加生产，对于我们全体人民，对于我们国家，是具有决定意义的。"只有生产不断增加，"才能逐步克服我们人民的贫困，才能巩固我们人民革命的胜利，才能有我们将来的幸福"[④]。因此，新中国成立几十年来，不管工作怎样繁忙，政治运动怎样频繁，甚至在"以阶级斗争为纲"和"十年动乱"的"左"倾错误泛滥的岁月里，他在处境极端困难的情况下，仍紧紧抓住生产，关心人民生活，使国民经济免于崩溃，减轻了国家人民的损失。历史已经证明：新中国成立几十年来，周恩来紧紧抓住发展生产，以经济建设为中心，推动全盘工作前进的做法是正确的。

六、审时度势，通权达变

周恩来善于观察和分析形势，总结过去，把握现在，预见未来，具有见微知著、因势利导、临机应变的卓越才能。他善于不失时机地从一种斗争形式转变到另一种斗争形式，他对形势变化的高度敏感和转变斗争形式的灵活敏捷，令人叹服！

国共合作的大革命时期，当蒋介石于1927年4月12日发动反革命政变后，周恩来审时度势，立即草拟并与赵世炎等人联名向中共中央提出《迅速出师讨伐蒋介石》的建议书。[⑤]接着又高举武装斗争大旗领导了"八一"南昌起义。此后，他作为中共中央最高军事领导人，一直领导全党及其在全国各地的工农武装，在全国各战场与国民党军队进行你死我活的血战。1931年九一八事变发生后，民族危机加深，他和中央审时度势，很快在全国人民面前提出了"停止

---

① 《周恩来选集》（下卷），人民出版社，1984年版，第2页。
② 《周恩来选集》（下卷），人民出版社，1984年版，第133页。
③ 《周恩来选集》（下卷），人民出版社，1984年版，133页。
④ 《周恩来选集》（下卷），人民出版社，1984年版，第144、145页。
⑤ 《周恩来选集》（上卷），人民出版社，1984年版，第6～7页。

内战，一致抗日"的主张。西安事变发生后，他与中共中央迅速制定和实现了由"反蒋抗日"到"逼蒋抗日"的策略转变。在他非凡的努力下，西安事变最终和平解决，实现了国共第二次合作，共同抗日。

解放战争时期，他协同中共中央其他领导人制定了以革命两手对付反革命两手的策略；依据对美蒋斗争形势的发展变化特点，及时改变斗争策略和口号，首先倡议用"和平方法"解决争端；在国民党破坏和平，发动全面内战时，及时提出"武装自卫"口号。经过两年多战斗，战场力量对比发生有利于我军的根本变化时，1947年9月，就号召"全国大反攻，打倒蒋介石"。

在局势险恶，复杂多变的"文化大革命"中，周恩来处变不惊，临危不惧，沉着镇静，有时甚至孤军奋战，以对共产主义的坚定信念和对国家人民的全部赤诚，审时度势，通权达变，不断变换斗争策略，根据不同情况，用各种方式应付和处理各种错综复杂的问题；维持国家机器的勉强运转，使国民经济免于崩溃，使国家人民免于遭受更大的灾难！

七、协调矛盾，求同存异

这是周恩来在长期复杂的革命斗争实践中磨炼出来的一种创造性地解决矛盾、推动革命事业向前发展的方法，是他实现无产阶级目的的手段，也是他颇具特色的、非凡的一种领导艺术。

周恩来青年时代深受中国传统文化的影响，中学时期已开始熟悉诸子百家学说。毋庸讳言，那时他受儒、墨两家中庸思想的影响，然而，对中国传统文化中的中庸思想，不能简单地全盘否定。毛泽东1939年就曾批评把中庸思想简单地解释为折中论"则甚不妥"。因为应当看到，矛盾不总是对立和斗争，有时统一也能推动矛盾前进；调和也不一定是折中，在多种矛盾处于胶着状态时，调和也是解决矛盾的一种方式。这种求同存异，是有积极意义的调和，是在更高一个层次上把矛盾统一起来，推动事物前进。

周恩来青年时代还明确主张对一切事物要"深究而悉讨""慎思而明辨"[①]。正是这种思想的发展，使他逐步摆脱中庸思想消极方面的影响，吸取其积极因素，逐步超越庸俗调和和折中主义，达到明辨是非基础上积极调和的更高境界。

---

① 周恩来：《东关模范学校第一周年纪念日感言》，1912年10月，见《周恩来早期文集》上卷，中央文献出版社、南开大学出版社1998年版，第1～2页。

旅欧期间，周恩来确立了马克思主义世界观，他学生时代开始培育起来的"慎思明辨"、善于在异中求同的思维定式，逐渐发展为在马克思主义立场观点基础上的求同存异。随着实践经验的增加，在漫长而又复杂的革命征程中，他不断显现出是善于驾驭矛盾，求同存异，创造性地协调各方面矛盾的高手。因此，旅欧时期，他能按中共中央指示，但又比中央早，率先与国民党总部驻欧代表谈判，实现合作。大革命时期，在黄埔军校和两次东征中，与国民党蒋介石、何应钦等的合作也比较成功。但当蒋介石"四一二"叛变革命后，他洞察突变的形势，立即与赵世炎等向中共中央提出《迅速出师讨伐蒋介石》的建议书，坚决与蒋介石决裂。其转变之迅速，远远超过当时中共中央的多数领导人，这充分显示了他协调矛盾、求同存异的思想，绝不是庸俗的、无原则的折中调和，而是具有坚定的无产阶级的原则立场。

在中国共产党的历史上，党内曾频繁发生分歧和路线斗争，有时甚至有分裂的危险。像长征中的遵义会议和"文化大革命"这样的历史事件，正是因为有忠于人民、高瞻远瞩、胸襟广阔并善于求同存异、协调矛盾的周恩来，才在那样险恶的环境下，维护了党的统一和团结，多次挽救党于危局。

在革命实践中，周恩来协调矛盾、求同存异的领导艺术日臻成熟，并把它运用到处理党与党、国家与国家的关系之中。他根据不同情况，创造性地灵活运用求同存异的多种形式：在根本利益一致的前提下，求大同，存小异；在根本利益不一致的前提下，求大同，存大异；矛盾错综复杂、分歧严重时，根据情况，或扬同抑异，或存异待同，随机应变，驾驭矛盾，解决了一个又一个长期没有解决的难题，推动中国革命不断进入新的格局。

震惊中外的西安事变的和平解决，具有历史意义的万隆会议的成功，中美邦交戏剧性地恢复等，都显示了周恩来求同存异、协调矛盾的艺术已发展到出神入化，炉火纯青的境界。大量事实表明，周恩来求同存异、协调矛盾的思想，是马克思主义坚定的原则性与高度灵活性相统一的产物，与传统的儒家中庸思想和无原则的折中主义，有本质区别。它是马克思主义的一种重要政治思想，是无产阶级实现自己革命目标的手段，是周恩来非同凡响的领导艺术。

八、原则坚定，策略灵活

周恩来是一位久经考验的成熟的马克思主义者，他对共产主义事业无限忠诚，又有高超的应变能力。原则坚定，策略机动灵活，是他领导艺术的又一特征。

列宁曾尖锐地指出，一个政治家如果不懂得根据情况的变化，进行必要的妥协、通融、迂回、退却，"那就是毫无用处的人"。如果在条件对自己显然不利时，却去硬拼，"那就是犯罪"。

周恩来认为：一个革命领导者，"要有确定的马列主义的世界观和革命人生观，要有坚持原则的精神"。同时，要有"革命军人的机动沉着"①，"有清醒头脑和灵活策略"②。他明确指出："在斗争上，我们要不失立场，但不争名位与形式；我们要坚持原则，但方法要机动灵活，以求达到成功。……在工作上，要使竞争、互助、让步相互为用，但竞争不应损人，克己互助不要舍己耘人，让步不能损害主力。"③在长期复杂的革命斗争实践中，他善于把原则的坚定性和策略的灵活性紧密结合起来。为维护国家人民利益，坚持原则，对敌寸步不让。同时，他头脑清醒，机动灵活，善于根据全局利益，做必要的妥协、退让。在条件不利时不碰硬，不死顶，而是绕过暗礁，避开强敌，迂回前进，化被动为主动，出其不意，克敌制胜。西安事变和平解决后，周恩来负责继续与国民党谈判，他为党中央制定的谈判方针是："可以服从三民主义，但放弃共产主义信仰绝无谈判余地。""承认国民党在全国的领导，但取消共产党绝不可能。"④在当时历史条件下，以上方针是符合国家人民的根本利益的，充分体现了原则的坚定性和策略的灵活性。

抗战胜利后，国共两党举行重庆谈判，签订了《双十协定》，以周恩来为首的中共代表团，在继续唇枪舌剑的激烈谈判中，顶住压力，不受欺骗利诱，坚持国家民主化与和平建国的原则，毫不动摇；同时也做了一些重大让步，终于推动政协会议通过了和平建国纲领，实际上否定了国民党的一党专政和内战政策。

新中国成立后，周恩来在处理朝鲜停战谈判、日内瓦会议、万隆会议、中美关系等一系列重大外交问题时，一贯坚持原则，又不失灵活，两者密切结合，刚柔相济，分寸适度，运用得体，取得一个又一个胜利，大大提高了新中国的国际地位。熟悉周恩来的王炳南说："他坚持原则，从没有丝毫的摇摆，却又讲究灵活性，有理、有利、有节。"⑤国外有人把周比拟为"有弹性的优质钢"。

---

① 《周恩来选集》（上卷），人民出版社，1984 年版，第 128～132 页。
② 《周恩来选集》（上卷），人民出版社，1984 年版，第 310～312 页。
③ 《周恩来统一战线文选》，人民出版社，1984 年版，第 44 页。
④ 《周恩来书信选集》，中央文献出版社，1984 年版，第 129～132 页。
⑤ 王炳南：《中美会谈九年回顾》，《世界知识》，1985 年第 8 期。

美国外交官谢伟思说:"有人说周易于妥协是不公道的,认识周的人都承认他是一个很坚强的人,正直的人,有原则性的人。"①

周恩来的领导艺术,是中华民族优秀传统文化与西方先进思想相结合的结晶,是党和国家宝贵的精神财富,进一步深入学习、研究和应用周恩来的领导艺术,将更有力地推动我国各项事业向前发展!

(本文发表于《中外学者再论周恩来》,中央文献出版社 1999 年版)

---

① 方钜成、姜桂欣编:《西方人看周恩来》,中国和平出版社,1989 年版,第 361 页。

《周恩来百年书目图典》序言

　　周恩来是最受中国人民敬爱的２０世纪举世公认的伟人。1921年3月，他就加入了中国共产党的八个发起组之一的巴黎党小组，参与了中共创建活动。从 1927 年起，一直是中共核心领导成员。1949 年新中国成立后，又一直担任国务院总理，直到 1976 年逝世。在我们这个情况复杂、风云多变的星球上，他担任一个大国的党和国家领导人长达半个世纪之久，这是中外历史上罕见的！在漫长的革命征程中，他历尽无数艰难险阻，为中国人民的幸福和解放，为世界和平与进步事业，无私地奉献了自己的一切，做出了不可磨灭的贡献！

　　周恩来在世时一贯保持中国共产党的优秀品质和我们中华民族传统的谦虚美德，从不允许宣扬自己，因而他的许多光辉思想、丰功伟绩和崇高品德，尚未尽为人知。许多人，特别是外国朋友，误认为他著作少，不是理论家，只是一位实干家、执行者、行政管理者。1976 年他逝世的时候，由于中共中央"左"倾错误思想仍占主导地位，"四人帮"还控制着宣传大权，中央的讣告和悼词受到压制，对他的评价只允许提"四个一"，即一个优秀党员、一个忠诚的战士、一个伟大的革命家、一个卓越的领导人。这无论在当时还是后来，人们都认为是欠公道的，一直强烈要求做出公正的评价。

　　近 20 多年来，随着研究工作的开展，中外学者已发掘出周恩来的大量著作和有关资料（有的已陆续出版，大部分尚未公开发表）。据初步统计，现国内外有关周恩来的出版物已近 1300 种，报刊发表文章近 7500 篇。中外学者对周恩来的研究，已取得一些突破性成果，提出了许多新见解。学术界普遍认为：周恩来是党、人民军队和新中国的创建人和主要领导人之一，他不仅是伟大的无产阶级革命家、政治家、军事家、外交家，而且是杰出的马克思主义者。在中国革命的各个历史阶段，他都站在斗争的最前列，中国革命的许多重大事件，他几乎都曾亲身参与，而且大都担当重要的角色，起过重要的和某些独特的作用。他不仅有非常丰富的革命实践经验，而且善于把马克思主义的普遍真理与中国革命的具体实践紧密结合起来。从建党初期起，根据形势发展，他对中国革命的性质、任务、动力、对象、领导力量；对武装斗争、统一战线、党和革命军队的建设；对社会主义革命和社会主义的经济、政治、文教、科技、外交等方面的建设，在理论上都有不少精辟的论述，在实践上做出了卓越贡献。他高尚的品德和卓越才能，不管是同志、朋友或敌人，都一致称赞！在当代世界政治家中，无论是道德品质或政治品质，他都是给后人留下深刻印象和影响的人格典型！

数千年中华民族优秀历史文化和传统美德的熏陶，西方先进思想、马克思主义的影响，半个多世纪烈火般激烈斗争的锤炼，造就了这位忠于人民、忠于祖国、忠于共产主义理想、求真务实、才思超群、宽厚谦虚、清廉俭朴、坚定沉着、机巧敏捷、胸襟广阔、温文尔雅、风格独特的伟人。他是中国共产党人和中华民族的优秀代表，他的光辉思想、崇高品德和优良作风，不仅受到亿万中国各族人民的衷心敬爱，而且博得世界上不同国家、不同肤色、不同民族、不同阶层人们的普遍赞誉和尊敬。他是一位不愿为自己建造纪念物的人，但在亿万中国人民和世界各国朋友心中，已为他塑造了一座非人工所能建造的巍峨丰碑！

令人高兴的是，在1998年2月23日中共中央纪念周恩来诞辰一百周年的大会上，江泽民代表中央的讲话已突破原《悼词》的提法，包含了"一个者、三个一、四个家"的内容，对周恩来重新做出了比较实事求是的评价。他说："周恩来同志是伟大的马克思主义者，党和国家的主要领导之一，中国人民解放军的主要创建人之一，伟大的无产阶级革命家、政治家、军事家和外交家。"这既吸收了多年来周恩来研究的新成果，更反映了广大人民群众的心愿。

这样一位对中国历史进程和国际政治都曾发挥过重要影响，又有鲜明个性和特殊风格的世纪伟人，一些朋友称他是传奇式人物，自然引起国内外许多学者的研究兴趣。近年来进行更深层次研究的人员日益增多，成果不断涌现，先后召开的一些全国性和两次国际性学术研讨会，推动周恩来研究日益深入地发展。令人感佩的是有的普通工人和从事自然科学或工程技术的知识分子，出于对周恩来的衷心敬仰和热爱，自发地坚持不懈利用业余时间，收集有关周恩来的资料，从不同角度进行研究，个别人还取得了突出的成绩。像北京的一位普通工人周铁男，从1973年起，执着地收藏了周恩来各个时期的照片万余幅，他精选了1898幅，编辑成珍贵的资料画册《大地之子周恩来》，于1998年由文物出版社出版。

另一位是本书的主编之一，中国石化荆门石油化工总厂的高级工程师徐有力，20 年来他利用业余时间，自己出资出力，克服重重困难，千方百计地收集有关周恩来的图书文献。与同样敬仰和热爱周恩来的几位同志们一起，精心编著了这部《周恩来百年书目图典》，共收入图书文献 1300 余种。据我所知，多年来先后出版的有关周恩来的著作和工具书中，有的附录了一些书目索引，有的将馆藏进行编目，这给研究者提供了很大方便。但这类索引收录的时间跨度和内容都比较有限。而我国各类公共图书馆中，有关周恩来的图书文献分散编入各类目中，一般不单独列类编目，这无疑给查询借阅、研究参考都带来不少困难。而他们编的这部书目图典，对每一部书除用文字做介绍以外，还运用现代科技手段，将含义深远、优美动人的书影配入书目，图文并茂，突破了单纯文字的传统书目样式，进行了有意义的大胆创新。同时为方便国际交流，还有英译对照文字。可以说，这是中外迄今为止，收入书目较全、著录文献特征信息多、目录组织科学而系统的有关周恩来的第一部专门的书目图典，填补了这类著作的一项空白。这样一个浩大工程竟然是由搞理工的徐有力同志如此出色地完成，实在令人由衷地钦佩！

本书把学术性、资料性、欣赏性和收藏性融为一体，既有一定的学术价值，又有很大的阅读欣赏价值，是每位周恩来的研究者和希望了解周恩来的各界读者，应备的工具书。我相信本书的出版，对弘扬周恩来的光辉思想和崇高精神，促进周恩来研究事业的深入，都将发挥积极作用。

（本文发表于徐有力、李群主编：《周恩来百年书目图典》，中央文献出版社
2005 年版）

论周恩来的思想与邓小平理论

周恩来是伟大的马克思主义者，党和国家的杰出的领导人，当代举世公认的伟人。周恩来对以毛泽东为核心的中共第一代领导集体的形成起了关键作用。为以邓小平为核心的中共第二代领导集体的形成，打下初步基础。他的思想，是邓小平建设有中国特色社会主义理论的重要渊源，对尔后中国的发展方向有着长期深远影响。

一、周恩来为纠正"文革"错误，为以邓小平为核心的中共第二代领导集体的形成，从思想上、组织上、干部上做了准备，打下初步基础

周恩来是开国元勋；他对以毛泽东为核心的党的第一代领导集体的形成，起了极为重要的关键作用；对党的指导思想——毛泽东思想的产生、形成和发展，有巨大贡献。他的思想，是毛泽东思想极为重要的组成部分。正是在党的第一代领导集体的正确领导下，中国人民经过艰苦卓绝的斗争，推翻了三座大山，建立了中华人民共和国。

新中国成立后，在全党上下和全国人民的共同努力下，各方面工作都取得辉煌成就。作为共和国的总理，周恩来的作用是巨大的。特别是在"文化大革命"中，周恩来处境十分艰险，有时甚至孤军奋战，腹背受敌，并被迫说过一些违心的话，做过一些违心的事。但他忍辱负重，苦撑危局，以对国家、人民负责的全部赤诚，忍受常人难以忍受的痛苦，以"我不入地狱谁入地狱"的献身精神，发挥高超的领导艺术，毅然迎着险风恶浪，沉着应付各种复杂局面，与"左"倾错误和"四人帮"进行了曲折的艰苦斗争，使国家机器勉强维持运转，国脉民命尚能维系。人们普遍认为：在"十年内乱"中，周恩来是中流砥

柱，他一身系天下安危，所起的中和作用和对国家人民的巨大贡献，是无人可以代替的。著名老一辈革命家陈云说："没有周恩来同志，'文化大革命'的后果不堪设想。"①美国前总统尼克松说：中国"如果没有周恩来，革命的成果将烧为灰烬"②！

在"十年动乱"中，周恩来机智地想尽各种办法，保护了一大批忠诚的久经考验的老干部，抓住有利时机，落实干部政策，陆续安排他们到各个重要岗位，大力促成和支持邓小平复出工作，为纠正"文革"和毛泽东晚年"左"倾错误，恢复党的正确路线，为以邓小平为核心的党的第二代领导集体的形成，在思想上、组织上、干部上做了准备，打下了初步基础。在一定意义上可以说，没有周恩来就没有以邓小平为核心的党的第二代领导集体。

二、周恩来的思想是邓小平理论的重要渊源

从建党初期起至以后的半个多世纪，邓小平长期在周恩来领导下工作，受周影响较深，他们思路往往相通。邓小平建设有中国特色的社会主义理论，是对党第一代领导集体，尤其是对周恩来正确思想的继承和发展。我认为，周恩来的以下主要思想是邓小平理论的重要渊源：

1. 新民主主义是一个历史时期，"既有各阶级存在"也有"五种经济并存"，"不经过新民主主义就不能达到社会主义，着急是不行的"。他据此主持制定了颇具中国特色的《中国人民政治协商会议共同纲领》，甚至不同意将社会主义前途明确规定出来，认为那是几十年以后的事情，并告诫"违背了《共同纲领》就要闯大乱子"。③

2. 我国是一个贫穷落后、人口众多的大国，建设起点很低，情况复杂，必须从中国国情出发，"要经过一个相当长的时期，使我们的国家健全地、有步骤地、不急不躁地走向社会主义"④。

3. 新中国成立后，周恩来强调首要的是发展生产力，不能违反客观经济规律，急于改变生产关系。中国人民革命的根本目的是解放我国的生产力，增加

---

① 《"文化大革命"中的周恩来》，中央党校出版社，1993 年版，第 331 页。

② ［美］理查德·尼克松著，白玫译：《领导人》，新华出版社，1983 年版，第 311 页。

③ 《周恩来统一战线文选》，人民出版社，1984 年版，第 144～149，178，249 页。

④ 《周恩来选集》（下卷），人民出版社，1984 年版，第 12 页。

生产，提高人民生活水平，对国家人民有决定意义。^①

4. 在又急又快地完成我国所有制的社会主义改造的时候，周恩来就认为：我国社会主义时期的所有制不能一味求纯，应以全民所有制和集体所有制为主，以私人所有制为补充。他强调"工农商学兵，除了兵以外，每一行都可以来一点自由，搞一点私营的……活一点有好处"^②。

5. 在以"阶级斗争为纲"的岁月里，周恩来强调以经济建设为中心，把我国建成四个现代化强国，强调教育是基础，科技是关键^③，要靠科教兴国。"在社会主义时代，比以前任何时代更加需要科学技术。"^④

6. 坚持人民民主专政，发展社会主义民主。社会主义改造完成后，在阐述民主集中制的关系时，周恩来认为"扩大民主更具有本质意义"，强调"要发扬民主，恢复和加强党内正常的民主生活"。

7. 中国知识分子是革命的基本力量之一。"革命需要吸收知识分子，建设尤其需要吸收知识分子"^⑤。1956 年又明确提出：知识分子的绝大多数"已经是工人阶级的一部分"^⑥。这在中央高层领导人中虽遭到非难，但他仍坚持这一正确观点。

8. 20 世纪 50 年代中期，首倡争取和平统一台湾^⑦，坚持恢复香港主权，同时强调"香港要完全按照资本主义制度办事"；首次初步提出"一国两制"的构想^⑧，1963 年又采取具体措施与台湾代表秘密谈判，争取实现第三次国共合作，和平统一台湾。

9. 坚持独立自主、维护世界和平、反对侵略的和平外交政策。^⑨同时，首倡和平共处五项原则和对外经济援助八项原则，为建立国际政治、经济新秩序指明方向。^⑩

10. 立足自力更生，勇于对外开放，^⑪向一切国家包括资本主义国家的长处学习。他认为这"就是最有自信心和自尊心的表现，这样的民族也一定是能够

---

① 《周恩来选集》（下卷），人民出版社，1984 年版，第 133 页。
② 《周恩来经济文选》，中央文献出版社，1993 年版，第 350～351 页。
③ 《周恩来选集》（下卷），人民出版社，1984 年版，第 412～415 页。
④ 《周恩来选集》（下卷），人民出版社，1984 年版，第 412～415 页。
⑤ 《周恩来选集》（下卷），人民出版社，1984 年版，第 159～160 页。
⑥ 《周恩来选集》（下卷），人民出版社，1984 年版，第 151～153 页。
⑦ 《周恩来选集》（下卷），人民出版社，1984 年版，第 200～203 页。
⑧ 《周恩来论统一战线》，人民出版社，1984 年版，第 353～355 页。
⑨ 《周恩来选集》（上卷），人民出版社，1984 年版，第 321 页。
⑩ 《周恩来外交文选》，中央文献出版社，1990 年版，第 63 页。
⑪ 《周恩来选集》（下卷），人民出版社，1984 年版，第 143～145 页。

自强的民族"①。

11. 坚持按劳分配原则，反对平均主义，明确指出："平均主义是一种鼓励落后，阻碍进步的小资产阶级思想……必须坚决反对。"②

12. 改革行政管理体制，克服集权过多弊端，指出：改革管理体制，是一个不断实践探索，不断改进完善的过程。要"在执行中不断改进，实行一个时期又要改进"③。邓小平的"摸着石头过河"等思想，正是继承和发展了周恩来的这些改革思想。

13. 坚持实事求是，求真务实，谦虚谨慎，严守纪律；自觉实践党的三大作风，身体力行，做党风的楷模。

14. 以德治国，光明磊落，一身正气，两袖清风；勤政为民，清廉俭朴；严于律己，严格要求亲属和身边人员，要求别人的自己首先做出榜样。

历史实践表明，周恩来以上思想是正确的。虽然未能完全实现，但它闪耀着马克思主义的光辉！邓小平建设有中国特色的社会主义理论，正是全面继承和大大发展了党的"八大"和周恩来正确的思想路线，摒弃了毛泽东晚年的"左"倾错误，他的若干重要理论观点，更直接来自周恩来。

三、周恩来的光辉思想和崇高品德对当代和今后的中国将有深远的影响

1. 周恩来的思想，对中共第三代领导集体的指导思想有重要影响。以江泽民为核心的第三代领导集体，高举邓小平理论的伟大旗帜，指导我国内政外交各方面工作，取得了举世公认的辉煌成就！现在，我国生产建设迅猛发展，综合国力日益增强，人民生活大大改善，国际地位不断提高，实践证明：邓小平建设有中国特色的社会主义理论是正确的。它对当代中国的发展，有特殊、重要的指导意义。而周恩来的思想是邓小平理论的重要渊源，因此，对党的第三代领导集体的指导思想，仍有重要影响。

2. 周恩来的崇高品德和伟大精神，是当今党中央倡导的以德治国和精神文明的主要内容，比如他坚定的革命信念，始终不渝地坚持发展生产力、实现"四化"的精神，真正全心全意为最广大人民的最根本利益服务、鞠躬尽瘁、死而

---

① 《周恩来外交文选》，中央文献出版社，1990 年版，第 388～389 页。

② 《周恩来选集》（下卷），人民出版社，1984 年版，第 143～145 页。

③ 《周恩来经济文选》，中央文献出版社，1993 年版，第 616 页。

后已的献身精神；勤政廉政、清廉俭朴、以身作则、言行一致的精神，发扬民主、谦虚谨慎、联系群众的精神，实事求是、求真务实的精神，工作极端负责、勇于创新、严谨细致的精神，等等。江泽民同志深刻总结了我党正反两方面的历史经验，明确提出了"三个代表"的伟大思想。综观周恩来一生的光辉思想和伟大实践，可以说充分体现了"三个代表"的思想，是我们全党全民学习的典范！

3. 周恩来是一位深受亿万人民敬爱，光耀千秋的世纪伟人。中华民族优秀文化和传统美德的熏陶，西方先进思想、马克思主义的影响，半个多世纪烈火般革命斗争的锤炼，造就了这位忠于祖国、忠于人民、忠于共产主义伟大理想，风格独特的伟人。我国史家在对某一历史人物进行评价时，往往从立德、立功、立言三方面考查，而中外学者和国际舆论普遍认为：周恩来就是这样一位思想、品德高尚，功勋卓著的世纪伟人。他是一位不愿给自己建立纪念碑的人，但在亿万人民心中，已为他塑造了一座非人工所能建造的丰碑！他的光辉思想和崇高品德，对中国现在和未来都有深远影响。

（本文发表于《觉悟》2004 年第 1 期）

论周恩来的历史地位

周恩来是最受中国人民敬爱，并受国际舆论普遍赞誉的杰出领导人，他逝世已 37 年了，如何正确评价他的历史地位，这是中外有关学者和各界人士关心的极为严肃的问题。

笔者根据大量史料和自己 30 多年研究心得，参考中外学者的研究成果和国际舆论，对周恩来的历史地位，提出五句话，二十个字的总体评价：（1）开国元勋；（2）建国首功；（3）公仆楷模；（4）世纪伟人；（5）是人非神。

作者认为：周恩来是伟大的马克思主义者，是中国共产党的创建人和卓越领导人之一；中国人民军队和中华人民共和国的主要缔造者和领导者之一；伟大的无产阶级革命家、政治家、军事家、外交家。他是开国元勋，他是全中国公仆学习的楷模，也是全党全民的楷模，是 20 世纪世界公认的伟人。但"金无足赤，人无完人"，他是人，不是神，也有缺点和过失。

一、开国元勋

近百余年来，受尽压迫和屈辱的中国人民经过前仆后继的英勇斗争，终于在中国共产党的领导下，推翻了帝国主义、封建主义和官僚资本主义的统治，于 1949 年建立了新中国。周恩来是开国元勋，是新中国的主要缔造者之一。总结中国民主革命取得胜利的经验，主要依靠武装斗争、统一战线和党的建设三大法宝，在这三个方面，周恩来都做出了巨大的、不可磨灭的贡献。

（一）武装斗争

他的贡献，可简要归纳为两个一，十个最，一个家。

两个一：

（1）他是中国人民军队的主要缔造者之一。他领导了 1927 年的"八一"南昌起义，创建了党直接领导的红军，"八一"被定为建军节。①

（2）他是中国人民军队的主要领导者之一。从 1927 年"八一"起义直到 1935 年底，他是党对军队的最高领导人。1935 年底起直到新中国成立，他一直是中国人民军队的副帅。②

十个"最"：

（1）中共最早懂得武装斗争和革命军队极端重要性的无产阶级革命家。他在 1922 年的著作中，就明确提出了"真正革命非要有极坚强、极有组织的革命军不可，没有革命军，军阀是打不倒的"③。

（2）最早初步回答了中国革命主要应采取什么方式这个基本问题。1927 年，毛泽东提出了"枪杆子里出政权"的著名论断。而周恩来早在建党初期（1922 年至 1924 年）的一些著作中就指出：①中国革命一定要经过流血的斗争。②武装斗争是极长期的。③必须依靠军队。④这个军队与旧军队不同，必须是"极坚强、极有组织的革命军"④。

（3）党内最早从事军事工作的重要领导人。他从 1924 年起的大革命时期，就担任黄埔军校政治部主任、东征军总政治部主任、两广区委军事部长；担当起开拓中共军事工作的重任。⑤

（4）最早（从 1924 年起）在理论上和实践上对创建革命军队进行了探索，大革命时期就初步提出了一套建军思想。⑥

（5）最早（大革命时期）创建了一套革命军队政治工作制度。而这为后来中共领导的红军、八路军、解放军继承和发展。⑦

（6）最早创建了中共直接领导的第一支革命武装。1924 年 11 月经孙中山同意，由周恩来直接具体领导创建了"大元帅府铁甲车队"，1925 年 11 月他又

---

① 中央文献研究室编，金冲及主编：《周恩来传》，中央文献出版社，1998 年版；力平等主编：《周恩来年谱》（1966～1976）下卷。

② 中央文献研究室编，金冲及主编：《周恩来传》，中央文献出版社，1998 年版；力平等主编：《周恩来年谱》（1966～1976）下卷。

③ 周恩来：《评胡适的"努力"》，《少年》第 6 号，1922 年 12 月 15 日；《宗教精神与共产主义》，《少年》第 2 号，1922 年 9 月；《俄国革命失败了么？》，《少年》第 6 号，1922 年 12 月 15 日。

④ 周恩来：《评胡适的"努力"》，《少年》第 6 号，1922 年 12 月 15 日；《宗教精神与共产主义》，《少年》第 2 号，1922 年 9 月；《俄国革命失败了么？》，《少年》第 6 号，1922 年 12 月 15 日。

⑤ 中央文献研究室编，金冲及主编：《周恩来传》，中央文献出版社，1998 年版；力平等主编：《周恩来年谱》（1966～1976）下卷。

⑥ 刘焱：《论周恩来早期的军事理论与实践》，载《南开学报》1989 年第 2 期。

⑦ 刘焱：《论周恩来早期的军事理论与实践》，载《南开学报》1989 年第 2 期。

直接领导创建了国民革命军第四军独立团，通称"叶挺独立团"。①

（7）在 1927 年 4 月 12 日蒋介石叛变革命后，最早（1927 年 4 月）与赵世炎等联名，向中共中央提出《迅速出师讨伐蒋介石的意见书》。②

（8）最早领导反蒋的武装起义，即 1927 年的"八一"南昌起义，打响武装反抗国民党反动派的第一枪。③

（9）最早（大革命时期）在理论上和实践上对人民战争进行了开创性探索。④

（10）最早在 1929 年 9 月，代中央审定给朱毛红军的指示信中，总结红军经验，集中集体智慧，创造性地提出了走农村包围城市革命道路的理论。并于 1930 年，趁到莫斯科开会之机，先后说服斯大林、共产国际和中共中央其他领导人，放弃"城市中心"指导思想，领导全国红军走上"农村包围城市"这条正确道路。⑤

一个家：

以上大量史料表明：周恩来是一位伟大军事家，仅三年解放战争时期，他留下的有关军事的报告、批示、电报就达 580 余件，几乎每次重要战役，都有他亲自起草的指挥作战的文电，最多时一昼夜竟达 22 份。1997 年底出版的《周恩来军事文选》（四卷本），收入文稿 600 余篇，据说是从 5000 多篇文稿中选编的。《文选》中收入的《我军十大军事原则及敌军可能的对策》，提出了我军的 10 条作战原则、5 条战略方针和敌军 10 条可能的对策，共 25 条，是我军战略战术最全面最完整的总结。

（二）统一战线

他的贡献，可归纳为四个"最"、四位一体和一面旗帜。

四个"最"：

（1）中共最早最有成效地从事统战工作的先驱。1923 年 6 月他就领导旅欧中共党团组织，早于国内率先实现了与国民党的合作，并被孙中山与国民党总部委任为驻欧特派员，帮助国民党于 1923 年 11 月建立了驻欧支部，1924 年 1 月又建立了巴黎通讯处。

---

① 刘焱：《论周恩来早期的军事理论与实践》，载《南开学报》1989 年第 2 期。

② 中央文献研究室编，金冲及主编：《周恩来传》，中央文献出版社，1998 年版；力平等主编：《周恩来年谱》（1966～1976）下卷。

③ 中央文献研究室编，金冲及主编：《周恩来传》，中央文献出版社，1998 年版；力平等主编：《周恩来年谱》（1966～1976）下卷。

④ 刘焱：《论周恩来开创人民战争的思想理论与实践》，载《周恩来百周年纪念全国学术研讨会论文集》，中央文献出版社，1999 年版。

⑤ 刘焱：《周恩来与农村包围城市革命道路的开创》，载《党的文献》2007 年第 5 期。

（2）对统战工作贡献最大的领导人。①建党初期和大革命时期中共统战工作的主要代表之一。②抗日民族统一战线、第二次国共合作的主要倡导者、促成者和领导者。③解放战争时期反蒋爱国统一战线的主要倡导者和领导者。④新中国统一战线的杰出领导人（倡导多党合作的政治协商制度；参与制定并正确执行中共的民族、宗教、华侨、港台等政策）。

（3）参与中共统战工作时间最长的领导人。从1921年建党时起（1921年六七月间，在法国联合旅法各华人团体，开展反对北京军阀政府运动）至1976年逝世，半个多世纪来一直参与或领导中共的统战工作。

（4）与各民主党、各界民主人士联系交往最多，最关心他们，交友最广，最受他们爱戴的杰出领导人。

四位一体：是集中共统战工作的奠基者、决策者、领导者和实践家，四位一体的公认的杰出的领导人。

一面旗帜：是公认的中共统战工作的楷模，一面光辉的旗帜。在"文化大革命"中自己处境非常困难的情况下，仍想尽办法保护各界知名民主人士，临终时仍嘱咐中央有关领导，不要忘记在台湾的朋友。[①]

（三）中国共产党的建设

他的贡献主要有：

（1）他是中国共产党的创建人之一。1976年他逝世时，邓小平代表中共中央宣读的《悼词》说周恩来是1922年入党。我在研究工作中，审阅大量原始资料后发现这一说法不符合事实，1983年写成了《关于周恩来入党时间问题的探讨》一文，根据大量原始档案资料，提出"周恩来是1921年3月在法国参加巴黎共产党小组的，该小组是发起成立中国共产党的八个共产党早期组织之一，1921年7月，中国共产党正式成立后，周恩来与八个小组的其他所有成员一样，属于1921年第一批入党的中共党员，是党的创建人之一"。这篇文章在《南开学报》1984年第4期发表，在此前后我曾先后将此文寄给邓小平和当时中共中央总书记胡耀邦同志，建议改正周恩来的入党时间。中共中央经研究后，1985年6月3日，已正式批准重新确定周恩来的入党时间为1921年（见《中共党史研究》1985年第4期），这就肯定了周恩来是中共的发起人和创建人之一。

（2）他是担任领导职务时间最长的中共核心领导人。从1927年5月进入中央政治局，直至1976年逝世，在近半个世纪的岁月中，他一直是党和国家的主要领导人。他担任的领导职务的时间比列宁、斯大林、毛泽东还长，世所罕见。

---

① 刘焱、杨世钊主编：《周恩来与毛泽东思想》第4章，《周恩来与统一战线》，重庆出版社，1993年版。

（3）他多次挽救党和国家的危亡。

①蒋、汪叛变后的大屠杀。1927 年蒋介石、汪精卫叛变革命后，成千上万的共产党员遭到残酷屠杀，六万多共产党员到年底只剩一万多人，周恩来英勇无畏地率先举起武装斗争大旗，领导了"八一"南昌起义，打响了武装反抗国民党屠杀的第一枪。此后，直到 1935 年底的近 9 年间，他作为中共中央军委书记和中央常委，是中共军事方面的最高统帅，一直领导全党，在全国各地进行武装斗争，仅仅经过三年多的时间，在全国建立了 13 个军，15 个革命根据地，红军（包括地方武装）以及共产党员都分别发展到 10 多万人。党得到了恢复和发展，力量比过去更强大。①

②遵义会议。在红军长征途中的危急关头，他主持召开遵义会议，批判"左倾"军事路线，夺了李德、博古的权，支持选举毛泽东担任中共中央常委，进入中央领导核心，挽救了党和红军。毛泽东也承认周恩来对开好遵义会议起了关键作用，多次说过"没有周恩来，遵义会议开不起来"②。

③西安事变。1936 年 12 月 12 日的西安事变发生后，周恩来在 12 月 13 日召开的中共中央政治局常委会上，力主不与南京对立，坚持和平解决的方针；以后又代表中共到西安先后与张学良、杨虎城和蒋介石谈判。在错综复杂、瞬息万变情况下，他发挥了高超的领导艺术和谈判技巧，终于促使西安事变和平解决，在日本步步入侵的情况下，避免了全国内战重新爆发，促成了国共合作，共同抗日，挽救了国家民族的危亡。

④中共在国民党统治区斗争时间最长、贡献最大的领导人之一。在 1927 年蒋、汪叛变，大革命失败后，在最严重的白色恐怖下，他在上海坚持领导全党进行地下斗争，逐渐恢复、重建、巩固和发展了党，转变了全党的工作方式方法和作风，创建出了一套适应地下斗争需要的党的机要、情报、电信、交通等工作。抗日战争时期，他战斗在重庆，领导整个国民党统治区中共的斗争。解放战争时期，他首倡并领导在国统区开辟第二条战线，发动国统区的学生、工人、农民等各界千百万群众，开展反对国民党的斗争，配合解放军，取得人民战争的巨大胜利。③

① 中央文献研究室编，金冲及主编：《周恩来传》，中央文献出版社，1998 年版；力平等主编：《周恩来年谱》（1966～1976）下卷。

② 中央文献研究室编，金冲及主编：《周恩来传》，中央文献出版社，1998 年版；力平等主编：《周恩来年谱》（1966～1976）下卷。

③ 中央文献研究室编，金冲及主编：《周恩来传》，中央文献出版社，1998 年版；力平等主编：《周恩来年谱》（1966～1976）下卷。

（4）他对毛泽东为核心的中共第一代领导集体的形成起了重要作用。为邓小平为核心的第二代领导集体的形成准备了条件，他的这种作用和贡献，是其他人无法代替的。

上述情况说明：周恩来在反帝反封建的民主革命，创建新中国的伟大事业中，作出了巨大贡献，他是功绩仅次于毛泽东的开国元勋。

二、建国有功

周恩来在建设新中国的历程中，坚持两次党代会的正确指导方针，在抵制和纠正毛泽东晚年"左"倾错误的工作中，起了极为重要的作用，对新中国的经济、政治、文教"科技"国防、外交等方面的建设，都做出了重大贡献。

（一）坚持党稳步建设社会主义的正确方针，与党内"左"倾错误不断抗争

1945 年党的"七大"制定了经过民主主义，稳步建设社会主义的正确方针。毛泽东本人在其政治报告中也曾庄严指出："只有经过民主主义，才能达到社会主义，这是马克思主义的天经地义。"否则"那只是完全空想"。①

新中国成立后，正如《关于建国以来党的若干历史问题的决议》所指出的："由于对社会主义建设经验不足……更由于毛泽东同志、中央和地方不少领同志，在胜利面前滋长了骄傲自满情绪，急于求成"②。特别是毛泽东晚年急于"穷过渡"，党内"左"倾错误思想不断发展。周恩来为维护国家人民利益和党的正确方针，与"左"倾错误进行了持续不断的抗争。

新中国成立前后，周恩来就强调：新民主主义是一个"历史时代"，"不经过新民主主义就不能达到社会主义，着急是不行的"③。

他据此主持制定的《中国人民政治协商会议共同纲领》，甚至不同意将社会主义前途明确规定出来，认为那是几十年之后的事情，并告诫"违背了《共同纲领》，就要闯大乱子"④。

新中国成立初周恩来还强调：我国是一个贫穷落后、人口众多、情况复杂的大国，必须从中国的国情出发，"要经过一个相当长的时期，使我们的国家健

---

① 《毛泽东选集》第 3 卷，人民出版社，1991 年版，第 1083 页。
② 《关于建国以来党的若干历史问题的决议》，人民出版社，1983 年版。
③ 《周恩来统一战线文选》，人民出版社，1984 年版，第 178 页。
④ 《周恩来统一战线文选》，人民出版社，1984 年版，第 249 页。

全地、有步骤地、不急不躁地走向社会主义"①。当毛泽东从 1955 年夏起多次批判右倾保守，要求加快社会主义改造和建设步伐，急于"穷过渡"的时候，1956 年 2 月他在会上公开警告："经济工作要实事求是……不要乱加快，否则就很危险"，"领导者头脑发热了的，用冷水洗洗，可能会清醒些"②。

　　1956 年初，全国各地争着搞"穷过渡"，仅用一年多时间就完成中央原设想三个五年计划（到 1967 年）完成的社会主义改造任务。北京 1 月 15 日在天安门召开 20 万人的各界群众大会，宣布社会主义改造已胜利完成，全国五十多个大中城市纷纷效法，召开大会庆祝提前进入社会主义的时候，周恩来为了国家、人民的根本利益，在全国政协会上公开批评说："过渡时期还是照原来设想的那样长一点没有坏处"，"建成社会主义就要消灭剥削和贫困，照列宁说的还要消灭愚昧"。他认为只改变生产关系消灭剥削，就宣布进入社会主义了，会败坏社会主义声誉，人们对这种"穷过渡"会失望地说："哦！原来社会主义就是这样！"③他旗帜鲜明地既反对盲目冒进，又反对"穷过渡"。在此前后，他多次讲话强调经济工作要实事求是，稳步前进，不能急躁冒进，进行了"反冒进"的斗争。

　　1956 年 9 月，党的"八大"制定并坚持了既反保守、又反冒进，在综合平衡中稳步前进的正确方针。但从 1957 年底起，毛泽东发动了反"反冒进"。在之后近半年时间里，毛又先后在中央杭州会议、南宁会议、成都会议、武汉会议和中共八大二次会议上指责有的同志"离右派只有五十米远"了。周恩来被迫做了违心的检查，并被迫一度提出辞去总理职务。④

　　20 世纪 60 年代之后，周恩来极为关心国家人民利益，勇敢挑起纠正错误的重担，与中央其他领导人一起，制定并执行了"调整、巩固、充实、提高"的正确方针，使国民经济重新得到恢复和发展。到 1966 年"文化大革命"前，我国已逐步建立起独立的比较完整的工业和国民经济体系，提高了人民生活水平，基本保证了全国八亿人的穿衣吃饭需要。

（二）建立和巩固我国国家政权

　　他坚持人民民主专政，强调发扬社会主义民主，认真执行党正确的统一战线政策，努力完善多党合作和政治协商制度，参与制定和认真贯彻执行民族、宗教、华侨政策，为从根本上改变旧中国四分五裂的局面，实现国家的统一和

---

　　① 《周恩来选集》（下卷），人民出版社，1984 年版，第 12 页。

　　② 《周恩来选集》（下卷），人民出版社，1984 年版，第 190～191 页。

　　③ 周恩来在全国政协常委会上的讲话，1956 年 2 月 6 日。

　　④ 金冲及主编：《周恩来传》（三），中央文献出版社，1998 年版，第 1358～1397 页。

团结做出了巨大贡献；还提出和平统一台湾，坚持收回香港主权后仍实行资本主义制度的一国两制的正确政策，为港台回归做了许多铺路搭桥的工作。

（三）我国文教科技事业的奠基人和卓越领导人

他提出实现"四化"教育是基础，"科技是关键"等一套比较系统的发展文教、科技的思想理论；指导教育、文化、科技、卫生、体育事业有了很大发展，使我国核技术、原子弹、运载火箭等尖端科技研制成功，卫星上天，我国人均寿命也大大延长。

（四）正确评价知识分子的地位，充分发挥知识分子在国家建设中的作用

他强调革命需要知识分子，建设更需要知识分子。1956 年他在一次报告中就指出：我国知识分子的绝大部分，"已经成为国家工作人员"，"已经是工人阶级的一部分"。这个正确评价遭到中共中央一些高层人士的非难，毛泽东也不同意，但他在 1962 年的一次报告中，仍坚持这一正确思想，在实际工作中对知识分子充分信任，热情帮助，合理安排。当知识分子受到各种政治运动错误地排挤打击的时候，他总是在力所能及的范围内给予帮助，尽力发挥知识分子在国家建设中的作用。

（五）新中国外交的奠基人、决策人、指挥者和实践家，是四位一体的中外公认的大外交家

他确定：①独立自主，是新中国外交的基本立场；②维护世界和平，反对侵略，是新中国外交的战略目标；③和平共处五项原则和对外经济援助八项原则，是建立国际政治经济新秩序的两大支柱；④"平等协商，求同存异，互谅互让，友好合作"是解决国与国争端、维护世界和平的正确方针。在周恩来的正确领导下，我国与许多国家建立和发展了外交关系，恢复了在联合国和安理会中的合法席位，实现了与美国和日本的关系正常化。周恩来的以上外交思想，加上他个人高尚的品格和外交风范，已构成一套完整的理论体系，形成"周恩来外交学"。周恩来外交的这些新观念和思想，符合中国人民和世界人民的普遍愿望和要求，不仅持续指导着我国外交工作，而且已越来越为国际社会大多数政治家和外交家所接受。

（六）国防建设的主要领导人之一

他参与领导国防建设，使我国由单一的陆军发展为包括其他兵种的合成军队，并建立了门类比较齐全的国防工业，能成批生产飞机、坦克、导弹、原子弹、核潜艇等武器，大大增强了国防力量。

（七）"文化大革命"时期与"左"倾错误持续斗争

1966 年 5 月至 1976 年 10 月的所谓"文化大革命"，是由毛泽东错误发动和领导的，被"四人帮"利用的内乱；是新中国成立以来最严重的祸国殃民的大破坏，不是任何意义上的革命。这十年，是周恩来一生处境最艰险，但也是他的聪明才智、斗争艺术发展到最高峰、成就最辉煌的时期。

对于"文化大革命"，周恩来等中央领导人毫无思想准备，是被动卷入的。一开始，他还是从消除党的阴暗面的积极方面去理解这场运动，但当他认识到"文化大革命"的巨大破坏作用后，面临着三种选择：一是拍案而起，正面反对；二是拂袖而去，推病躲开。这两种选择只可能出现两种后果：前者是党和国家领导层出现分裂，甚至导致长期内战；后者是自己被打倒，政权落入"四人帮"这样的政治野心家之手。这两种选择无论是哪一种，都将给国家人民带来更大的灾难和痛苦。作为一位一贯视人民利益高于一切的成熟的政治家，他不会做这两种选择。在这种情况下，第三种选择就是面对现实，坚守岗位，迂回战斗，发挥高超的斗争艺术，与毛泽东的错误和"四人帮"的破坏进行巧妙周旋和艰苦斗争，以尽量减少"文化大革命"造成的损失，有时甚至被迫要说一些违心的话，做一些违心的事，从而忍辱负重，争取转机。这是一条比直言不讳更加痛苦、更加艰难的道路！周恩来不计个人得失荣辱，以全心全意为国为民的赤诚，忍受常人难以忍受的痛苦，毅然选择了这条艰难曲折的道路，进行艰巨的斗争，甚至重病在床仍悲壮地孤军奋战，奋力坚持以下几条：

（1）生产绝不能停（八亿人民要穿衣吃饭）。

（2）"长城"（军队和国防建设）绝不能毁。

（3）要害部门不能丢。

（4）国家精英（包括重要的老干部、著名的民主人士和知识分子等）要保护。

（5）抓住林彪叛国事件的时机，狠批极"左"思潮，意图纠正"文化大革命"错误。

（6）想尽各种办法，安排一批久经考验的老干部到各重要岗位，促成邓小平的复出。为结束"文化大革命"，粉碎"四人帮"，在思想上、组织上、干部上作了准备。

（7）临终前嘱咐叶剑英，绝不能让党和国家领导权落到"四人帮"手里。在生命的最后时刻，他想着的仍然是国家人民的命运。①

周恩来还不断多次公开批评"文化大革命"的错误，对不少错误做法，周

---

① 均见力平著：《开国总理周恩来》，中央党校出版社，1994年版；陈扬勇著：《苦撑危局——周恩来在1967》，中央文献出版社，1999年版；刘伍生著：《周恩来的晚年岁月》，中央文献出版社，2006年版。

都曾持反对意见，如：（1）聂元梓的一张大字报；（2）批评资产阶级反动路线；（3）打倒大批老干部；（4）大规模停课停产闹革命；（5）全国范围的大串联；（6）"文化大革命"运动脱离党的领导；（7）造反派全面夺权；（8）制造所谓"六十一人叛徒集团"大冤案等等。①

　　而从 1967 年起，当他越来越看清"文化大革命"造成的灾难后，就更公开激烈地批评"文化大革命"残暴愚昧的做法是极"左"，是"残酷斗争、无情打击"，是"左倾路线的恶劣作风"，是"无政府主义"。他痛斥："丢生产跑革命是假革命！""内战打成什么样子……比过去的军阀内战还凶！"他痛心地说："文化革命搞成这个样子，对我们国家有什么好处？！"他甚至愤怒地下令当场逮捕操纵造反派夺财政部大权的一个副部长。1967 年 2 月，他还默许支持"三老四帅""大闹怀仁堂"，怒斥"文化大革命"。② 林彪叛逃后，周恩来开始批极"左"思想，努力纠正"文化大革命"的错误。但不久周恩来重病，"四人帮"则加紧了对周恩来的迫害；利用：（1）国民党造谣的"伍豪事件"，（2）对外交部资料《新情况》153 期一篇文章的不同看法，（3）1973 年与基辛格谈判的误传，（4）批林批孔批周公，（5）评《水浒》等事件为借口找茬多次整周恩来。③在如此险恶激烈的斗争中，周恩来也做好了献身的准备。据长期生活在他身边的侄女周秉德说："伯伯在门厅里挂着一个包，里面放着简单的洗漱用具，他肯定有过这样的思想准备，真被抓走再无法回来时，就提上这只小包。"④

　　在十年"文化大革命"的大破坏中，为了减轻国家人民的灾难，周恩来一直坚守岗位，忍辱负重，苦撑危局，用特殊方式，迂回战斗。在他日理万机时，助手几乎全被打倒；1968 年秋秘书又被裁减，自己重病住院仍要坚持工作，得不到及时开刀治疗。但面对明枪暗箭，甚至孤军作战的情况，他仍英勇无畏苦苦地应战了十年，鞠躬尽瘁，最后战死在自己坚守的岗位上！人们普遍认为：经过"文化大革命"的大破坏，中国的国脉民革尚能维系，多亏有周恩来！他一生系天下安危，如果没有周恩来，后果将不堪设想！美国前总统尼克松也说，

　　① 均见力平著：《开国总理周恩来》，中央党校出版社，1994 年版；陈扬勇著：《苦撑危局——周恩来在1967》，中央文献出版社，1999 年版；刘伍生著：《周恩来的晚年岁月》，中央文献出版社，2006 年版。

　　② 均见力平著：《开国总理周恩来》，中央党校出版社，1994 年版；陈扬勇著：《苦撑危局——周恩来在1967》，中央文献出版社 1999 年版；刘伍生著：《周恩来的晚年岁月》，中央文献出版社，2006 年版。

　　③ 均见力平著：《开国总理周恩来》，中央党校出版社，1994 年版；陈扬勇著：《苦撑危局——周恩来在1967》，中央文献出版社 1999 年版；刘伍生著：《周恩来的晚年岁月》，中央文献出版社，2006 年版。

　　④ 周秉德：《我的伯父周恩来》，辽宁人民出版社 1993 年版，第 333～334 页；毛毛著：《我的父亲邓小平"文革"岁月》，中央文献出版社，2000 年版。

中国"如果没有周恩来，革命的成果将烧为灰烬"！①

周恩来在危局中不露声色所走的几招高棋，不论对当时还是毛周后时代中国的前途和命运，都有巨大而深远的影响！我国研究"文化大革命"的专家在科学分析了大量史料后说："中央常委中第一个在公开场合否定错误做法的，老一辈革命家中做这样否定最多的，都是周恩来。"②而笔者根据本文已列的有关史料，可以有根据地说：新中国成立后，包括彭德怀在内的敢于对毛泽东晚年"左"倾错误提意见的少数党内外高层领导人，意见最多、最深、最广、最尖锐的，都是周恩来。彭德怀坦言直谏，为民请命，其精神值得赞扬，但随即被打倒，于大局无补。周恩来意见更多，但他不仅敢于斗争，而且善于斗争，虽多次挨整，但整而不倒，仍能坚守岗位继续战斗，相机为以邓小平为核心的党的第二代领导集体的形成，为纠正毛泽东晚年"左"倾错误，结束"文化大革命"动乱，恢复党的正确路线，在思想上、组织上、干部上做了准备。

长期以来，很多人都认为周恩来对毛泽东是"盲从""愚忠"，但如上所述，这是不符合历史事实的。至于海外有人打着"重评周恩来"的幌子，利用某些真真假假的资料，片面取其所需，断章取义、攻其一点，不及其余，甚至颠倒黑白，把周恩来赤胆忠心、为国为民、不计个人荣辱、为纠正毛泽东晚年"左"倾错误、为尽量减少"文化大革命"损失，在特殊的情况下采取特殊方式，进行的迂回曲折的斗争，诬蔑为"帮凶"，往周身上大泼污水，企图一棍子打死。这不仅是颠倒是非，违背了铁的事实，也违背了衷心崇敬周恩来的亿万中国人民和普遍赞誉周恩来的国际舆论明辨是非的良知，是不得人心的，反而暴露了这几位人士的反中反共的面目。世界知名的英国作家迪克·威尔逊也公正地说："如果不是周恩来运用他的影响力和政治技巧，对'文化大革命'的危害加以限制的话，那么，'文化大革命'肯定会在历史上写下更为残酷血腥的一页！"③

三、公仆楷模

周恩来是受到亿万人民衷心敬爱的人民总理，他真正无私忘我，全心全意地为人民服务，清廉简朴，一身正气，两袖清风。他是一位伟大的公仆，是公

---

① ［美］理查德·尼克松著，白玫译：《领导人》，新华出版社，1983 年版，第 275、311 页。

② 王年一：《周恩来 1966 年 8～12 月的一些言论》，见《文化大革命中的周恩来》，中央党校出版社，1997 年版，第 7 页。

③ ［英］迪克·威尔逊：《周恩来传》，解放军出版社，1999 年版，第 321～326 页。

仆的楷模。

我国历史学家在评价一位历史人物时，大都从立德、立功、立言三方面来考查。我们中华民族历来注重做人的品德，在普通平民百姓心中，他们更注重领袖人物的品德。西方人似乎也是如此。大科学家爱因斯坦在悼念法国居里夫人的会上讲过这样一段话："我们不要仅仅满足于回忆她的工作成果对人类已经做出的贡献，第一流人物对于时代和历史进程的意义，在其道德品质方面也许比单纯的才智成就方面还要大，我对她的人格的伟大感到钦佩！"而世界知名英籍女作家韩素英亦说："拿周恩来和世界许多伟人如拿破仑、罗斯福比较，我只能说就人格品德而言，这些人都不能望其项背。"[1]我国历史上一些功绩显赫的人物，如秦皇、汉武、唐宗、宋祖等，无疑千百年后历史还是会记载着他们的，但在众多平民百姓的心中，随着时间的推移，这些人会被逐渐淡忘。另一类历史人物像诸葛亮、岳飞、文天祥等，他们不仅功绩显赫，更突出的是他们有感人至深的高尚品德。这样的历史人物不仅会光耀千秋，而且会长期活在千百万平民百姓心中，被人民世代传颂。中外学者和舆论公认，周恩来就是这样一位功勋卓著、品德高尚的历史人物。在现代中国政治家中，无论是道德品质还是政治品质，他都是给后人留下很深印象和影响的典型人物！他是一位不愿给自己建立纪念碑的人，但在亿万人民心中，已为他塑造了一座非人工所能建造的丰碑！

周恩来伟大的高尚品德和精神可归纳为以下十个方面：①真诚爱国的精神；②全心为民的精神；③公而忘私的精神；④实事求是的精神⑤民主平等的精神；⑥勇于创新的精神；⑦严谨细致的精神；⑧遵纪守法的精神；⑨清正廉洁的精神；⑩献身真理精神。

这十种精神中，最核心的是其真正全心全意、无私忘我地为人民服务，鞠躬尽瘁、死而后已的精神！周恩来死后没有财产，没有子女，连骨灰都撒在祖国大地，真的可谓活着为人民服务，死后也完全彻底地献给了人民！人们每想到这些，都禁不住从心底对他产生感佩之情！

我国前国家主席李先念说："我们常讲要全心全意为人民服务，什么是全心全意？我看恩来就是榜样！"[2]陈毅元帅也很感慨地说："真正廉洁奉公，以正治国，恩来也！"无数事实说明：周恩来是一位品德高尚的人，一位伟大的人民公仆，公仆的楷模，也是全党全民的楷模。他将永远光耀史册！活在世世代代

---

① ［英］韩素英：《周恩来与他的世纪》序言，中央文献出版社，1992年版。
② 李先念：《和人民一起纪念周恩来同志》，载《不尽的思念》，中央文献出版社，1987年版。

人民心中！

四、世纪伟人①

　　周恩来对中国革命和建设的丰功伟绩、光辉思想和崇高品德，不仅得到了亿万中国人民的衷心敬爱，而且获得了全世界不同国家、不同民族、不同肤色、不同阶层人士的普遍赞誉和尊敬，亚、非、欧、美、澳五大洲的各界朋友和报刊舆论，都异口同声地称颂他是将永垂青史的世界性伟人，"是一位不受时空限制，扭转世界历史的特殊政治人物"，"是整个20世纪最杰出的政治家"。

　　日本前首相田中角荣先生、三木武夫先生，日本知名人士佐佐木更三先生、古井喜实先生等，都称颂周恩来"是世界长期传颂的""杰出的伟大政治家"，"是罕见的大政治家"。三木先生还指出："没有一个外国政治家像周恩来总理那样，在日本各阶层人民中间有那么多朋友，受到那么多的尊敬。"古井先生还说："像周总理那样的大政治家，我再也没有见过。"九十岁高龄时的冈琦嘉平太先生仍称："周总理是我的人生之师！"中岛健芷先生深情地说：周恩来"是使人内心里佩服的人"！日本报刊还称周恩来是"公认的国际政治家"，"世界人民永远难以忘怀的领导人！"

　　斯里兰卡前总理斑达拉奈克夫人说：周总理"是二十世纪世界上的伟大领导人之一，是一位杰出的政治家"！缅甸前总统奈温说："周恩来总理是受全世界尊敬的具有高大形象的政治家！"亚洲的马来西亚、菲律宾、巴基斯坦、印度、叙利亚、也门、伊朗、阿富汗等国报刊和友人称颂他是"人类中一位巨人""全世界都哀悼的罕有的受人爱戴的人""一位完美的政治家""一个勇敢的旧世界的破坏者和新世界的创造者"。

　　非洲埃及前总统萨达特称颂周恩来是"当代领导人中占有杰出位置的第一流的政治家"。坦桑尼亚前总统尼雷尔称周恩来是"人类的伟大朋友"。赞比亚前总统卡翁达说："周总理是世界上的一位伟人！"非洲马里、阿尔及利亚、加纳、刚果、索马里、尼日利亚等国家的朋友称赞周恩来"是非洲人民的真正朋友""人类的恩人、精神领袖""各民族天空中明亮的星""世界进步力量斗争的象征""最优秀领导人中的突出典范"。

---

　　① 本章所引文，除作者注明外，均见：1.新华社选编：《五洲的怀念》，1978年3月。2.方巨成、姜桂侬编：《西方人看周恩来》，中国和平出版社，1990年版。

澳大利亚前总理惠特拉姆称颂周恩来"是现代世界史上的一位巨人"。

英国前首相威尔逊称周恩来是"卓越的国际政治家"。法国前总理孟戴斯•弗朗斯赞扬周恩来是有"高尚品格的罕见的人物"。比利时前首相廷德曼斯称周恩来是"一位伟大的历史人物"。西德前外长施罗德称周恩来"是世界历史上的一位伟人""一位用有弹性的优质钢做成的人"。欧洲的一些报刊还赞扬周恩来是"天才的政治家","是现代历史上最杰出的人物之一"。他"改变了世界政治地理的面貌,是我们这个时代最有才华的中国人"。

美国前国务卿基辛格称赞周恩来是"当代杰出的政治家",是"一位伟人"。美国前总统尼克松在研究比较世界上一百多个国家领导人之后得出结论说:"在过去25年里,我有幸会见过的一百多位政府首脑中,没有一个人在敏锐的才智、哲理的通达和阅历带来的智慧方面超过他,这使他成为一位伟大的领导人。"①美国、加拿大、墨西哥、巴西等美洲一些国家的朋友及报刊舆论,称赞周恩来是"当代最杰出的政治家",是"世界人民真挚的朋友""二十世纪有远见的政治家""当代人类最杰出的推动历史发展的非凡人物""永远飘扬在人们心中的一面光辉红旗"。

在周恩来逝世的时候,联合国破例下半旗致哀!联合国秘书长瓦尔德海姆说:周恩来总理"对促进各国间了解和世界和平的献身精神,受举世的公认"。"周恩来的逝世不仅对中国人民,而且对全世界都确实是一个巨大损失!"全世界同声哀悼!许多国家领导人和国际舆论同时又对他同声称颂。有的报刊惊叹:对周恩来"没有人唱反调,这在世界上是罕见的!"连一位反共的外国记者也承认自己"现在同过去一样,是激烈反共的,但我就是相信他这个人"。他的才智和高尚品德,甚至使他的政敌也为之折服,曾悬赏要他脑袋的蒋介石也曾悲叹:"与周恩来相比,国民党内无人!"美国前总统尼克松评论说:"过去半个世纪的中国历史,在很大程度上是三个人的历史:毛泽东、周恩来和蒋介石。……在争夺中国大陆的战争中,得胜的是毛和周,而这两人中,是周更有远见卓识。……在现代中国影响日益上升的是周的遗产。""周的政策在他去世后仍然具有生命力,而毛的权利继承人却已竞相放弃毛主义。"②美国资深记者约翰•麦•吴德施也说:"他(周恩来)的可贵之处在于他能与毛持不同意见,甚至批评毛。"大量史实表明,周不是对毛"愚忠",更不是"助纣为虐"。而是忠于祖国,忠于人民。可以说,周恩来虽然不幸逝世了,但他已为党最后战胜毛泽东晚年的

---

① 〔美〕理查德•尼克松著,白玫译:《领导人》,新华出版社,1983年版,第275、311页。
② 〔美〕理查德•尼克松著,白玫译:《领导人》,新华出版社,1983年版,第275、311页。

"左"倾错误，维护国家人民的根本利益，在思想上、组织上打下基础。

以上事实表明：周恩来已是全世界公认的 20 世纪伟人！他的丰功伟绩、光辉思想、高尚品德和崇高精神，将永远铭记在中国和世界人民心中，在历史上永放光芒！

五、是人非神

在评价周恩来一生的历史地位时，还必须指出：他和其他所有中外政治家一样，是一定时代的具有一定历史局限性的历史人物，他是人，不是神。中国有句古话说："金无足赤，人无完人！"在半个多世纪漫长的极其尖锐复杂的革命征程中，他有成功，也有过失，有优点，也有缺点。

而周恩来是中共高层中做自我批评最多的一位领导人。根据我的研究，结合周的自我检查，我认为他的缺点主要有以下几方面：

（1）周深受中国传统文化儒家中庸思想的影响，生性温和，遇事不走极端，富于调和性。但党内调和没有完全放弃原则，党外调和没有失去敌我界限。（2）周组织观念强，思想上认为：革命斗争形势复杂多变，在有的问题自己拿不准时，就服从上级，宁犯政治错误，不犯组织错误。这是他对共产国际和毛泽东的某些错误指示有的认识不足，抵制不力；有的组织服从，参与执行，跟着犯过某些错误的原因。但他如认识到上级某些指示的错误，他定能积极抗争。（3）受封建家庭影响，有点儿圆融，爱面子。但"爱面子"没发展到"说谎话"，圆融未发展到"阴谋诡计"。（4）有时办事患得患失，过于谨慎，但是未发展到完全没有原则。

此外，据周恩来的保健大夫张佐良说："文化大革命"中周恩来每天工作千头万绪，遇到不顺心的事时，有时会为一些小事发火，"迁怒"身边工作人员。"事后，他常常会主动找你说话，来缓和一下气氛……甚至会向你表示歉意。"这样的例子张大夫说自己遇到过两次，"我的多位同事也遇到过"。为此，邓颖超曾对张说："恩来脾气急，有时会发火，批评你几句，你千万别往心里去。"[①]

上述情况说明：周恩来虽是举世公认的伟人，但他和普通人一样也有喜怒哀乐，也有一些缺点；不过他一生始终保持着全心全意为国为民的献身精神，以及严于律己的高尚品德，而且他生性温和诚实，处事公平正直，为官清廉简

---

① 张佐良：《周恩来的最后十年》，上海人民出版社，1997 年版，第 249～261 页。

朴，一身正气，这使他成为最受中国人民敬爱并得到国际舆论普遍赞誉、最少缺点和过失的政治领袖。

（本文发表于第四届周恩来研究国际学术讨论会论文集：《周恩来与二十世纪的中国与世界》，中央文献出版社 2014 年版）

国家社会科学基金项目成果
《周恩来与毛泽东思想》内容提要*

一、主要内容观点

毛泽东思想是中国共产党人集体智慧的结晶，毛泽东的巨大贡献已人所共知，而周恩来等许多老一辈革命家的重大贡献，由于历史原因，过去一段时间，在我国有关著作、教科书和报刊文章中都很少提及，甚至鲜为人知！党的十一届三中全会以来，这种情况才开始改变。

周恩来是当代世界公认的杰出领导人之一。他从 1927 年 5 月起，担任我们党和国家领导人长达半个世纪，这是中外历史罕见的！长期处在领导岗位，使他能统观全局，掌握全国斗争形势，总结集体奋斗经验。而他丰富的斗争实践、较高的马克思主义理论素养，一贯注重实际、实事求是的科学态度、密切联系群众、善于集中集体智慧的民主作风，使他对指导中国革命取得胜利的毛泽东思想的产生、形成和发展，做出了不可磨灭的贡献！但是，迄今为止国内外报刊已发表的有关周恩来的约六千篇文章和出版的近千种著作中，除极少数论著对此问题的某一方面零星涉及外，国内外对此还没有一本全面系统的专著。而深入、全面、系统地阐明周恩来等老一辈革命家对毛泽东思想的贡献，对丰富和拓展毛泽东思想的内容，提高人们对党的历史、党的领导集体和毛泽东思想的正确认识，推进我国社会主义建设和改革开放的事业，至今仍有重要的理论意义和现实意义。

《周恩来与毛泽东思想》一书，以马克思主义为指导，以大量原始文献资料

---

*本书 1993 年 12 月由重庆出版社出版，1998 年 2 月再版。1996 年 4 月，全国社科规划办公室通知笔者，该书拟作为重要成果上报，让笔者写一份"提要"，收入该室编印的《项目成果选介》和供中央领导参考的《成果要报》。本文即按照当时"提要"增补而成。

为依据，吸收了国内外已有研究成果。全书共分 10 章：①绪论；②周恩来与新民主主义革命的基本理论；③周恩来与武装斗争；④周恩来与统一战线；⑤周恩来与新中国的经济建设；⑥周恩来与新中国的政治建设；⑦周恩来与文教科技知识分子工作；⑧周恩来与新中国的外交；⑨周恩来与党的建设；⑩周恩来的领导艺术。

新民主主义革命的基本理论，是毛泽东思想的重要组成部分。周恩来较早地对此进行了探索。他在 1922 年至 1926 年发表的一系列文章，虽然有的观点还不成熟和确切，但提出了一些非常重要的见解。他较早地根据马列主义原理，结合中国国情，分析了中国社会各阶级，1924 年就提出革命要取得胜利，必须首先分清敌我友的思想。他正确阐明了中国革命的对象、性质、任务和前途，提出中国革命是世界无产阶级革命的一部分，必须分两点走的思想。大革命时期，他对革命的动力做了正确分析，明确指出："工人是国民革命的领袖"，"工农群众为国民革命的中坚"；共产党是工农革命的"唯一指导"；小资产阶级有革命的积极性，但"常摇摆不定"；民族资产阶级有要求革命的一面，但"总是富于妥协性"。这些在党的幼年时期提出的正确见解，是非常难能可贵的！其为抗日战争初期毛泽东集中集体智慧，在一系列著作中正式形成党的新民主主义革命基本理论，做出了重要贡献。

中国革命应主要采取什么方式？这是中国共产党从成立时就面临的主要问题之一。周恩来是党内最早懂得武装斗争和革命军队的极端重要性，最早开拓党的军事工作的杰出军事家。早在 1922 年前后的一些著作中，他就不仅一般地赞成暴力革命，而且明确提出以下观点：（1）中国革命必须经过流血的武装斗争；（2）武装斗争是极长期的；（3）必须依靠军队；（4）这个军队与旧军队不同，必须"要有极坚强极有组织的革命军"。这就初步回答了中国革命主要应采取什么方式这个根本问题。

农村包围城市道路的理论，是中国共产党人最重大的创造。过去学术界一般认为，这一理论是毛泽东 1930 年发表的《星星之火，可以燎原》一文最早提出、到抗日战争初期又在一系列著作中形成系统理论的。本书作者根据大量原始文献资料认为：十年内战时期是党探索革命新道路的关键时期，周恩来作为中共中央最高军事负责人，在指导全国各地的武装斗争中，1928 年"六大"前后即明确提出实行工农武装割据思想，强调中国"与俄国不同"，在实践中逐渐摆脱"城市中心"的框框，把工作重点逐渐转向农村。到 1929 年 8 月和 9 月，他主持代中央起草的两次《中共中央给红四军前委的指示信》中，进一步明确提出："你们的任务主要是加强和扩大红军；发展乡村游击战争；深入土地革命；

建立苏维埃政权；扩大游击区域及其政治影响于全国"；并强调："中国地势辽阔……先有农村红军，后有城市政权，这是中国革命的特征，这是中国经济基础的产物。"这些论述，开始初步提出了农村包围城市的理论，比《星星之火，可以燎原》还早，而且更为明确和深刻。历史事实表明：周恩来是开创农村包围城市道路的先驱，他对由毛泽东最后完成的农村包围城市的系统科学的理论，有着开创性的重大贡献！

新中国成立后，周恩来长期担任政府总理，他对经济、政治、文教科技、知识分子、统战、外交、党建等方面的工作，都有许多精辟论述，丰富和发展了毛泽东思想。

在经济建设中，他强调"新民主主义既有各阶级存在"，"也有五种经济并存"，必须从中国国情出发，实事求是，稳步前进；要以经济建设为中心，时刻不忘发展生产，改善人民生活的革命根本目的；紧紧抓住发展生产力，把经济建设摆在全国工作的首位；制定"以农业为基础，以工业为主导"既反保守又反冒进，在综合平衡中稳步前进的方针；提出建设"四化"的宏伟目标和"关键在于实现科学技术现代化"的正确论断；强调立足自力更生，提倡开放引进，向一切国家长处学习；积极探索、不断完善社会主义经济体制。周恩来这些适合中国国情、颇具中国特色的社会主义经济建设构想，虽然由于"以阶级斗争为纲""大跃进""文化大革命"等"左"倾错误的干扰，未能完全实现，但几十年来正反两方面的实践经验证明是正确的，至今仍有重要的理论意义和现实意义。

在新中国的政治建设中，他提出既要坚持人民民主专政，又要发展社会主义民主；在社会主义改造基本完成后，强调扩大社会主义民主"更带有本质意义"；要完善党领导的多党合作与政治协商制度；从20世纪50年代中期起，提出和平实现祖国统一的构想，呼吁第三次国共合作；坚持恢复对香港行使主权，同时强调要让香港"完全按照资本主义制度办事"，"一国两制"的构想开始萌芽。

在文教科技建设中，他强调教育是四个现代化建设的基础，要增加教育投入，从我国国情出发，建立合理的教育体制；要发展大众的、民族的、科学的文化艺术，坚持"民族的形式，科学的内容，大众的方向"；强调要把我国建成社会主义强国，"关键在于实现科学技术现代化"。

周恩来历来重视和尊重知识分子，他最早反对陈独秀等人关于"知识阶级"的错误观点，"二战"时期又批判党内"因反机会主义而变成反知识分子"的错误，主张从社会经济地位考察知识分子阶级属性，明确指出：中国知识分子是革命的"基本力量";强调革命需要知识分子,建设尤其需要吸收知识分子。1956年1月,他又提出知识分子中的绝大多数"已经是工人阶级的一部分"的著名论断,尽管受到党内某些高级人士的反对,他仍坚持原则,60年代又重申这一正确主张;强调党要帮助知识分子自我改造,要信任、尊重和爱护知识分子,充分发挥知识分子的作用。这些正确思想,为邓小平直接继承下来,成为十一届三中全会后党在知识分子问题上拨乱反正的思想理论基础。

周恩来是当代世界公认的杰出外交家,本书系统论述了他领导新中国外交的指导思想、基本立场、战略目标、方针策略和独特风格;阐明了他提出和平共处五项原则和对外经济援助八项原则的历史背景、发展完善过程以及对国际关系产生的重大影响,而和平共处五项原则是我国倡导的建立国际政治新秩序的先声,对外经济援助八次原则是建立国际经济新秩序的先声。

关于党的建设,本书作者1984年前就依据大量原始档案资料,发表论文,提出周恩来是"属于1921年第一批入党的中国共产党党员",是党的创建人之一。中央《悼词》说他是1922年入党不符合历史事实(见《南开学报》1984年第4期刘焱《关于周恩来入党时间问题的探讨》)。这一创见很快获得广大中外学者赞同。1985年6月3日,中共中央正式发文,重新确定周恩来入党时间为1921年。本书沿用作者以上观点,着重阐明了周恩来提出的思想建设是建党的首要问题;强调以身作则,认真执行党的民主集中制,发扬民主;严肃党的纪律;发扬理论联系实际、密切联系群众、批评与自我批评三大作风;加强执政党的建设等思想。这些思想,丰富了毛泽东思想的建党学说。

周恩来是举世公认的杰出领导人,本书系统总结论述了他七种高超的领导艺术:团结多数力量,和同盟者一道干;照顾多数,不跑得太前,也不可落在运动后面;协调矛盾,求同存异;抓住中心,推动全盘;着眼全局,通盘运筹;审时度势,通权达度;在不知不觉中实现领导。

本书全面系统地阐明了周恩来各个方面丰富的思想理论与实践,否定了一些人,特别是许多外国学者误认为周恩来著作不多,只是一个卓越的执行者和行政管理者的说法,在全书各章论述中,具体阐明和肯定了周恩来是一位有丰富正确理论的伟大的马克思主义者;是中国共产党、人民军队和新中国的创建人和主要领导人之一;是伟大的无产阶级革命家、政治家、军事家和外交家;他对毛泽东思想的产生、形成和发展,都做出了卓越的不可磨灭的贡献。以上对周恩来历史地位的"一个者,三个一,四个家"的总体评价,十多年来经过深入研究,至今学术界已逐渐取得共识。它已大大突破了"文化大革命"时期"四人帮"尚掌握宣传大权时1976年中央《悼词》"四个一"的评价(即一个优秀党员、一个忠诚战士、一个伟大革命家、一个卓越领导人），在去年中央纪念周恩来诞辰百周年的大会上，江泽民总书记的讲话已充分吸收了近二十年来学术界的研究成果，吸收了对周恩来"一个者、三个一、四个家"的评价内容，对周恩来历史地位的评价，已实事求是地大大前进了一步。

二、学术贡献及理论创新和实践意义

根据全国社科规划办公室的规定，本书由中国社科院、中共中央文献研究室、中央统战部、中国人民大学、中国革命博物馆和南开大学等六单位同行知名专家鉴定，其后《人民日报》又发表专门评介文章，都对本书的学术贡献、理论创新和实践意义做了评价，节录于下：

本书以马克思主义为指导，遵循党的基本路线，首次全面系统地阐述了周恩来对毛泽东思想形成和发展的重要贡献，填补了国内外在这个领域中的一项空白。其中关于周恩来对知识分子的理论；统一战线的理论；从实际出发，积极而又稳步地推进我国社会主义建设的理论；倡导对外开放，向一切国家的长处学习的理论的论述；特别是关于开展武装斗争、创建人民军队、开创农村包围城市革命道路和建设现代化国防的论述，都提出了创见性的正确观点，在这个领域的研究中居于领先地位。

书中专章论述了周恩来在斗争实践中形成的独特风格和卓越的领导艺术，对这个问题的提炼和升华，对推进毛泽东思想的发展，加强执政党的建设有重大意义。

书中论及的理论观点和所运用的方法，均具有较高的科学性，使用的材料翔实可靠，文字也朴实流畅。

总起来看，《周恩来与毛泽东思想》是一本具有较高学术价值的著作。书中论及的周恩来的理论贡献、革命风范和实践活动，对今天建设具有中国特色的社会主义，仍有现实指导意义。（见附件一"专家组鉴定结论"）

作者按：本书 1993 年 12 月出版，立即受到舆论界的关注，新华社向海内外发了电讯，1994 年 1 月 7 日前后，《人民日报》《人民日报海外版》《光明日报》《解放军报》《工人日报》《中国青年报》以及香港《大公报》，还有《天津日报》等许多省市报纸，都发了消息。

1994 年 10 月 3 日，《人民日报》又以《周恩来研究的最新收获》为题，发表专门评介文章，指出：该书从"十个方面论述了周恩来对毛泽东思想的形成和发展的重大贡献，对指导我们当前的社会主义现代化事业，具有强烈的现实意义和深远的历史意义"。

该书具体阐明了周恩来对毛泽东思想的产生、形成和发展的重大贡献，"这对于广大干部和群众理解毛泽东思想，理解党的发展历史，都有很大益处。……他的精辟见解，都是有根有据，令人信服的"。

该书"以充分的论据证明了周恩来不仅是一位杰出的实践家，而且是一位杰出的马克思主义理论家，这对于全面评价党的领袖人物，继承周恩来丰富的思想遗产，也具有重要的意义"。（见附件二"《人民日报》评介文章"）

专家鉴定和《人民日报》评介还一致指出：本书不足之处是"有的章节的论述略显单薄"，对周恩来的文艺理论和"有关思想政治工作等方面的论述，尚未能深入展开"。

本书先后获得天津市政府和南开大学社会科学优秀成果奖。

1999 年 1 月 10 日

附件一：

国家社科基金项目《周恩来与毛泽东思想》专家组鉴定结论

本书以马克思主义为指导，遵循党的基本路线，首次全面系统地阐述了周恩来对毛泽东思想形成和发展的重要贡献，填补了国内外在这个领域中的一项空白。其中关于周恩来对知识分子的理论，统一战线的理论，从实际出发，积极而又稳步地推进我国社会主义建设的理论，倡导对外开放，向一切国家的长处学习的理论的论述，特别是关于开展武装斗争、创建人民军队、开创农村包围城市革命道路和建设现代化国防的论述，都提出了创见性的正确观点，在这个领域的研究中居于领先地位。

书中专章论述了周恩来在斗争实践中形成的独特风格和卓越的领导艺术，对这个问题的提炼和升华，对推进毛泽东思想的发展，加强执政党的建设有重大意义。

书中论及的理论观点和所运用的方法，均具有较高的科学性，使用的材料详实可靠，文字也朴实流畅。

总起来看，《周恩来与毛泽东思想》是一本具有较高学术价值的著作。书中论及的周恩来的理论贡献、革命风范和实践活动，对今天建设具有中国特色的社会主义，仍有现实指导意义。

不足之处是，限于篇幅，有的章节的论述略显单薄。对周恩来有关思想政治工作等方面的论述，尚未能深入展开。

专家鉴定组成员：

韩荣璋 中国社会科学院毛泽东思想研究室主任，研究员

吴瑞章 中共中央文献研究室周恩来研究组组长，研究员

李 青 中共中央统战部理论室主任，研究员

余 飘 中国人民大学教授

苏东海 中国革命博物馆研究馆员

陈志远 南开大学教授

鉴定组负责人：韩荣璋

1994 年 8 月 3 日

附件二：

周恩来研究的最新收获——《周恩来与毛泽东思想》评介

余 飘

（《人民日报》，1994 年 10 月 3 日，第五版）

刘焱、杨世钊同志主编的《周恩来与毛泽东思想》，已由重庆出版社出版。该书从中国新民主主义革命的基本理论、武装斗争、统一战线、政治建设、经济建设、文教科技和知识分子、外交、党的建设、领导艺术等十个方面论述了周恩来对毛泽东思想的形成和发展的重大贡献，对指导我们当前的社会主义现代化事业，具有强烈的现实意义和深远的历史意义，是近年来周恩来研究的最新收获。

党的十一届六中全会决议指出：毛泽东思想是毛泽东同志集中了全党的智慧而创立的，是中国共产党斗争经验的结晶。《周恩来与毛泽东思想》有力地说明了周恩来在毛泽东思想形成之前，如何为它提供了思想观点和实践经验上的准备，在毛泽东思想正式形成和发展过程中，又如何实践了、丰富了、发展了毛泽东思想，这对于广大干部和群众理解毛泽东思想，理解党的发展历史，都有很大的益处。例如，该书指出：周恩来是党内最早认识军事工作的重要性的决策者；他最早摆脱"城市中心论"，坚持工农武装割据的观点；他最早反对陈

独秀、瞿秋白关于"知识阶级"的错误观点，主张从社会经济地位考察阶级属性，提出知识分子是中国革命的"基本力量"，并把它列入劳动人民范畴，等等。他的精辟见解，都是有根有据，令人信服的。

过去，人们总认为周恩来只是一位杰出的实践家，而不是理论家。《周恩来与毛泽东思想》一书则以充分的论据证明了周恩来不仅是一位杰出的实践家，而且是一位杰出的马克思主义理论家，这对于全面地评价党的领袖人物，继承周恩来丰富的思想遗产，也具有重要的意义。

这部专著的美中不足是：由于时间所限，有些重要问题，还没有来得及深入展开论述。例如，周恩来对马克思主义文艺理论和毛泽东文艺思想的贡献很大，他的文艺思想很丰富且独具特色，尤其对于社会主义文艺理论的建树更为显著。但本书对这部分的论述较为单薄。

首届"周恩来研究国际学术讨论会"闭幕词

（1988 年 10 月 21 日）

尊敬的女士们、先生们、同志们、朋友们：

在诸位的支持、合作和共同努力下，从 1988 年 10 月 18 日至 21 日，历时 4 天的周恩来研究国际学术讨论会，今天圆满地结束了！谨向诸位中外专家、教授和朋友们表示衷心的感谢。

此次会议，是我国周恩来研究的首次国际盛会。举办这次会议的目的是为了加强中外学者之间的联系和友谊，互通周恩来研究的信息，交流研究成果，通过共同的研讨，把周恩来研究推向更加深入的新阶段。

参加会议的有中、美、苏、日、民主朝鲜、英、法等国的 86 位专家学者和有关人士，向会议提交论文 76 篇。四天来大家主要围绕"周恩来与中国革命""周恩来与中国社会主义建设""周恩来思想品德和作风"三个专题进行研讨，在大会上宣读论文 46 篇，许多学者介绍了自己的研究成果，发表了许多有益的新见解，提供了许多新的珍贵史料，提出了一些需要进一步研究的问题，并对其中某些问题进行了比较深入的探讨。会议发扬了学术民主，讨论时大家自由发言，各抒己见，不同意见间进行了交流和争鸣，会议期间，各国学者进行了广泛的接触和交往。所有这些，对沟通信息，交流学术观点，增进彼此的了解和友谊，促进和推动周恩来研究的进一步开展，密切中外同行之间的联系，都将起到积极作用。

众所周知，周恩来一贯保持谦虚美德，他在世的时候，从不允许宣扬他个人。他的大量著作、书信、文稿没有出版，因而人们容易产生一种错觉：似乎周恩来在理论方面的贡献不多，他主要是一位实践家、一位杰出的行政管理者。从他的大量著作以及此次提交会议的论文和大会发言，可以看出这种观点是不合乎事实的。周恩来不仅是一位杰出的政治家、军事家、外交家，而且是一位杰出的马克思主义理论家。他不仅有着异常丰富的多方面的革命实践经验，能够精力充沛地处理各种复杂问题，而且善于把马克思主义的普遍真理同中国革命的具体实践紧密地结合起来，做出科学的分析，根据中国国情，提出切合实际的指导思想和方针政策，实事求是地解决中国革命和建设中的各项问题。在他的一生中，对中国革命的性质、任务、动力、对象、领导力量、革命发展的阶段性，对武装斗争、统一战线、党和革命军队的建设，对社会主义革命和社会主义的政治、经济、军事、文化教育、外交等方面的建设，在理论上都有不少精辟的论述，在实践上做出了重大的贡献。此次会议的许多论文，对这些方面都有论述。他的光辉思想，丰富了马克思主义的理论宝库。

　　周恩来是本世纪世界公认的最杰出的领导人之一。中华民族优秀历史文化和传统美德的熏陶，西方先进思想、马克思列宁主义的影响，培育出这位忠于人民、无私无畏、机智沉着、胸襟广阔、言行一致、清廉俭朴的伟人。他的崇高品德和优良作风，融合了东西方文化的精华，又具有他浓厚的个性和鲜明的特色。他的影响已远远超出中国的国界，赢得了不同国家、不同民族、不同信仰、不同阶层的人们和许多国际知名人士的赞誉和尊敬，获得了亿万人民发自内心的敬爱。周恩来的优良品德作风，可以说是全人类宝贵的精神财富，弘扬这种精神，将对人类社会的发展和进步，产生有益的影响。但是，过去对周恩来的品德作风的论述，除某些回忆文章中零星提到外，从学术研究的角度看，可以说才刚刚起步。这次学术会议，在这方面进行了一些探讨，开拓了新的研究领域，初步取得了一些成果，这是十分令人可喜的。

　　当然，在我们研究周恩来的时候，我们不会忘记周恩来也是人，不是神。在他漫长的革命生涯和复杂的斗争中，他难免也有失误和不足之处。对这些，自然需要采取实事求是的科学态度，不应回避。今年3月，在北京中共中央文献研究室召开的周恩来研究学术讨论会上，我有幸见到邓颖超同志，向她请教研究周恩来应当注意什么问题？她说："你们研究周恩来很好，希望你们不仅研究恩来的优点，也要研究他的缺点。"我认为这是十分正确的，这也是同周恩来生前一贯提倡的实事求是精神相一致的。此次会议，从一些中外学者的论文中，以及讨论会上不同意见的争论中，已经开始体现这种精神。这使我们有可能更全面地了解周恩来，使对周恩来的研究工作能在更加实事求是的轨道上前进。可以预期，今后中国的周恩来研究将进入一个新的更加科学的阶段，而这次会议将成为这个新阶段的出发点。

　　四天的会议，虽然时间不长，但仍然取得了一些令人满意的成果，达到了预期的目的。这是全体与会中外朋友共同努力的结果，请允许我向热情支持我们举办和开好这次会议的中外朋友致以衷心的感谢！

现在宣布大会闭幕。祝诸位身体健康，旅途愉快！

谢谢！

1988 年 10 月 21 日

（本文发表于《中外学者论周恩来》，南开大学出版社 1990 年版）

参加日本各界纪念周恩来百年诞辰活动纪略

　　周恩来是举世公认的伟人，是南开的杰出校友，在他百年诞辰的时候，日本各界举行了纪念活动，他们特邀总理的母校、南开大学的周恩来研究中心的三位教授参加。日本人民对周恩来和中国人民的深厚情谊，给我留下了永久难忘的印象！

隆重的纪念大会

　　为纪念周恩来百年诞辰，日本著名友好人士、已故大谷竹山先生于 1980 年创建的"日本周恩来纪念会"，与日本政界元老、原内阁大臣片冈清一，日本参议员长谷传道郎、平野贞夫、田泽智治，众议员伊藤公介、岸木光造、八代英太、谷津義男、富泽笃绂等各界人士一起发起，成立了"周恩来先生诞辰百周年纪念祝贺会"，并组成落合政明、小林康南先生为首的事务局，负责各项筹备工作。他们邀请了我国全国人大、全国政协、新华社、南开大学周恩来研究中心等单位的有关人士，赴日参加活动。

　　1998 年 6 月 15 日下午，周恩来百年诞辰纪念大会在我们下榻的东京京王饭店大会议厅举行。参加会议的有日本政界、财界、文化、工商、教育、科技等各方面人士五百多人，还有我国驻日使馆代表赖育芳、宋志勇等先生。4 时，会议隆重开始，92 岁高龄的片冈清一先生首先讲话，接着我国人大常委林丽韫、全国政协委员赵炜、南开大学教授王永祥、日本原众议员田天光光、日本政法大学教授山崎先生先后讲话。大会散发了我应落合政明干事长要求撰写的论文《论周恩来在中国和世界的历史地位》。最后纪念会事务局长小林康南先生致祝词。他深情缅怀周恩来为中国人民和中日友好立下的丰功伟绩，称他是最了解日本的"当代最伟大的政治家"，是"日本人民的伟大朋友！"整个会议让我感受到周恩来不仅活在中国人民心中，也活在日本人民心中。

日本各界人士都崇敬周恩来

纪念大会结束后，当晚 7 时，又举行了有五百人参加的祝贺酒会。在伊藤公介、平野贞夫、林丽韫代表中日双方致祝酒词后，与会者即自由结合交谈，气氛非常活跃、亲切、友好、热烈！日本朋友称颂周恩来是"世界人民永远难以忘怀的领导人"，"没有一个外国政治家像周总理那样，在日本各阶层人民中间有那么多朋友，受到那么多人的尊敬"，称他是"使人从内心里佩服的人"。

我会见了一些老朋友，也结识了一些新朋友（他们中有大学教授、中小学教师、作家、艺术家、编辑、记者、工商业家，还有一些华侨和留学生），与他们进行了友好的交谈，有的还就周恩来生平和思想研究中的问题，坦诚地交换了意见。令我惊讶的是，有几位日本朋友曾对我说："我们日本人不分党派，都崇敬周总理。"为了验证日本朋友的这种说法，我先后请教了比较了解日本的中国大使馆官员宋志勇、新华社丁永宁、旅日学者白新良教授、李恩民博士，他们都说这种说法是真实的，日本人民都异口同声地赞颂周恩来。

去岚山献花，瞻仰留学纪念碑

6 月 16 日，参加大会的日本和中国代表近 30 人，专程前往京都，向日本朋友为纪念周恩来而修建的岚山周恩来诗碑敬献鲜花。17 日上午，我们来到风光秀丽的岚山，在万木丛中的周恩来诗碑前，举行庄严隆重的献花仪式，当我手捧鲜花，站在诗碑前时，想起周恩来为国为民、鞠躬尽瘁、波澜壮阔的一生，怀念和崇敬的心情，不禁油然而生！我相信，他将永远活在中国和世界人民心中！献花仪式结束后，我们环绕诗碑瞻仰，然后怀着深深的思念，依依不舍地离去！

为纪念周恩来百年诞辰，日中友好团体还举办了各种纪念活动，如有关周恩来的图片展览、电影放映，有的报刊发表纪念文章。为永久纪念周恩来，东京千代田区日中友好协会（会长永野重雄）又特意在周恩来青年时代留学日本时曾就读过的东亚高等预备学校旧址，建立周恩来留学纪念碑。现学校原址和周围地区已改建成东京爱全公园，纪念碑矗立在公园中央，碑上刻有："周恩来在此学习过——东亚高等预备学校遗迹”，供游人瞻仰。

访创价学会、创价大学

在参加完各种纪念活动后，我和王永祥教授应邀访问了创价学会和创价大学。有一天，创价学会名誉会长池田大作先生特意派人给我们的房间送来两大盆盛开的鲜花，我们充分感到友谊的温馨。创价学会主张世界和平友好，在日本有上千万会员，影响很大。池田先生是第三任会长，1974年访华时曾拜见重病中的周总理，他对新中国和周总理有深厚情谊，为恢复日中邦交做出过特殊贡献。6月21日至22日，我们由创价大学高桥强教授和川上先生陪同，先后访问了创价学会本部、创价大学，参观了牧口先生纪念馆和富士美术馆等地。

由池田大作先生任名誉校长的创价大学师生，对周恩来十分崇敬。1975年，他们就在校园内栽植周恩来喜爱的樱花，命名“周樱”，立碑纪念，以后每年樱花盛开时，都举行纪念活动。6月22日，该校安冈博司理事长、田代康则副理事长、小室金之助校长、北政己正副校长盛情欢迎我们的来到，小室致欢迎词，双方互通情况，进行了友好的交谈，都表示今后要进一步加强合作。其后，我们出席了该校“中国研究会”，近百位师生参加了集会，做了周恩来研究的学术演讲，并与该会部分教师进行了座谈和交流。最后，主人特意陪同我们到校园里瞻仰周樱林，并在“周樱”碑前摄影留念，共同缅怀这位世纪伟人！

归国一个多月后，我收到小室金之助校长的来信，他写道：“今年6月，您与王教授访问我校时与师生的交流是十分有意义的，特别是我校中国研究会诸君从此以后将把周恩来研究定为主要项目。……和具有权威的贵研究中心以及刘教授、王教授获得交流机会，我认为是非常光荣的。”现在，双方已正式商定进行合作研究。我相信，随着国际合作的加强，周恩来研究工作将进一步开展。他的光辉思想和崇高精神，将弘扬世界！

（本文发表于《丰碑》2001年第6期）

附录：沧海桑田再回首——记刘焱

肖　亮

　　被胡耀邦亲切地称为"刘三火"的刘焱，一般人是会将他的名字读成 yán（双音字），其实应该读成 xī，一听就能知道这里面大有学问。不错，这是 89 年前，云南楚雄一位老教师父亲为自己的长子起的名字。作为读书人，老一辈为自己的下一代起名字，会十分重视，名字中往往蕴涵着相应的文化信息和命运祝福，希望孩子未来如"名"所示。而"焱"字正是希望孩子日后能够"火火火"。刘焱这一辈子也正如其名一样不同凡响——青少年时经过燎原的火种培育，中年受过烈火一样的锤炼，晚年迎来火红的桑榆霞光。

　　一位先哲曾说："一切都可以创造，唯有童年的经历不能创造。"1926 年农历腊月十八，刘焱出生在一个家学渊源的知识分子家庭里，从小就养成了求知好学的习惯，打下了很好的国学"童子功"。古文化积淀夯实，获得了深厚的"定力"，这正是资深学人必须具备的内功。抗战时期，刘焱在昆明求实中学求学，他关心国家民族的命运，参加了班主任裴默农（中共地下党员，曾任新中国外交部司长）组织领导的"时事研究会"，经常阅读当时中共公开发行的《新华日报》和《群众杂志》；听取民主人士闻一多、李公朴（两人均被国民党反动派暗杀）抨击时政的报告；阅读了《西行漫记》等大量中外进步书刊；亲身参加了要求和平民主、反对内战独裁的影响全国的"一二·一"学生运动，参加了两万多人为死难四烈士出殡的抬棺大游行，思想认识大大提高。中学毕业后，刘焱在昆明考入"中法大学"（该校成立于 1920 年，它是在民国初年蔡元培发起组织的留法俭学会与法文预备学校和孔德学校的基础上组建的），其后随校迁回北平。刘焱 1946 年参加地下"民青"，1947 年初加入中共，投身革命运动，成为革命者。

　　过去是历史，回顾过去、追寻历史是为了"让历史照亮未来的行程"，所以，我们有必要再一次叙述他所亲历的岁月……

南开地下党记事本的故事

在平津战役纪念馆建馆二十多年来展出的众多展品中，这个仅长 12.6 厘米、宽 8.3 厘米的黑色硬皮本，就是刘焱六十多年前日日随身携带的——南开地下党记事本。

1946 年南开大学北返复校后，按照"转地不转党"的原则，在校内先后建立了分属中共中央华北局、南方局和冀察热辽分局三个系统领导的地下党组织。1947 年 8 月，刘焱在党的指示下，报考南开大学插班生，录取后进入文学院哲学教育系学习，并于同年 10 月起担任南开大学"南系"地下党支部书记，与沙小泉担任书记的"北系"党支部协调配合，开展工作。1948 年 11 月，根据中央指示，天津各系统地下党组织合并，以加强统一领导，迎接解放。按照上级决定，南开大学南北系地下党组织合并，成立中共南开大学总支委员会，任命刘焱为中共天津地下党学委委员兼南开大学总支书记，直至 1949 年 7 月刘焱在南大毕业后调离学校。这个小小的黑色记事本，就是这段时期刘焱随带身侧的工作记录本。其中天津解放前的记录都是一些他自己才懂的简单符号或暗语。

1947 年冬，经南方局决定，在南开大学建立了地下交通站，并制定了一整套严密的办法。刘焱在记事本上记下了一首实为地下党联络暗语的七言打油诗："高棠李爱何时了，清河骡马街头找。小楼昨夜又东风，故园花落知多少。"这首诗暗含了怎样送人去解放区，送到解放区何地，到达后找何人、何单位接头，介绍人和接头暗语，等等。据统计，从 1947 年秋到天津解放，经由南开大学地下交通站输送去解放区的革命师生和民主人士，累计达 400 余人，其中包括知名人士楚图南、王冶秋、李何林夫妇、闻一多家属等人。

在这个记事本的最后几页，有一张题为"天津解放时南开大学在校中共党员和民青成员组织系统名单表"。这是 1949 年 1 月 15 日天津解放后两三天，南开大学地下党总支按照中共天津市委的指示上报的名单底稿原件。其详细地记录了天津解放时，南开大学 179 个在校的地下党员和民青的名单。这张组织系统名单表，是我们了解天津解放前后南开大学地下党组织及活动的一份重要历史资料。

此外，刘焱的记事本上还记有南开大学地下党总支于新中国成立前秘密召开的十几次会议纪要。有 1949 年 3 月初他参加全国第十四次学生代表大会时，到会来宾叶剑英、罗荣桓、许德珩、李济深、李德全、郭沫若、马叙伦 7 人的亲笔签名。正是凭借记事本上白纸黑字的记录和因工作需要锻炼出的强记忆力，刘焱才能有理有据地为地下党员们做出身份证明。"文化大革命"中有几位南大地下党员被打成"假党员"，有的甚至被关入监狱，经刘焱证明身份后才落实政策。20世纪80年代，刘焱据此为解放前13位参加过地下党和民青的南大工友提供了身份证明，要求按党的政策，将他们退休改为离休。南开大学校党委经审查后，全部按离休处理。因为这不仅意味着生活待遇的改善，更代表着他们的革命历史获得认可。这个小记事本，在关键时刻发挥出大作用，使"死"档案迸发出"正"能量。

三进中南海的故事

刘焱一生三次进过中南海，反映了他三次不同的命运和处境。

1947年3月第一次进中南海

1946年秋，中法大学在北平开学后，进行全校学生自治会的选举，刘焱被选举为进步力量占优势的学生自治会理事之一。不久，先后爆发了席卷全国的抗议美军强奸北大女生暴行和反饥饿、反内战运动。刘焱在党的领导下成为学运的组织者之一。他还代表中法大学，秘密参加筹建华北学联的工作。

抗暴运动后，国民党加强镇压，开始逮捕学生。1947年3月初，北平各校学生组成"北平市人权保障委员会"，发表宣言，并推举北大、清华、燕京、中法四校各选一位代表向反动当局请愿。刘焱与其他三校代表一起进入中南海，向当时北平行辕主任李宗仁请愿，抗议逮捕学生，要求保障人权。

1955年5月第二次进中南海

新中国成立后，刘焱历任天津市学联主席、华北学联副主席、中共天津市青委常委、秘书长兼宣传部长、中共天津市委国际活动指导委员会委员，并被选为天津市首届各界代表会议代表、第一届天津市政协委员。1953年冬，团中央书记胡耀邦曾来天津视察，刘焱全程参与接待。1955年5月，团中央召集北京、上海、天津的团市委负责人，到北京胡耀邦家里汇报工作。胡耀邦认为刘焱的汇报材料很好，就让他留下整理好材料交上来。第二天上午，刘焱接团中央办公室主任梁步庭（"文化大革命"后曾任中共山东省委书记）电告："今晚印度访华艺术团在中南海怀仁堂举行演出，团中央有几张招待券，耀邦让我带你去看。"这次他见到了毛泽东、周恩来、刘少奇、朱德等许多观看演出的中央领导人和来访的越南主席胡志明。

1975 年 9 月第三次进中南海

"反右"运动中，刘焱在 1958 年 4 月被补划为"右派"。像他这样为了党的事业曾出生入死，满腔热情、忠心耿耿的年轻党员，哪里能服从这样的错判？在宣布"结论"的会上，他就明确提出："这次结论把我在党内整风会上的发言东摘一句，西放一句，无限上纲，绝大部分与事实不符，我要求查对会议记录。"在那"左"的年代，他的意见根本未被考虑，反而被以"情节轻微，态度恶劣"为由，加重处分降六级。以后他被下放到农村劳动。从 1958 年国庆节起，他每年国庆节都写材料给党中央和市委申诉，要求甄别。1962 年初，刘焱摘帽后，调到天津音乐学院当历史教师。6 月，市委书记王亢之曾找他个别谈话："你的问题市委已了解，性质与'右派'不同，可考虑甄别"，并让他写个材料上报。当年 11 月天津音乐学院党委书记孟挺又向刘焱传达中共天津市委的三点正式答复：1.你的问题性质与"右派"不同，市委已经了解；2.现中央没有甄别"反右"时问题的指示，暂不做甄别，只要中央有指示，马上即可甄别；3.你可以重新申请入党。刘焱表示，不愿不明不白地重新入党。对于市委态度的变化，"文化大革命"后他才得知：原来 1962 年初，中央在七千人大会后，已察觉"反右扩大化"的错误，并草拟文件，打算甄别。但当年 9 月八届十中全会，毛主席又强调阶级斗争，不同意甄别，问题又拖下来了。

"文化大革命"中，刘焱又被以"猖狂翻案"的罪名，先后被红卫兵、工（军）宣队、"革委会"抄家、关牛棚、专政劳改，进行多次审查。不过在深入了解情况后，这些人都对刘焱表示同情，甚至在押他去陪斗"走资派"的路上，有的学生跃出人群，当众握着他的手说："您永远是我的老师。"1975 年国庆节前，刘焱在冤案长期得不到解决、思想极端痛苦的情况下，向妻子、女儿交代完一切事宜，决心不顾一切风险，只身奔赴北京中南海，向毛主席党中央申诉。接待人员带他进入中南海西门接待室，在了解情况后，答应一定把他的申诉材料上报。

在长期申诉中，刘焱从多渠道获知："反右"时"市委五人领导小组"的成员中，万晓塘、王亢之、白桦 3 人都不同意给他扣帽子。万晓塘、王亢之是正副组长，档案中有他们"不戴帽子"的书面批示。王亢之甚至愤慨地说："如果像整刘焱这种整法，鲁迅也可以打成反革命。"落实政策时查阅，当初给刘焱扣"右派"帽子是谁批的？档案里竟没有材料。

1978 年春，刘焱得知胡耀邦调任中央组织部部长后，两次到中组部上访申诉。第二次是 4 月 11 日到中组部，接待站的同志经联系告诉他："耀邦同志让你明天 9 点去他家面谈。"12 日上午，刘焱准时前往。一见面胡耀邦就说："哦，刘焱，刘三火，你的名字有点特别，我记得你。你的申诉材料我已看过。"他很关心刘焱的甄别问题，还给天津市委写了亲笔信，原文如下："天津市委并张淮三同志：原天津市委干部刘焱，最近来中央组织部上访，要求复查甄别他被定为'右派'的问题，现将他送来的材料转给你们，请组织力量，认真复查，如确属错误，应予甄别。胡耀邦 4 月 16 日。"

　　在耀邦同志的亲自关怀下，1978 年底，天津市委对刘焱的错案迅速做出了彻底平反的结论，恢复了刘焱的党籍和待遇。

　　1978 年底，刘焱落实政策时已年过半百，耽搁了大好青春，等闲白了少年头。"反右"教训使他考虑如何抓紧有生之年不虚度年华，更好地为国家人民服务。本来市委分配他参与负责筹建一个高校党委的工作，他不愿再当官，顾虑再被卷入无谓的"阶级斗争"，而愿回归自己喜爱的历史研究工作。恰逢他的母校南开大学正筹建历史研究所和周恩来研究室，有关领导邀他返校负责。

有关周恩来研究的故事

　　1979 年初，刘焱调回南开大学担任历史研究所副所长，从 1980 年起又长期兼任教育部特批的南开大学周恩来研究室主任，1987 年离休后继续返聘。1997 年研究室扩建为周恩来研究中心，刘焱教授又被推选改任中心学术委员会主任至今。

　　近 30 多年来，刘焱在这一研究里，可谓呕心沥血、鞠躬尽瘁，已出版了著作 10 部（包括合著），论文 90 多篇。主要论著有《周恩来与毛泽东思想》（国家社科规划项目，曾获天津市政府奖）、《周恩来早期文集》（天津市"七五"社科规划重点项目）、《中外学者论周恩来》《关于周恩来入党时间问题的探讨》《周恩来是开创农村包围城市革命道路的先驱》《周恩来对开创人民战争的重大贡献》《周恩来对建设有中国特色的社会主义经济的探索》《周恩来的思想是邓小平理论的重要渊源》《论周恩来的历史地位》等。曾先后 6 次获得全国性和天津市社会科学优秀成果奖。

　　20 世纪 80 年代后期，刘焱在我国首次招收周恩来研究方向的硕士研究生，首开《周恩来生平与思想研究》《周恩来专题讲座》等研究专业课，并曾负责指导专门来南大进修周恩来研究的美国和日本的大学教师和研究生。

　　从 1988 年起，刘焱主持或参与筹办了四届周恩来研究国际学术讨论会，事迹已收入《中华人物辞海》《东方之子》《中国高科技人才大辞典》《世界文化名人辞海》等数十种中外辞书。

现在南开大学已成为中外公认的研究周恩来的一个重镇。刘焱教授也已成为研究周恩来成果丰硕、有创见、能秉笔直书的中外知名的资深学者。

1976年周恩来逝世时的中央《悼词》，根据20年代的中央形成的错误档案，说周恩来是1922年入党。刘焱在研究中发现与事实不符。1983年他写成《关于周恩来入党时间问题的探讨》一文，根据大量原始资料，提出周恩来"是1921年第一批入党的中共党员"，"是党的发起人和创建人之一"。此文在1984年《南开学报》第四期发表前后，他先后将其寄给国家领导人邓小平、胡耀邦，建议改正周恩来的入党时间。中央经组织有关部门慎重研究后，于1985年6月3日正式批准"重新确定周恩来的入党时间为1921年"；并于1985年7月出版的《中共党史研究》和《文献和研究》第四期同时公布。此后，全国许多媒体都报道了中央的这一决定，中外许多学者的有关著作都采用了这一新说法，公认周恩来是1921年第一批入党的，是中国共产党的发起者和创建人之一。1988年，苏联科学院主席团委员、史学部主任齐赫文斯基院士发表《周恩来与苏联》一文，赞扬"周恩来在中国被公正地认作中国共产党的创建者和第一批成员之一"。1998年，原国家主席杨尚昆发表《相识相知五十年》的文章，肯定周"是中共第一批党员和创建人之一"。

1993年刘焱主编的国家社会科学规划项目成果——《周恩来与毛泽东思想》一书出版，国家项目专家鉴定组认为：该书在许多方面"都提出了创见性的正确观点，在这个领域的研究中居于领先地位"，"是一本具有较高学术价值的著作"。其"对今天建设具有中国特色的社会主义，仍有现实指导意义"。新华社及全国许多报刊都报道了该书出版的消息。1994年10月3日，《人民日报》又以《周恩来研究的新收获》为题，发表了专门评介文章，认为该书"对指导我们当前的社会主义现代化事业，具有强烈的现实意义和深远的历史意义"。《人民日报》是中共中央机关报，对民间学者的一部著作有如此高的评价，是罕见的。

1993年，刘焱主编出版了《周恩来早期文集》；到1998年，又与中共中央文献研究室合作，在原书的基础上加以修订和增补后再版。全书近百万字，全部文稿均依据手稿或文章最初发表的稿本进行逐一的校订，订正了原书编辑、排版、校对中的差错和疏漏之处，增加了新发现或经考订确认为周恩来这一时期的文稿13篇。《旅日日记》由节录改为全文。原《附录》中的《学生根本的觉悟》一文，经考证确认为周恩来文稿，已归入正编。

南开大学的周恩来研究重视国内的外学术交流，与亚、欧、美、澳四大洲的十多个国家的数十个大学和学术单位有过交流，曾举办过四届周恩来国际学术研讨会。1988 年在周恩来诞辰 90 周年之际，南开大学举办了第一届周恩来研究国际学术研讨会，有国内学者和来自美、苏、日、英、法、朝等国和国内学者 90 余人参加，取得了圆满成功。1998 年在周恩来诞辰 100 周年之际，南开大学与天津市政府联合举办了第二届周恩来研究国际学术研讨会，这次有来自美、俄、日、英、韩、加拿大、新加坡、印度等国和国内学者共 150 余人参加，会议在海内外影响很大，得到各界人士的一致赞誉。2008 年 4 月在周恩来诞辰 110 周年之际，南开大学与天津市政府和中共中央文献研究室联合举办了第三届周恩来研究国际学术讨论会，这次有来自美、俄、澳、日、韩等国和国内学者 120 余人参加，会议的成功召开进一步扩大了南开大学的周恩来研究在国内外的影响。

2013 年 10 月 22 日，第四届周恩来研究国际学术研讨会在南开大学举行。此次研讨会由中共文献研究会和南开大学共同举办，主题为"周恩来与二十世纪的中国和世界"。与会的中外专家学者来自俄罗斯、美国、日本、韩国、印度、加拿大、澳大利亚等 12 个国家与地区。刘焱做了题为《论周恩来的历史地位》的报告，并用简练的二十个字对周恩来做了总体评价：开国元勋、建国首功、公仆楷模、世纪伟人、是人非神。

南开的周恩来研究受到国内外一些学者的赞誉，参加过周恩来国际学术研讨会的日本中央大学姬田光义教授，曾在日本《朝日新闻》发表专门评介文章《中国周恩来研究正在进入新阶段》。文章认为："作为主办者的南开大学的刘焱，在总结这次会议时指出：'这次讨论会将成为今后走向周恩来研究新阶段的出发点，与会者一致同意。'"所谓"新阶段"是指从神化领袖个人的"不科学的、不能批评的英雄时代，正转变为把英雄本身作为历史的客体，重新进行探讨的时代"，即"向科学研究过渡"。"如果这种倾向在周恩来研究领域越来越强烈地深入发展下去，那么，必将会在某种意义上打破神化领袖个人，在扫除中国现代化的一个障碍上，将有一定意义。"在第四届周恩来研究国际学术研讨会文集《周恩来与二十世纪的中国和世界》中，刘焱是首席顾问。

诗人云：没有比行动更好的言语，没有比足音更悦耳的声响。刘焱是读万卷书的人，近几年也走了万里路。他与家人自费旅游了五大洲的三四十个国家，正在逐步完成他要"周游世界"的计划。春天已取代了寂寞而凄冷的冬天，且看他踏青前行，在大自然召唤中如愿以偿：去书写更亮丽、更精彩的新篇章。

（本文发表于《政协之友通讯》2015 年第 5、6 期）

后 记

《周恩来研究文集》一书从批准立项到资助出版，都得到了南开大学有关领导的支持。南开大学党委副书记、校史丛书总主编刘景泉教授，校史研究室主任张健教授和孙元博士生等同志给予我多方面的协助，孙元帮我制作了全书的电子版。南开大学出版社的领导和本书的责任编辑李立夫和李佳同志，在书稿的编审、排印、校对上花费了不少精力。我的爱人方慧女士（原天津市人大常委会研究室副主任）在查阅资料、整理、打印、校阅文稿等方面，给了我很多的帮助。

在本书出版之际，我谨向他们表示衷心的感谢。

刘　焱

2016 年于周恩来逝世四十周年之际